NATIONAL GEOGRAPHIC

见证历史

中国大百科全书出版社

见证历史

从远古到现代

作者：［美］斯蒂芬·G·希斯洛普（Stephen G. Hyslop）
［美］鲍勃·萨默维尔（Bob Somerville）
［美］约翰·汤普森（John Thompson）
序：［美］小詹姆斯·雷斯顿（James Reston, Jr.）

译者：王 正

NATIONAL GEOGRAPHIC

目 录

上页：观众目睹“亚特兰蒂斯”号航天飞机从佛罗里达州卡纳维拉尔角发射基地升空

前言

“整部历史都是现代史。”——**华莱士·斯蒂文斯**

我们说某人有历史感，这到底是什么意思？为什么这一特质被视为一种赞许和优良品格？

长期以来人们都说我们美国历史不够悠久，仿佛我们的历史始于哥伦布一般。我们的根是西方文明，政治始于美国革命。内战拯救了我们的国家，二战则拯救了我们的文明。因为年轻，我们充满活力，别具一格，与众不同，也许比世界其他地方都更胜一筹。

但在过去 50 年中，对于那些远离美国本土，发生在欧洲人踏上美洲大陆之前的事情与我们的联系，我们有了更加成熟的认识。部分原因是种种挫折，有时也是社会进步。我们的认识有所深入，也常常是被当下发生的种种事件逼迫的。20 世纪 60 年代的民权运动重新点燃了学界对非洲历史的兴趣，越战则逼着我们关注拥有伟大王朝和灿烂文化的中国对亚洲产生的影响。9 · 11 带来了恐怖主义的阴云，也迫使我们去尽力研究伊斯兰历史和阿拉伯世界。布什总统在 9 · 11 之后誓言要发动“十字军征战”，中东地区对此反应非常强烈，我们不得不注意到历史上基督教和伊斯兰教发生冲突的种种先例。可以说我们最终加入了世界历史。

2000 年，随着基督教新千年的到来，我们有机会回顾每个千年的历史。我们依然处在第三个千年的黎明时期。有这本书来纪念我们正在经历的变迁，实在再好不过。现在依然是将眼光放长远的时候。

《见证历史》这本书的志向更加高远。它涵盖的不仅仅是一千年来的历史，而是推出了整个人类历史的盛宴。该书将一幕幕镜头对准了历史上的著名人物、伟大帝国和王朝，对准了历史上推动艺术、宗教、经贸、人类迁徙和伟大旅程、法律、时尚以及妇女命运等发展的主题。从头听到尾，整部历史就是一个动人的故事。该书深入浅出，适合所有年龄段的读者，图文并茂，选材精当，加上警句妙语，更是画龙点睛，而微博风格的“要点”部分如同脑海中的路标，更吸引读者去进一步深入探究。本书不仅是给图书馆的一份厚礼，也是给全世界每位受过教育的人的案头读物。

——小詹姆斯 · 雷斯顿

历史学家、作家

上页：亨利 · 福特和朋友托马斯 · 爱迪生窃窃私语

关于本书

整个世界的历史很难用468面的篇幅来概述。但有了充实的文字、丰富的图片和第一手叙述，我们仿佛置身古罗马、中国明朝或殖民地时期的美国，对当时的生活状况有所了解。在本《见证历史》中，从史前到当今各种文化的故事——它们的冲突、特质和艺术，伟人与凡人的日常生活——都在包罗万象的图文中展现。贯穿其中的是历史上的声音，国王、诗人、探险家、科学家、农夫和书记官写下的文字。每一章都有一篇世界历史上的重要文档详解作为点睛之笔，让大家与那些改变历史的巨著有个亲密接触。

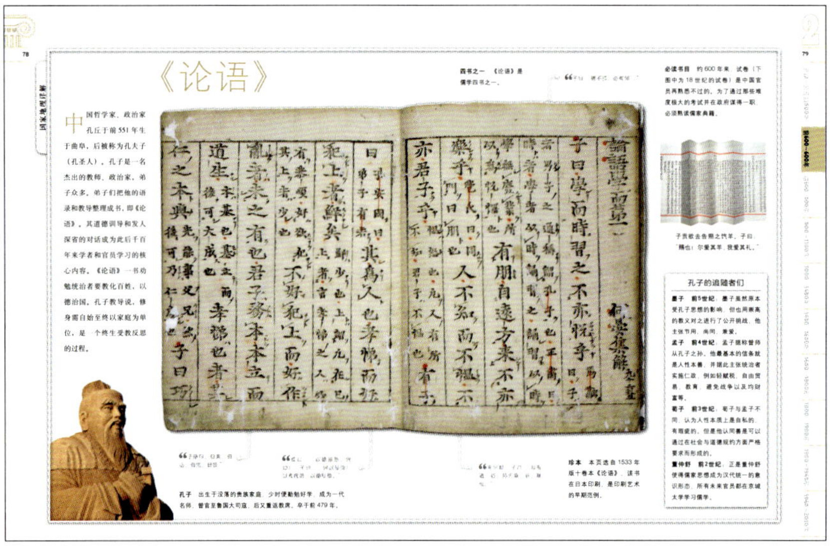

国家历史详解

每一章的点睛之笔都是一篇该时代最有影响力的文档——例如《汉穆拉比法典》或达尔文的《物种起源》。中间的图片展示了该文档的部分内容，要么以真迹形式展现，要么是较早的版本。文字和其他插图将该作品置于历史语境中，作品中的引文（未必来自真迹图片）则为重要段落。

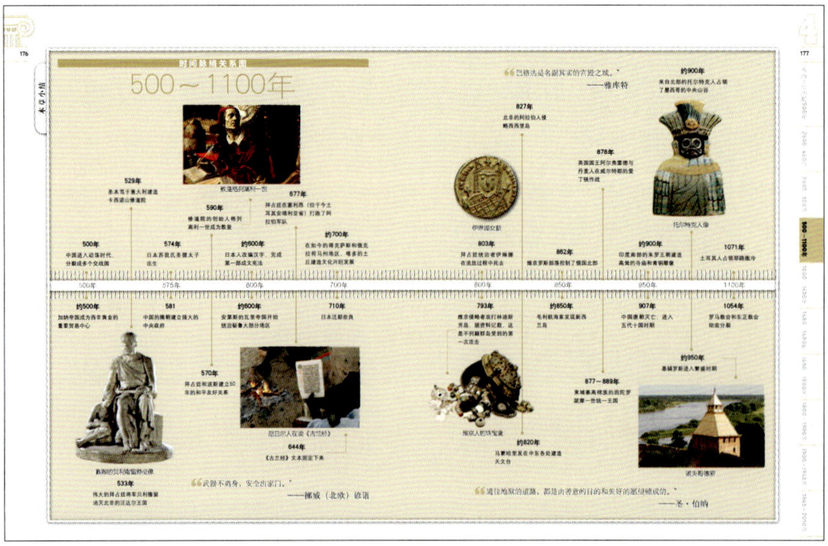

时间关系图

每一章的每部分文字下面的时间关系图，表明了文化和历史时期中的重要日期和事件。每一章结尾都有一幅“时间脉络关系图”图解，让读者了解不同地域在同一时期发生的历史事件。

章节按照时间顺序排列，但每一章之间以及每一章中有的历史时期较长，有的较短，也有相互重叠的部分。例如第2章和第3章大致涵盖了同一时期的两个不同地域。每页右方的色块标明了章节号和历史年代。

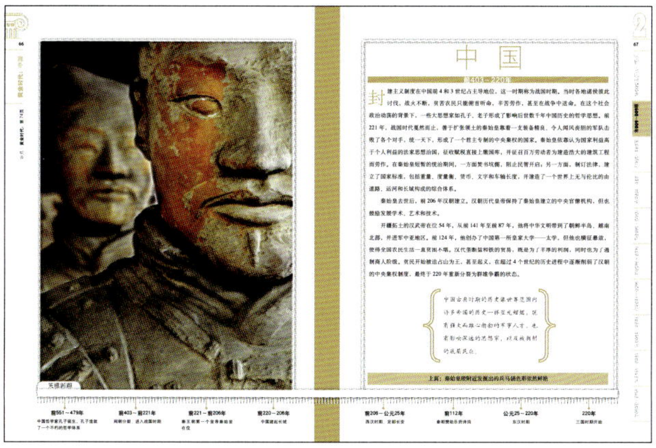

章节导言/旁白

每一章按照时间阶段组织起来，依照文化或地域进行划分，例如美洲、中东和非洲。有的章节辟出专栏分析文化现象，例如现代科学。每一节以概览开头，指出本节页面中的趋势和共同话题。

“旁白”散落在部分页面和文本中，用括号将其与其他文本隔开。旁白有时是摘要，有时只是有意思的花絮——关于当前主题令人感兴趣的事实。

声音

全书从头至尾均有“声音”栏目。该部分文字摘自来自该时期和文化中的书信、回忆录、演说、证言、诗歌、小说及其他素材。这些逐字照录的第一手资料让我们对每个时期大小人物和事件的特质以及事件经过有了更加感性的认识，我们可以看到庞贝古城的涂鸦，也可以读到一战战壕中对毒气战的描述。

相关阅读

“相关阅读”栏目展现了当今事件的历史根源。这一栏目配有现代照片，为现代的冲突、产品、词句和习惯找到了源头。逊尼派和什叶派最初是如何分裂的，第一种家养宠物是什么，现代传染病的源头是什么，如今流行的词语是如何演化来的等寻根溯源的问题。

人物评说

“人物评说”侧边栏里提供了重要历史人物的小传。这里我们介绍那些对历史发展产生重要影响的人物，尽管他们未必都是好人，并对他们对世界产生的正面或负面影响（或者兼而有之）做出判断，有褒有贬，不过必须承认这种判断难免有失偏颇。

史诗般的历程

创世纪的史诗

史前～公元前500年

第1章

摄于黎巴嫩提尔。古代腓尼基商人曾乘过这种优雅的商船

亦见｜史诗般的历程：第16页

关键时期

前10万年
现代人类开始从非洲向世界各地迁徙

前4万年
澳大利亚出现早期人类的墓葬

前3万年
欧洲的史前画家在岩洞壁上作画

前1万年
人类开始驯化动植物，在村庄中定居

走出非洲

前100000~前3500年

人类起源的故事说法不一，但骨头、石器和其他文物等显著的里程碑，一路伴随着我们从史前之根演化到有历史记载的黎明，此时我们开始诉说自己的故事，有记载的历史始于大约6000年前。尽管人类学界一直对智人的确切源头争论不休，但他们基本同意现代人类于25万年前起源于东非。大约400万年前，随着气候和地质变化，草原面积增长，智人的祖先人科动物从早期灵长类动物中分离出来。人科动物的主要进步在于能够直立并用两条腿行走，这让他们可以搜遍萨瓦纳地区，长途跋涉寻找食物增加营养，并使用双手采集和搬运它们。

大约250万年前，人类家族第一批成员智人开始将双手解放了出来，他们用双手敲开燧石，利用锋利的石头制造工具和武器。他们还将岩石垒起来，建造了简陋的栖身之所。他们的后裔直立人利用这些技能向荒野更远处进发，离开非洲奔赴中东地区，然后到达欧洲和亚洲。

而在非洲这个“故乡”，随着时光流逝，现代人类出现。他们有何不同呢？最显著的特征是，他们的脑容量更大，这让他们在物种竞争中获得了优势。他们学会驾驭野火，并用更加复杂的口语进行交流。他们开始了劳动分工，女性负责采摘食物，而男性使用武器捕猎。

大约10万年前，现代人类开始探索非洲之外的区域。在3万年前冰河时代的巅峰期，冰层越来越厚，海平面下降，这使他们可以跨过大陆桥到达以前无法探索的大片陆地——包括不列颠、美洲，甚至还有澳大利亚。人口迁徙持续进行，但部分人群开始定居下来，因为他们不仅学会了采摘和狩猎，还学会了耕种。8000年前，城镇逐渐繁荣起来，出现了更加复杂的社会形态。

> 环境变化和不断精进的各种技能帮助人类走出发源地东非，迈向更加广阔的世界。社会形态更加复杂，社会文明开始出现。

上页：距今大约3500年的原始人的岩石艺术，是早期人类留下的印迹

前6500年
世界上首批城市之一加泰土丘在安纳托利亚建立起来

前5000年
美索不达米亚的村民开始进行灌溉

前4000年
泰国开始制造青铜器

前3500年
苏美尔人发明了楔形文字

亦见 | 史诗般的历程：第 25页

距今5000年的爱尔兰博纳布罗恩石墓

宗教 信仰起源

对眼前和当下之外的事物进行思考，是旧石器时代（250 万年以前到大约 1 万年以前）人类发展的里程碑。这种抽象思维是否升华到了宗教信仰的水平？某些证据表明确实如此。庆祝仪式可能首先源自狩猎。出土的猛犸象骨架上装饰着珠宝，洞熊头骨上雕刻着装饰性标志，沉入沼泽和湖泊中的驯鹿胸腔里放着木桩或石头。这些符号似乎表明了对捕猎野兽的崇拜，或者将部分猎物奉献给狩猎之神。他们对待逝者的方式更是表明了早期人类的宗教情感。西班牙北部一个距今 30 万年的遗址显示，甚至这些早期人科动物也举行过墓葬仪式，比如他们将尸体塞入石灰岩裂隙中。到了旧石器时代晚期，逝者得到了更加精心的处理。科学家在石板底下发现了墓穴，精心布置的遗体被涂上了赭红色，陪葬品是珠宝和石器——这些标志不但说明了对死者的尊敬，也说明了生者希望在死后永生。

旧石器时期的雕像布拉桑普伊维纳斯

小结：他们对待逝者的方式表明早期人类已具有宗教信仰。

史前文化

智人 前25万年
首先出现在非洲的现代人

尼安德特人 前13万年
迁徙至欧洲的智人亚种或独立人种，前3万年

原住民 前4万年
第一批从东南亚通过大陆桥迁来的澳大利亚人

克洛维斯文化 约前13500年
来自北美西南部的制造工具文化

绳纹文化 约前10000年
日本制造工具和陶器的文化

安纳托利亚人 前6500年
早期城市加泰土丘的建设者

风云人物

“彼时诸神无一诞生，无姓无名，命运未定；半空中，神祇霍然诞生。”

——古巴比伦创世神话

非洲 孪生神

“利扎和玛乌是孪生兄妹。太阳神利扎住在东方，妹妹玛乌是月亮神，住在西方。发生日食是因为利扎和玛乌在做爱。他们育有一子，名叫“谷”，身形仿佛铁剑。他们用谷来创造世界。谷教会了人们铁匠工艺。”

——丰族（达荷美）神话

日食带来黑暗

艺术 源自生活的绘画

艺术是历史的最初形态，是对生活中最重要事物的记录。首批艺术家的作品将整个欧洲和其他地方的洞穴变成了圣地，他们画的是猎物，捕猎是他们的主要生存手段。他们所用的材料无所不包，从矿物质颜料、植物汁液、蛋清、木炭乃至血。他们创造的图像贴近现实，栩栩如生，令人叹为观止。他们甚至以自己的手为模型，在作品上留下了印记。还有些艺术家在骨头和石头上雕刻图像，这些小雕像通常以女体形式出现，乳房和臀部极尽夸张，可能是保佑生子的护身符。

小结：史前艺术告诉了我们什么才是艺术家生活中最重要的东西。

法国拉斯科洞穴里的壁画描绘了许多种猎物（马）

“天地初成，天地初辟，洲壤浮漂，犹漂脂浮水上也。”

——日本创世神话《古事记》

社会 狩猎

在特定领土上寻找食物，这一特点并非史前人类独有。他们及其祖先发明了与养活自己相关的一系列技能和行为，这些确实不仅让他们与其他动物区别开来，而且也与其祖先类人猿截然不同。因为早期人类可以直立行走，漫游时便可以腾出手来，采集他们发现的坚果、水果、种子、谷物和植物来食用。直立人约在180万年前出现，他们将粮食储存起来，并可能使用了石制工具将食用块根和块茎挖出来，刮皮、捣烂成更易消化的食物形式。人类及其祖先也清理动物尸体上的肉，并用石块敲开骨头，食用营养丰富的骨髓，骨髓这种营养品可能加速了大脑的发育。

用来磨碎谷物的石磨盘和磨槌

巨型犀牛攻击石器时代的猎人

> 早期人类擅长猎杀动物，甚至导致部分物种如洞熊灭绝。

人类很快就为自己捕猎到了鲜肉。早先的狩猎要将成群的动物赶入沟壑或逼上悬崖，但到了40万年前或者更早，人类开始用武器来狩猎。出土的马的骨架显示其身体两侧遭到木制长矛刺入，洞穴壁画上画着猎人们用石尖长矛猎杀动物或将它们赶入猎网。

追踪牛群和猎捕大型动物个体，都需要小组成员之间的合作，甚至不同群体之间要瓜分狩猎区。就像用火来烤肉，食物加工形式越复杂，则需要的社会组织越复杂。学者们推测在此期间的某个时候，狩猎采集社会应运而生，女性负责采集蔬果，照料火种；男性专门负责捕猎肉类食物。

小结：随着史前人类学会采集食物并捕猎肉类，他们学会了新的技能。

> “今世之前尚有前世，但前世之人不知规矩，不知何以为人。创世之神对前世甚为不满。”——**苏族印第安人创世神话**

声音

澳大利亚 死神降临

“第一个妇女无法抵制蜂蜜的诱惑。于是她扔掉手中的棍子，开始爬树。突然间一阵风声，一个长着巨型黑色双翅的黑影笼罩了她。这就是蝙蝠拿拉达恩，巴亚姆派它在这里守护平展叶相思树……她犯的错已经无法挽回。她让拿拉达恩溜进了世界，从那天起，拿拉达恩就成为死亡的象征，给第一个男人的子子孙孙带来了痛苦。”

——澳洲土著神话

澳大利亚的垂枝相思树

技术 工具制造

研究人员认为，第一批石器是在250多万年前制造的，当时的早期人类拿一块石头去砸另一块，制造出锋刃。随着时间的推移，工具制造者越来越善于创造工具，其精确度和比例令人叹服，设计的工具切削刃以完美的角度与手掌贴合。手斧使得人类能够迅速而彻底地屠宰动物——这一点很重要，因为猛兽总是在不远处——并可以凿木刻骨。刮刀功能众多，可以将皮革上的肉刮干净，然后用皮革做衣服，并将用骨制或木制的针和植物纤维制成的麻线缝合起来。石匠们也制造武器，他们将石块越砸越小，制成极其尖锐锋利的矛头和箭头，具有致命的杀伤力。到了旧石器时代末期，各种工艺品不断涌现，包括在窑中烧制的陶壶，这一技术是在约9000年前开始应用的。在中东地区，窑很快就被用于冶炼铜，铜则主要用于装饰性物品。大约6000年前有了一项重大突破，金属工匠们发现，将铜与锡冶炼在一起，产生了一种强度更高的金属——青铜。青铜熔融后，可以浇铸成几乎所有种类的物品。

小结：史前人类的聪明才智在种类越发庞杂的工具和物品中得到了体现。

柳叶箭头（左图）。一个石器时代的人刨出一条独木舟（下图）

“诸神确实留下一条从大地通往天堂的道路。那就是呈现在天空中的彩虹桥，其完美的弧线和鲜艳的色彩说明了它来自神。”——诺斯神话

亦见 | 史诗般的历程：第44页

文化 最初的农场

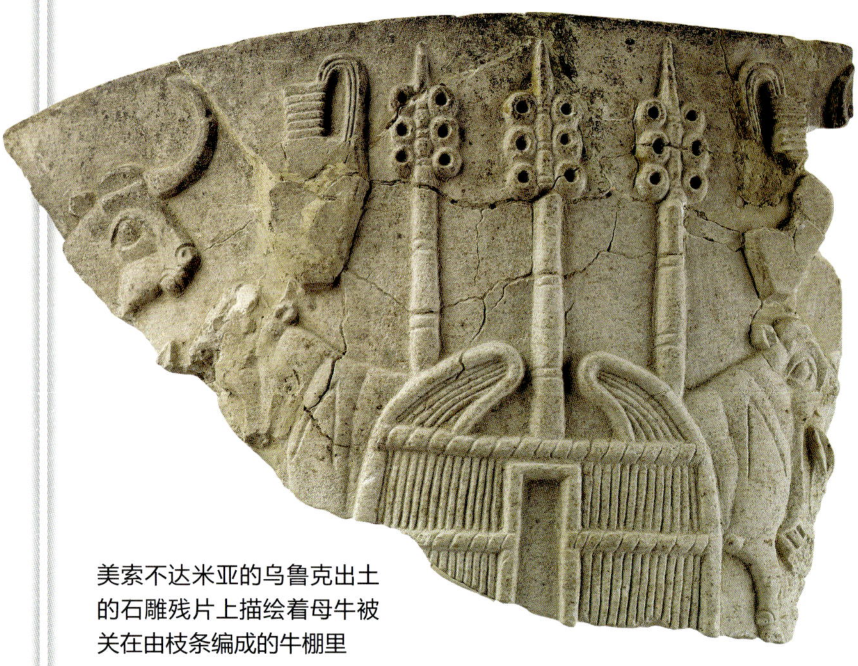
美索不达米亚的乌鲁克出土的石雕残片上描绘着母牛被关在由枝条编成的牛棚里

15000年前左右，随着冰河时期即将结束，有着可食用种子的野草欣欣向荣，一些以前四处流浪的以狩猎和采集为生的群体开始在这些谷类丰产的地方定居下来。研究者们推测，大约11000年前的干旱使得野生谷物难以采集，因此定居下来的人们开始自己种植作物。他们用原始的工具耕地，种下作物，然后收获谷粒。这是农耕的最早形式，让集体可以停留在土地上，过上定居生活。

学者们过去认为，农耕始于土壤肥沃的中东地区，然后流传到世界各地。但如今证据表明，农耕是在世界不同地域独立发展起来的。气候和土壤的地区差异导致了不同品种作物的专门化种植。中东、欧洲和印度种植的是早期形态的大麦和小麦，非洲种植的是高粱，中国和东南亚种植的是稻和粟，美洲种植的是玉米。随后人们驯化了动物，并形成了成熟的农业社区。

陶轮让人类可以制造更好的谷物容器——也可能在人们心中种下了有轮运输工具的理念。

小结： 气候变化促使游牧民族在群居点定居下来，自己种植粮食。

相关阅读： 炉边伙伴

延续至今的人狗情谊最初是如何建立的？对这一问题人们一直争论不休。基因研究表明，绝大多数现代犬类都和来自中东的灰狼有亲缘关系。最可能的情形是，大约3万年前或更早些时候，野狗开始逼近人类营地，拣拾人类扔掉的骨头和碎肉。胆子最大的野狗很快被训练成为捕猎的助手，后来又用于放牧牲畜。狗吠声也可以警告入侵者。截至14000年前，人狗之缘已经非常特别，在部分坟茔中发现人和爱犬的尸骸肩并肩放置着。

拉布拉多寻回犬

“火球甚至让大地都旋转起来，今天依然在转。奥洛伦朝伊夫吹了口气，奥巴塔拉的形体渐渐活了过来，成为伊夫的第一批人类。”——**约鲁巴创世神话**

文化 # 首批城镇

农田的生产力发展使人口迅速增长，简陋的村庄飞速扩张。农业意味着少数人就可以为整个集体种植出粮食，因此集体中的更多成员有时间去开发其他技能。陶匠和纺织工人制造了储存用的容器，磨坊主、面包师和酿酒师将粮食转化为面包和啤酒，建筑工人修筑起居所和防御墙，艺术家和祭司满足人类的审美和精神需求，官员确保整个社会机器运转良好。

最初名垂青史的此类社区之一便是杰里科（《圣经》中译作“耶利哥”），位于如今的巴勒斯坦地区。1 万年前，其人口已有 2000 人，是典型的以狩猎和采集为生的集体的 10 倍大。人们用泥砖建造房屋和其他建筑物。他们最伟大的成就是一座高 30 英尺（1 英尺 ≈ 0.3 米）的石塔以及一道 12 英尺高的巨型防御墙——《圣经》中对其称颂不已——这些可能是用来防御游牧民族袭击者的。在安纳托利亚即今天的土耳其，有一个类似的定居点叫作加泰土丘，其中有用泥砖砌成的房屋，房间经过装饰，有迹象表明这里有过繁荣的易货经济。

> 加泰土丘的房屋紧密聚拢在一起，居民只能从屋顶的孔洞进入屋内。

小结：农业上的成功催生了复杂的社区和城市生活。

建于前3000年，位于当今叙利亚的埃勃拉皇宫

“耶和华神用地上的尘土造人，将生气吹在他鼻孔里，他就成了有灵的活人。”
——《圣经·创世纪》第2章第7节

亦见 | 古典时代：第 88页

关键时期

前3500年
苏美尔人迈入了以寺庙为中心的城市区域的复杂社会形态

前3000年
骆驼被驯化

前2334年
阿卡德的萨尔贡大帝征服苏美尔，并打造了一个美索不达米亚帝国

前1792年
汉穆拉比在巴比伦掌权，建立了第一个巴比伦帝国

首批国家

前3500~前600年

杰里科等城市中心的出现是人类历史上下一个伟大进步阶段的萌芽期：文明的兴起。“文明”一词来自拉丁语词根 citizen（公民），它包括了作为国家成员的个体概念。几乎无法避免的是，伴随着国家到来的是强权统治者。随着国家结构日趋复杂，往日看似可以自治的社区如今需要更多的管理，由各类官员开始管理日常生活，从宗教监督、经济交换到与其他地区愈发频繁的贸易往来。这些社区中最为成功者都离不开强大的统治者，他们基本上是世袭制，也有部分是从演化为军队的武装人员队伍中崛起的。有了军队，统治者觉得有必要用上他们，城市便很快变成了城邦国家，周边地区都在其统治之下，有时整个帝国甚至绵延数百或数千英里（1 英里≈ 1.6 千米）。

首批文明崛起在新月沃土，这片位于中东的广阔土地从地中海东岸一直延伸到美索不达米亚，即底格里斯河和幼发拉底河之间的“两河流域”。其最南端直抵波斯湾，苏美尔的诸城邦国家以乌尔和乌鲁克为代表，他们崛起于前 3500 年。帝国的缔造者们紧随其后，从阿卡德的萨尔贡到巴比伦的汉穆拉比，然后轮到了北方亚述的统治者以及来自安纳托利亚的赫梯人。

帝国间的战争如火如荼，但与西方其他社会的贸易也如火如荼。沿着地中海东岸，腓尼基人成为航海大师，建立了一个海上贸易帝国，其殖民地远至伊比利亚半岛。克里特人在克里特岛发展出了一个高度发达而精致的文化。迈锡尼人统治的各地区后来成为希腊的城邦国家。

但在欧洲、非洲和亚洲的周边地区，以及伟大而历史悠久的埃及、印度、中华帝国，还有南北美洲以及其他偏远之地，还存在着数十个“首批文明”。文明在全世界范围内百花齐放，欣欣向荣。

> 世界上的首批文明是城邦国家以及从城市社区崛起的帝国，尤其以强权统治者为特色。新文明世界以贸易和文化发展为标志，但也以战争为标志。

上页：浮雕上的古赫梯统治者一副王者气象

前1595年
赫梯人洗掠了巴比伦，结束了巴比伦王朝的统治

前900年
美索不达米亚平原北部的亚述人开始了帝国拓疆

前740年
巴比伦人开始详细记录天象

前612年
巴比伦人击败亚述人，重掌巴比伦帝国

亦见 | 史诗般的历程：第32页

奴仆们奉上美索不达米亚的御用膳食

阶级与社会 苏美尔的社会阶层

伴随文明到来的是人分化为显著的社会阶层。在苏美尔的城邦国家和美索不达米亚社会当中，从最富裕的公民中出现了贵族，包括大地主、高官和王室成员，国王通常是经长老议会任命的军事领袖。他独自位于社会的最高阶层，责任重大，要建设大型公共项目如带阶梯、金字塔状的“塔庙”，管理军事组织，并充当宗教领袖。

国王之下便是祭司阶层，他们主持宗教仪式，管理寺庙社区，并控制着粮食的储存和分配，因而成为经济生活中的主角。其他人不是平民就是奴隶，但大众头上还有许多职位。非贵族身份的官员位于顶层，然后依次是书记员、商人、各种工匠——从冶金到木匠、纺织和烘焙面食。农民们耕种土地或经营小商店。

最低的社会阶层是奴隶，他们原先可能是在战争或在掠夺奴隶的伏击战中被俘的。实际上，奴隶的苏美尔文字意思是“外国人”。最贫苦的农民可以将自己或儿女卖身为奴。奴隶们几乎没有任何权利，不过在巴比伦他们可以经商，甚至也可以蓄奴。

在苏美尔，奴隶和自由人的儿女是自由人。

小结：苏美尔社会阶层上至国王、贵族，下至平民和奴隶。

风云人物

首批城市

吉尔伽美什
前3000～前2000年
半传奇色彩的统治者乌鲁克成为早期史诗中的英雄

阿卡德的萨尔贡
前2334～前2279年
这位帝王因征服苏美尔诸城邦国家而著称

汉穆拉比
前1810～前1750年
巴比伦帝国第一位国王，世界首部法典之一的缔造者

辛那赫里布
前704～前681年
亚述国王，定都尼尼微

祭司收税，并控制着位于塔庙底座上一座座紧挨的粮仓。

“乌玛统治者乌尔伦马抽干了宁吉尔苏的边界运河，妮娜的边界运河；他将这些石碑投入火中，让它们支离破碎。”——苏美尔碑文

日常生活 文明生活

随着文明的发展，日常生活的需求虽未改变，但人们不再将时间花在种植、采摘或捕猎食物上。取而代之的是，他们建立了一个复杂、相互交织的经济体系，交换劳动、商品，甚至是养家糊口、制作服饰等的管理或艺术技能。因此对大多数人来说，文明意味着通过工作来养活自己。大多数人从事的行业是农业，但考古学发现表明，陶器制作也是苏美尔人的重要行业，无疑这靠的是广阔的出口市场。

克里特岛的金吊坠

即便那些不工作的人也培育出了新的专门行业。精英阶层赞助画家和音乐家——大把赠送珠宝，鼓励娱乐业的发展。文明生活也意味着要做文明人，遵守那些公共场所交流以及家庭生活适用的行为准则。例如苏美尔式婚礼要求获得新娘家庭的同意，夫妻双方签订法律契约互相忠诚。在部分城邦国家中，女性可以拥有财产、在法庭作证，但只有女性才会因通奸罪而处死，她的丈夫也可以因她无法生儿育女而休妻。

{在地中海地区，克里特岛创造出了灿烂的文明，有宫殿、别墅还有黄金制品。}

小结：公共生活和个人生活的行为准则让社会正常运转。

跳牛是克里特岛的古代娱乐活动之一

美索不达米亚 父亲的建议

声音

阿卡德石碑

“不要站在人群聚集处。有人争吵时，不要在旁边游荡，因为争吵时，他们视你为看客。然后你会被他们当作证人，他们打官司时让你出庭作证，要作证的事情却跟你没有任何关系。发生争吵时，走开，不要理睬！如果发生的争吵跟你有关，冷静下来。争吵是带盖的陷阱，是一堵会压倒敌人的墙。”

——一位阿卡德父亲给儿子的建议，大约前2200年

“我将野牛和猛龙放在大门前，以极为隆重奢华的方式崇拜它们。”

——尼布甲尼撒致伊什塔尔的献词

亦见 | 史诗般的历程：第45页

艺术 第一份文字作品

文字始于中东地区，起初是用来记事的。长期以来，商人使用黏土标志来代表商品，到了前3500年，他们使用中空的黏土球作为盛放这些标志的容器。黏土球表面刻的图案代表着里面标志的数量和种类，有了这种标签，人们很快便不需要再用标志了。于是书记员将黏土球拍扁成写字板，以便在上面书写。上面刻的图案或者说象形文字本来是他们所代表事物的程式化表现手段，但这些符号很快变得愈发抽象。苏美尔人发明了一套名叫“楔形文字”（来自拉丁语wedge，即楔子）的书写系统，用芦苇秆削成楔形的一段为笔，写下一些简单符号形成的组合。

一个书记员记录谷物的分布（上）。一个来自叙利亚的乌加里特人密封了一件用楔形文字写成的信件（左下）

> 部分书写形式依然为象形文字；其他文字基于语音，文字用来代表声音或音节。

书记员们的书写方式也在变化。将军们的书面报告方便了统治者，书面化的风俗习惯变成了法律法规，史诗故事成了文学的最初形态。

小结：文字使历史得以记录，文学得以诞生。

> “拉齐普姆娶了艾尼史如的女儿哈塔拉。在乡下，拉齐普姆不可另娶；在城里，他可以娶一个庙里的女奴。”——亚述婚约

声音

苏美尔 吉尔伽美什发现死神

“恩奇都，我年轻的朋友（田野里的猎豹），
你的力气无与伦比，让我们登上了山巅，
抓住了天上的公牛，杀了它，
打倒了住在雪松森林里的洪巴巴，
如今是什么睡眠攫住了你？
你的面容平静；你听不见我的声音。”
但他没有睁开眼睛。
吉尔伽美什摸了摸他的心脏；再也没有心跳。
于是他用布裹住他的朋友，仿佛新娘一般。
吉尔伽美什为朋友恩奇都一边痛哭流涕，
一边冲过条条大道。
“我自己也会逝去，然后就会像恩奇都那样。
悲伤进入了我的心中，
对死亡的恐惧难以释怀，因此我在路上游荡。”

——《吉尔伽美什史诗》，前1000年至公元元年

这位正在驯狮的英雄可能是吉尔伽美什

宗教 多神教

事实上，祭司控制整个社会的粮食储备这一点，说明了宗教在苏美尔人生活中的中心地位。庄稼收成是一切的基础，所以人们崇拜收获之神和基本元素之神。原先每个城邦国家都有自己的神，但各社区间关系日益密切，这些神也被集中到了一个官方的神殿里。最顶部是三个主神：阿努，诸神之父；恩利尔，塑造了世界的土、风之神；恩基，智慧之神，管理恩利尔创造的生命之神。还有几十个其他神各司其职，例如有个犁神，有个叫作伊什塔尔的爱情与战争女神。

汉穆拉比王正在祈祷

当巴比伦在前第二个千年之初崛起时，巴比伦市的本地神马杜克闯入了苏美尔人的旧秩序。巴比伦国王汉穆拉比声称，阿努和恩利尔让马杜克负责管辖所有其他神，就像他们希望汉穆拉比统治整个美索不达米亚一样。这可能是一个政治伎俩，但马杜克这步棋走对了，直到前第一个千年里，马杜克一直是美索不达米亚诸神之神。

小结：苏美尔人崇拜多个神，以确保风调雨顺，事业成功。

“当木星与金星一同离去，大地上的祈祷将传入神的心中。马杜克和萨帕尼特将聆听子民的祈祷，会怜悯我的子民。”——涅伽尔－艾提尔

特洛伊战争中普里阿摩斯之死（绘画，勒尼奥）

赫梯人骁勇善战，乘着快速的两轮战车，于前1595年洗掠了巴比伦。

冲突 帝国争雄

在前第三个千年末期，美索不达米亚的城邦国家进入了一个崭新的阶段。强权领导人意识到他们只需击败邻居就可以扬名天下，充实本国经济。美索不达米亚中部城市阿卡德的萨尔贡——这位戎马出身的国王，就承担了帝国缔造者的新角色。前2334年，萨尔贡推翻了阿卡德的执政国王，其在位56年间不断扩张，将阿卡德帝国从地中海岸一直延伸到波斯湾东岸的土地上。

继萨尔贡之后，许多统治者也把疆域拓展到美索不达米亚之外。他们当中许多人是垂涎这片土地和富庶繁华的城市的外国侵略者。侵略者们来自东部和北部，比如赫梯人，有时会占据整个帝国的版图。后来，苏美尔、巴比伦和亚述诸国王靠着成千上万手持长矛、登上战车的勇士登上权力宝座，亚述军队最多时达20万人。

帝国的浪潮也在其他地方突然掀起。希腊的迈锡尼人和安纳托利亚东部的民族间的战争成为史上最著名、最富传奇色彩的战役——特洛伊之战。在荷马笔下，这场战争为的只是爱情和尊严。不管真相究竟如何，这场战争无疑拓展了帝国的疆域。

小结：1500年间战事几乎从未中断，见证了各个帝国的兴衰。

迈锡尼的巨型石墙和狮子门至今依然屹立

“就在此时，科里尼珀斯之子泰利罗斯……率领30万大军攻入西西里——大军中有腓尼基人、利比亚人、伊比利亚人、利古里亚人、赫里斯基人、撒丁人、科西嘉人。”——希罗多德

声音

荷马 希腊人对战特洛伊人

“达奈人的队伍，一队接着一队，蜂拥而至，开赴战场；各位首领统帅着自己的部属。他们静静地行进——无法想象如此众多的战勇，慑于头领们的威严，全都紧闭喉门，一言不发，肃然前行，浑身铜光闪烁，穿戴精工制作的铠甲。特洛伊人的队伍则是另一种景象：如羊群一般，成千上万，挤在一位资产丰足的阔佬的农庄，熙熙攘攘，等待着献出洁白的鲜奶，人手的挤压，听到羊羔的呼唤，发出咩咩的叫声，持续不断。”

——荷马《伊利亚特》，约前800年

荷马

贸易 精明的生意

贸易是促使文明在新月沃土和地中海东部崛起的关键因素之一。没有进口石材和金属制成的性能更加优良的犁和镰刀，没有用苏美尔的粮食换来的土地，美索不达米亚的农业就不会蓬勃发展。随着时间的推移，用于交易的商品的品种越来越丰富，各贸易文化也更加充实。

铸有船只图案的古代腓尼基钱币

商队赶车人的生意很稳定，驮着货物的骆驼队从美索不达米亚向西可以到达地中海，向东可至印度。在苏美尔南部，从事海上贸易的商人往返于波斯湾的海岸线，也许还到过更远的地方。不过他们还是比腓尼基人逊色得多。腓尼基人的木船有了帆和桨，可以纵横地中海。精明的腓尼基人在有利可图的市场附近建立殖民地，正是有了这些精明的贸易联盟，腓尼基人的泰尔和西顿这两大城邦国家之间的贸易往来持续了许多个世纪。

{腓尼基人告诉其他文化，地中海最东端那方有可怕的怪兽出没。}

小结：早期文化因陆上贸易和海上贸易而获益良多。

人物评说

萨尔贡 统治时间为前2334～前2279年

萨尔贡这个名字意思是“真正的国王”。阿卡德的萨尔贡利用这一假设的合法性，建立了一个庞大的帝国。他骁勇善战。在某碑文中，他声称将废黜的国王“拴着狗链子带到恩利尔的大门处”。但他治国有方，制定标准，将阿卡德语诏令为美索不达米亚全境内的官方语言，将一个多元文化的帝国统一起来。尽管他在攻下一些苏美尔城邦国家后任命了阿卡德人作为郡守，但并未染指苏美尔人的宗教。后世帝王纷纷效仿他的治国方略。**结论：**褒。

萨尔贡

“四磅的铜等值于半舍客勒银子；一桶猪油，半舍客勒银子，两块奶酪，一个半舍客勒银子；一件袍子，12个半舍客勒银子。”——赫梯法令

《汉穆拉比法典》

巴比伦国王汉穆拉比留下了以他的名字命名的法典，这比他的所有征战功勋都更加伟大。这部编纂于约前 1790 年的法典建立在苏美尔人的法律条例基础上，由 282 部单独的法律组成。大多数法律由单独的一句话组成，规定了对各种罪行的处罚，为贸易往来制定了规则，甚至还涵盖了司法的不当行为，指出若法官犯错，须支付他所判罚金数额的 12 倍罚金，并撤职。

汉穆拉比　汉穆拉比于前 1792 年登基后，便立即向邻近城邦发动战争，缔造了第一个巴比伦帝国。他在自己的法典中写道："我的话经过深思熟虑，我的智慧无人能及。"

“若女人与丈夫吵架，说‘咱俩过不下去’，就必须拿出这一偏见的理由。若她无过错，错不在她，而是丈夫离开她，冷落她，则她无罪，可以收拾嫁妆，返回父亲家中。”

“如有人盗窃了属于神或法院的牛、绵羊、驴，猪或山羊，应赔偿其金额的三十倍；若偷的是国王的自由人的牲畜，这就要赔偿十倍；若盗窃者无赔偿能力，则应处死。”

石碑 汉穆拉比法典最全版本刻在一块7英尺多高的石碑上，这块石碑在巴比伦展览。其他版本是刻在烘干的黏土板上。

“若有人在城门外霸占了法庭的男奴或女奴，或是自由人的男奴或女奴，应予处死。”

“若有人因贷款而负债，暴风雨毁坏了农作物，或者收成不佳，或者粮食因干旱而颗粒无收，则当年无需向债主归还一颗粮食，他将记债板在水中清洗，当年无须交租。”

当地语言 汉穆拉比法典用阿卡德的市井语言以楔形文字书写，因此比以往祭司们口口相传秘而不宣的苏美尔法律更通俗易懂。上图显示部分选自第14、15栏。

国王与神 石碑顶端列出了法典的282条法律，汉穆拉比征求了正义之神沙玛什的意见。图中，沙玛什端坐着，仪态威严，双肩上燃烧着火焰。

“若控诉某人，被告走到河边，跳入河中，若他沉入河底，则其房产归原告所有。若河流证明被告无罪，被告上岸后未受伤，则原告应予处死，原告所持房产应归跃入河中者所有。”

以眼还眼

若儿子殴打父亲，则应砍去双手。

若有人挖了另一人的眼睛，则应挖掉他的眼睛。

若他打折了另一人的骨头，则他的骨头也应打折。

若他挖掉了某人所蓄奴隶的眼睛或打折了某人所蓄奴隶的骨头，应按照奴隶价钱的一半予以赔偿。

若他打落了同阶层人的牙齿，也要将他的牙齿打落。

若自由人的奴隶打了自由人的身体，应割掉他的耳朵。

亦见 | 古典时代：第103页

关键时期

前3100年

上埃及的那慕尔国王征服了尼罗河三角洲地区，统一全国

前2650年

古王国时期开始

前2550年

法老胡夫敕令建造吉萨大金字塔

前2150年

干旱使尼罗河季节性的洪水断流，古王国动荡不安

尼罗河的土地

前3050～前525年

尼罗河孕育了埃及文明，正如底格里斯河和幼发拉底河孕育了美索不达米亚文明，但埃及这个文明之子与其他文明截然不同。它从未建立过城邦国家，埃及的城市是宗教和政治中心，有着宫殿、庙宇和纪念碑。但人们居住在尼罗河肥沃的泛滥平原上密布的乡村或稍大的市镇里，河流将他们联系起来。起初，居住在被称作“上埃及”的南部地区的社区成为一个统一的王国。这里的耕地较狭窄，河流被悬崖和沙漠环抱；被称作“下埃及”的尼罗河及其支流冲积而成的广阔三角洲地区也随即成为王国，两地都有了强权统治者的统治。大约前3100年，上埃及国王美尼斯（又名纳尔迈）征服了下埃及，统一了各王国，定都于上、下埃及的边界处的孟菲斯。

埃及的历史绵延了大约3000年，历经31个王朝，作为王室领袖的统治者后来才被称作法老。学界将整段历史分为三大平稳的阶段：古王国时期、中王国时期、新王国时期，每个时期之间是战乱。这些动荡的“过渡时期”中，有一个时期是由于连年大旱导致的，使上、下埃及又恢复了往日的分裂状态，区域冲突频发。稳定时期则见证了领土扩张和赫赫战功。在古王国时期，乔塞尔、斯尼夫鲁和胡夫等法老建造了第一批也是最宏伟的金字塔，这些金字塔炫耀着他们的权力，也说明了他们对死亡仪式的重视。中王国时期的法老们将目光转向了南部的努比亚王国，吞并了它的土地和金矿。新王国的统治者们迁都底比斯，并将埃及霸业向北扩张，直至迦南和叙利亚。

约前1000年，埃及似乎已经无法维持其有效统治。在后来的六、七个世纪里，形形色色的外国侵略者霸占了埃及。他们中的大多数保留了埃及的风俗习惯和法老的统治方式。要说外国文化征服，还要等到亚历山大大帝，然后是罗马人，是他们将埃及最后的法老克娄巴特拉赶下台的。

> 古埃及文明之所以持续繁荣了3000多年，历经31个王朝，是因为尼罗河的沃土，也是因为在这个单一的社会中，臣民视君王为神。

上页：掌握权柄的奈费尔提蒂女王在前14世纪统治埃及，时值新王国时代

前1975年
来自底比斯的统治者重新统一了埃及，中王国时代开始

前1353年
法老阿肯那顿等，将太阳神阿顿尊为埃及最高神灵

前1070年
新王国时期结束，强大的埃及风光不再

前730年
努比亚人征服埃及，其统治维持了数十年，直至埃及被亚述人占领

亦见｜史诗般的历程：第34页

阶级与社会 # 出身决定地位

新王国的伊希斯女神（左）和奈菲尔塔利女王（右）（壁画）

阶级决定了埃及每个人的身份，阶级体系植根于出身，与职业紧密相关。阶级的稳定性是埃及社会如此长盛不衰的因素之一。最底层的阶级当然是奴隶，他们在富人家中干活或从事卑微的工作，但其数量并没有我们以前认为的那样多。农民工修建金字塔，开凿灌溉水渠，耕种田地。再上面一个社会阶层是从事各种手艺的技术工人，以及专门为皇家陵墓工作的画家和雕塑家。然后是庞大的政府官僚体系中的书记员，他们上面的社会阶层是官员，还有郡主，以及为国王打理国家大事的维齐。祭司阶级享有种种特权。最后是法老及王室家族。法老们被视为神，维护森严的社会等级是他们的头等大事。

小结：埃及稳定的社会状态靠的是坚实的技术工匠这一阶层。

风云人物

尼罗河地带

纳尔迈（美尼斯）
大约为前3100年
统一了上、下埃及的埃及法老

胡夫 前2558～前2551年
埃及古王国时期法老，敕令修建吉萨大金字塔

哈特谢普苏特
前1473～前1458年
埃及女法老

阿肯那顿（阿蒙霍特普四世）
前1353～1334年
信奉阿腾神的首位埃及法老

拉美西斯二世 前1279～1213年
一位威名赫赫的法老，数次率领大军远征地中海

“哦尼罗河，向你欢呼！你在这片土地上展露雄姿，为埃及带来生命！你从黑暗中涌出是多么神秘，今天我们为你庆祝！”——《尼罗河颂》

声音

奈迈尔-纳卡特

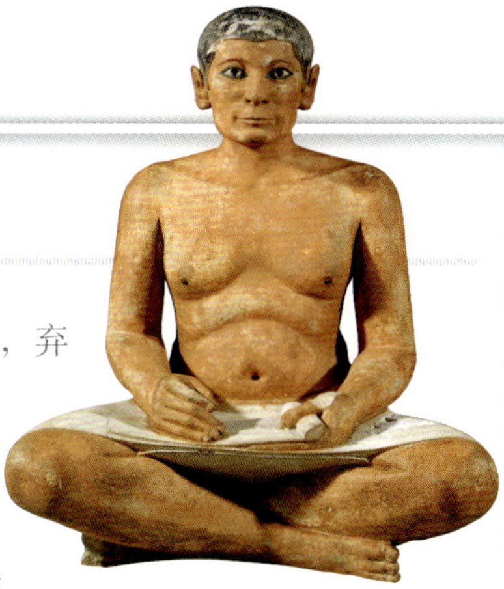

书记员

“热爱写作，拒绝舞乐，便可身居高位。勿念山林水泽。弃飞镖，弃逐猎，日则运笔为书，夜则诵之。以书卷、调色板为友，其悦心尤胜美酒。为知之者记之，生计若此，夫复何求？面包、啤酒不及也，鲜衣香脂不及也。埃及文物不及也，西方陵墓不及也。”

——《书记官致学徒书》，新王国时期晚期

日常生活 工作和娱乐

为了在阴间生活得舒适，法老们命人在陵墓中放入陪葬品，既有金银财宝，也有生活用品，墙上绘有日常生活的场景。这些文物向我们详细地展现了埃及各阶层的生活方式，但也许是理想化的情景。平头百姓们工作繁重，包括犁田、收割作物、制造莎草纸、造船、绘制陶器、烹饪食物。富人在豪华宴席上懒洋洋地坐着，一边下棋，一边欣赏乐师和舞者的表演。他们的生活中可能也会有运动气息：国王图坦卡蒙陵墓中的壁画显示，国王从战车中射箭、游泳、捕鱼、打猎。尽管土地丰饶，但上层官员和下层民众的生活依然朝不保夕。埃及人平均寿命仅为20岁，但图坦卡蒙本人连这个年龄都没活到，他的死因可能是腿伤坏疽。

在埃及的一家面包店里，工人将壶盖堆起来

小结：民众们终日劳作，上层人士喜欢运动和音乐。

相关阅读：容貌美丽

埃及上流人士花费大量精力打造无暇妆容。尽管奴仆们身上仅着兜裆布，他们却穿着用珠子装饰衣领的上等白色亚麻长袍，戴着金银首饰和玉石。因为埃及精英阶层无论男女老幼，不化妆便不算着装整齐。他们用红赭石给脸颊和嘴唇涂上玫瑰红，用指甲花将指甲染成黄色和橙色。最后的点睛之笔是用黑色眼线笔画出渐细的线条。他们护肤方式是这样的：为了在干燥的气候中保持肌肤润泽，每天用芳香油涂抹。

使用化妆品

“我怀上孩子后，他们禀报了国王，国王心花怒放；他赐给我许多东西，还有一件用最上等的金银和亚麻制成的礼物。”——阿胡拉王妃

1
前600~600年
前600~500年
500~1100年
1000~1450年
1450~1650年
1650~1800年
1800~1900年
1900~1945年
1945~2010年

亦见 | 古典时代：第113页

宗教 今生与来世

宗教是埃及人日常生活中的重要部分。和其他文化一样，每个早期社区原先都有一位庇护神，形象一般是动物或动物与人的合体。随着埃及社会稳定下来，部分地方性的庇护神地位升高，演化出一个复杂的神话体系。隼头神何露斯原为上埃及尼肯（亦称“希拉孔波利斯”——译者注），在法老时期成为整个埃及的诸神之王，据说法老们都是以他的化身形式来执政。

中王国时期前几任法老们登基后，开始崇拜新的合体神阿蒙—拉。阿蒙—拉糅合了原先的太阳神拉和新首都底比斯的庇护神——长着公羊脑袋的阿蒙神形象。在新王国时期，阿肯那顿将圆盘形象的太阳神阿腾树立为诸神之神，但阿肯那顿去世后，祭司们为了各自的利益，又迅速恢复了旧的宗教秩序。

阴间的哈伦海布法老

何露斯是埃及最著名的两位神的后裔。据神话记载，其父奥西里斯被亲弟弟赛特撕成碎片，但奥西里斯的妹妹、何露斯之母伊希斯将奥西里斯复活。何露斯在一场史诗般的战役中杀死赛特，成为诸神之王。伊希斯被奉为爱和创造女神，而奥西里斯被奉为冥王。

> 位高权重之人可能会被葬在石棺中并排放置的3个棺材中。

在阴间问题上，宗教关乎埃及人的个人生活。到了中王国时期，所有埃及人，不只是法老及其子嗣，只要他们在死

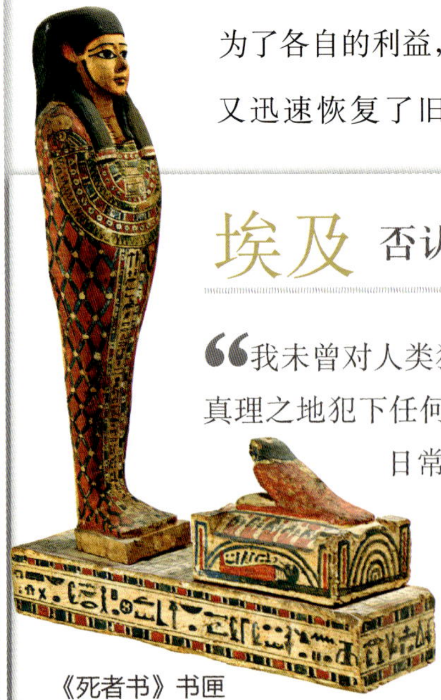
《死者书》书匣

埃及 否认词

“我未曾对人类犯下任何罪错。我未曾压迫（也未冤枉）过[我的]亲属。我未曾在真理之地犯下任何罪行。我不认识卑鄙小人。我未曾犯下任何违反伦常之行为。除日常工作外，我未曾做其他工作。我未曾争功盗名。我未曾对奴隶们颐指气使。我未曾想过讥讽神。我未曾骗取穷人财产。我未曾做过诸神厌恶之事。我未曾让主人伤害奴隶。我未曾让任何人受苦。我未曾让任何人挨饿。我未曾让任何人哭泣。”

——《死者书》中“在奥西里斯前的自白”

声音

“诸神为您的升起而喜悦，大地因您的光芒而欢乐；每天，您的壮美让久死之人欢呼着复活过来。”——拉赞美诗

声音

埃及 你这个拉的敌人

“滚回去吧，阿佩普你这个拉的敌人，你这肠子状弯曲无手无脚的蛇。你的身躯无法站立，这样你才能苟且存活；你长长的尾巴展露在巢穴和敌人面前；在拉面前你退缩。应该砍下你的脑袋，将你杀死。你将不会昂起脸来，因为他的火焰在你可憎的灵魂中燃烧。你的屠宰场里的气味也是你的同伙们的气味。”

——埃及驱蛇咒语

兔子模样的拉杀死蛇魔

者审判所中得到奥西里斯的正面评价，都被视为有资格在死后享受幸福生活。统治阶级为了准备葬礼而不惜一掷千金，因为他们相信这样可以更容易让他们到达极乐世界。埃及人相信，到了阴间后，死者的心脏会被放在天平的一端，另一端则是一根鸵鸟毛。若天平保持平衡，则死者来到天界，否则死者将被食死鬼吃掉。

小结：埃及人崇拜多神，但优先崇拜少数神，如奥西里斯。

安努毕斯在场的哀悼仪式

“让我在怡神之所得到面包蛋糕，得到祭品蛋糕和淡啤酒，得到向安努示好的祭品，还有在芦苇地里的一个永久居所。”——**奥西里斯赞美诗**

亦见 | 古典时代：第 114 页

建筑 金字塔的建造

对阴间生活地位的关注让埃及的法老们敕令建造陵墓，以此来安置他们的木乃伊以及他们会在来生需要的一切事物。早期的陵墓只是简单的方形泥砖平台，称作“墓室”，其中最大的只有 17 英尺高。但在第 3 王朝国王左塞尔的敕令下，一座更加宏伟的纪念碑在萨卡拉动工，他任命自己的首席顾问伊姆霍特普全权负责。伊姆霍特普创新性地将一系列墓室按照从大到小的递减顺序依次堆起来，创造了世界上第一座阶梯金字塔——也是有史以来完全用人工石料建造的建筑物。

这座阶梯金字塔的高度超过 200 英尺，但这一纪录很快就被其他金字塔打破，其中最宏伟的是吉萨大金字塔，高约 480 英尺，由 200 多万块重量高达 15 吨的石灰石块建造而成。数万劳工用滚轴或滑板来运送石料，并有可能拖着石料从土坡道牵引到位。然后用碎石填平台阶，将其裹在石灰石中，形成光滑的斜面。

小结：法老们一手遮天，可以指挥庞大的劳动力来建造金字塔和其他古迹。

巨大的狮身人面像很可能是古王国法老哈夫拉所建，其正面像可能是基于他的面庞

“为了你的女儿，我准备了这些：生命、富裕、健康、食品、营养、尊重、人缘以及一切善事。”——“哈特谢普苏特的诞生”铭文

拉美西斯二世使用双轮战车和努比亚叛军作战

冲突 帝国纷至沓来

纵观历史，埃及既征服他人，也被他人征服。在古王国时期，法老派军队进入迦南沃土，同时中东王国的统治者们将帝国的军事行动扩张到努比亚。他们首次建立了常备军，但其他创新乏善可陈。事实上，美索不达米亚人和其他民族的军备改善了很久以后，埃及人仍然在用长矛和简单的弓作为武器作战，只能用笨重的身体大小的盾牌进行防护。

难怪埃及守军在前约1630年被打得溃不成军。对手是希克索斯人，这些来自中亚的游牧勇士配备弯刀、射程更远的弓以及双轮战车。只有技术创新，埃及人才能赢回自己的土地。

这次发生在前15世纪的掠夺，包括在战斗中从迦南人手里抢来的924辆战车。

前1285年在叙利亚，拉美西斯二世和赫梯人的战事陷入僵局，后来通过与赫梯公主通婚，换来了短暂的和平。但埃及的荣耀很快消退。在亚历山大登基之前，利比亚、努比亚、亚述以及波斯军队轮番击败埃及军队，最后埃及为罗马人所灭。

小结：强权的法老们率领军队无坚不摧，但随着时间推移，埃及的势力渐渐减弱。

相关阅读：以十为计数单位

埃及人痴迷数字，因此他们的测量精度很高；例如大金字塔各边的长度变化小于0.1%。巴比伦人在数学理论方面取得了很大进步，但埃及人对现代枚举体系有两大贡献，其一便是以十为计数单位：象形文字每十个为一个计数单位，总数多达百万。另一个是分数。单位分数（三分之一、百分之一等）由代表“分数”的象形文字置于代表分母的象形文字之上构成。此外另有专门的象形文字来代表常用的分数二分之一，以及非单位分数三分之二和四分之三。

骰子

“然后拉姆西斯起身，像他的父亲，强壮的孟特，所有武器在手，身披铠甲，就像巴力般准备投入战斗。”——“拉美西斯二世战胜赫梯人”铭文

前600~600年 前600~500年 500~1100年 1000~1450年 1450~1650年 1650~1800年 1800~1900年 1900~1945年 1945~2010年

亦见｜黄金时代：第57页

关键时期

前2500年
随着城市出现，哈拉帕文明在印度河流域发展起来

前2000年
哈拉帕文明衰落，城市废弃

前1500年
雅利安人入侵并控制了印度河流域

前1000年
雅利安人的头领将疆域从印度河流域扩大到恒河流域

印度

前2500～前500年

正如在新月沃土和在埃及的历程一样，文明首先绽放在印度次大陆的河岸边，这次是在印度河边。澎湃的印度河裹挟着来自这个星球上部分最高山脉，带有丰富沉积物的冰川融水汹涌而来。印度河流域广袤的冲积平原为有组织的灌溉提供了充足的条件，进而促进了强大的社会组织的形成，带来了五谷丰登，带来了繁荣富强。首先出现的是村落，到了前 2500 年，那些与美索不达米亚城市类似的城市在印度河流域已经有十几个，其中最主要的是南部的摩亨佐达罗和北部的哈拉帕，后来用哈拉帕这个名字来代表整个文化。这两个城市的出现，说明整个社会已经极为成熟，街道呈网格状，污水通过水渠进入下水道。

公共卫生显然居功甚伟，这使得摩亨佐达罗稠密的人口增长到 40000 人。印度各城市与美索不达米亚积极开展贸易。商人们在封泥或铜板上加盖或刻上符号及象形文字，在此基础上发展出了一套由大约 400 个字符构成的文字系统。

洪水滋养了这片土地，但它也颇具破坏性。考古证据表明，摩亨佐达罗历经 9 次重建。是否洪水或其他原因导致了哈拉帕文明的衰落，学界对此争论不休。但在前第一个千年的头两个世纪中，城市废弃，文字消失，来自北方的侵略者发现门户洞开。

> 印度河和恒河两大河流在印度次大陆诞生了两大文明，起先是哈拉帕文明，此后是入侵的雅利安人。随着时间的推移，种种传统逐渐融合，汇流成一个丰富多样的文化。

到了前 1500 年，被称为雅利安人的民族从欧亚草原浩浩荡荡而来，带来了他们新的神，建立一个全新的阶级结构。约前 1000 年，侵略者已经占领了郁郁葱葱的恒河流域东部。在接下来的 300 年里，册封的王侯们已经统治了整个印度 16 个界限分明的雅利安王国。

更多变化正在逐渐展开。在大约前 520 年波斯人征服了印度河流域。此后不久，恒河流域的摩揭陀王国异军突起。其历代国王打造了一个后来造就印度文明的帝国，但其根基依然扎在雅利安和哈拉帕传统之中。

上页：印度阿旃陀石窟中手持莲花的菩萨

约前900年
《摩奴法典》汇编了道德生活的种种规则

前700年
印度教师用名叫《奥义书》的经文重新诠释了雅利安人的信仰，从而形成印度教的基础

前560年
佛陀或称＂释迦牟尼＂的乔达摩·悉达多诞生

前520年
波斯人征服了印度河流域

史诗般的历程：印度
亦见｜黄金时代：第82页

宗教 众神

尽管有争议，但印度教可能是世界上最古老的宗教。它包含着来自哈拉帕人和雅利安人遗留下来的信仰，雅利安人的信仰正式收录在首次成书于前1400年的《吠陀》一书中，该书收录了赞美诗、祷文和仪式。后来大师们用自己编写的圣典《奥义书》对部分雅利安人的信仰提出挑战，《奥义书》假定每一个灵魂都可以与被称为“婆罗门”的普遍精神结合。到了前6世纪，印度教诞生，它将寻求救赎与各式各样的神灵崇拜结合起来。然后在前528年，一个名叫乔达摩·悉达多的人开始向众人传授说，可以通过中道的节制和德行实现精神启迪，或称涅槃。他自己被称为“释迦牟尼”或佛陀，于是一个新的宗教诞生了。

印度阿旃陀石窟中雕刻的一尊卧佛

{一些印度教徒认为，佛陀是长生不老和守卫世界之神毗湿奴的化身。}

小结：长期备受崇敬的圣典以及对古代诸神的改编，促成了印度教多姿多彩的教义。

风云人物

印度诸神

因陀罗 早期印度教诸神之首，骁勇善战

伐楼拿 早期印度教中掌管天上，监视人类的道德行为的神

毗湿奴 印度教主神，负责保护宇宙，维持宇宙秩序

湿婆 印度教主神，是邪恶的破坏者

“必须为乘马车者、90岁以上者、病人、负重者、妇女……国王，以及新郎让道。”

——《马努法典》

声音

印度 因陀罗

“他掌管雷电，消灭劫匪，凶悍可怖，知识广博，备受歌颂，身强力壮，像苏摩汁液般激发五界活力：愿因陀罗与马尔殊携手，庇佑我们。”

——《梨俱吠陀》第七章，第七赞美诗

梵天手持一页《吠陀》

阶级与社会 种姓制度

> 到前600年，阶级进一步分化，出现了一个称为jatis的亚种姓。

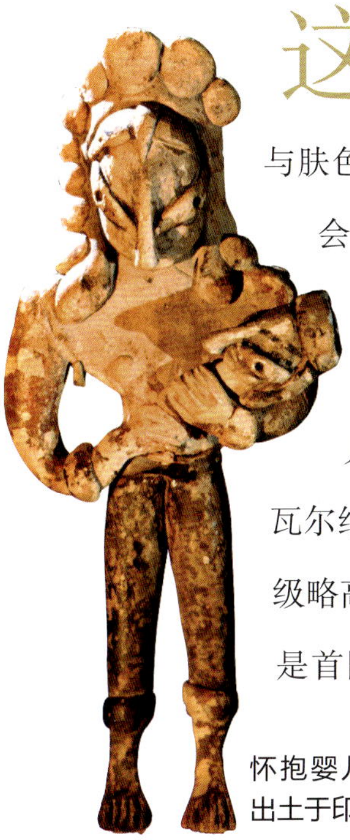

怀抱婴儿的雕像，出土于印度河流域

这是历史上首个有据可查的种族主义。雅利安人征服印度后，便将自己这群肤色较白的人与肤色较黑的德拉维族当地百姓区分开。雅利安人社会内部有两个阶级，即婆罗门（祭司）和刹帝利（勇士）。到了前1000年，他们已经将其他所有人——那些称作“达萨”的肤色较黑的人——划分为不同的职业群体，称之为瓦尔纳，瓦尔纳一词既包含了“阶级”，也包含“肤色”。等级略高的是吠舍，包括农民、商人和工匠。然后下面是首陀罗，即失地农民、工人和奴隶。几个世纪以后，又划分出一个阶层：从事最低贱工作的人，如埋葬死者，这些“贱民”被完全排除在阶级体系之外。

这个种姓制度有硬性规定，例如，你不能与来自另一个瓦尔纳的人结婚、共事，甚至一同吃饭。

小结：雅利安人的统治带来了一个严格的社会结构。

相关阅读：今日种姓

古印度的种姓制度虽经改头换面，但至今依然存在。传统瓦尔纳的区分方式已经消失，但亚种姓者如今人数依然接近3000，这些人依然居住在以社区为单位的群体中，从事同一职业，操同一方言，秉承同样的宗教信仰系统。虽然不可接触某人的规定在1950年被取缔，但歧视仍然存在。他们自称“贱民”，意思是“受压迫者”或“被压榨者”，这一沿袭下来的群体成员在部分社区中依然遭到排挤。但是20世纪中叶开始的民权运动已经取得了重大进展。如今许多贱民已经成为医学、法律和政府等行业的佼佼者。

印度比哈尔邦身着传统服饰的女人

“哦，比丘，难道是……中道带来见识，带来智慧，带来淡泊、知识、菩提和涅槃？”

——乔达摩·悉达多（佛陀）

亦见｜黄金时代：第75页

关键时期

前2296年
中国天文学家作出彗星观测的最早记载之一

前2200年
中华文明开始出现在黄河流域

前1750年
商朝征服了黄河上的一个王国

前1300年
商朝统治者迁都安阳

中国

前2000～前500年

从某些方面来看，中国古代的情况与美索不达米亚和印度大同小异：两条大河带来肥沃的冲积平原，推动了早期农业的发展，粮食丰产带来人口增长，小村落的社会结构日趋复杂，导致城市出现。但在其他方面，中国与他们则截然不同。中国的西部和北部被大漠和崇山阻断，南部被莽莽丛林隔开，东边是太平洋，因此形成了独特的中华文明，不受其他民族通过贸易或战争带来的影响。中国的两河流域洪水频发，因此帝王们非常重视开挖灌溉沟渠和运河，作为防洪之策。其中一位就是传说中的大禹，他因前2200年制服洪水，建立第一个朝代夏朝而闻名。在此后的1500年中，夏朝以及其后的朝代推动了中国文明的发展。

前1750年，商朝已经建立，更多的城市随之产生。商朝诸王的地位近乎神，他们的丧葬方式十分奢华，利用战俘殉葬来献祭。商朝最后一个统治者帝辛（一般称纣王——译者注）则残酷至极，对反对他的人施以酷刑，横征暴敛。前1100年，来自西部的周武王推翻了他的统治，建立周朝，并将势力范围扩展到长江流域。

面对扩大的国家版图，周朝的帝王们将亲属封为诸侯进行统治。最初在西周时期，皇帝势力依然显赫，但同时严格的封建制度已经形成，成就了周朝瓦解的滥觞。前771年，劫掠的游牧民族迫使周朝向东迁都，这标志着东周时期中央统治者权力已经削弱。如今诸侯们完全控制了自己的领地，他们眼中的帝王不过是傀儡而已。一些敌对国家出现，战事频发。周王朝用土和石头砌成了一个庞大的防御结构，称之为方城，其他国家纷纷效仿。这些方城遗迹后来并入长城。

强权统治者建立了中国第一个王朝，推动了整个中华文明的发展。但随着诸侯势力愈发强大，中央权力下放，形成了一段时期内四分五裂的局面。

上页：周穆王乘着战车驶出国门

前1100年
商朝末代统治者帝辛（一般称纣王——译者注）被周朝的创始人（周武王——译者注）推翻

前1000年
冶铁技术在中国得到推广

前771年
周朝迁都洛阳，成为东周和西周的分界线

约前600年
中国哲学家、道家鼻祖老子诞生

亦见｜史诗般的历程：第18页

一位农夫和水牛走在云南元阳古老的梯田上

农耕 水田、旱田、丝绸

气候和地形的差异造成中国两大河流域的农业发展状况大相径庭。长江流域的湿地和热带气候推动了水稻种植，犁的发明和水牛的驯化也帮助南方农民走向富足。北方则较为干燥，气候条件恶劣，土地贫瘠，无法种植水稻。

黄河这个名字本身源于黄土高原，这里有一层厚厚的压得紧实的黄土，大风和洪水将它塑造成了高低起伏的地形。这种土壤很容易耕种，矿物质异常丰富，非常适合栽种当地经培育后的作物小米。农民在山坡上修建梯田，增加了可耕地面积。随着灌溉系统的发展，黄河地区成为古代中国的粮仓。

在早期，北方农业也产生了迄今为止世界上最优秀的面料之一——丝绸。当初栽种桑树也许是为了桑葚果实，但也喂养了一种毛虫，它可以分泌出轻而坚韧的丝来制造蚕茧。纺织工匠们学会了将丝团解开，用蚕丝纺织出亮泽的布料，丝绸因此成为中国最宝贵的资源之一。

小结：大米、小米和丝绸因南北方不同的自然条件而欣欣向荣。

亿万年来，西北风从沙漠地带吹来的尘土堆积在黄土高原上，厚达450英尺。

“故智将务食于敌，食敌一钟，当吾二十钟。”——孙子

声音

中国 刻在甲骨上的历史

“旬亡祸；有祟，其有来艰；允有来艰自西。辛卯贞，今日辛，亦雨不雨。”

——两片商朝甲骨上的铭文

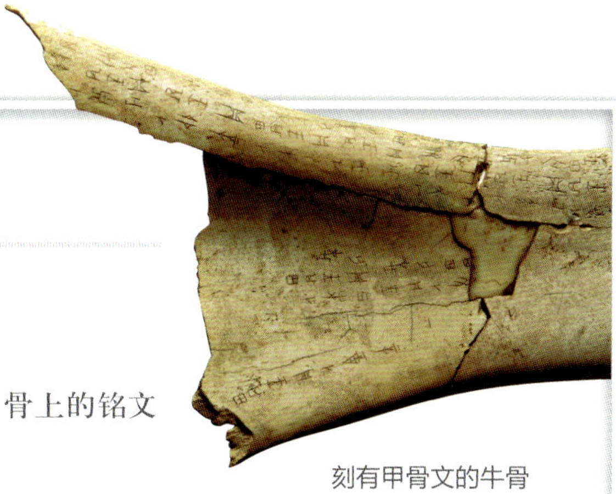
刻有甲骨文的牛骨

艺术 图片中的文字

在史前时代的迷雾里，中国文字起源的踪迹难觅。文字标记可能始于用来代表不同部落的图画符号，实际上也就是姓名标签。但学界一致认为，真正的文字需要将口语发音与符号之间建立关联。但中国的文字却出现了，其证据最早可以追溯到商代。考古学家发现了骨头和龟甲的碎片上刻有象形文字，这可以追溯到约前1700年。显然，商代统治者希望得到神灵的指引时，便命书记官将问题用象形文字刻在骨头或龟甲上，然后放在火上烘烤直至碎裂，占卜者将裂痕解读为祖先的回答。无数的文字样式出现在甲骨和青铜器上，后来又出现在竹片和绢轴上。经学者辨认，其中3000个汉字沿用至今。

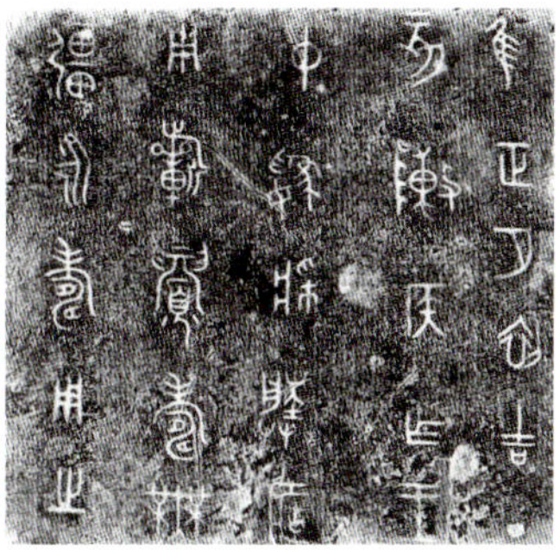
这片拓片来自周朝的甲骨文（上）。这尊周朝的青铜食器上饰有象形文字（左）

小结：代表氏族名字的符号渐渐演变成象形文字。

《易经》是首批中国文学作品之一，书中有数千个由汉字组成的符号。

“故抗兵相加，哀者胜矣。”——老子

亦见｜黄金时代：第78页

阶级与社会 内与外

和诸多其他文化一样，中国古代社会由特权精英阶层和平民百姓组成，而百姓又细分为熟练工匠、贫困农民和劳工。广大农民和奴隶生活十分凄惨。他们冬季栖身在简陋的泥屋里，夏天则迁居到临时营地里照看牲畜，耕种田地。监工们对他们实施断肢等体罚。即便各大中心城市建立后，这些农民也通常退居到城墙外的村庄里。

商朝末年贵族们醉生梦死

贵族生活则是另一番景象。国王以及效忠他的贵族们终日打猎，指挥平民替他们去打仗。他们住在宫殿建筑群中，能工巧匠们用青铜和陶土烧制成各类生活用品，用玉石雕琢成光芒四射的珠宝，让王公贵族们过着舒适的生活。

亲属关系对精英阶层至关重要。所有贵族成员均隶属氏族，周朝有大约100个氏族。

小结：百姓们日夜劳作，侍奉精英阶层。

相关阅读：星象观测

在夏、商、周之前，中国就有了天文学。早在前2296年就有了彗星的观测记录，这一成就靠的是熟稔的天象知识。首批天文学家们也善于预测日食、月食，这些事件被认为预示着帝王生活中的大事。天象变化也是帝王统治时期的里程碑。此类观测具有实用价值，古代中国人据此制定了一套精确的历法，经证实在确定耕种时机方面很有用处。

海尔—波普彗星

“山川鬼神，亦莫不宁，暨鸟兽鱼鳖咸若。”——《尚书》

收割水稻

老子 民之殃

“民之饥，以其上食税之多，是以饥。民之难治，以其上之有为，是以难治。民之轻死，以其求生之厚，是以轻死。夫唯无以生为者，是贤于贵生。”

——老子《道德经》

宗教 阴阳

文明出现之前，很可能中国人敬拜代表自然世界所有方面的诸神；当统治者掌权后，其职责之一便是敬奉山川神灵。对亲属关系的重视使得祖先崇拜也加入到宗教中来。葬礼仪式十分重要。和埃及人一样，中国古代“富豪”的墓穴中陪葬有器皿和武器，供他们在阴间使用。各家各户敬奉逝去的祖先，以求保佑。

大约前800年《易经》成书后，较为正式的宗教形成了。此书其实是一本占卜手册，但也反映了对可控与不可控事物的哲学关注。

据部分历史资料记载，在前6世纪，两位重要的哲学家诞生。传说老子在“道”这一理念的基础上，开创了道家这一哲学流派。道是一种在阴阳这两种相斥力量之间游走的生活态度。不久之后孔子诞生了，他的著作成为了后世中国文化的基石。

小结：中国宗教糅合了自然崇拜、祖先崇拜和哲学。

孔子像

在中国古代传说中，阴是宇宙万物的雌性属性，而阳是宇宙万物的雄性属性。

“饭疏食饮水，曲肱而枕之，乐亦在其中矣。”——孔子

亦见 | 古典时代：第121页

关键时期

前2000年
生活在太平洋和安第斯山脉之间的人们进入文明的萌芽阶段

前2000～前1800年
秘鲁高地上建起了帕拉伊索中心

前1300年
摩西带领以色列人走出埃及，进入迦南乐土

前1200年
瘟疫爆发，这可能造成了非利士人的覆灭

游牧民族和新世界

前50000～前500年

人类自发源起，便过着四海为家的生活，但同时他们也希望可以定居下来，扎根某地。对于此类人群，也许最好的例子就是古以色列人。学者们认为，《圣经》记载的先祖亚伯拉罕也许并不能够作为历史事实来核查，但有其真实的一面。在前22世纪，亚伯拉罕和他的游牧部族一直漫游在美索不达米亚南部的草场上，后来在神谕之下，他们迁居到地中海沿岸的巴勒斯坦或迦南的土地上。一场饥荒迫使亚伯拉罕的后裔继续迁居到了埃及，在那里他们过着被奴役的生活。以色列人的下一场迁徙始于约前1300年，摩西率领他们走出埃及，回到迦南这片乐土。

以色列人的最伟大的统治者大卫定都耶路撒冷。同样著名的是他的儿子所罗门王，他开始了大规模建设项目，建成了第一座神庙。前925年所罗门去世后，他的儿子们将国土一分为二，以色列在北部，犹太在南部。在随后的几个世纪里，亚述人占领了以色列。在巴比伦国王尼布甲尼撒统治时期，犹太和耶路撒冷也陷落了。

第一批文明出现很久以后，欧洲的其他文化依然保留着游牧的生活方式。欧洲有许多这样的民族，其中之一便是凯尔特人，他们在大约前1000年异军突起。凯尔特人最早的定居点是在奥地利哈尔施塔特，他们开采丰富的井盐，并成为欧洲首批掌握铁器制造工艺的民族。但他们没有建立一个强大而稳定的王国，而是继续迁徙，到了前500年，他们已经将文化播撒到德国、法国、西班牙北部和英伦3岛。

人类迁徙没有在欧亚大陆的大洋边界停下脚步，心中固有的漂泊冲动让人类来到了后世所说的“新大陆”。

> 虽然许多民族在城市和帝国定居，但其他人依然遵循一个显然根深蒂固的冲动，过着漂泊的日子。但无论如何，这些民族也造就了伟大的文化，从以色列人到凯尔特人无不如此。

上页：以色列国王所罗门凭借强大的军队，打造了一个幅员辽阔的帝国

前1100年
印欧部落从北部陆续进入意大利

前1000年
以色列王国建立

前750年
凯尔特人在奥地利哈尔施塔特学习铁器工艺，铁器对他们的贸易和战争颇有裨益

约前500年
中美洲的奥尔梅克文明由盛转衰

亦见 | 后古典时代：第170页

文化 到达美洲

大约3万年前，东北亚的游牧民族抓住海平面降低的机会继续前进，跟着成群的野牛、驯鹿等大型哺乳动物，经大陆桥进入北美洲。随着气候变暖，冰川消融，走廊打开，使他们继续朝南部深入。狩猎和采集仍然是几千年来的主要生存手段，但在大约6000年前，随着将野生玉米草驯化为玉米，农业社区开始在中美洲出现。以村为基础的简单社会最终蓬勃发展成更加复杂的文明。在大约前1200年，首个文明诞生在流入墨西哥湾的河流沿岸，他们被称为奥尔梅克人，在后世的中美洲语言中意思是“住在橡胶树土地上的居民”，因为当地有许多橡胶树。

奥尔梅克艺术以巨型头像而著称

奥尔梅克文明有着所有其他早期文明的标志。有商人做生意，有手艺人用玉石、骨头和贝壳制成珠宝和庆典饰品，有书记官（文士）用象形文字记录历史事件，但这种文字至今仍然没有被破解。强权统治者敕令建造气势恢宏的庆典中心，并令工匠们按照自己的相貌雕出巨型头像。奥尔梅克文明的繁荣持续了大约800年，然后就神秘地消失了。

> 奥尔梅克人崇拜美洲狮等野兽，其统治者可能担任动物崇拜的宗教的祭司。

其他文明则朝南部深入发展，在太平洋沿岸和安第斯山脉之间的宜居之地上绽放。一些考古证据表明，早在12000年前，人们就向南美洲南端迁徙。但在前1800年，在如今的秘鲁肯定有了更加成熟的社会，其特色是带有庆典中心的小型社区。

到了前800年，秘鲁高原的夏文附近一处遗址气势磅礴，与类似的奥尔梅克建筑群可谓不相上下。夏文文明的繁荣持续了几个世纪，为后来的南美文明奠定了基础。

小结： 随着人们络绎不绝地朝美洲迁徙，从中美洲到南美洲都诞生了复杂的社会系统。

> “只有一个兄弟，即风暴之神塔维里–玛–替仍然无法战胜，至今他的风暴依然在陆地和海上攻击着人类。”——**毛利族创世神话**

太平洋上的航海家驾着双船体独木舟探索海洋深处

文化 太平洋上的航海家

任何困难都挡不住爱探险的民族。早在50000年前，东南亚居民显然就已经把目光投向南方的土地，尽管宽阔的水域挡住了他们的脚步。虽然一些学者辩驳说，可能有大陆桥通往新几内亚和澳大利亚，但大多数研究者认为早期航海者仅能建造简单的竹筏，也许配备帆，穿越超过50英里的海洋，从一个岛屿来到另一个岛屿，最终到达了这片新的土地。无论他们是如何完成这些旅程的，早在45000年前，他们已经制作了世界上第一幅岩画，早在26000年前就实行了火葬。

随着居民航海技术的不断娴熟，太平洋上各岛屿间建立了贸易网络。

随着海平面不断上升，这些民族连续几千年与世隔绝，但他们最终又开始了旅程，这次是驾着双船体带舷外撑架的独木舟，横跨浩瀚的太平洋。他们带着鸡和猪等牲畜和面包果等农作物。到了前第一个千年的初期，他们已经向东到达了斐济、塔希提岛等岛屿。在那里他们又开始了更加伟大的航程，向北到达夏威夷，最后约前500年抵达遥远的复活节岛。

小结： 航海家们使人类文明跨越太平洋，远播至澳大利亚。

相关阅读：奥尔梅克式球类运动

今天的篮球可能与消失已久的奥尔梅克人有点关联。如今在奥尔梅克遗址附近居住的村民又重新玩起了这种直径5～10英寸（1英寸≈2.5厘米）的橡胶球，考古学家认为这种球源于奥尔梅克文明时期。在现今的韦拉克鲁斯附近的圣洛伦索的一个庆典建筑群里，考古学家们还发掘出了简陋的球场，与后来的保存较好的玛雅人和阿兹特克人遗迹很相似。附近发现的仪式物品表明，奥尔梅克人的球类运动有着某种宗教意味。

奥尔梅克的乳胶球

“母亲探入一个很深的洞穴里，身上光芒四射。她的热量融化了坚冰，创造了世界上的江河与溪流。”——澳洲创世神话

时间脉络关系图

史前～公元前500年

“泽中有火，革。”
——《易经》

燧石工具

赫梯小雕像

约前3000年
赫梯人迁徙进入安纳托利亚

前70000年
尼安德特人出现，他们会用火和各种工具

前8350年
已知史上最早的城郭杰里科建立

前3750年
秘鲁开始出现渔村

史前
在旧石器时代，最早的人类开始使用燧石工具

前10000年
在中东地区，狗是第一批人类驯化的动物

前5000年
中国的仰韶文化出现了精美的彩绘陶器

前100000年 | 前10000年 | 前5000年 | 前3000年

前100000年
现代人类遍布非洲

前11500年
北美大平原上的克洛维文化出现

前5000年
叙利亚的阿勒颇古城建成

前3000年
英国巨石阵的巨石竖立起来

前5500年
印度种植棉花

前75000年
现代人类到达东南亚和中国

前4300年
西欧人建造并使用巨石坟墓

“文字乃辩才之母，艺术家之父。”
——巴比伦谚语

阿勒颇古城

“你在天堂的光芒之地冉冉升起，灿烂无比。哦不朽的阿腾，造物主！”

——《阿腾赞美诗》

图坦卡蒙的黄金圣衣墓

前1333年
图坦卡蒙国王重新将多神教定为埃及的官方宗教

前850年
荷马在口述传统的基础上写下了《伊利亚特》

前2000年
米诺斯文明在克里特岛出现

前2540年
法老哈夫拉敕令建设吉萨大狮身人面像

前1600年
迦南人发明了世界上第一套字母

前1047年
扫罗王登基，成为犹太第一位希伯来国王

前560年
吕底亚国王克罗伊斯铸造了首批金银币

前2500年　前1500年　前1000年　前500年

约前2500年
哈拉帕文明在印度河流域蓬勃发展

前1450年
希腊的迈锡尼人征服克里特岛的米诺斯文明

约前950年
耶路撒冷的大卫王传位给所罗门王，在市内建立了一座寺庙

前520年
波斯军队进入印度西北部

约前1300年
中美洲的奥尔梅克文明蓬勃发展

约前2200年
传说中的夏王朝统一中国

前605年
尼布甲尼撒二世夺取巴比伦的宝座，重建巴比伦

哈拉帕王

“祖母绿石易得，金玉良言难觅。”

——宰相普塔霍特普

尼布甲尼撒二世在巴比伦

黄金时代

来自东方的传奇

公元前600～600年

第2章

波斯波利斯台阶上的浮雕，显示了一队使节向波斯国王进贡

关键时期

前558～前529年
阿契美尼德王朝第一任国王居鲁士大帝统治波斯

前522～前486年
大流士一世统治波斯，拓展了波斯帝国的疆界

前492～前449年
希腊城邦国家和波斯战事不断，最终希腊人获胜

前330年
亚历山大大帝击败波斯军队，进入波斯波利斯并将城市焚毁

波斯

前550～651年

前1000年左右开始，游牧民族从中亚地区迁入今天的伊朗。然后约前550年，波斯人这个最强大最有组织的民族征服并吞并了米堤亚等民族。在这个关键时期，波斯人的领袖是伟大的军事战略家居鲁士大帝，他是阿契美尼德家族的一员，这个家族在随后的数百年间一直统治着波斯。居鲁士大帝野心勃勃，但为人公正。他接连吞并了吕底亚、巴比伦，还有今天的伊朗。帝国的疆域西至埃及，东到印度。他死于前529年，7年后，另一个强大的统治者——大流士一世——将被征服的列国和部落团结起来。大流士一世铸造钱币，从而稳定了经济，吞并了埃及和印度西北部地区。居鲁士和大流士能够在如此广阔的疆域上维持统治，部分原因是他们对当地习俗和宗教采取宽松政策。居鲁士传承了吕底亚人的货币政策，采纳了巴比伦人的执政方式。波斯人也没有将自己的琐罗亚斯德教强加给被征服者。例如前539年，居鲁士攻占巴比伦时，被俘的犹太人获准返回耶路撒冷。

波斯帝国兴起于前6世纪中叶，幅员辽阔，西至埃及，东到印度。波斯的萨珊王朝统治伊朗，后为伊斯兰教所灭。

为了控制其辽阔的领土，阿契美尼德王朝指派总督来管理全国20个州，各州之间通过道路系统连接起来，其中包括了长达1600英里的皇家大道，从安纳托利亚西部的爱琴海岸（今土耳其境内）一直延伸到今伊朗西部。这些道路既可以使军队迅速赶到发生骚乱的地区，也方便了商人的贸易往来。

波斯帝国的繁荣持续了超过200年。随着4大首都之一的波斯波利斯的发掘，人们发现这座城市拥有大量财富和气势恢宏的建筑，还有奢侈的金银器物。

大流士奇袭欧洲，但未能征服希腊。在前330年，阿契美尼德王朝终于将宝座拱手让给了马其顿的亚历山大大帝。亚历山大在前323年去世后，属下将军们把国土分成3个部分，分别建立塞琉古帝国、帕提亚帝国和萨珊帝国。在与罗马的战争中，塞琉古帝国和帕提亚帝国灭亡，但萨珊在里海和波斯湾之间的国土上巍然屹立，直到651年被伊斯兰教所推翻。

上页：在波斯波利斯发现的一个浅浮雕（一位波斯士兵的头像）

前312～前84年
塞琉古王朝征服波斯

前247年
帕提亚脱离塞琉古

224年
萨珊王朝推翻帕提亚并建立一个长寿命帝国

483年
因遭到东正教皇帝芝诺的迫害，景教基督徒投靠波斯避难

黄金时代：波斯
亦见｜黄金时代：第60页

阶级与社会 波斯的等级制度

波斯早期的阶级结构源自之前的印度-伊朗社会，由3大群体组成：贵族与武士、牧师、农民与牧民。父系氏族形成了部落，由武士选出的国王进行统治，部分地区的统治者被称为国王之王。即使是在后来的阿契美尼德社会，占主流的依然是一个类似金字塔的结构。一个高度发达的法律体系与当地法律、帝国法律交织在一起。大流士尤因发动法律改革而闻名。

国王在石头砌筑的宫殿里过着奢华的生活，而由商人、牧师、翻译人员和工匠构成的中产阶级的住宅形式各异，从石屋到泥屋，不一而足。社会底层是农民，更次之的是奴隶阶级。

> 大流士敕令要求古波斯语语言应有书面形式，以便将他的生活记录下来传至千秋万代。

波斯男性可以同时娶几个妻子。长袍、珠宝和假发是典型的男性装束。波斯人之前是游牧民族，如今骑射技艺和诚实的传统代代相传，在他们眼中，说谎和负债尤为可耻。

小结：波斯社会是建立在一个金字塔式的结构之上的，顶端是国王，他为文化的区域差异留了余地。

波斯

风云人物

琐罗亚斯德
约前628～约前551年
这位先知是波斯官方宗教的创始人

居鲁士二世（居鲁士大帝）
约前585～前529年
将帝国的版图扩展到西至埃及，东到印度

大流士一世
前550～前486年
波斯国王，出色的国家管理者、建设者

薛西斯
前519～前465年
入侵希腊的波斯国王

塞琉古
前358～前281年
马其顿官员，后来成为塞琉古王朝的开国帝王

波斯国王亚哈随鲁（又名薛西斯）在这场传奇般的盛宴上借机炫耀财富

> “据说居鲁士拿起那几块肉，分给祖父身边的仆人，对他们每个人说道：‘我把肉给你，因为你喜欢教我骑马。’”——色诺芬

声音

希罗多德 喜欢接受外国风俗的波斯人

“像波斯人这样喜欢采纳外国风俗的民族是少有的。他们穿美地亚人的衣服，因为他们认为这种衣服比他们自己的衣服更漂亮，在战时他们所穿的又是埃及的铠甲。他们只要知道有任何奢华享乐的事情，便立刻把它们拿过来变成自己的东西。他们每个人不单单有好几个妻子，而且有更多数目的侍妾。子嗣繁多，在他们眼中看来乃是男性的仅次于勇武的一项最大美德。每年国王都把礼物送给子嗣最多的那个人。”

——希罗多德《论波斯人的风俗》，约前430年

希罗多德

领袖

大流士一世

作为居鲁士大帝的女婿的大流士一世28岁登基后，很快就证明了自己卓越的军事才能，以及更加卓越的治国本领。他将帝国分为20个州，要求各州每年按照固定的数额进贡。他还统一了钱币、重量和度量衡。在他的统治下，琐罗亚斯德教成为国教，为辽阔的波斯帝国提供了一种有凝聚力的认同感。

大手笔的大流士在首都波斯波利斯的建设上名副其实。他建造了一个地下运河系统来促进农业发展。他着手建设“皇家大道”，每隔相等的距离就设立一个驿站，共计111个驿站。他使用帝国密探作为“国王的眼睛和耳朵”，最大程度地遏制了煽动造反。这些措施以及对被征服地区的文化的宽松政策，使贸易和生产力得到了很大发展。因此波斯人的生活水平节节升高，波斯在近东地区的统治地位也变得坚不可摧。

即便是在一千多年后的今天，波斯仍是一个政治实体，其传统也流传至今。

小结：大流士一世高瞻远瞩的政治和经济政策让波斯踏上了民族团结的坚实道路。

人物评说

居鲁士大帝 前585年～前529年

居鲁士大帝

居鲁士二世（即居鲁士大帝）是阿契美尼德王朝的创始人，也是一位伟大的君王。前546年，他征服了位于安纳托利亚的强大的吕底亚王国，并将他继承的王国打造成了一个帝国。7年后，他攻下古代世界最大的城市巴比伦以及叙利亚和巴勒斯坦的大片地区。居鲁士是一位仁君，他允许被征服地区保留各自的宗教和文化，更因释放犹太战俘而闻名于世。他设法安抚了一度强大的米堤亚人，允许他们参与政府的治理。他从骄傲的伊拉姆人那里借来了服饰和装饰的习惯。居鲁士的统治为后来两个多世纪中阿契美尼德王朝的统治和扩张奠定了基础，而他的生平和功勋则成了传奇。**结论：**褒。

“波斯人说，大流士是小贩，冈比西斯是大师，大流士则是父亲。”——希罗多德

亦见 | 古典时代：第126页

在伊朗苏萨出土的双翼人物像（阿胡拉·马兹达神）

宗教 波斯

大约在前6世纪，波斯出现了一个新兴宗教，并成为国家的官方宗教。这个宗教叫作琐罗亚斯德教，此名称源自创始人琐罗亚斯德。该教认为，宇宙是善与恶（或混沌）之间的永不停息的道德战斗。在这个宇宙中，人类可能促成善取得最终胜利。火在宗教中发挥了重要作用，它象征着阿胡拉·马兹达这个唯一的神。仪式在众多火神庙中举行，其中部分神庙保留至今。在萨珊王朝晚期，僵化的规则限制了精心准备的净化仪式。任何超出规则的事情都被认为是对阿胡拉·马兹达的羞辱。

预言家琐罗亚斯德是印欧血统出身，就像多神崇拜的伊特拉斯坎人对于西方人和印度人对于南方人一样，来自相同的祖先。

> 伊斯兰接管波斯后，琐罗亚斯德教备受迫害，成为少数派，他们便固守在小型聚居区内。

像中世纪预言家穆罕默德一样，据说他还在母亲的子宫里时便光芒四射。他也像不久后登场的佛祖乔达摩·悉达多，出身显赫，但鄙视自己的家世，追求自己超越世俗的理想。他也像几个世纪后登场的耶

相关阅读： 印度的琐罗亚斯德教

从10世纪开始，在伊朗的琐罗亚斯德教徒开始向印度迁徙。到了印度，他们与祖国的教友们中断联系长达约5个世纪。这些琐罗亚斯德的追随者被称为帕尔西人，他们跨入商界，日子过得红红火火。他们限制或抛弃了用动物献祭等仪式后，便可以融入当地的印度教徒，在基督教传教士们抨击他们的二元信仰后，他们便强调了自己宗教之根本——一神教。他们接受了西方的服饰和习惯后，以孟买为中心形成了一个繁荣的社区，如今人数约为10万。

帕西人的入教仪式

> “不过，波斯人的想法是要攀上最高山脉的顶峰来祭祀宙斯，他们将苍天的整体称作宙斯。”——希罗多德

声音

亚斯纳 善和恶的诞生

“起初，有两种原始的精神，
如双生子般，自发而活跃，
他们是善与恶，体现在思想、言语与行为上。
这两者之间，让明智者选择正途。
要善良，不要卑鄙！
而且，当这两种精神最初汇合时，
便产生了生命和死亡。”

——琐罗亚斯德教经文《亚斯纳》，约在3世纪

琐罗亚斯德教祭司

稣，在沙漠中徒步行走，磨炼自己的信仰。拜望新生儿耶稣的三贤人正是琐罗亚斯德教的祭司，仿佛带来了新的宗教。

和许多先知不一样，琐罗亚斯德在当世就被广泛接受，并被视为伟大的圣人。随着大流士一世于前522年登上波斯宝座，琐罗亚斯德教的影响地区东起印度河，西至爱琴海，成为迄今为止世界上最大帝国的国教。琐罗亚斯德道德说教的部分元素在其后的许多宗教中都不断重复出现：天堂与地狱的概念、审判日、圣道以及信条“善念，善言，善行。”

琐罗亚斯德教的关键概念也许是二元论：善与恶之间的战斗存在于人类精神之中，在整个宇宙范围内反映在善良的造物主精神（体现在火之纯净）与邪恶的破坏精神之间的抗争。生命被视为这两种力量间无休止的战斗。

然而，琐罗亚斯德教哲学基本上是乐观的。它教导人们善的力量更加强大，终将在人类和整个世界取胜。

琐罗亚斯德手持圣火

波斯王阿塔塞克西斯二世（在位时间从前404年至前358年）着手恢复了部分古波斯神，让波斯宗教不再是严格的琐罗亚斯德教。阿塔塞克西斯竖立了伊朗民间宗教之神密特拉和安娜希塔的雕像，这才恢复了波斯的偶像崇拜。古代邪教和信仰逐渐融入琐罗亚斯德教，到了3世纪萨珊王朝期间，这一宗教已经成为多种不同信仰和仪式的集合体。

小结：琐罗亚斯德教在波斯帝国诞生之初就扎根波斯，进而成为国教。

“我们已经从阿胡拉·马兹达那里接受了这个神圣的宗教，我们不会放弃，我们下月将离开你，喝下长生不老之水。”——《扎里尔回忆录》

亦见 | 古典时代：第102页

艺术与建筑 雄伟灿烂的宫殿

大流士在伊朗西南部的苏萨建设宫殿，一座在古代世界气势无与伦比的建筑拔地而起。这座建造于前6世纪的宫殿汇集了四面八方的材料和工匠——小亚细亚的萨迪斯产的黄金、波斯东北部产的青金石、埃及产的银和象牙、努比特产的乌木。宫殿的铭文上自豪地列出了这些国籍："打造黄金金饰的金匠是米堤亚人和埃及人，加工木材的是吕底亚人和埃及人，烧制砖头的是巴比伦人，装饰墙壁的是米堤亚人和埃及人。"

居鲁士大帝时期的首都帕萨尔加德，以及大流士建立的波斯波利斯等周边城市，也展出了许多精美的波斯建筑和装饰作品。在这个时代早期，金工、首饰、武器和陶器均达到了极其精美的水平。

几乎同样辉煌的是萨珊王国的艺术复兴。主要成就是国王、战斗等主题巨型岩面浮雕，以及在西南部法尔斯省刻在石灰石峭壁上的阿胡拉·马兹达神像。库思老一世建在泰西封的宫殿，如今位于伊拉克境内，是这一时期建筑的卓越代表，其砖砌桶状穹顶是萨珊王国的标志。位于法尔斯的琐罗亚斯德教火神庙为方形建筑，圆顶加四角斗拱。

萨珊工匠因色彩浓艳的刺绣纺织品和彩色地毯工艺而闻名，受到同时代人的极力推崇。

萨珊岩石雕塑上的凯旋场景中，王冠标明了国王身份。

在大流士一世位于苏萨的宫殿（上图），射手形象由彩釉砖砌成；金龙或格里芬是阿契美尼德留下的宝贵财富（左图）

小结：早期波斯宫殿建筑和装饰取得了很高的艺术成就。

“国王倚在榻上，床腿用黄金制成……用膳时，妃子弹琴唱歌。”

——阿特纳奥斯

波斯国王、国家建设者、军事领袖薛西斯上任之初，准备跨过赫勒斯滂海峡（今达达尼尔海峡——译者注）

建筑 宏伟的厅堂

古代波斯的城市中，最为壮观者莫过于波斯波利斯。波斯波利斯始建于前6世纪初，大流士一世在此建造了一座宫殿以及首都建筑群。该城位于伊朗西南部的偏远山区，因此一直未曾引起希腊人的关注，直到前330年，亚历山大大帝发现了波斯波利斯，并将其劫掠一空。这些残垣断壁诉说着一个伟大文明的故事。该城三面是城墙，里面是气派的楼梯、圆柱大厅、后宫、工事、阿帕达纳（礼堂）、金库以及其他雄伟的石材建筑。城郊是阿尔塔薛西斯二世和三世的陵墓，这对父子在位时间共计66年。

小结：波斯波利斯是古代世界最大的宫殿城市之一，大流士及其后诸王均定都于此。

声音

薛西斯 万国之门

“吾乃薛西斯大帝，万王之王，各色人等之王，辽阔疆土之王，大流士王之子，阿契美尼人是也。

薛西斯大帝宣言：阿胡拉·马兹达庇佑之下，吾建此万国大道。吾于波斯建造诸多奇观，吾建之，吾父建之。”

——波斯波利斯的薛西斯门铭文，约前490年

万国之门

“庭院中放置着黄金和白银制成的卧榻，上面铺着白色大理石、红长石、光灿灿的珍珠母、绿松石。”——《圣经·以斯帖记》第1章第6节

冲突 # 扩张与保护

阿契美尼德王朝始于居鲁士大帝的迅速崛起，波斯帝国的历史从此开始了。前550年，35岁左右的居鲁士击败米堤亚人，通过外交安抚巴比伦人，同时向在小亚细亚的吕底亚王国发起进攻。吕底亚向巴比伦求援未果。前546年，居鲁士征服吕底亚，俘虏了其拥有难以置信财富的国王克罗伊斯。接着他又打下了小亚细亚西部沿海的希腊城邦国家。

现在巴比伦没有一个盟友，这枚果子已经成熟到可以采摘了，于是居鲁士的目光投向了这里。他煽风点火，挑起内部争端，在前539年，他的军队轻而易举地征服了巴比伦。他让巴比伦保留自己的文化，因而巴比伦过渡到波斯帝国麾下的过程很顺利。此时波斯帝国可能拥有10万大军，精锐波斯人卫队1万人，即所谓的“神仙”，还有1000人组成的禁卫军。

居鲁士的儿子冈比西斯在前525年征服了埃及。其继任者大流士一世在前490年入侵希腊，从此与希腊城邦国家之间展开了为期43年的旷日持久的战争，今称波斯战争。

大流士的第一次入侵以失败告终，军队在马拉松平原上被雅典士兵击败（据说一位信使跑了26英里返回雅典宣布胜

这块萨珊时期的匾额（左）显示了胜利大游行的情景

狄奥多罗斯 波斯波利斯焚毁

“当时在场的有一位名叫泰伊丝的阿提亚女子。她说亚历山大在亚洲最大的功勋莫过于加入他们的凯旋游行，纵火烧毁皇宫，并允许女子之手去迅速扑灭波斯人的辉煌成就……继国王之后，她第一个将熊熊燃烧的火把扔向皇宫。

——狄奥多罗斯《历史图书馆》一书中“波斯波利斯被焚记”，可能为杜撰，前1世纪

亚历山大和泰伊丝焚毁波斯波利斯

声音

“波斯王居鲁士如此说……你们可以上耶路撒冷，重建耶和华以色列神的殿。”

——《圣经·以斯拉记》第1章第2～3节

前333年，亚历山大率领军队与大流士三世的军队在伊苏斯战役中交战

利的消息，然后倒地而死）。后来大流士的儿子薛西斯重新点燃战火。波斯人在兵力上占据优势，但士兵来自多个国家，鱼龙混杂，给后勤和调配方面造成了困难。前480年，薛西斯攻下雅典，烧毁了这座城市。但随后其军队遭受挫折，他的舰队在萨拉米斯（前480年）全军覆没，他的陆军在普拉提亚（前479年）溃败。

国王薛西斯去世后，波斯国力日渐衰微。前334年，亚历山大大帝率领一支小型军队

前480年围攻雅典时，波斯军队使用了裹着油布的箭头——这是史上首次使用火箭头。

侵入波斯，这支队伍由马其顿军人组成，训练有素。3年之内，阿契美尼德帝国覆灭，残余势力也在高加米拉（位于今天的伊拉克北部）战役中被歼灭。亚历山大的部将塞琉古在前312年占领了巴比伦，建立塞琉古帝国。前250年，波斯人中的一支游牧民族帕提亚人重新占领波斯。在此后数百年中，帕提亚人和其后的萨珊人为保卫波斯领土而与罗马交战。299年，波斯与罗马签署合约，给边境地区带来了和平。萨珊人此后建立了数个缓冲国，并移师向北进入高加索和中亚地区。

小结：战争给阿契美尼德人带来了辽阔的疆域。征服者亚历山大大帝给波斯带来了希腊文明的冲击。

“马杜克神握住安山城之王居鲁士的手，叫他的名字，大声宣布其统辖一切的王权。”

——《居鲁士经筒》

关键时期

前551～479年
中国哲学家孔子诞生。孔子造就了一个不朽的哲学体系

前403～前221年
周朝分裂，进入战国时期

前221～前206年
秦王朝第一个皇帝秦始皇在位

前220～206年
中国建起长城

中国

前403～220年

封建主义制度在中国前4和3世纪占主导地位，这一时期称为战国时期。当时各地诸侯彼此讨伐，战火不断，贫苦农民只能俯首听命，辛苦劳作，甚至在战争中送命。在这个社会政治动荡的背景下，一些大思想家如孔子、老子形成了影响后世数千年中国历史的哲学思想。前221年，战国时代戛然而止，善于扩张领土的秦始皇靠着一支装备精良、令人闻风丧胆的军队击败了各个对手，统一天下，形成了一个君主专制的中央集权的国家。秦始皇依靠认为国家利益高于个人利益的法家思想治国，征收赋税直接上缴国库，并征召百万劳动者为建造浩大的建筑工程而劳作。在秦始皇短暂的统治期间，一方面焚书坑儒，阻止民智开启；另一方面，制订法律，建立了国家标准，包括重量、度量衡、货币、文字和车轴长度，并建造了一个世界上无与伦比的由道路、运河和长城构成的综合体系。

秦始皇去世后，前206年汉朝建立。汉朝历代皇帝保持了秦始皇建立的中央官僚机构，但也鼓励发展学术、艺术和技术。

开疆拓土的汉武帝在位54年，从前141年至前87年，他将中华文明带到了朝鲜半岛、越南北部，并进军中亚地区。前124年，他创办了中国第一所皇家大学——太学，但他也横征暴敛，使得全国农民生活一直贫困不堪。汉代垄断盐和铁的贸易，既是为了丰厚的利润，同时也为了遏制商人阶级。贫民开始被迫占山为王，甚至起义，在超过4个世纪的历史进程中逐渐削弱了汉朝的中央集权制度，最终于220年重新分裂为群雄争霸的状态。

> 中国古典时期的历史像世界范围内许多帝国的历史一样星光熠熠，既有强大而雄心勃勃的军事人才，也有影响深远的思想家，以及被剥削的底层民众。

上页：秦始皇陵附近发掘出的兵马俑色彩依然鲜艳

前206～公元25年
西汉时期，定都长安

前112年
秦朝赞助乐府诗词

公元25～220年
东汉时期

220年
三国时期开始

亦见 | 黄金时代：第76页

阶级与社会 铁与丝

学者们向汉朝末代皇帝汉献帝展示经典文献

中国古典时期，农民有了铁制工具和牛轭的帮助，可以生产更多粮食，而富人有了对今生与来世“奢侈品”的更大需求。贫苦农民只能穿麻衣凉鞋，而富人则身穿丝绸和皮革服饰，埋葬时穿的是金缕玉衣。农民收成的三分之一乃至一半均被国家征收，而高税收迫使许多小地主卖掉田产，有时甚至卖身才能还“贷”。在富人的支持下，汉族统治者在扶贫方面仍无所作为，直到公元9年，王莽改制篡权。但他的财富再分配的尝试失败了，起义的烽火遍及全国。汉朝重新收复权力，但国内起义此起彼伏，如184年的黄巾军起义，由道教术士发起，矛头直指政府里专权的太监。最终起义被血腥镇压。

小结：中国古典时期的贫富差距是数百年矛盾冲突的根源。

汉朝铜车马

风云人物

中 国

孔子
前551～前479年
中国思想家，其哲学体系对后世影响深远

孟子
前372～前289年
中国哲学家，被视为儒家第二代人物（“亚圣”）

秦始皇
前259～前210年
第一位统一中国的皇帝，长城最初的建造者

汉武帝
前156～前87年
汉朝皇帝，在位期间中国领土大幅扩张

王莽 前45～公元23年
汉朝发起叛乱的改制者

“富者骄而为邪，贫者穷而为奸。”——王莽

声音

班昭 女性的角色

“谦让恭敬，先人后己，有善莫名，有恶莫辞，忍辱含垢，常若畏惧，是谓卑弱下人也。

晚寝早作，勿惮夙夜，执务私事，不辞剧易，所作必成，手迹整理，是谓执勤也。”

——班昭《女诫》，约公元80年

班昭

日常生活 社会井然有序

在中国古典时期，人口中绝大多数是农民，他们种植大米、小麦、小米、大豆等作物。农民的生计依赖于生产力，因此需要由工匠来供应耐用的铁制工具。这些工匠尝试用铁代替青铜来生产家居用品，如锅、炉子和刀。中国冶金家也生产铁制盔甲和武器供军事用途，任何底层阶级的健康男性都可能被征召服兵役 2 年。从理论上讲，一个人即便穷困潦倒，依然可以进入太学，成为政府里的小吏。在欧亚大陆的大部分地区，丝绸制品备受欢迎，养蚕技术在中国古代极为重要。政府严防丝绸制品生产工艺泄密。

在这段时期，儒家的孝道和妇道思想如日中天。在儒家看来，尊重每个家庭成员各自的角色，建立以家庭为基础的宗法制，是社会秩序井然的基石。

新疆发现的绘有男性游泳形象的壁画

{宦官通常出身贫寒，他们在汉代的朝廷中权倾一时。}

小结：在中国古典时期社会人口流动非常罕见，但也是可能的，而治家靠的是儒家思想。

“以德服人者，中心悦而诚服也，如七十子之服孔子也。”——孟子

哲学 三大思想流派

子在川上曰（20世纪版画）

中国第一位思考人与社会的正常秩序的思想家是孔子，生于前551年，卒于前479年。孔子不关心抽象问题、宗教，甚至也不关心国家的结构框架。相反，他认为只要社会的个体遵守一定的秩序，以家庭作为社会的基本构建单位，社会和谐便水到渠成。因此，他强调个人素质的培养，如仁爱、互惠、孝道，这些品质对培养君子至关重要。君子参与公共事务，造福社会。虽然孔子的这些教诲在当时几乎无人理睬，但其弟子将这些言论编入《论语》一书，在后世中国两千多年的历史中传承下来。

为结束战国初期的混乱状态，更加直接可用的是法家思想。法家思想强调国家利益而不惜牺牲个人利益。法家认为，服从权威是社会和谐的唯一道路。在秦始皇的暴政下，的确实现了短暂的和谐局面。

道家是中国古典时代的第三大思想，鼓励人们脱离社会，避免我行我素，以免造成冲突。诚如半史实半神话的圣人老子在《道德经》中所言，道家关注的是自然法则，重视研究人

老子 道之途

“大成若缺，其用不弊。大盈若冲，其用不穷。大直若屈，大巧若拙，大辩若讷。”

——选自《道德经》

老子石雕

声音

“为政以德，譬如北辰，居其所，而众星共之。”——孔子

{道家心目中理想的社会是小国寡民，安居乐业。邻国相望，鸡犬之声相闻，民至老死，不相往来。}

与自然的关系，并将其用于推动人与人之间的和谐。在中国历经了几百年的战乱后，道家提供了实现安静、内省生活方式的手段。

小结：战国时期社会动荡不已，但也是一个百家争鸣的时代。

青铜镜上描绘了孔子拜谒隐士

绢画显示了早期道家崇拜的众星宿

“天下莫柔弱于水，而攻坚强者莫之能胜，以其无以易之也。”——老子

汉武帝出宫图

艺术 汉代复兴

战国时代的艺术有一大功能：供群雄之间炫富之用。镶金嵌银的青铜器在富人中十分流行，锃亮的青铜镜被认为可以辟邪。玉雕作品技艺精湛，甚至得到了圣人孔子的赞扬。

但在秦代 11 年的历史进程中，文化艺术几乎被扼杀了，只有秦始皇敕令制作的作品幸免于难。这些敕令建造的作品之一便是皇帝的巨型宫殿，据说一座大殿占地 1500 平方英尺，最多可容纳 10000 名宾客。秦始皇还敕令建造了与其宫殿同样奢华宏伟的陵墓。

汉代对艺术较为推崇。古人擅长的青铜器技艺继续体现在华丽的船只、人物、动物和神兽的雕塑上。马因力与美而备受推崇，在汉代艺术中尤为突出，类似于狮子或公牛在西方艺术中的形象和地位。在富有的墓葬中，金缕玉衣愈发普遍。根据古老的信仰，人类灵魂的一部分死后依然留在体内，而另一部分则进入阴间。因此要让入土的那部分灵魂感到舒适，不愿从坟墓里回来。人们认为金缕玉衣具有非凡的力量，可以防止尸体腐烂，以便让灵魂永远舒适。

许多汉代艺术品自富人的墓葬中出土，包括小型仆人俑

汉代城楼状陶器

“饕贪而无厌，近利而好得者，可亡也。”——韩非子

女子坐像，陶艺

傅玄 《苦相篇》

“女育无欣爱。不为家所珍。长大逃深室。藏头羞见人。垂泪适他乡。忽如雨绝云。低头和颜色。素齿结朱唇。”

——傅玄《苦相篇》，3世纪

秦灭后，汉代积极鼓励官吏提高文化修养，迎来了中国艺术的新时代。

和兵俑，以及微型陶瓷住所、粮仓，甚至猪圈。皇家陵墓中的部分绘画作品以及风格各异的人物和神话场景的石浮雕保存至今。上流社会认为染有几何图案的绸缎和漆陶比青铜器更贵重。

音乐是由乐府里的乐工记录下来的，他们将乐器、歌曲乃至表现手法的详解汇编起来。这些记录者甚至创造了一种舞谱来记录参加寺庙仪式的大型同步表演团体的舞步。当时表演者出演的戏剧是将传说的著名战斗英雄的功勋事迹搬上舞台。汉朝兴起了一个新的诗歌流派——乐府，这一创作手法以长篇叙述配以常见韵为特色。

小结：汉代艺术百花齐放，成为中国文化的典范。

相关阅读：多个语言，一种文字

秦始皇对中国文化最重要的贡献之一便是中国书面语言的简化和标准化。尽管他焚毁了哲学和文学书籍，但他还是希望通过在他的帝国疆域内强制使用同一种字体，确保他的法律和政策得到广泛实施。当时中国像现在一样，也有多种口语，在不同的方言中，新的文字甚至发音也不一样。尽管如此，标准文字的使用开辟了新的沟通途径，促成的文化凝聚力至今在整个中国范围内都显而易见。

中国书法

“雨后树林润，松间月惊心。”——乐府诗

中国的长城在数百年间不断重修

建筑 秦长城

由于来自中亚草原擅长骑术的游牧民族匈奴的突袭困扰，中国第一个皇帝秦始皇在前 214 年开始加固并扩建中国北方的长城，形成了一个巨大的防御屏障。大约 30 万征召的劳工在军事长官的监督下辛苦劳作，10 年后，估计长城已经经过山区，绵延约 3000 英里。驻守在烽火台的哨兵可以在一天之内将信息传遍长城首尾。

小结：征召人力劳动数百万个工时后，中国建起了首个绵延不断的防守城墙。

修筑长城

司马迁 长城

声音

“吾适北边，自直道归，行观蒙恬所为秦筑长城亭障，堑山堙谷，通直道，固轻百姓力矣。”

——《史记》

“欢欣奉教，尽知法式。六合之内，皇帝之土。”——秦始皇琅琊石刻

声音

孙子 克敌

“兵者，诡道也。故能而示之不能，用而示之不用，近而示之远，远而示之近。利而诱之，乱而取之。”

——《孙子兵法》，据说是孙子所著，前5世纪

孙子

建筑 始皇陵

在秦始皇陵墓附近出土的兵马俑

现代遥感技术显示，秦始皇陵墓中的内室有着台阶状墙壁。

小结：庞大的秦始皇陵墓由一支兵马俑大军把守。

中国第一位皇帝秦始皇对长生不老非常痴迷，13岁就开始建造他的陵墓。在36年的建设周期中，征召了约70万劳动力，陵墓占地超过20平方英里，两侧为大约8000个真人大小的兵马俑，作为做好了战斗准备的先锋队，各个面目不同，栩栩如生。比例为实物一半大小的青铜车马也已经出土；同时出土的还有丝、麻、玉、骨制成的珍稀文物。殉葬的工匠、妃嫔和奴隶也埋葬在陵墓中，伴随他们的是整个马厩的骏马，由各种珍稀马匹组成，另外7个人的骸骨可能是秦始皇的子女。虽然陵墓尚未开掘，但据说陵墓本身就包含了整个帝国的微缩模型，有金银制成的飞鸟，水银汇成的河流，还有用珍珠镶嵌成的天空中的星座。

“是故百战百胜，非善之善也；不战而屈人之兵，善之善者也。”——孙子

亦见 | 帝王和游牧民族：第201页

贸易 丝绸之路

崎岖并时常充满危险的丝绸之路是联系东西方的贸易通道，蜿蜒穿越起伏山脉的丛林地带、贫瘠沙漠的广袤区域以及大片开阔水域，用小径、商旅便道和海上航道的道路网络连接起来。当汉武帝派大军到达中亚地区时，他就将一条长廊置于自己的掌控之中。这条长廊几乎延伸到了欧亚贸易枢纽大夏的边境。在谋划贸易的同时，汉武帝在横跨塔克拉玛干大沙漠的绿洲上建立了一批中国殖民地。通过这些殖民地，他用大量生产的丝绸、生姜和桂皮作为交换进口了中亚地区的马匹和美玉。

中国产品到达了意大利的罗马古道，到1世纪时，丝绸服装在那里成了高端时装。亚洲的产品亦从中国的港口城市广州由海路经东南亚海峡抵达印度、阿拉伯和非洲。但是，商品并不是商旅所承载的唯一货物，在此之后的几个世纪里，思想、宗教和传染病也随之到达了新的人群中。

{鲜有商人走完丝绸之路全程，但是却通过沿途的一个个中间商出售了他们的货物。}

小结：古典时期的丝绸之路把各大洲有机地联系起来，形成了一个贸易综合网络。

秦半两钱

一艘汉代式样的中国帆船在中国南海航行

“一年四季，船只、大车和商人比比皆是。他们为投机而囤积的货物遍布各个主要城市。”
——观察者，3世纪

科学 早期发明

中国历史发源之初，技术革新就必不可少。中国的主要粮食作物——水稻依赖于人们对大江大河的治理，洪水既给土地带来丰富的养分，也极具破坏力。因而，修筑运河和灌溉系统，并用道路网络与之相通，是秦朝的头等大事。铁制工具的运用极大地提高了中国农民的农业产量。生产高品质铸铁的技术进步就应运而生了。有证据表明，中国甚至早在前2世纪就已经生产出热处理钢，比欧洲早了1500年。为了加工余粮，汉代农学家们使用了世界上最早的水车和独轮手推车。这些技术可能在几个世纪以后通过丝绸之路传到了欧洲。

汉代油灯（上）和地动仪（左下）

汉代还在世界上首次使用煤作为燃料，利用镰铲式滑车装置从深达1900英尺的地下开采盐矿。在造船方面，中国船员们制造出了装有易控船舵的船只，一些世界最先进的船帆至今仍被广泛使用。

小结：从熨斗到地动仪，世界上一些最先进的发明均来自古代中国。

相关阅读：纸的发明

古代中国的一个影响至今的重要发明就是造纸术。约105年，宦官蔡伦记载了用麻头、鱼网和破布来制造纸张的方法，而最古老的已知碎片可以追溯到前2世纪。纸张比丝绸便宜得多，又比竹子或骨头更易书写，因此很快成为中国书面交流的首要媒介。但是该项技术传播较慢，到8世纪传到中亚和阿拉伯，直到14世纪才传到欧洲。

现代纸张

“所不去者，医药卜筮种树之书。”——李斯

《论语》

中国哲学家、政治家孔丘于前 551 年生于曲阜，后被称为孔夫子（孔圣人）。孔子是一名杰出的教师、政治家，弟子众多。弟子们把他的语录和教导整理成书，即《论语》。其道德训导和发人深省的对话成为此后千百年来学者和官员学习的核心内容。《论语》一书劝勉统治者要教化百姓，以德治国。孔子教导说，修身需自始至终以家庭为单位，是一个终生受教反思的过程。

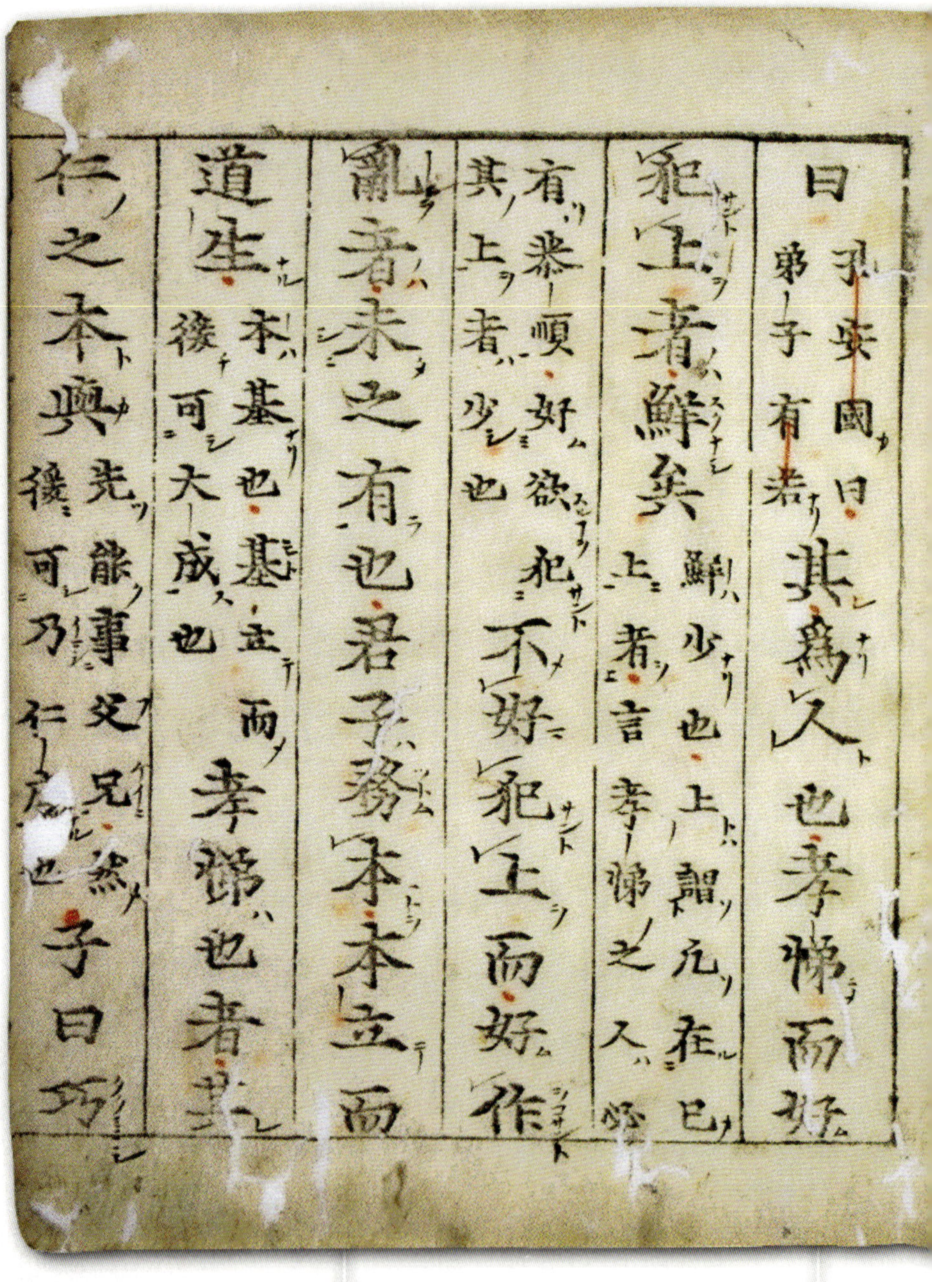
曰 孔安國曰弟子有若 其為人也孝悌而好
犯上者鮮矣 鮮少也上謂凡在己上者言孝悌之人
必恭順好欲犯其上者少也 不好犯上而好作
亂者未之有也君子務本本立而
道生 本基也基立而後可大成也 孝悌也者其
仁之本與 先能事父兄然後仁可成也 子曰巧

“子绝四，毋意，毋必，毋固，毋我。”

“或曰：‘以德报怨，何如？’子曰：‘何以报德？以直报怨，以德报德。’”

孔子 出生于没落的贵族家庭，少时便勤勉好学，成为一代名师，曾官至鲁国大司寇，后又重返教席。卒于前 479 年。

四书之一 《论语》是儒学四书之一。

“子曰：‘德不孤，必有邻’。”

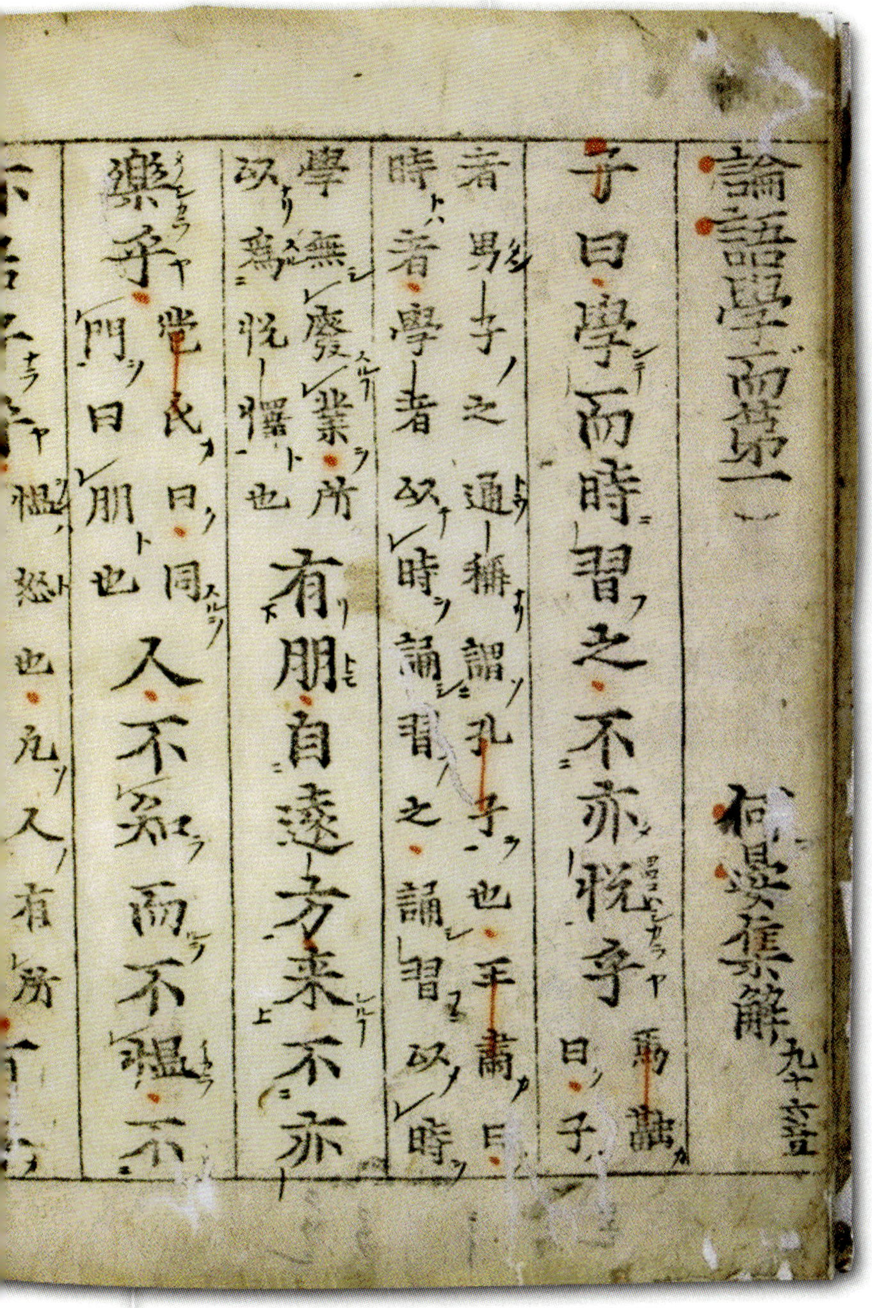
論語學而第一　何晏集解　凡十六章
子曰學而時習之不亦說乎　馬融曰子者
男子之通稱謂孔子也王肅曰
時者學者以時誦習誦習以時
學無廢業所以為說懌也　有朋自遠方來不亦
樂乎　包氏曰同門曰朋也　人不知而不慍不

“宪问耻。子曰：‘邦有道，谷；邦无道，谷，耻也。’”

珍本 本页选自1533年版十卷本《论语》，该书在日本印刷，是印刷艺术的早期范例。

必读书目 约600年来，试卷（下图中为18世纪的试卷）是中国官员再熟悉不过的。为了通过那些难度极大的考试并在政府谋得一职，必须熟读儒家典籍。

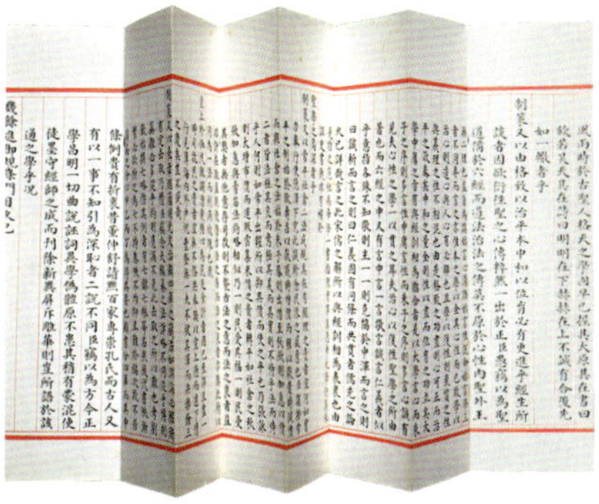

子贡欲去告朔之饩羊。子曰：“赐也！尔爱其羊，我爱其礼。”

孔子的追随者们

墨子　前5世纪： 墨子虽然原本受孔子思想的影响，但也用崇高的教义对之进行了公开挑战，他主张节用、尚同、兼爱。

孟子　前4世纪： 孟子据称曾师从孔子之孙。他最基本的信条就是人性本善，并据此主张统治者实施仁政，例如轻赋税、自由贸易、教育、避免战争以及均财富等。

荀子　前3世纪： 荀子与孟子不同，认为人性本质上是自私的，有瑕疵的。但是他认同善是可以通过在社会与道德规约方面严格要求而形成的。

董仲舒　前2世纪： 正是董仲舒使得儒家思想成为汉代统一的意识形态，所有未来官员都在京城太学学习儒学。

亦见 | 黄金时代：第82页

关键时期

前327～前325年
亚历山大大帝及其大军进入印度

前321～前185年
孔雀王朝统治印度

前268～前232年
皇帝阿育王统治孔雀王朝

约前250年
在阿育王的支持下，佛教开始传播到整个印度

印度

前327～550年

印度的古典时代以孔雀王朝和笈多王朝这两大王朝的崛起为标志。虽然他们并未统治整个印度次大陆，他们依然给印度的大片土地尤其是北部带来了安定祥和。波斯统治者占领印度北部达 2 个世纪左右，直到前 327 年亚历山大大帝推翻了波斯帝国。2 年后，他的去世导致权力斗争。加入战局的还有前奴隶和雇佣兵旃陀罗笈多。这位强权领导人于前 322 年攻占旁遮普地区，次年建立王国。他的统治结束于前 297 年，据说当时他是因哀悼饥荒中的饿殍们而绝食死的。没过多久，他的后裔就牢牢地控制了印度北部恒河和印度河的中间地带。孔雀王朝历代帝王中最著名的便是阿育王，前 260 年左右，他将印度东中部的羯陵伽国吞并，建立了一个高效的中央集权政府，发展农业，修筑道路，推动国家贸易。

但阿育王最出名的也许是他对印度的宗教贡献。战场上一幕幕惨剧深深地震动了他，他决定放弃暴力，并转向佛教的和平教义。自前 6 世纪诞生以来，佛教越来越受欢迎。阿育王放弃了打猎，严禁用动物进行祭祀，并开始吃素。为了促进佛教在印度的传播，他建造寺院，并在整个亚洲范围内派遣僧侣传教。

孔雀王朝的阿育王于前 232 年去世，从此孔雀帝国便江河日下。320 年，旃陀罗笈多一世建立笈多王朝，相互钩心斗角的王国再次统一起来。在这个印度的黄金时代，雕塑、哲学、梵文文学和阿育吠陀医学百花齐放。

在此期间，佛教与原来的印度教和平共存，贸易和农业促进了帝国的经济发展。笈多印度文明的繁荣、稳定和创造力，对南亚周边地区影响极大。约 550 年，笈多时代走到了尽头。

> 亚历山大大帝离世后，孔雀王朝和笈多王朝先后统一了印度北部，带来了稳定，成就了在艺术和科学上硕果累累的黄金时代。

上页：印度西部埃洛拉的印度教神山庙，将山体从上往下劈成陡崖

约前160～前135年
旁遮普邦在印度-希腊国王米南德的统治之下

320～550年
由旃陀罗笈多一世开辟的笈多王朝持续了2个多世纪

450年
白匈奴越过兴都库什山，入侵印度

550年
笈多王朝末代国王毗湿奴笈多的统治告终

亦见 | 史诗般的历程：第 40页

宗教

佛教

随着佛教的传播，乐山大佛等佛像在亚洲遍地开花

佛教由佛祖乔达摩·悉达多于前 6 世纪左右创立，之后很快传遍印度和亚洲大部分地区。悉达多介绍了如何修炼内心实现静心。通过静修，他认识到痛苦来自欲望，即对感官愉悦的渴求。因此他规定了修行的八正道：正见解、正思想、正语言、正行为、正职业、正精进、正意念、正禅定。他教导说，通过冥想、讨论、谦逊和苦修，修行者可以达到清静的境界，即涅槃。佛教对阿育王等人有很大的吸引力，因为他们对生活中的苦难和挫折需要答案。在旧婆罗门教中，只有少数天命之人才能通过知识得到拯救，佛教则提供了它无法提供的清静。

宗教最终分成三大派。上座部佛教强调佛教僧侣之间的友爱精神，不过普通信众也可以通过供养僧侣而进入涅槃境界。1 世纪左右，佛教大乘派浮出水面。它专注于菩萨等神灵的存在，菩萨虽曾悟道，但特意不进入涅槃境界，只是为了能够帮助别人修得正果，菩萨们被奉为神灵。佛教密宗在 6 世纪左右崛起，加入了超自然的神灵，甚至在仪式上可以召唤恶魔求助。

随着岁月流逝，佛教僧侣人数日众，遍布整个中亚、西亚、中国和东南亚，推动了佛教的传播。

除了佛教，印度教和耆那教在此期间也蓬勃发展。耆那教虽然没有佛教徒人数众多，但在印度西部、卡林加、印度南部的迈索尔和泰米尔地区非常流行。耆那教创立于前 6 世纪，与佛教相通之

“‘别急，伟大的国王！’婆罗门说道，‘孩子已经在女王陛下的子宫里扎根……他将成为佛陀，将这个世界的罪恶和愚昧的乌云一扫而空’。”——《佛本生经》

声音

佛祖 圣谛

“比丘们，此为苦因圣谛：造作再生的渴求——带着贪与喜于处处耽享——正是：对感官之欲的渴求、对有生的渴求、对无生的渴求。比丘们，此为苦的止息圣谛：对该渴求的无余离贪、止息、舍离、弃绝、解脱、放开。”

——《转法轮经》，记载了佛祖的第一篇祈祷，于其身后由弟子记下，约前6世纪

绘有佛祖足迹的浮雕

风云人物

印度

旃陀罗孔雀王
约前321～前297年
孔雀王创立了印度孔雀王朝，统一印度

阿育王
前268～前232年
这位孔雀王朝的皇帝放弃暴力，转向佛教

米南德
约为前160～前135年
印度北部的印度—希腊统治者，笃信佛教

跋娑
3世纪
梵文剧作家，著有《惊梦记》

旃陀罗笈多一世
320～333年
印度国王，笈多王朝的创始人，通过联姻扩大了领土

处在于它鼓吹正确的行为、正确的知识、正确的信仰，实现灵魂的解放。耆那教也令教徒化缘，相信万物皆有灵。同时，古老的印度教信仰中的因果报应论与来生论成为佛教教义的一部分，促进了这两大宗教的发展。

{根据因果报应，一个人今生的所作所为直接影响其来世的生活。}

小结：僧人们将佛教传遍印度和整个亚洲。

印度教的克利须那神为心爱的人拉妲吹起长笛

“轻风扫净了他面前的地面；云朵让雨水洗去了他路上的灰尘，然后成为他的华盖。”

——《长部经注》

亦见 | 黄金时代：第82页

《摩诃婆罗多》中的婚礼场景

艺术 神和英雄

文学及视觉艺术，特别是宗教雕刻建筑，在印度的古典历史长河中可谓是大踏步地蓬勃发展。跋娑，二、三世纪第一位著名的古印度梵语戏剧家，其最伟大的作品《惊梦记》，细述了一代国王历经的苦难，从《罗摩衍那》《摩诃婆罗多》两部印度史诗当中下笔点题，是一部记载了印度教人生传奇的编年史。其中详细描绘了遍布古印度各地佛陀的生活。存在于古印度中南部阿旃陀的洞穴中5世纪的壁画和雕像就是知名的样例，与5世纪印度中北部桑吉大佛塔当中精细的雕刻样式也相仿。

小结：作家从古印度史诗中汲取灵感，繁荣了梵语文学。

阿育王的狮子柱

印度 阿朱那王子论战斗即将结束

声音

“克利须那神！看看这些信徒们吧，他们献出了同族的鲜血，我的肢体已经毁坏，我的口舌早已干涸，我的身体发抖震颤，恐惧让我的发丝竖立，从我羸弱的双手中滑向甘迪，俯首躬臣；滚烫的热度使我的皮肤焦干。我已无法忍受；我的人生似乎就要离我远去，渐渐模糊不清。我已预见不到有没有人可以拯救我的悲哀和哀恸！不妙，不妙，噢，克利须那神啊！互相残杀不可能带来祥和温煦！我厌恶这样的凯旋和统领，这样赢来的财富和安逸！”

——《薄伽梵歌》 印度神话选段，约2世纪

“有的僧侣仍然专注于呼吸吐纳。修炼呼吸吐纳之法，大有成效，大有裨益。”

——巴利经典

建筑 石雕

笈多王朝时期的印度寺庙构造较为古朴简单，神殿中挂有神像，神殿深处通向幽深的长廊。相比而言，佛教寺庙的建造更加精美、牢固，有着修道院、崇圣殿、舍利塔以及众多用作神殿的圆顶状土丘与古塔。

位于印度中西部埃洛拉，由玄武岩峭壁雕刻而成的纪念性建筑，是笈多王朝时期的数代人共同完成的，可谓艺术与工程领域的惊人壮举。婆罗门教、佛教和耆那教的众多工匠在峭壁旁共同打造了 34 座石雕建筑及雕像。前 1 世纪至 6 世纪，佛教僧侣们用花岗岩、片麻岩和玄武岩建造了阿旃陀石窟中迷宫一样的寺庙。圆拱形的屋顶、石柱支撑的集会厅、冥思堂和祷告殿，都是雕琢而成的，其非凡的技艺让诸多历史学家叹为观止。墙壁上成百上千的人物浮雕栩栩如生，让大殿充满了生机与活力。

阿育王所建的桑吉大佛塔大门

阿旃陀石窟里不仅有雕塑，还有栩栩如生的佛教题材绘画作品。

浮屠佛塔的拱顶造型源自古代

小结：笈多时期的佛教遗址中，有在山坡和洞穴雕琢而成的壮观的神殿。

“做自己的明灯。成为自己的避难所。不要寻求任何外部避难。紧紧抓住圣言这盏明灯。”
——巴利经典

时间脉络关系图

前600～600年

“我赞颂善念，善言，善行。”
——霍尔达·阿维斯陀

中世纪绘画中的居鲁士大帝

前520年
波斯征服印度西北部的部分地区

前390年
法家哲学传遍中国

前325年
旃陀罗孔雀王开始了征战生涯，吞并了玛加达邦

约前600年
诸侯混战，企图称霸印度次大陆

前486年
薛西斯接替父亲大流士一世，登上波斯王位

前330年
亚历山大大帝击败波斯大流士三世

前141年
尚武的汉武帝开始统治中国

前600年　前450年　前350年　前150年

约前560
孔子出生于中国东部山东

前480年
在中国，战国时期开始

前350年
硬币开始在中国流通

前250年
阿育王鼓励佛教的传播

前404年
阿尔塔薛西斯二世

大流士投降

前558～前529年
居鲁士大帝统治波斯，征服巴比伦

前220～前207年
秦王朝在秦始皇的统治下统一中国

秦兵马俑

“什么样的政府比得上全国最优秀的人？”
——大流士

“道可道，非常道。”——《道德经》

卧佛

220年
汉代灭亡，中国进入三国时期

前206～220年
中国汉代统治时期

汉代陶犬

375年
印度笈多王朝的旃陀罗笈多二世登基

6世纪
印度阿旃陀石窟里这尊佛像侧卧，即将进入涅槃

4世纪
印度王旃陀罗笈多一世及其子沙姆陀将国土扩张到几乎整个印度

444年
道教成为中国北魏的官方思想体系

557年
洛阳成为中国首都和东亚的佛教中心

150年　300年　450年　600年

162～166年
波斯与罗马争夺亚美尼亚疆土未果

4世纪
中国僧人将佛教传遍中国

484年
萨珊国王卑路斯一世战死沙场

651年
波斯萨珊王朝被阿拉伯人所灭

4世纪
中国精湛的青铜器工艺品时代结束，被釉面陶器所取代

550年
印度的笈多王朝灭亡

226年
萨珊国王阿尔达希尔一世将琐罗亚斯德教定为波斯国教

“学而不思则罔，思而不学则殆。”
——孔子

青铜“马踏飞燕”

古典时代

羊皮卷上的西方生活

公元前600～500年

第3章

西西里岛阿格里真托，一座饱经沧桑的希腊庙宇

亦见 | 古典时代：第107页

关键时期

前6世纪
雅典等地方的政治改革促成了民主的产生

前594年
梭伦成为雅典的行政长官

前525～前456年
戏剧家埃斯库罗斯写下戏剧《俄瑞斯忒亚》

大约前500年
知识和艺术成就的黄金时代开端

希腊世界

前800～公元30年

希腊人在各个方面都给我们留下了宝贵的财富。我们随处可以见到他们宏伟的建筑，他们的青铜、大理石、绘画和黏土作品仍然是完美艺术作品的典范。有一点毫无疑问，千百年来，我们听到的最铿锵有力的声音来自希腊人在政治、科学、数学、哲学和戏剧甚至历史本身的思想成就。希腊人本身是各城邦国家的公民，他们的文化遗产通过希腊语传播给我们，对我们的文化产生的深远影响，可谓无所不在，从数学教科书到我们的思维方式以及对世界的了解。希腊的文化和思想之花在前 5 和 4 世纪早期绽放，这一时期又称为古典时期，有时也称作希腊的黄金时期。但希腊文明的踪迹可以追溯到更久之前，大约前 800 年，在这个以山区为主的半岛上，以家庭为单位的部落开始以城邦或城市国家的形式组织起来，城邦是城市社区和周围乡镇的贸易和国防中心。

随着时间的推移，不同的城市国家实行了君主统治，唯一的领导人称为僭主。若是由少数富裕地主统治，则称作寡头。最终由自由的男性公民统治，即某种形式的民主政体，但没有妇女、移民或奴隶可以在公共事务中发出声音。城邦国家之间有时也会合纵连横。

两大城邦国家雅典和斯巴达在前 5 世纪初走到了一起，共同击败了更加强大的波斯帝国。但他们的联盟是短暂的。他们在社会形态上截然不同，斯巴达人将一切军事问题视为荣耀，而雅典人则鼓励艺术。他们之间的分歧最终导致公开的冲突，雅典于前 404 年溃败，这一事件标志着雅典在政治事务中的主导地位结束了。

希腊将继续走向辉煌，这主要依靠年轻而骁勇善战的马其顿国王亚历山大大帝来冲锋陷阵。当时城邦国家及其羽翼未丰的民主国家已经陷落，世界舞台很快就会属于别人。但希腊的影响已经十分广泛，希腊头脑在那个黄金时代取得的成就将永垂不朽。

> 希腊在其历史进程中，有过在战场上辉煌的时刻，而在艺术上以及在探索从政治到数学的所有知识门类方面的成就，成为流芳百世的文化遗产。

上页：菲迪亚斯的铜像头部，显示希腊的理想比例

前492～前479年
波斯战争爆发，最后以希腊胜利而告终

约前431～前404年
雅典与对手斯巴达之间爆发了伯罗奔尼撒战争

前334年
亚历山大攻入小亚细亚，开始征服之旅

前30年
罗马控制埃及，古希腊统治结束

亦见 | 古典时代：第105页

诗人萨福拒绝接受典型希腊女性的角色

阶级与社会 精英

民主的发源地绝非无阶级的社会。希腊贵族由旧的地主家庭和通过其他途径积累财富的人组成。富裕的商人或贸易商可以分享上层阶级的特权，但是由于不得不为生计而奔波，他们的地位要低于有地产的贵族，因为贵族认为休闲才是地位的象征。希腊男性最主要的特权便是公民身份本身，其中包括选举领导人、在议会做决策，以及申冤。在一些城邦国家，民主最终将公民身份扩展到所有自由人，但精英们保持了高人一等的地位。他们在艺术上耕耘，是剧场的常客；他们在政治、军事事务和体育方面占据领导地位；他们通过聘请私人教师，赞助学术来传播教育。从根本上说，他们支持希腊所有学术领域的探索。这并非全都是饮酒作乐的宴会……不过这一点也是少不了的。

小结：希腊城邦的权力靠的是金钱和世袭地位。

风云人物

希腊世界

荷马 前9世纪
创作了《伊利亚特》和《奥德赛》的诗人

梭伦 前638～前558年
改革的政治领袖，民主“之父”

毕达哥拉斯
前581～前497年
哲学家，数学原理的创立者

埃斯库罗斯
约前525～前455年
悲剧作家，改造了戏剧

伯里克利
约前495～前429年
带领雅典走向辉煌的政治家

亚里士多德
前384～前322年
将各门科学系统化的哲学家

阿佛洛狄忒

“亲爱的妈妈，我不会使用织布机，温柔的阿佛洛狄忒的作品，让我爱上了一位青年无法自拔。”——萨福

日常生活 希腊女性

社会地位决定了生活质量，这一点对女性和男性都一样，但富贵之家的女性自幼养在深闺，与男性几乎完全分开。女孩 5 岁时，便可能在公开仪式上被许配给未来的丈夫，父亲或其他监护人向一般年长她 10 岁或更多的新郎念道：“吾将此女许配与汝，汝可正大光明生儿育女。”数年后举办婚礼，跟随接亲队伍来到夫家后，新娘绝大多数时候只能待在专门为她收拾出来的地方，包括卧室和封闭的庭院。精英阶层的女性将掌管家庭和奴隶、纺织布疋、生儿育女。她也可以走亲访友，但在宴会上抛头露面却被认为丢人的事。少数上层阶级的女性担任女祭司，在家庭生活之外过着受人尊重的生活。通常在街上见到的大多数女性若非戏子，便是商贩。

这个前6世纪的花瓶上的图案描绘着妇女在纺织

雅典的女人能做的生意只是金额低于一蒲式耳粮食的交易。

小结：精英阶层的女性比劳动阶级的女性少了许多烦恼，其日常生活主要是管好家。

亚里士多德

声音

亚里士多德 论贤妻

“生活井然有序的女人应该认为丈夫的意愿就是她的法律，连同她的婚姻状态和所拥有的财产，都是由神的意志指定的。这才合适。如果她用耐心和温柔承受这些，就会轻松地管好家，否则就不那么容易。因此，不仅丈夫富贵时、走运时，应当对他亦步亦趋，有求必应，而且在他不走运时也应如此。如果他因疾病或判断失误而命运不济，妻子应展现自己的贤淑，不断为他加油打气，百依百顺——不做任何下作轻贱之事。她不可抱怨，不可指责丈夫，而应将凡此种种皆归为疾病、大意或偶然犯错。因此侍奉丈夫时，她要比买来带回家的奴隶更加尽心尽力。”

——《经济篇》，约前330年

“爱得太深，给男人带来的只是丢脸和轻贱。”——欧里庇得斯

亦见 | 黄金时代：第64页

列奥尼达在温泉关的背水一战成就了军事传奇

冲突 在希腊的土地上

前第一个千年中期，地中海地区有一个公认的超级大国，它的名字就是波斯。波斯征服的疆域东起印度河流域，西到尼罗河、黑海和希腊边境。波斯海军规模宏大，数量超过1000余艘，同样势不可挡的是陆军，数量超过10万余人，他们被组织为骑兵、战车兵，以及熟练的弓箭手，据说这些弓箭手的飞箭可以遮天蔽日。

为对抗波斯，希腊的城邦能集结的军队数量少得多，但他们仍然占有优势。希腊战船是雅典海军的核心，有3层桨座，并可能达到破坏性冲压速度，这是波斯军队无法比拟的。希腊士兵穿更厚的铠甲，携带长矛和大盾，排列成紧密而坚不可摧的方阵。在波斯湾战争的每场战役中，希腊人捍卫着他们的领土，维护着他们在这片领土上的所有权益。

前490年，大流士率军队登陆马拉松平原，妄图侵吞雅典。马拉松平原呈月牙形，中段十分狭窄。雅典军方利用地形和智谋取得胜利。

斯巴达尽管与雅典结盟共

希腊早期头盔

“调里拉琴，玩竖琴，此雕虫小技耳；唯令籍籍无名之小城走向宏伟辉煌，方显吾辈之功。”

——忒密斯托克利

声音

色诺芬 斯巴达士兵的相貌

“下面的发明应归功于利库勾斯：士兵身穿深红色制服，手持沉重的青铜盾；他的理论是，如此装备毫无阴柔之气，最具勇士气概；可以最为迅速地收拾整洁，也最不容易弄脏。他还允许那些刚成年的小伙子留长发。为此，他设想他们看起来更加魁梧，更自由，更顽强，更具威慑力。”

——色诺芬，约前375年

中世纪绘画中的色诺芬和希腊军队

希罗多德说，大约6400名“野蛮人”在马拉松被歼灭。他还指出雅典牺牲的人数为192人。

同防御，但很少帮助雅典。当10年后大流士的儿子薛西斯经陆路突击，海军协同，侵入希腊海岸时，情况就大不一样了。在国王列奥尼达的领导下，斯巴达在险要的温泉关围堵波斯人，虽然最终战败，但极大地拖延了波斯的入侵进度。虽然薛西斯最终抵达雅典，纵火焚城，但他数量庞大的海军则在萨拉米斯战役中败北，部分原因是希腊人深谙当地地形和气候。希腊人再接再厉，于前479年在普拉提亚大败波斯人。后来斯巴达和雅典在伯罗奔尼撒战争中对阵，前431至前421年间互相讨伐，前415年战火死灰复燃。雅典人在前404年被长期围城，饥肠辘辘，被迫投降。

小结：训练有素的希腊军队击败波斯后，开始了内部征战。

人物评说

阿尔西比亚德斯 约前450～前404年

阿尔西比亚德斯

雅典和斯巴达结盟，共同抵御波斯人，但在长达27年的伯罗奔尼撒战争期间，他们却成了彼此的敌人。这期间的一个重要人物是阿尔西比亚德斯。他知道如何在双方势力间左右逢源，后来干脆在多方势力间摇摆。作为雅典社会的重要成员，他主张侵略，据修昔底德记载：他曾说过，“如果我们停止统治别人，我们就要面临被统治的危险。”

他树敌越来越多，最终被迫下台，然后他迅速转投斯巴达，组织并发动了几次针对雅典的战役。对手的倾轧导致他再次下台，他最终返回雅典重侍旧主，担任将军，有时也来调停，后来遭到第二次流放。古代历史学家不知如何评价他。普鲁塔克说，他最大的激情是“野心和高人一等的欲望”，但他的辉煌成就和个人魅力令他无论身在何处，都有人拥护。历史学家之间的争论至今仍在继续。**结论：**褒贬皆有。

“无政府，无政府！还有什么比它更邪恶？这就是为何城市崩塌，大殿纷纷倒下；它就是扰乱军心之源。”——索福克勒斯

亦见 | 古典时代：第115页

在舒尼恩岬的海岸，波塞冬神庙沐浴在晚霞中

宗教 在奥林匹斯山

希腊男神和女神的万神殿的确切起源已不可考证，但早在前 776 年的第 1 届奥运会上，就敬奉了宙斯等神。人类通过神的故事了解到诸神，这些故事在前 9 世纪被首次记载下来。希腊最高峰奥林匹斯山成为 12 位重要神灵举行宴会的地方，但其他宗教中心也逐渐崛起，例如在德尔福，担任阿波罗预言者的女祭司宣读了在神庇佑下的未来图景。希腊人在许多宗教习俗方面和其他民族毫无二致。他们祈求神的帮助，认为灾祸是上天的惩罚；他们也供奉牺牲，感谢神灵保佑，或是饶恕他们所犯的罪孽。但希腊诸神在一个方面是独特的：他们有缺点。他们可以代表理想中的人类品质，如智慧和清醒，但他们也会有酗酒、好色等弱点。对于希腊人来说，神其实就是人类世界的一部分。

雕有宗教祭祀的牌匾

小结：希腊人讲述诸神的故事，在此过程中吐露了自己的心灵。

“荷马和赫西奥德将一切可耻可鄙之事都安在诸神头上。”——色诺芬

艺术 # 奔向理想

希腊的文学传统始于荷马的《伊利亚特》和《奥德赛》，这两部史诗首次在前9世纪完成，但源于更古老的口头传统。在诗人赫西奥德的手中，希腊文学产生了新的形式。赫西奥德在《工作与时日》中诉说农村生活，悲剧作家埃斯库罗斯、索福克勒斯和欧里庇得斯将诗歌改编为戏剧，帮助雅典成为希腊世界的文化中心。视觉艺术的根源则来自其他地方。早期希腊的陶器、壁画和雕塑展示出东方和埃及对它的影响，但随着艺术家渐渐将外来的表现手段融入本土的作品，自然主义和理想主义奇妙地融为了一体，典型的希腊风格便出现了。

几乎所有希腊雕塑都是公共艺术，由富裕的赞助人资助，供大家观赏。

很多文学艺术至今依然影响着我们，但也有很多已经失传。据说荷马还另外创作了8首史诗，而帕台农神庙的柱子和基座至今巍然屹立，但当初供奉在那里的黄金和象牙制成的雅典娜雕像已经无处可寻。

荷马在雅典城门外唱着《伊利亚特》

小结：希腊艺术通过借鉴原有艺术，塑造了不朽的杰作。

爱神阿佛洛狄忒

声音

索福克勒斯　《安提戈涅》中的合唱

“（首节）爱神啊，你从没有吃过败仗，爱神啊，你浪费了多少钱财，你在少女温柔的脸上守夜，你飘过大海，飘到荒野人家；没有一位天神，也没有一个朝生暮死的凡人躲得过你；谁碰到你，谁就会疯狂。

（次节）你把正直人的心引到不正直的路上，使他们遭受毁灭；这亲属间的争吵是你挑起的；那美丽的新娘眼中发出的鲜明热情获得了胜利；埃罗斯啊，连那些伟大的神律都被你压倒了，那不可抵抗的女神阿佛罗狄忒也在嘲笑神律。”

——索福克勒斯作《安提戈涅》，前441年

“一个种族是人，另一个种族是神，但我们的生命都是母亲赋予的。”——平德尔

亦见｜冲破束缚：第220页

哲学 热爱智慧

有人认为希腊人热爱智慧是因为他们普遍识字，而且哲学的字面意思是“爱智慧”。这本身又可以追溯到希腊字母简单的发音。但希腊人本身也充满好奇心，相信这个世界可以从理性角度去认识，只要爱探究，就可以发现许多复杂难题的奥秘。然而希腊人对思考的激情在雅典的黄金时代达到了顶峰，在大街小巷，你随时可能遇到一位哲学家或是政治家，并可能与他讨论一个严肃的论题。诡辩派收取学费来指导年轻人如何理解“优秀”和“美德”等话题，他们吹嘘说修辞具有揭开真相、解释人类行为的力量，但也有人诋毁他们及他们的行为。色诺芬称他们为“智慧的娼妓”，柏拉图将诡辩派定义为“从事词语比赛的运动员。”

> 哲学家可能因其思想而面临惩罚。亚拿隆哥拉因太阳是一个熔化的铁球这一理论而被逐出雅典。

自己也将遭受命运的明枪暗箭的苏格拉底给哲学带来一种新的精神，专注于个人的道德责任以及认识自我的重要性。弟子柏拉图描述了以道德为基础的宇宙秩序，并假定了一个理想王国，而这个世界只是一个可怜的反射而已。他在前4世纪80年代创办了学院，这是希腊的最早的类似大学的机构。

这种批判性思维的遗产被亚里士多德继承下来，他去学院听课，但从完全不同的角度去认识柏拉图的哲学。柏拉图认为，人类的感官实际上会

柏拉图

柏拉图 山洞的寓言

声音

“让我们想象一个洞穴式的地下室，它开有一条长长通道，可让和洞穴一样宽的一路亮光进入。有一些人从小就住在这洞穴里，头颈和腿脚都绑着，不能走动也不能转头，只能向前看着洞穴后壁。让我们再想象在他们背后远处高些的地方有东西燃烧着发出火光。在火光和这些被囚禁者之间，在洞外上面有一条路。沿着路边已筑有一堵矮墙……让我们想象有一些人拿着各种器物举过墙头，从墙后面走过，有的还举着用木料、石料或其他材料制作的假人和假兽。而这些过路人，你可以料到有的在说话，有的不在说话……你且说说看，你认为这些囚徒除了火光投射到他们对面洞壁上的阴影外，他们还能看到自己的或同伴们的什么呢？ 这种人相信的真相，不过是那些展示物投下的阴影而已。”

——柏拉图《理想国》，前4世纪

“朋友飞黄腾达了，很少有人生性会器重他们而不是嫉妒。”——埃斯库罗斯

希腊哲学家第欧根尼用露宿街头的方式表明，幸福并不靠财富

干扰知识，而亚里士多德却推崇观察法和通过感官收集的证据。在此过程中，他对物理学、天文学、生物学、心理学和政治学等一切学问都展开了研究。有些看法是正确的（例如认为大地是球体），也有一些东西是错误的（地球是宇宙的中心），但他的功绩是建立了严格的学术调查方法，引导人类追求知识至今。

小结：古希腊哲学家们对人类的作用这一问题的好奇心永无止境。

人物评说

苏格拉底 约前470～前399年

苏格拉底之死

西方文明最重要人物之一苏格拉底刚成年时入伍，后任雅典法官。但他真正喜欢的是追求知识，特别对是自我的认识，以及过着诚信生活的意义所在这一问题。他的做法很简单，连续一系列问题必然让弟子们对问题有了更深层次的了解，但对如今的哲学影响依然深远。实际上，人们普遍认为，苏格拉底对个人主义和美德的概念具有革命性意义，以至雅典法官控告他亵渎神灵，腐蚀雅典青年的思想。苏格拉底拒绝放弃自己的信仰，同意自杀，他喝下毒堇汁，向周围的追随者们宣告，“无论生前还是死后，善人不做恶事。”**结论：**褒

“所有人灵魂皆不朽，唯正直之人灵魂神圣而不朽。”——苏格拉底

亦见 | 世界新秩序：第 280页

数学 看见数字

毕达哥拉斯向占星家演示数学的和谐

在早期，数学作为科学的一个独特的分支，被称作哲学，而希腊人最擅长哲学。时至今日，学生学习的基本数学原理都是以一些早期研究数字如何让世界运作的巨人命名的。也许是巧合，两个最知名的希腊数学成就都发生在远离家乡的地方。第一个是毕达哥拉斯，一个土生土长的爱琴海萨摩斯岛人，前 525 年左右他迁居到希腊殖民地西西里岛。在那里，他创办的学院致力于用数学方法来描述物理现象。他的追随者建立了几何学以及与其密切相关的学科——天文学。

欧几里得的《几何原本》开卷有23个定义和10个几何公理，在此基础上通过演绎逻辑，衍生出数百条公理。

200 多年后，在埃及的知识中心亚历山大，欧几里得写下了 13 卷本的纯数学著作《几何原本》，从此名垂青史。该书制定了几何学的基本原理。许多个世纪以来，该著作是几何领域唯一的教科书。

小结：希腊数学家用数学方法观察世界。

相关阅读：几何的起源

几何可能并非起源于毕达哥拉斯本人，而是源于前 6 世纪学院传来的数学定理。在一个直角三角形中，斜边的平方等于另两边的平方之和。到了一定年龄的大多数孩子即便做梦也能背出这条定理，而毕达哥拉斯定理仍然被用来计算几何形状的面积。今天老师教的几何仍是欧氏几何，这一名称源自前 4 世纪提出这一原则的数学家欧几里得。只有在过去的 200 年中，才有其他种类的“非欧几里得”几何系统被推导出来。

古希腊马赛克

“琴弦的奏鸣中有几何，球体的体积中有音乐。”——毕达哥拉斯

阿基米德 会浮起来吗？

阿基米德

“卷1：流体静力学基本原理

命题2：任何静态流体的表面都是中心与地球中心相同的球体的表面。

命题 3：那些与流体在相同体积下具有相同重量的固体，如果被放入流体中，将会沉在流体中既不会浮出也不会沉的更低。

命题6：如果施力将一个比流体轻的固体沉入水中，固体会受到一种浮力作用，这种力等于其重量与排开流体重量的差。

命题7：如果把一个比流体重的固体放入水中，它会沉至流体底部，如在流体中称重，其重量等于其真实重量与流体重量的差。”

——《论浮体》，关于浮体和浮力的两卷本著作，写于前3世纪

科学 尤里卡

小结： 许多希腊科学都是理论，但阿基米德将原理付诸实践。

研究科学的希腊哲学家很少探索其见解的实用价值。但偶尔一位哲学科学家也会想让他获取的知识具有实用性。阿基米德就是这样一位哲学家。前约 287 年，他出生在希腊殖民地西西里岛锡拉丘兹。他那一句“尤里卡”最闻名于世，回响至今。

据说，他在洗澡时想到可以通过测量排出的水的重量确定物体是否是纯金。他赤身裸体地跑上街道，高喊“我发现了！”

故事可能子虚乌有，但阿基米德对科学确实如此狂热。这位科学家根据他对数学原理的理解发明了很多东西，其中一些被用作战争武器。他还提出了数学理论，求出了圆周率更精确的近似值，并描述了所谓的黄金比率。前 212 年，阿基米德被侵入的罗马士兵杀害，当时他正在研究一个几何图像，据说他在倒地时说，“别踩坏了我的图形。”

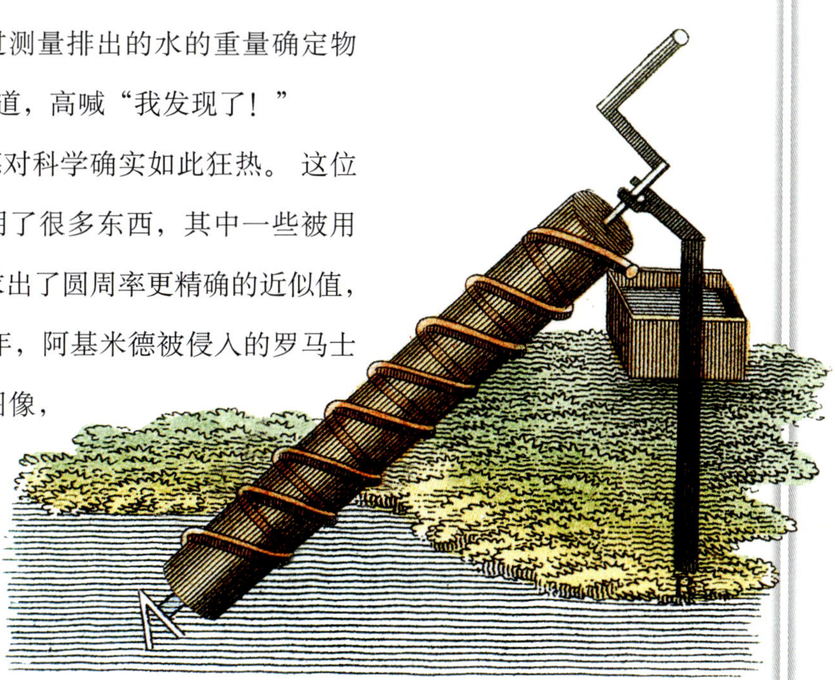

阿基米德式螺旋抽水机，将水从低处传往高处

出现在罗马马赛克上的亚历山大，带领军队远征亚洲时仅20多岁

领袖 亚历山大的世界

亚历山大出身显赫，他是伟大的马其顿王腓力二世之子。但到18岁时，他因自己的壮举名扬天下。前338年，他带领骑兵发起一场决定性的战斗，帮助他的父亲征服了四分五裂的希腊城邦。最终，罗马人赋予他流传至今的称号：亚历山大大帝。

攻克希腊城邦两年后，菲利浦遇刺身亡，亚历山大成为马其顿王，统领新集结起来的希腊军队。他虽然年仅20岁，但受到良好的教育，亚里士多德是他的导师。他不久决定践行父亲的计划，出征波斯帝国。

前334年，亚历山大带领5000名骑兵和30000多名步兵向达达尼尔海峡的地峡出发，越过地峡后挺入亚洲。一路上他对当地民众采取迎合的态度，参拜他们的神殿，保留他们的传统，也经常将当地官员留任原职。

在伊苏斯打败波斯军队之后，亚历山大领军向南行进，穿过叙利亚、巴勒斯坦和腓尼基，然后向西进入埃及，一直到利比亚沙漠边缘。前331年，亚历山大返回波斯，彻底击败了波斯国王大流士三世。

在行进途中，亚历山大对个人荣耀的渴望似乎凌驾于睿智的疆土扩张之上。也许是在埃及，也许是在波斯，亚历山大加冕为法老，宣称自己是全亚洲的君王。前326年，亚历山大的军队在印度河谷打败了印度国王波罗斯，当他准备向

亚历山大严格控制自己的公众形象，只准许御用雕塑家来制作他的雕像。

“明君按照法律统治愿意受其统治的人，暴君则对不愿意受其统治的人进行统治。以致明君拥有由公民组成的卫队，暴君的卫队则旨在镇压公民” ——亚里士多德

声音

亚历山大 在亚洲致军队

亚历山大大帝

“各位，我发觉，当我带领大家开始新的冒险时，大家不再愿意以当初的热情追随我。我把你们召集来见我，是为了一起做出一项决定：我们是按我意见继续前进，还是照各位意思返回？……我认为，有志之士如果要创一份崇高伟业，除了这一目标别无所求；不过，如果有人想知道这场战役的终点在哪里，我可以这样跟你讲，从这里到恒河和东海，我们前面剩下的地方已经不太大了。……我们的船只将从波斯湾返航至利比亚，一直到赫丘利斯之柱，因此整个利比亚往西不久都将属于我们，整个亚洲也属于我们，除了上帝为世界创造的边界之外，帝国将没有疆界。”

——《亚历山大征战史》，2世纪

恒河推进时，军队不堪其苦，发动兵变。亚历山大返程回国。

前 323 年 6 月，亚历山大在巴比伦参加一次宴会后亡故，历史始终无法确定他是因热病还是中毒身亡。但亚历山大在 30 多岁英年早逝，横跨 3 大陆的帝国不久也便分崩离析。

小结： 亚历山大大帝将希腊文化带到他幅员辽阔的属地。

“父亲被害时，亚历山大年仅20岁，他继承的王国危机四伏，满怀恶意的敌人虎视眈眈。”——普鲁塔克

亦见｜史诗般的历程：第37页

文化 希腊化世界

在征服过程中，亚历山大尽力保留当地传统，但同时也传播希腊文化。他在东地中海各地创建了几十座希腊风格的城池。最终东西方传统相互融合，成为希腊化或者受希腊影响时代的特色。希腊商人尾随亚历山大军队而来，不久希腊语成为了整个地区的通用语。

波斯的财富四处流散，出现经济繁荣的局面，像小亚细亚帕加马这样的希腊化城市因此繁荣兴盛起来。剧院、运动场、浴池等舒适生活象征的遗迹可能直接嫁接自雅典。

希腊化世界王冠上的珠宝是亚历山大港，亚历山大的将军托勒密一世在这里建立了埃及帝国的首都。托勒密创建了亚历山大图书馆，据称该馆可容纳700000卷书籍。随着罗马帝国的崛起，希腊化影响逐渐消退，约前47年这座规模宏大的图书馆被大火烧毁，这实际上是敲响了希腊化影响灭亡的钟声。

为将东西方联结起来，亚历山大下令让80名亲信和可能多达9000名士兵娶东方女性为妻。

亚历山大死后，塞琉古一世建立了一个王朝

《拉奥孔和他的儿子们》可追溯至希腊化时代

小结：亚历山大的继任者向东地中海地区传播希腊文化。

“心爱的潘，以及其他所有出没此地的神灵，请给我内心灵魂的美，希望人的内心与外在相一致。”——柏拉图

领袖 克娄巴特拉的统治

埃及艳后克娄巴特拉与罗马的马克·安东尼的联盟最终让她殒命

她的女性魅力可以迷倒罗马最伟大的人，但克娄巴特拉7世拥有的不仅仅是美貌。她的祖先是托勒密王朝，因此她是希腊人。她在位期间的首都亚历山大至今仍然是希腊文化的缩影。虽然她讲希腊语，但她学会了埃及当地语言——她是首任学习埃及语言的托勒密王朝的法老——并崇拜埃及诸神。

克娄巴特拉起初与弟弟托勒密13世在前51年共同执政，但在她的精心策划下，弟弟被迫下台，从此钱币上仅铸有她一个人的肖像。有人通过诡计让托勒密重归宝座，但克娄巴特拉通过引诱凯撒大帝而重新掌权。据称，她把自己裹在波斯地毯中，交给凯撒。

她曾希望自己与凯撒大帝所生的儿子有一天可以执掌罗马和埃及联合王国，但凯撒大帝却很快去世了，于是她下一个试图诱惑的是罗马执政者马克·安东尼，结果这场求爱以惨败结束：罗马的新统治者屋大维在亚克兴击败了他们的联合舰队，攻入埃及。前30年他攻入亚历山大，埃及艳后用毒蛇咬伤的方法自杀。

小结：克娄巴特拉是埃及最后一任希腊统治者，她的死标志着一个时代的结束。

声音

格里乌斯 古代图书馆

“据说暴君庇西斯屈特斯是第一个在雅典建立人文相关书籍的公共图书馆。后来雅典人自己兢兢业业地增加馆藏数量；但后来薛西斯占领雅典后纵火烧毁了除了城堡外的整个城市，搬走了全部藏书运往波斯……

此后在埃及托勒密王朝时期，编著或采购的海量书籍累计近70万册；但在第一次亚历山大战争中，整座城市遭到洗劫，这些书籍全部付之一炬，倒不是有意为之，也不是奉命行事，而是被非罗马裔的协兵无意中点燃的。”

——奥卢斯·格里乌斯《阿提卡之夜》，2世纪

亚历山大图书馆

“克娄巴特拉用的不是四种奉承（柏拉图言），而是许多种，无论安东尼跟她是动了真感情还是逢场作戏，她总能带来新的乐趣或魅力。”——普鲁塔克

亦见 | 古典时代：第130页

关键时期

前753年
据传说，罗慕路斯与雷穆斯建立了罗马城

前509年
罗马共和国建立

约前450年
罗马人制订了共和国法典“十二铜表法”

前264～前146年
罗马和迦太基之间连续打了3场战争，史称布匿战争

罗马的威力

前650～476年

对罗马来说，最重要的就是权力。在共和国时期，罗马人知道如何运用权力将意志强加于人，也懂得帝国时期唯一领袖的独裁冲动。除了军队的功勋外，罗马的统治地位还体现在从英国到亚洲边界地区修建的无数建筑，以及绵延数千英里，贯穿帝国疆域的道路网络。为这些项目筹集资金、控制劳动力，从而监管遥远的地域——将世界罗马化也许是罗马权力的最佳定义。这种权力的起源可以追溯到前第一个千年，一个居住在台伯河畔山丘上的农牧民社区。罗马拥有多个民族，伊特鲁里亚人占多数，大约在前 650 年左右，他们实行君主制。前 509 年，人民起义，将伊特鲁里亚人从城里赶了出去，建立了共和制的早期形式。

在随后的 250 年里，罗马巩固了其在意大利半岛的统治地位，并挑起与迦太基的战争。在此后 100 年里爆发了一系列战争。前 146 年，罗马最终取胜，罗马军队和军舰又把目光投向亚历山大帝国在东部的残余势力，并最终控制了整个地中海。

罗马的军国主义倾向越发明显。经过一段时间的动荡，包括与对手之间的冲突后，凯撒脱颖而出。凯撒从高卢的战场上班师回朝后，便夺取大权，共和国的没落从此开始了。他的继任者都当上了皇帝，首先就是侄孙屋大维，后来被尊称为“伟大的”奥古斯都。

帝国疆域太大，变得难以控制，因此 286 年戴克里先将罗马帝国分裂成东部和西部两大部分。大约 50 年后，君士坦丁迁都到小亚细亚的拜占廷，改名君士坦丁堡。罗马便日益没落。

罗马帝国的边界受到东边和北边骁勇善战的民族的威胁，社会饱受堕落和腐败的困扰。罗马的衰败是内因和外因双重作用的结果。476 年，罗马帝国遭受致命的最后一击，曾为罗马士兵的日耳曼酋长奥多亚克废黜了罗马的末代皇帝。

> 依托军事优势，罗马的共和国统治和帝国统治绵延近千年。它的统治因内部的制度缺陷和外部的势力威胁而结束。

上页：罗马斗兽场与提图斯和图拉真时期的公共浴池是罗马公民的聚会地点

前44年
凯撒担任独裁者5年后被暗杀

前27年
屋大维成为罗马帝国首任皇帝

286年
戴克里先将罗马帝国划分为东、西两半

476年
罗慕卢斯·奥古斯都逊位，西罗马帝国宣告结束

亦见 | 古典时代：第92页

阶级与社会 贵族与平民

庞贝古城是当时罗马富人的度假胜地

自创立伊始，罗马社会就由两个主要群体构成，贵族上层阶级和普通百姓，即平民阶级。贵族家境富裕，在政治上具有影响力，大多数政府职员和军队高层均为贵族。两位执掌共和国的执政官是贵族，负责为执政官出谋划策的参议院的全体成员最初也是贵族。前5世纪，平民赢得选举“保民官”这一官职的权利，保民官分别在不同的平民大会上参政，平民最终也可以成为参议员。

年轻的贵族可以通过特有的职业路径来规划自己的未来，从神权办公室的低级职位做起，直至升至执政官。平民通过服兵役或参加贸易行会来获得地位。一些平民阶层的农民拥有自己的土地，但大部分是佃农。自由女性的权力通常仅限于操持家务。

小结：罗马社会阶级分明，但即使是平民也可能担任高官。

罗马的威力

风云人物

提比略和盖乌斯·格拉古
前133～前121年
实行改革的罗马领导人

西塞罗
前106～前43年
古罗马政治家，以演说家身份而闻名

尤里乌斯·凯撒
前100～前44年
征服了高卢和不列颠的将军，后来成为独裁者

奥古斯都·凯撒
前63～公元14年
第一位罗马皇帝，开始了较长的安定时期

君士坦丁 272～337年
这位皇帝皈依基督教，并迁都君士坦丁堡

“身在罗马时，就过罗马人的生活，身在别处时，也入乡随俗。”——圣安布罗斯

声音

庞贝古城 政治家、酒鬼和情人

“伊西斯女神的崇拜者们集体要求将戈内乌斯·赫尔维阿斯·撒必努斯选举为行政官。”
“惯偷要求将法提亚选举为行政官。”
“全体夜晚饮酒人士都支持法提亚。”
“维比乌斯·雷斯提图图斯独自长眠于此，心中充满对厄巴纳的渴望。”
“祝你健康，维多利亚，无论你在哪里，都祝你打喷嚏打得那么甜美。”
“雷斯提图图斯多次骗了许多女孩。”
“罗姆拉一直在这里和斯塔菲鲁斯约会。”

——庞贝城墙上的涂鸦节选

庞贝出土的雕像

日常生活 娱乐

维苏威火山在公元79年夏天突然爆发，人们来不及逃生，火山灰和泥浆就掩埋了庞贝和赫库兰尼姆，却将当时罗马世界的日常生活保留了下来供后人欣赏。对于贵族来说，这是一个休闲和享受的世界。富有的家庭往往有海边别墅，在城里也有房子，最奢华的家庭拥有私人浴室，甚至拥有封闭的花园庭院。墙壁和地板上缀满了饰品，但家具却不多。富人之间以盛宴相待，即便敢出门到广场集市去购物或是看戏，也要有保镖保护。

庞贝古城的一座古墓壁画中小爱神们嬉戏的场景

罗马既有斗兽场，也有大竞技场，战车赛道从头到尾总长度超过2000英尺。

下层阶级住在破屋子里或住在商铺楼上，他们的工作虽辛苦，却也有自己的乐趣。操练场上的公共浴池面向所有人开放，而且在庞贝等繁华的城镇上几乎每一个角落，都会有小酒馆、葡萄酒吧和妓院。

小结：穷人和富人都喜欢的娱乐活动既有在公共浴池里泡澡，也有斗兽场里的生死角斗。

“在罗马，你渴望乡村；在乡村——哎，人是多么善变啊！——你会把遥远的都市夸得仿佛天上的星星。”——霍拉斯

亦见｜古典时代：第117页

生活 奴隶的生活

罗马城在全盛时期拥有大约100万人口，奴隶数量在10万人以上。拥有大量地产的富裕地主可能会有数百名奴隶。即便是生活较为落魄的房东可能也会有两三名奴隶帮着干点杂活。有的人天生便是奴隶，有的人后来被迫为奴。罗马军队对待战俘的政策是，无论他们原先是士兵还是平民，一律作为奴隶。海盗也会掠夺外国人，在奴隶市场上出售。

角斗士浮雕

奴隶的生活可能很凄惨，也可能还过得去。那些在矿井、采石场，在建筑工地或在田里干活的奴隶生活最为凄惨。有的奴隶推磨，有的奴隶常年在船上的厨房里干活，被铁链拴在船桨上。他们的食物仅供果腹，吃的经常是喂牲口的饲料。主人们可能给奴隶打上标记，或是给他们套上刻着字的铁项圈以便识别。其中一个项圈写道，“我从岗位上脱逃。请把我送回芙罗拉寺庙旁的理发师街。”

> 女奴可能成为贵族妇女的女仆，但他们仍然会受到主人的性骚扰。

角斗士若非奴隶，便是罪犯。他们一般都会惨死在角斗场上，不过也可能获得一定知名度。如果活下来，也许会赢得自由。其他拥有烹饪、手工艺等特殊技能的奴隶供不应求，受到良好的待遇。最幸运的是那些贵族主人的贴身奴隶。他们许多人接受教育，有的人担任记账员、秘书、甚至是管家。有的人支付特许权费用后，获得自主经营企业的权利。

奴隶们可以赎买自由。但

科鲁迈拉 为农场选择合适的奴隶

声音

罗马的奴隶市场

“关于奴隶的第二点是，给他们每个人赋予何种职责，给他们分配何种任务。因此一开始我的意见是，不要从那些长相俊美的奴隶中选拔监工，当然也不要从那些忙于从事城市里色情行业的阶层里选拔监工。懒惰、头脑昏昏沉沉的奴仆阶层，习惯于偷懒，喜欢去校园、马戏团、剧场，去赌博，去饭馆，去妓院的人，满脑子想的就是这些傻事。当他们把这些带到农活当中，主人损失的不仅是奴隶本身，而且还是他的整个资产……但无论他是什么样的监工，都要给他一个女性伴侣，以便让他安心工作。”

——科鲁迈拉《农业篇》，1世纪

“每一个参与暴力和伤害的人都会被困在网中。”——卢克莱修

建于公元80年的罗马斗兽场可容纳5万名观众

对于最忠心耿耿的奴隶，主人们可能为表示感谢而让他们重获自由。但他们之间的纽带，不可能完全割裂。获得自由的奴隶对主人要尽的义务和儿子对父亲要尽的义务是对等的。另外每年还有几天或几个星期无偿为主人干活。但自由就是自由。尤其重要的是，自由包括了获得罗马市民身份的权利。

小结：罗马在每一个层面都要依赖奴隶的劳动，有的是极其艰苦的劳动，有的是办事员。

人物评说

斯巴达克斯 约前109～前71年

斯巴达克斯

老卡托写道：“你有多少奴隶，就有多少敌人。”确实，罗马人一直担心奴隶反抗，并残酷镇压奴隶起义。但前73年，一位名叫斯巴达克斯的奴隶角斗士领导了长达两年的起义，彻底动摇了罗马的根基。他和其他70名奴隶从卡普阿的角斗士学校逃走，缴获部分武器，逃到维苏威山坡上。面对罗马军队，他们攻其不备，取得了惊人的胜利。斯巴达克斯吸引了更多追随者加入。很快他的队伍人数飞涨至7万人。这支杂牌军一度击败了每一支被派来镇压的军队。参议会最终决定从海外战场上抽调最精锐的部队。最终4万名罗马士兵赶来，击败了斯巴达克斯。据普鲁塔克说，“当他被砍倒后，还在拼命防御。”罗马将军克拉苏将6000名叛军钉死在十字架上以示警告，任由其尸体在阿皮安韦沿路腐烂。**结论：**褒。

“奴隶制控制的是少数人，但很多人控制奴隶制。”——塞尼加

亦见 | 交战中的世界：第389页

冲突 罗马的战争机器

如果说典型的希腊人是哲学家，那么典型的罗马人无疑是士兵。罗马称霸世界舞台几个世纪，靠的就是其军队征服外国土地，在国内外维持社会秩序的能力。最初，罗马士兵必须是地主，随着帝国不断扩张，这一限制改变了。来自全国各省的新兵数量激增，到了前1世纪，由执政官盖乌斯·马吕斯将军实施的改革将失地平民纳入新兵之中。长期服役（通常是指16～26年）者得到回报：外国人戎马生涯结束后可以获得公民身份，退役士兵获得土地。通常这些土地分布在各省，这一措施有助于确保罗马文化在整个被征服疆土上尤其是各省的传播。要当罗马人，无需来自罗马。

组织形式是军队克敌制胜的关键所在。军队的主要单位是人数在4000～6000的步兵军团，分为10个步兵大队。这些队列中每一个由几个称作百人队的单元组成，每个单元由一个百夫长率领80～100人。整个军团分3列进攻，最年轻军人走在前列，最有经验的在后面。朝敌军进攻时，军人们用6英尺长的标枪投掷或刺杀，然后用短剑拼杀。保护身体的是盔甲，还有一个用木材和皮

前295年，罗马执政官德西乌斯在森提姆之战中战死（油画，鲁本斯）

“我来了，我看到了，我征服了。”——凯撒

声音

罗马军队 一位士兵的誓言

“在盖乌斯之子盖乌斯·莱利乌斯，帕布里乌斯之子卢西乌斯·科尼利厄斯的军队里，方圆10英里左右，你根本不会想要在任何一天犯下超过一个银币价值的盗窃罪，无论是单独动手或与他人合谋。除了矛、矛柄、木材、水果、草料，膀胱、钱包和火炬外，若你发现或携带价值超过一个银币的不属于自己的东西，都应交给盖乌斯之子盖乌斯·莱利乌斯，帕布里乌斯之子卢修斯·科尼利厄斯，或是他们委任的其他人，或者在3天内汇报自己捡到或误拿的物品，或是将其物归原主，因为你希望做出正确的决定。”

——奥鲁斯·格利乌斯《阿提卡之夜》，2世纪

罗马士兵

这枚在马其顿发现的硬币上铸有罗马式战车

革制成、铁包边的沉重盾牌，士兵们也用它来击倒对手。

在许多战役中，凯撒大帝率领的军团用木材和泥土修建巨型坡道以攻破防御城墙，在短短一天之内建造大量桥梁，

恐惧有时也是罗马人的武器：凯撒曾下令将所有在尤克罗都努姆之战中和他作战的高卢人的双手剁掉。

用周长12英里的双圈木制围栏将高卢领袖韦辛格托里克斯的军队包围，使他被迫投降。罗马军队也经常铺路，建高架渠、防御墙等工程。

几百年来，罗马军队打下了辽阔的疆域，北至苏格兰荒原，南到北非沙漠，但罗马人对罗马人之间的战争总是最为艰难。

小结：罗马军队克敌制胜，靠的是专业、组织和策略。

相关阅读：跨过卢比孔河

当现代军队或个人途经某个没有回头路的地点时，我们常说他们“越过卢比孔河”。原先越过卢比孔河的是盖乌斯·尤利乌斯·凯撒，他在与外国作战时屡建奇功，备受罗马人崇拜，因而成为罗马共和国领导人的政治威胁。前49年，他的军队刚从省内讨逆归来，击败约300个高卢部落，造成超过100万高卢人死亡。凯撒奉命回城并要解散军队，但他违抗命令，率众跨过意大利北部的卢比孔河，这条河是阿尔卑斯山南侧的高卢和罗马治下的意大利之间的天然边界。他的抗命开始了血腥的3年内战。凭借他那些忠心耿耿的老兵们的强大力量，凯撒于前46年初宣布自己为终生独裁者。

行进中的现代军人

“站在武器中间，法律缄默不言。”——西塞罗

亦见 | 古典时代：第97页

艺术 希腊之后

艺术在古代罗马日常生活中不可或缺。庞贝古城保存完好的遗址证明，富裕家庭里视觉艺术无处不在。几乎每一面墙上都绘有壁画，描绘的场景从希腊神话到自然景色不一而足，经常使用透视和阴影等高级技法来创造立体感。地面上铺着图案复杂的马赛克，由成千上万的五彩瓷砖镶嵌而成。妇女经常用竖琴或西塔拉琴在宴会上奏乐。街道上常有音乐家演奏笛子、鼓、钹。

希腊舞蹈和歌曲女神忒耳普西科瑞

庞贝古城的这幅壁画里，滑稽演员在摆造型

在雕塑和文学方面，罗马人大量借鉴了希腊人，从维吉尔的史诗《埃涅阿斯纪》或是李维和塔西佗的《历史》中可见一斑。罗马诗人以贺拉斯、奥维德和卡图卢斯为代表，诗风雅俗共赏。

小结：罗马画家、作家和音乐家使日常世界充满了艺术气息。

罗马雕塑家经常临摹希腊前辈的作品。事实上，许多最优秀的保存至今的希腊雕塑正是罗马时代的复制品。

“我喜欢男孩子开始先从希腊语学起，因为即使我们阻止他学拉丁语，他也会在日常应用中学会拉丁语。”——昆体良

宗教与哲学 诸神之魂

西塞罗写道："我们罗马人的霸主地位源自我们的智慧，我们相信众神之魂统治和指导一切"。的确，罗马人的世界充满了神，既有从希腊借来的万神殿，也有来自外国文化而更有异国情趣的神。罗马人认为恶神无处不在，孩子们佩戴符咒作为护身符保佑平安。官方的国教仪式隆重，包括每月一次的祭祀性节日。罗马人特别崇敬灶神维斯塔，在集会场所有一座非常显眼的庙宇，里面的维斯塔贞女们日夜守护着她们的火焰。他们也十分敬重家中的神像，其中部分代表祖先的神灵，她们每日在家庭神龛前顶礼膜拜。

在之后的岁月里，邪教渐渐滋生。一些邪教敬拜在世的帝王为神，但寻求精神寄托的人越来越多地将目光转向了外国神明，如埃及女神伊希斯。来源于波斯，代表了死后生活的密特拉神备受罗马士兵尊崇。

公牛身形的朱庇特掠走了欧罗巴

小结：罗马信仰中的神明有很多，有官方的国家神明，家中的神以及外国神明。

声音

卡图卢斯 用糟糕的诗歌送礼

“如果我爱你不是胜过爱我的眼睛，魅力四射的卡尔伍斯，你这份礼物，就会激起瓦提尼乌斯一样的憎恨。我到底做错了什么，说错了什么，你要用这么多劣质诗人来折磨我？……伟大的神，多么恐怖晦气的一本书！你把它送给你的卡图卢斯，显然是想让他捱不过今天——捱不过农神节，所有日子里最好的一天！不，不，机灵鬼，我决不会这样饶过你——如果还能见到明早的太阳，我一定跑遍每一个书摊，把凯氏、阿氏、苏氏……所有毒药般的诗买个干净，让它们折磨你，回报你的善良。再见吧，你们这些家伙，赶紧走开，回到你们罪恶的脚出发的地方。”

——卡图卢斯《歌集》，前1世纪

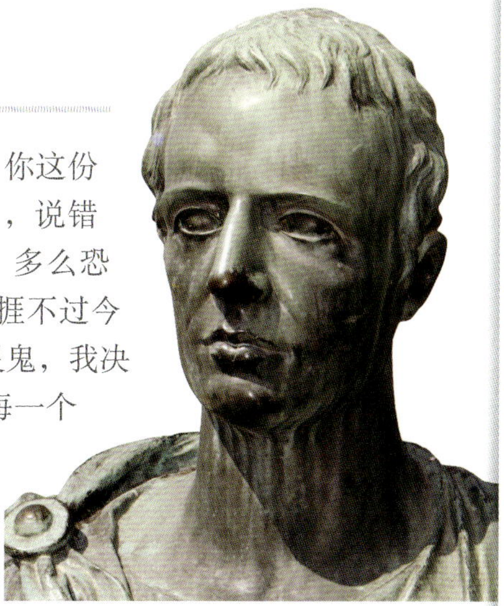
卡图卢斯像

“大多数人在节日和神圣的日子里放纵自己，安排酒会，纵情聆听风笛和长笛的音乐。”

——克莱门特

亦见 | 史诗般的历程：第36页

科学 工程奇迹

罗马的高架渠加尔桥依然矗立在法国尼姆附近

罗马人拥有大师级工程师，他们在美学和实用性方面很有天赋，高架渠就是一个很好的例子。经过周密的规划和精确的测量，罗马城市供水系统来自很远的源头，在一个平稳的下坡流经过优雅的拱形堤道来到城市。罗马本身有11个主要的引水渠。一旦水渠到达城市，水就会通过地下管道进入到水库、蓄水池、浴室、厕所和喷泉。

罗马人到处使用拱形结构，包括庞大的可容纳5万名观众的斗兽场，其中有一个可以淹没舞台，用于模拟海战的供水系统。罗马工程的巅峰之作是罗马万神殿的圆顶，罗马万神殿是众神之圣殿。圆顶的拱形设计这一创新，在后世大约1500年的时间里一直无与匹敌。万神殿的穹顶直径142英尺，如今依然是世界上最大的无钢筋混凝土的穹顶。

小结：罗马的建筑师都是集智慧与创造力于一身的工程大师。

相关阅读：混凝土解决方案

为了进一步改进建筑工艺，罗马人需要一种比石块更灵活的建筑材料。他们用火山灰、石灰、碎石和水一起混合起来做实验，在前200年左右成功地研制出了混凝土。石灰和火山灰的功能类似于现代的硅酸盐水泥，也可以作为砂浆；在石灰中加入岩石、瓷砖、砖块和其他碎石，然后添加水混合起来，就创造了这种缓慢硬化的混凝土。它可塑性强，容易脱模，因而可以建造弯曲的建筑形式，如拱顶天花板和圆顶。混凝土的防水性也使得它非常适合用于建设输水管道和罗马密集的道路。

混凝土建造的基特峰国家天文台

“我发现罗马是一个由砖块砌成的城市，我要将其变成一个由大理石筑成的城市。”

——奥古斯都·凯撒大帝

声音

布迪卡

塔西佗 布迪卡在不列颠起义

“布迪卡驾着马车依次走过了各个部落，她的两个女儿就在她的前面。她坚决地表示，‘她知道不列颠人习惯上是在妇女的统率下作战的’。但是现在她不是作为一个具有光荣世系的女王，为着她那遭人践踏的国土和权力来报仇雪恨；她是作为一名普通的妇女来进行复仇的，因为她失掉了自由，她的身体受到了鞭笞，她的女儿遭到了蹂躏。罗马人的贪欲甚至连她们本人都不放过：上了年纪的人和少女都不能逃脱他们的侮辱。不过，上天是赞同她们进行正义的报复的。”

——塔西佗《编年史》，2世纪

古罗马图书馆遗迹留在今土耳其境内的以弗所

帝国 罗马的福利

罗马通过武力征服疆土，但是罗马帝国建成的秘诀则是宽容的统治政策。罗马用公民福利来实现其统治，包括在省的边境实现法治，对野蛮人入侵之前没有防御的地方进行保护。罗马领导人允许当地习俗保留下来，包括宗教习俗。一尊高卢雕塑展示的是，凯尔特人生育神瑟那诺斯依偎在阿波罗和墨丘利之间。

各省缴纳重税，同时也享有和罗马进行贸易往来的经济优势。罗马的道路网保持了货运流通，千年之交之际，沿途的驿站使通讯更加便利。有两件事情最令各省心悦诚服，其一是向忠心耿耿的外省人授予罗马市民资格；其二便是在整个罗马帝国范围内建设许多微型罗马城，寺庙、法庭和剧院一应俱全。

{罗马建设的坚固基础设施有利于各省的繁荣。西班牙的一座桥现在仍在使用。}

小结：罗马文化通过将其各省罗马化而繁荣发展。

“人们总认为未知的事情太奇妙，但如今不列颠的界线一清二楚。”

——科尼利厄斯·塔西佗

亦见｜后古典时代：第137页

帝国 # 东西罗马帝国分裂

在奥古斯都和后世几位帝王的任期内，罗马有效统治着这个新兴帝国，内部纷争十分罕见。然而事态很快发生改变。连续继任的皇帝要么无能，要么靠不住，在3世纪的50年期间内，罗马帝国的局势发展到了无法预料的地步，26个皇帝和40位企图自立王国的篡位者轮流上台，然后纷纷倒台。罗马帝国走向支离破碎。

君士坦丁堡是博斯普鲁斯海峡的一大要塞

在罗马等地方，贸易路线带来了传染病，并在人群中肆虐，影响了城市赖以生存的谷物的收割和运输。戴克里先在乱局中脱颖而出，他曾任骑兵指挥官，284年的军事政变后，他当上了皇帝。他将帝国的行政区划分成东西两部分，还委任一位皇帝共治，这一举措拯救了罗马帝国。这个方案虽然带来了稳定，但是因统治者偏袒东部，于是加速了西部的垮台。

随着罗马帝国势力渐弱，基督教茁壮成长，给苦难中的人们提供慈善和永生的承诺。330年，皇帝君士坦丁已经接受了新的宗教，将首都迁至博斯普鲁斯海峡的拜占廷，更名为君士坦丁堡。

分裂了帝国的戴克里先可能从没见过罗马。君士坦丁在东进之前，一直在米兰统治。

帝国的东半部和近东部各民族以及遥远的中国一直保持贸易往来，因而经济继续蓬勃发展。东罗马帝国影响了君士坦丁堡等城市的艺术和建筑。其官方语言不是拉丁语而是希腊语，这一点证明东罗马帝国是一个截然不同的世界。

君士坦丁一世统治着东部帝国

小结：西部帝国日薄西山，东部帝国却逐渐崛起，形成了一个截然不同的世界。

“看来当帝国向神明展示最大的虔诚时，帝国就会得到最大的利益。”

——君士坦丁一世

冲突 野蛮人的代名词

长达3个世纪里，北方人一次又一次入侵罗马

现在被大家称作野蛮人，曾经扫荡罗马的侵略者其实是截然不同社会里的人，只是缺乏书面记载。他们曾长期威胁罗马帝国的边界安全。哥特人，东日耳曼部落的总称，早在150年就跨越多瑙河发动突袭。在接下来的3个世纪里，其他日耳曼部落继续袭击罗马帝国，包括勃艮第人、阿勒曼尼人、汪达尔人。

罗马的核心能量变弱了，就再也没有能力抵抗攻击。378年，皇帝瓦伦斯在一场战役中被西哥特人和东哥特人的骑兵杀死，401年，西哥特人领袖阿拉里克将罗马洗劫一空。下一波打击来自中亚——匈奴人，他们熟练的骑兵和弓箭手凭借武力穿过各个省市。之后的两年，汪达尔人来了。476年，当日耳曼的奥多亚塞废黜末代皇帝时，一切便都结束了。

小结：内部实力变弱，罗马再也不能阻挡一波又一波的入侵者。

一场长达15年的疫情（可能是天花）夺去了许多罗马人的生命，包括180年在位的皇帝马可·奥勒留。这场疫情将罗马帝国变得虚弱不堪。

声音

约尔丹尼斯 匈奴的起源

“我们从古老的传统中得知，匈奴的来源：哥特人国王菲利默……发现部落中有一些女巫，他的母语中称她们为HALIURUNNAE。他对这些妇女产生疑心，并将她们从部落中逐出，迫使她们远离军队，开始孤独的流亡生活。这些妇女在旷野中流浪的时候，有污灵见到她们，与她们拥抱，和她们生下了这种野蛮的种族。他们起初居住在沼泽中，这个部落矮小、污秽、卑贱，几乎不属于人类。”

——《哥特史》，6世纪

匈奴王阿提拉

“我们正经历长期和平。奢华带来的弊端，比战争还要致命，乌云盘踞在城市上空，报复一个已被征服的世界”——**尤维纳利斯**

《死海古卷》

1世纪，罗马的犹太省正处在动荡的时期。一个教派明显感觉到行将覆灭，于是便将其最神圣的经文藏在死海西北部一条干涸河床沿岸悬崖边的洞穴内，此地名叫昆木兰。这些文献被藏得非常隐蔽，直到1947年才被一个贝都因牧童偶然发现。

死海古卷共900多卷，其中数卷几乎就是整部希伯来《圣经》的抄本，另外还有其他带着末日色彩的著作，令人想到了艾赛尼派这个苦修团体。究竟是谁写下这些古卷并藏匿起来，如今不得而知，但是它们证明了这些文献对于犹太人民是多么重要。

宝藏 藏有卷轴数量最为丰富的4号洞穴，洞口在昆木兰河床险峻的石灰岩峭壁上显得格外醒目。如今昆木兰已开辟为国家公园。仅仅在这个洞穴中就发现了超过500卷手稿，这些手稿一直放置在高达18到25英寸不等的陶罐中。

“听吧，老天，听吧，大地，因为耶和华宣告：我将儿女养大，然而他们竟背叛我。”

“你们的土地已经荒凉。你们的城邑被火焚毁。你们的田地，在你们眼前为外邦人所侵吞，既被外邦人倾覆，就成为荒凉。锡安的女儿被抛弃在这里，仿佛葡萄园的一座棚子，仿佛瓜田里的一间小屋，仿佛拿撒勒城。”

《以赛亚古卷》（下图所示） 是所有古卷中保存最完好的，《以赛亚书》全文以一行行整齐的阿拉姆文字书写着，阿拉姆语是当时该地区的共同语言。

“你们要洗濯，自洁，从我眼前除掉你们的恶行；要止住作恶，学习行善。”

现场研究 最初发现死海古卷多年后，考古学家开始对昆木兰洞穴中的卷轴和卷轴碎片进行编目。部分残片不得不用镊子捡起来。

“有声音说：‘你呼喊吧！’他问：‘我呼喊什么呢？’‘所有的人尽都如草；他们的荣美都像野地的花。草必枯干，花必凋谢；因为耶和华的气吹在上面；真的，这民的确是草！草必枯干，花必凋谢，唯有我们神的道永远长存。’报好信息给锡安的啊！你要登上高山。报好信息给耶路撒冷的啊！你要极力扬声。要扬声，不要惧怕！要对犹大的众城说：‘看哪，你们的神！’看哪！主耶和华必像大能者临到，他的膀臂要为他掌权；看哪！他给予人的赏赐在他那里，他施予人的报应在他面前。他必像牧人牧养自己的羊群。”

“他们的国满了金银，财宝也无穷，他们的地满了马匹，车辆也无数。他们的地满了偶像。他们跪拜自己手所造的，就是自己指头所做的。卑贱人屈膝，尊贵人下跪。所以不可饶恕他们。”

古代纸张 大多数古卷包括上图所示的古卷是写在羊皮纸上的，部分古卷写在莎草纸上，少数古卷刻在铜器上。《神殿古卷》长27英尺，可分为66列文本。

发现日期

1947年，1号窟，内有两卷《以赛亚书》

1952年2月，2号窟，内有残片约300片

1952年3月，3号窟，内有铜卷，列出了黄金、白银和其他财宝埋藏之处，但这些财宝从未被发现

1952年8月，4号窟，内有约15,000个残片，合计500卷

4号窟出土后，5号窟和6号窟随后曝光，内有数十卷

1957年，7，8，9号窟，内有一些希腊经文和希伯来《圣经》诸卷的抄本

1956年，10号窟，内有陶器碎片一枚，上面仅有两个字母

1956年，11号窟，内有神殿古卷，描述了耶路撒冷神殿的建设

关键时期

前539年
以色列人从巴比伦流亡归来

约前520年
在新近重建的耶路撒冷建造了第2座神殿

前444年
犹太祭司将《摩西五经》奉为圣典

前164年
哈斯蒙尼起义，犹太人重新控制耶路撒冷

《圣经》的土地

前539～公元70年

土地肥沃，荒无人烟，该地区常被称为"《圣经》的土地"，在历史上不同时期也曾被称作迦南、撒玛利亚、犹大、犹太、巴勒斯坦和以色列。这里在历史上一直是文化的十字路口和宗教信仰的战场。世界上 3 大宗教均将其视为圣地，尤其是耶路撒冷城。在古典时代，希腊和罗马兴盛时，《圣经》的土地见证了战火和压迫，但也孕育了新的信仰——基督教，这一宗教后来遍布全球。据希伯来文《圣经》，即基督教《圣经》的《旧约》记载，神答应将迦南留给他选定的子民——以色列人。以色列人这个闪族部落的起源可以追溯到先祖亚伯拉罕。他们成立了犹大国，前 1000 年左右定都耶路撒冷。巴比伦国王尼布甲尼撒二世对这片土地觊觎已久，于前 587 年洗劫了耶路撒冷，摧毁了所罗门王建造的神殿，并将犹太人民放逐至巴比伦。但巴比伦国很快沦陷到波斯人手中，前 539 年，以色列人获准返回耶路撒冷，这标志着犹太人开始重新掌控这片土地。

犹大和北部的撒玛利亚，即后世所称的巴勒斯坦将继续作为波斯的省份，直到亚历山大时期才宣告结束。但犹太人民保持了一定程度的宗教自治。他们重修神殿，并将他们最神圣的经文《摩西五书》奉为圣典。和平在不安中飘荡，直到托勒密国王安提阿古于前 168 年洗劫了神殿，在那里安放了宙斯的祭坛。犹太人在牧师家族的头人犹大·马加比的带领下发动起义，重新夺回神殿，迎来了 100 年的犹太统治。然而战争无处不在，前 1 世纪，罗马吞并整个犹大领土，改称之"犹太"。为了防范起义，犹太统治者及其罗马领主镇压一切异见者，在这一过程中围捕拿撒勒的耶稣。在耶稣被钉上十字架大约 40 年后，为了镇压另一场起义，罗马军队洗劫了耶路撒冷，将神殿夷为平地。公元 73 年，最后一批起义者在马萨达的崖顶要塞死去，也许是杀身成仁，也许是在最后一搏中被杀。后来，政府禁止犹太人进入耶路撒冷，并将之分散流放到其他地方。

> 在巴勒斯坦和犹太的《圣经》的土地上，统治者一再易手，但尽管冲突不断，这一地区还是孕育了犹太教，诞生了基督教。

上页：罗马犹太总督本丢·彼拉多是犹太人民的公敌

前63年
罗马吞并犹太国

公元6年
罗马正式将犹太作为一个省，并任命了总督

约公元30年
当局认为拿撒勒的耶稣散布危险言论，将其钉死在十字架上

公元73年
罗马统治的犹太大起义在马萨达结束

亦见 | 古典时代：第117页

日常生活 城市与乡村

位于撒玛利亚（今以色列）的柱廊是罗马市集的标志

“《圣经》的土地”是一个对比强烈的地方，不仅仅限于人民生活方面。这个社会以农业为主，但也有部分城市居民从事商贸活动，与古典时期的世界其他地方做生意。虽然南部有沙漠这种不毛之地，但这片土地上大多数地方十分富饶。前2世纪，一个名叫阿里斯提亚斯的人指出，该国种植了大量橄榄树，“有玉米和豆类作物，还有葡萄树，盛产蜂蜜。”

小型农村社区里有法官小组来解决纠纷，也可能征税。城市由祭司贵族中的众多长老们集体管理。常见的城市居民包括许多民间工匠，耶路撒冷因能工巧匠而闻名四方。千年之交之时，希腊文化对建筑和富有阶层生活方式的影响愈发显著。

小结：这片土地上盛产的果实和能工巧匠让这里的社区欣欣向荣。

《圣经》的土地

风云人物

尼希米
前445～前413年
犹太领袖，重建耶路撒冷，终止了腐败时期

犹大·马加比
前167～前164年
犹太领袖，哈斯蒙尼起义的领导者

大希律王
前73～前4年
犹太王，治国有方但为人残暴

希律安提帕
前21年～公元39年
大希律王的儿子，加利利领主

大数人扫罗
约前5年～公元67年
皈依基督教，更名保罗，四处传教

拿撒勒的耶稣
约前4年～约公元30年
宗教领袖，许多人认为他就是弥赛亚（救世主）

“他们必吃你牲畜所下的和你地土所产的，直到你灭亡。你的五谷，新酒，和油，以及牛犊，羊羔，都不给你留下，直到将你灭绝。”——《圣经·申命记》，第28章第51节

位于耶路撒冷的大希律王圣殿最终在罗马围城战中被摧毁

宗教 耶和华的子民

对于犹太人来说，没有什么比他们的宗教信仰更重要。他们的信仰建立在自己与神之间的誓约这一概念的基础上。在《摩西五书》，即希伯来《圣经》前5卷中描述了这一关系的历史，还详细规定了需要遵循的法律。几乎每一个犹太人社区都有犹太会堂，牧师们阅读《摩西五书》，提醒人们别忘了自己的义务。他们认为，遭受艰难困苦，说明自己的信仰还不够虔诚。

走向千年之交时，部分要求更加严守律法的教派开始涌现。其中一个派别法利赛人相信《圣经》所预言的弥赛亚将拯救他们摆脱压迫。但他们很快就成为了宗教机构的成员，寻求与世俗官方和解。其他人则将满腔宗教热情投入到起义中，但在无比强大的罗马政权面前不堪一击，以惨败告终。

上帝的名字被视为无比神圣，不得念出，而用4个字母YHWH来指代，或称耶和华。

小结：许多犹太人将压迫和迫害视为上帝在生气。

人物评说

大希律王 约前74～公元4年

大希律王

罗马政府习惯指派傀儡统治者，因此罗马参议院提名了希律。希律出身犹太上流家庭，于前40年就任“犹太人之王”。希律开始大兴土木，包括扩建第二神殿，加固马萨达的堡垒和希律堡，重建了海滨城市凯撒利亚。但他不得人心，因残暴和偏执闻名，曾以谋逆罪名处死了他的3个儿子。据《圣经》记载，他下令屠杀伯利恒城中和附近的所有男性儿童，以图消灭他的对手犹太王。历史学家约瑟夫认为，希律死得极其痛苦，可能死于肾脏疾病。**结论：**贬。

“埃及人崇拜许多动物和怪兽形象；犹太人对神有着纯粹的精神概念，了解其本质。”

——塔西佗

亦见 | 后古典时代：第156页

宗教

基督教革命

325年，早期基督教主教们在尼西亚城议会上济济一堂

拿撒勒的耶稣诞生于烽烟四起的乱世。罗马人的统治令百姓苦不堪言，他们对宗教也渐渐失去信仰。一些教派提倡重拾严格的犹太律法，其他一些教派希望有更加彻底的转变。他们从《圣经》预言中推算出有一位救世主即将出现，给他们带来自由。最激进的宗教分子认为这位弥赛亚将是一个推翻罗马统治的政治领袖。还有人，比如这位叫“施洗约翰”的孤独布道者，则渴望有一位救世主来净化他的信仰。

大约在公元26或27年，耶稣被约翰施洗，此后不久便开始了一项为期3年的传教活动。他在本土加利利海岸布道，吸引了大量信徒。他宣扬宽恕、爱和重生。他经常说举止行为要符合经文，却从未公开宣布自己是弥赛亚。但当他在大约公元30年进入耶路撒冷庆祝逾越节，崇拜者们成群结队欢

声音

普林尼 书呈图拉真皇帝陛下

基督徒殉道者

“臣质询其人是否为基督徒；若其人供认不讳，臣质询第二遍，复之以第三遍，威胁以刑法惩处之，若其人仍固执己见，臣遂命拘于囹圄……对于否认身为或曾身为基督徒之人，当彼等遵臣之口授向诸神祈求；向陛下画像及臣特意吩咐搬来之诸神雕像祈祷、奉献薰香美酒；并对基督之名加以诅咒——据传，身为基督徒者以上诸行之任一皆不可强迫而为之——凡能履行以上诸行者，臣以为当予撤诉。”

——小普林尼，约112年

“雅典究竟与耶路撒冷有什么关系？学院和教会之间达成了何种共识？异教徒和基督徒之间的共识是什么？”——特士良

声音

《马可福音》 大祭司审问耶稣

“他们把耶稣带到大祭司那里。所有的祭司长、长老和经文士都聚在一起。彼得远远地跟着耶稣，直到进了大祭司的院子里。他与差役们一起坐在火边取暖。当时，祭司长们和全议会的人为了要处死耶稣，都在寻找证据来控告他。可是他们找不出什么。许多人做伪证诬告他，可是这些证词互相矛盾。有一些人站起来做伪证控告他，说：‘我们听他说过‘我要拆毁这座人手所造的圣所，3天内另建一座不是人手所造的。’’可是他们这个证词也是互相矛盾的。于是大祭司就起来站到中间问耶稣，说：‘对这些人控告你的事，你什么都不回应吗？’耶稣沉默不语，什么也不回答。”

——《圣经·马可福音》第14章第53～61节

圣马可

迎他，仿佛他是一位救民于水火之中的国王。宗教当局很快以亵渎罪将他逮捕，交给罗马总督本丢·彼拉多。彼拉多以政治异议者罪名，命人将他钉死在十字架上。

《新约·四福音书》是耶稣生平信息的唯一来源。最早出现的《马可福音》可能写于公元70年圣殿被毁后。

《圣经》上说，耶稣被钉死两三天后升天，其追随者受到启发，开始传播关于耶稣生平和教义的福音。他们称他为“基督”或“圣人”，并很快开始自称“基督徒”。尽管备受迫害，他们还是很快就有了不少追随者。其中一名叫扫罗的，曾积极追捕基督徒，直到他前往大马士革，才有了脱胎换骨的感受。他改名保罗，成为基督教这一新兴信仰最雄辩的倡导者，足迹踏遍整个地中海东部，最远到达罗马，传播基督教。基督教革命正在进行。

耶稣的使徒托马斯对耶稣复活表示怀疑

小结：基督教兴于乱世，最远传播到了罗马。

“有些伊壁鸠鲁派和斯多亚派的哲学家们也与他辩论。有的说：“这胡言乱语的人，究竟想说什么呢？”。——《圣经·使徒行传》第17章第16～34节

关键时期

前530年
库施首都迁至梅罗

约前500年
诺人开始制作独特的陶壶和雕塑

约前400～前300年
腓尼基人的迦太基殖民地占据西非

前264年
罗马和迦太基之间3场布匿战争的第一场开始

北非

前500～500年

在北非，文明并没有因埃及的灭亡而停止脚步。数个文化沿着地中海岸继续繁荣发展，朝南部和西部深入内陆。他们的故事在历史上鲜为人知，主要是因为他们没有发展出书面语言，只有一个文明例外。但当时埃及和罗马的评论者提供了详细资料，另有大量文物为证。北非的部分文化源自地中海社会的殖民地，最著名的就是迦太基。但其他文明特色鲜明，其根源可以追溯到前第二和第三个千年。紧邻埃及南部的便是黑非洲的努比亚王国，依靠农业、牧牛和采金而繁荣发达。数百年来，努比亚一直与法老时期的埃及人有交往，他们尤擅射箭，往往在埃及军队里服役。斗转星移，在努比亚土地诞生了一个新王国：库施王国。埃及经常入侵库施，但前 8 世纪左右，库施王皮耶在埃及建立了一个王朝，统治了好几个世纪。库施人最终退回南部，新都定在尼罗河上游东岸的梅罗伊。他们保留了许多埃及传统，同时也发明了自己的文字，但其象形文字字母表至今尚未破译。他们也开始利用富铁矿来炼铁。

整个北非的贸易都很繁荣，很可能是努比亚商人将炼铁技术传授给了位于现今尼日利亚的诺族人。大约在前 500 年，斧头和锄头等新型铁制工具将更多土地转化为农业用地，从而带来了“诺文明”的繁荣。诺人也使用浅坑熔炉来烧制黏土，创造出独具风格的赤土陶器以及动物和人形陶器。与那些理想化的希腊和埃及雕塑不同的是，诺族人像人物特征和表情夸张，感情色彩强烈。1 世纪，南库施这一新王国诞生，其中心城市阿克苏姆位于现在的埃塞俄比亚境内。他们击败了库施人，皈依基督教，并成为撒哈拉以南的非洲地区最发达的强国。约 500 年，阿克苏姆王国国土从埃及南部一直延伸至阿拉伯半岛南部。

> 尼罗河上游诸王国中，埃及文化与当地习俗交织在一起。在西部，诺人形成了一种独特的艺术风格，并传播到其他西非文化中。

上页：蓄着络腮胡的迦太基赤陶土面具，前4世纪

前146年
罗马击败迦太基

约公元30年
埃塞俄比亚的阿克苏姆王国成立

331年
阿克苏姆王埃扎纳皈依基督教

约350年
阿克苏姆击败梅罗伊王国和阿拉伯半岛南部

亦见 | 古典时代：第 112页

冲突

迦太基的兴衰

住在现今黎巴嫩的腓尼基人喜欢流浪。他们是优秀的海员，早在前 1000 年就开始建立贸易站点。到了前第一个千年的中期，他们位于现今突尼斯海岸的殖民地迦太基已经崛起，并在西西里岛和西班牙外海岛屿上建立了属于迦太基的殖民地。迦太基是一个繁华的城市，在其鼎盛时期，人口可能达到 70 万。迦太基的城墙共计 20 英里长，部分楼宇高达 6 层。迦太基人民保留了许多腓尼基人的习俗，包括崇拜巴力哈蒙神和月球女神坦尼特。

在其鼎盛时期，迦太基建造了双圈海港，贸易船只停泊在外圈，军舰则隐匿在内圈，不易被发现。

迦太基的主要优势是在贸易方面，但扩张主义倾向使它不可避免地与希腊，继而与罗马爆发战争，而这两方在西西里和其他地方的殖民地也在互相较劲。贸易联盟让他们在惴惴不安中度过了大约 3 个世纪的和平阶段，但当罗马在前 264 年占领西西里岛东北部的墨西拿，战争正式爆发了，这便是第一次布匿战争。布匿这个名称来源于拉丁语，意即“腓尼基”。

凭借战舰和军团的强大优势，罗马在长达 23 年的第一次布匿战争中取胜。迦太基放弃了在西西里岛的殖民地。但在前 237 年，迦太基将军哈米尔卡 · 巴卡在西班牙建立军事哨所，向罗马发起挑战。他的儿子汉尼拔年幼时便立誓击败罗马。前 218 年，他跨过埃布罗河，奇袭罗马，第二次布匿战争爆发。他的大军借助大象，在意大利半岛上驰骋，一度对罗马造成威胁。但经过 15 年的战争，他还是被迫撤军。4 年后，罗马将军普布利乌斯 · 科尔内利乌斯 · 西庇阿（后世称之为阿菲利加努斯 · 西庇

波利比奥斯 迦太基的毁灭

声音

“眼看全城在烈火中焚毁，西庇阿泪流满面，他站在那里，久久思索城市、国家和王朝以及我们每个人面临的无法避免的变化。他想到，尽管特洛伊一度强大，也难逃此劫，而曾经辉煌的亚述帝国、玛代帝国、波斯帝国，以及近期如日中天的马其顿帝国，也难免盛极而衰。他有意无意地引用了这番话——这句话也许是他不自觉中脱口而出——‘总有一天，神圣的特洛伊城将会衰落，同样衰落的还有长矛的主人普里阿摩斯以及普里阿摩斯人民。’我大着胆子问他这番话是什么意思（因为我当过他的老师），他没有直接提到罗马，但他知道世事无常，所以显然为罗马忧心忡忡。”

——波利比奥斯《历史》，前2世纪

波利比奥斯

“你知道如何获胜，汉尼拔，但你不知如何利用胜利。”——马哈巴尔

声音

汉诺 论发现大猩猩

“我们来到一个称为南角的海湾；海湾尽头有一个岛屿，和前一个岛屿一样，这里有一个湖，湖中另有一个岛屿，许多野人住在那里，其中大部分是妇女，身体上长毛。我们的口译员把他们叫作大猩猩。我们去追赶男性野人，但一个也没抓住；他们全部逃脱，翻过悬崖峭壁，用石头来自卫。不过我们抓住了3名女性，但她们用牙齿和手袭击看守，没法制服她们让她们陪我们。”

——《迦太基航海家汉诺口述纪实》，约前500年

汉诺的船队

阿）在迦太基西南的扎马击败汉尼拔。

在前216年，罗马在坎尼打了史上最惨痛的败仗，大约5万名军团士兵被汉尼拔俘虏并消灭。

最终在前146年的第三次，也是最后一次布匿战争中，迦太基的末日到来了。据罗马历史学家记载，城市被彻底摧毁，罗马征服者们将盐撒在焦土上，从此这片土地寸草不生。

小结：迦太基统治了地中海西部几个世纪，但最终为罗马所灭。

与罗马交战一个多世纪后，迦太基古城终于陷落

“对后世的教训是，在实际战争中，最好是步兵数量减少一半，骑兵占优势，这比用步兵和骑兵各占一半的方式来迎敌更好。”——**波利比奥斯**

时间脉络关系图

前600～500年

“宁可啃面包皮过安稳日子，也不愿在焦虑中大吃大喝。”

——伊索

前149年

在第三次布匿战争中，面对罗马人的进攻，迦太基人守卫城池

布匿战争

前500年

佛教开始在印度北部传播

前300年

北美洲西南部的阿纳萨齐印第安人开始种植玉米

前594年

雅典的梭伦发起了面向自由民众的民主改革

前404年

雅典落入斯巴达人之手

前210年

中国秦始皇驾崩

前30年

马克·安东尼和克娄巴特拉自尽，埃及成为罗马的一个省

前600年 前400年 前200年 0

前400年

印度人开始皈依耆那教

约前200年

罗马人发明混凝土

约公元1年

霍普韦尔文化开始出现在今美国中西部

执政官伊梅奈米奈特

前323年

亚历山大大帝在亚洲驾崩

前171年

在米特里达梯一世领导下，波斯的帕提亚帝国疆域达到顶峰

前600年

埃及第26代王朝全盛时期

前500年

中美洲开始出现玛雅社会

亚历山大大帝

“过去的每一个成就，都要根据最终结果来判断。”

——德摩斯梯尼

“吾不为己，谁人为我？吾若为己，吾乃何人？今不为己，更待何时？”
——希勒

罗马皇帝图拉真

匈奴王阿提拉

184年
中国东部爆发黄巾起义

320年
旃陀罗笈多和其子萨穆德拉统治下的笈多王朝将版图扩张到整个印度

406～453年
匈奴王阿提拉入侵意大利后逝世

117年
勤政的罗马皇帝图拉真驾崩

约256年
一场为期5年的瘟疫在罗马帝国大部分地区肆虐

410年
西哥特军队在阿拉里克的指挥下攻入罗马

500年
加纳帝国成为非洲的贸易中心之一

公元100年　250年　400年　500年

105年
纸张成为中国文字传播的主要媒介

250年
罗马皇帝德西乌斯开始了第一次大规模迫害基督徒

400年
波利尼西亚水手抵达夏威夷

约500年
墨西哥的特奥蒂瓦坎文化达到了巅峰

150年
哥特人到达罗马帝国的多瑙河边界

犹大福音

449年
盎格鲁人和撒克逊人征服不列颠

“神赐予我们的东西中，还有什么更胜过幸运时刻吗？”
——卡图卢斯

约280年
写在莎草纸上的《犹大福音》科普特版诞生

后古典时代

崛起的声音

500~1100年

第4章

600年中，吴哥窟一直是高棉首都的心脏

亦见 | 古典时代：第118页

关键时期

527年～565年
皇帝查士丁尼统治时期，他制订了罗马法，将君士坦丁堡基本恢复了原貌

532年
尼卡暴动造成严重破坏，城市里火光四起

550年
基督教使者将蚕从中国带回后，丝绸生产在君士坦丁堡开始了

673年
拜占廷战士们首次使用了"希腊火"（即可燃性硫磺）

拜占廷帝国

527～1054年

5世纪，西罗马帝国瓦解。然而此时，帝国的东部地区正在崛起，也就是后来的拜占廷帝国（简称“拜占廷”）。人们仍认为自己是罗马人，尽管当时其使用的所谓“罗马语”实际上已经是希腊语了。拜占廷帝国的中心是由城墙层层包围的君士坦丁堡（作为古希腊殖民地时曾叫作“拜占廷城”），位于黑海与爱琴海之间的一个半岛之上，控制着欧洲和东方的大部分贸易与交通。帝国在查士丁尼一世在位时期（527～565年）达到了顶峰。查士丁尼大帝开拓了帝国疆域，收复了在之前的几个世纪中失于野蛮人之手的罗马领土。年轻时当过肚皮舞娘和妓女的“铁腕皇后”狄奥多拉为他出谋划策。在她的鼓动下，查士丁尼对反抗苛税和不满食物短缺的群众进行了严酷镇压（指发生于532年的“尼卡起义”——译者注）。

虽然此次血腥镇压杀死了成千上万的群众，但查士丁尼一世的统治自此以后再未受到任何严重威胁。查士丁尼一世组织编纂了《查士丁尼法典》——一部为大部分西方法律系统奠定基础的民法纲要。此外，他还领导并修建了屹立于君士坦丁堡的圣索菲亚大教堂，使其成为了建筑史上的不朽杰作。

> 东罗马帝国以君士坦丁堡为中心，在罗马帝国（西罗马帝国）灭亡后继续存在了很长一段时间。其所处的地理位置不仅为其提供了丰富的资源，同时也使其面临着被周边不断壮大的国家侵占领土的危险。

查士丁尼一世去世后，拜占廷帝国失去了对意大利及西部领地的控制权，这很大程度上是由于那里的基督教信徒将教皇视为精神领袖，而非拜占廷主教。帝国内部的针对“破坏圣像运动”——发生于8世纪的一场由皇室展开的禁止崇拜宗教圣像的运动——展开了激烈的争论。但是到了9世纪，宗教内部的偶像崇拜重新恢复，帝国再次繁荣起来。拜占廷帝国重新收回了几个被阿拉伯人占领的大城市，与此同时，在北方，帝国击退了保加利亚军队，打败了亚美尼亚人、格鲁吉亚人和诺曼人。巴西尔一世（867年～886年）在位时，帝国的疆域已基本恢复到繁盛时期的规模。

1054年，罗马教皇将君士坦丁堡的主教逐出教会，最终导致了后来人们熟知的罗马天主教与东正教的分离。其实拜占廷帝国的统治者们也面临着来自于内部的反抗，因为富有的地主们都拒绝纳税。但是，在削弱拜占廷帝国势力的因素中，有一点最为突出：穆斯林阿拉伯帝国的军队占领或是威胁到了拜占廷帝国东部和南部的领土，并在帝国内传播伊斯兰教。

上页：6世纪，在查士丁尼一世的统治下，拜占廷帝国的发展达到了顶峰

717～741年
利奥三世统治时期，禁止宗教圣像崇拜，发起了“破坏圣像运动”

842年
在今天的“正教节”这一天于圣索菲亚大教堂恢复了宗教内部的偶像崇拜

867年
巴西尔一世开始了马其顿王朝的统治，在其统治期间，帝国国力已基本恢复到繁盛时期的水平

1054年
帝国东西部的基督教会最终分裂

亦见 | 古典时代：第108页

阶级与社会 农场与城市

阿纳斯塔修斯一世主持赛马（左）；刻有牧民像的盘子（右）

7世纪，拜占廷帝国不断遭受来自帝国东部波斯帝国和阿拉伯帝国（信仰伊斯兰教）的攻击。很多城市变成堡垒，或者被完全废弃。罗马式城市中的人口急剧减少，于是，以耕种方式生活的人口骤增。多数拜占廷的民众都是，或者基本是自由的农民——他们可以饲养牲畜、种植果园、耕种小片土地。农民们在生活中依旧遵循国家的观念——法律严禁婚姻出轨或是人工流产。同时，君士坦丁堡依旧是拜占廷的中心——不同等级的人，从奴隶到神职人员、朝政大臣甚至是地位最高的帝王都会来到此处。人们可以自由地聚集在一些场合，比如跑马场——一个类似于罗马圆形剧场的运动场馆。

小结：依旧保持传统观念的农民主要生活在郊区，而城市中的社会等级构成则更加复杂。

拜占廷帝国

风云人物

查士丁尼一世 483～565年
拜占廷帝国最伟大的帝王（527～565年在位）

狄奥多拉 500～548年
演员、查士丁尼一世的皇后

贝利撒留 505～565年
查士丁尼一世麾下大将，征服了北非的汪达尔人和意大利的东哥特人

利奥三世 约680～741年
拜占廷帝王（717～741年在位），禁止圣像崇拜，引发了国内的冲突，也加剧了与西部帝国的冲突

巴西尔二世 约958～1025年
拜占廷帝王（976～1025年在位），在位期间实现了帝国的扩张

“国家安全是最高的法律。”——查士丁尼一世

宗教 东正教的起源

拜占廷宗教起初是罗马天主教在东部的一个分支，后来开始渐渐形成了自己的体制。8 世纪，很多拜占廷人开始认为，伊斯兰教之所以能够兴盛起来，是因为避免了对圣像的崇拜。所以在 730 年前后，利奥三世颁布法令，禁止宗教内部的圣像崇拜。于是，整个帝国的圣像都被推倒或砸坏，引发了虔诚基督徒的暴动。

拜占廷人在西奈半岛修建了圣凯瑟琳修道院

“破坏圣像运动”最终在 842 年停止，但是这场纷争所引起的怨恨导致了两派之间的冲突——这两派发展成为后来的东正教和罗马天主教。另一个争论的焦点在于宗教的教义：罗马坚持认为“圣灵”与圣父和圣子同为一体，而不是像希腊人相信的那样，只存在于圣父身上。因为这个原因以及其宗教体系中其他方面的细微差别，基督教的两大分支于1054年正式分野，这就是基督教历史上著名的“大分裂”。

> 利奥三世试图强制国内的所有犹太人接受基督教会的洗礼，但是大多数人还是秘密地保持其原来的宗教信仰。

小结：罗马帝国灭亡后，天主教的东西两个分支开始走上不同的发展道路，最终于1054年正式分野。

希腊僧侣“忏悔者”赛奥法尼斯对拜占廷的历史进行了非常重要的记载

赛奥法尼斯 跑马场的对话

声音

“先知：你到这儿来根本不是为了观看表演，只是来侮辱一众官员！
格林斯：是的，任何惹恼我们的人，最终都会落得犹大（耶稣12门徒之一，叛徒犹大在耶稣被钉死后因悔恨而自杀——译者注）的下场！
先知：闭嘴！你们这些犹太人，这些摩尼教徒，这些撒玛利亚人！
格林斯：你竟然把我们叫作“犹太人”，叫作“撒玛利亚人”。愿圣母玛利亚能够同样地护佑我们！
先知：我告诉你，如果你再不闭嘴的话，我就下令砍掉你们的头！”

——希腊历史记录者赛奥法尼斯所记录的一个格林斯赛马俱乐部成员与查士丁尼大帝使者之间的对话

“谁能为情人们制定法律？爱情本身就是一部更加伟大的法律。”——波伊提乌

亦见｜帝王和游牧民族：第194页

贸易与经济　“交叉路口”

君士坦丁堡位于欧亚两洲交界处，坐落于黑海和爱琴海之间，因此成为连贯东西方贸易之路的一个“交叉路口”。在横穿城市的贸易之路上，有印度的宝石和香料、中国的丝绸和瓷器、波斯的地毯和欧洲的纺织品。此外，还有来自俄罗斯和斯堪的纳维亚的皮革、木材、蜂蜜和奴隶，当时这些产品的出口都得到了当地银行的支持。在近700年的时间里，拜占廷帝国的金币在地中海地区得到了广泛使用。

君士坦丁堡成为世界上最为富有的城市之一，城内的黄金和珠宝成为很多潜在征服者的目标。在城墙之外有大批的农民，数量是战时军队士兵数量的两倍。农民们生产了很多贵重的贸易商品，如金质器物，但是拜占廷帝国的经济最终依赖的依然是农业。最大的土地拥有者就是教会、国家和少数的富人，但是耕作劳动的任务依然要落到勤奋工作的农民身上。他们生产的橄榄、葡萄酒、谷物以及其他作物促成了帝国的兴旺与繁荣。

拜占廷帝国的贸易网络覆盖范围非常之广。在瑞典一处北欧海盗维京人坟墓中出土的丝绸很有可能起源于拜占廷帝国。尽管有时会与相邻的国家发生边界冲突，但是在拜占廷帝国与其邻国之间发生的通常是贸易，而不是战争。

穿过君士坦丁堡的中国“丝绸之路”在前200年到200年期间非常繁忙，其在罗马帝国灭亡后逐渐衰败，但后来又重新恢复了活力。

华丽的法衣长袍展示出当时丰富的面料（左）；在穿过拜占廷帝国的“丝绸之路”上流通的金币（右）

小结：拜占廷帝国通过长期的贸易变得富有，但是帝国的经济依然依赖于其农业的发展。

“与其谴责无罪之人，不如饶恕有罪之人。”——查士丁尼一世

查士丁尼一世

查士丁尼一世 异族通婚

“一些女性由于受到欺骗而失去了自由，朕认为这是非常荒唐的，因为奴隶制是由残酷的敌人用来限制人生来即拥有的自由的工具，它源于男性中邪恶之人的腐败与堕落。我们希望自此终止克劳迪安元老院决议及其一切与此相关的声明及判决，以防法律意义上自由，但被引诱或被公然剥夺自由的女性，或是被剥夺祖先赋予的自由权利而沦为奴隶的女性，应受到他人的控制。”

——一条保护女性不受奴役的条款，《查士丁尼法典》534年

法律 《查士丁尼法典》

6世纪，拜占廷帝国创造了西方法学体系中最伟大的文献之一——《民法大全》（《罗马民法法典》），亦称《查士丁尼法典》，由拜占廷帝国最伟大的法律专家合作而成。它制定历时数年，宣扬众生平等，概括了法官须遵循的审判程序。这部集罗马法之大成的巨著，搜集和整理了帝国从2世纪到6世纪之间杂乱无章的诸多法律，从39位法学家的著作中收录了9000多条立法项目。新制定的法律大部分是用希腊语撰写的，因此，以拉丁语为主要语言的西部帝国直到几百年后才得到了这部伟大法典的启示。

查士丁尼一世圣物箱中饰有宝石的十字架

11世纪，西欧对该法典的重新发现进一步揭示了其在立法历史上的重大意义。直到那时，西方法律系统的构成依然是德国民法、罗马法、《旧约》法令与宗教法令杂乱无章的混合。然而，通过参考《查士丁尼法典》这部有史以来最为全面的法典，新兴国家能够依据自然法的基本原则——源于理性的公正法则——制定其法律。在这一法律系统中，帝王是最终的仲裁者，有权在成文法令之外，依据道德准则对特定案件进行审判。尽管该法律系统未考虑到法学家和君主贪污腐败的可能性，但是它在多数情况下都完全适用。

小结：在查士丁尼大帝统治时期，拜占廷帝国搜集整理了之前的法律规章及判决先例，为后世多数欧洲国家的立法提供了典范。

“他（指查士丁尼一世）过急地听完指控；他过快地确定惩罚——因为他从来都是未加全面审查便妄加判决。”——普罗科匹厄斯

亦见 | 后古典时代：第 147 页

阳光穿过圣索菲亚大教堂的窗户

艺术与建筑 重生

圣索菲亚大教堂是拜占廷帝国的艺术杰作，重建于一座在 5 世纪的暴动中被焚毁的教堂遗址之上。6 世纪 30 年代，查士丁尼大帝共动用了多达一万名工匠来修建这座教堂，其中的长方形会堂是当时所有建筑内部最大的封闭空间，内部的镀银足有 20 吨，其顶部是镀金拱形天花板。精美的马赛克镶嵌画与圣像使教堂的内部更加优美迷人。

在几百年的文化停滞之后，9 世纪晚期出现了一段相对和平的时期，这带来了艺术领域的复兴。迪奥多拉太后［狄奥菲洛大帝（829 ~ 842 年在位）之妻］于 842 年摄政掌权。她在“圣像破坏运动”期间曾是秘密的圣像崇拜者，于是在掌权之后，便极力推动艺术传统的复兴。此后迅速出现了一大批杰出的艺术作品——从圣像到镀金装饰绘画，从雕塑到马赛克镶嵌画。

在此时期，帝国也迎来了文学领域的伟大复兴。通过翻译，科学和哲学领域的希腊经典著作重新焕发活力，而那些颇具启发性的手稿也促进了另一种艺术的兴起——在手稿的边缘饰以彩色饰物与插图。

小结：15世纪，圣索菲亚大教堂变成了一座伊斯兰教寺院，并于1935年成为一座博物馆。

拜占廷帝国跑马场中的一匹铜马

“球形的穹顶下方覆盖的看起来并不是实体，而是悬空覆盖着其下方的空间，就像是通过一根传说中的金链悬挂在空中一样。”——普罗科匹厄斯

声音

尼基弗鲁斯二世

利乌特普兰德 拜访君士坦丁堡

“在一个叫做‘皇冠厅’的宫殿中，走在我后面的是尼基弗鲁斯二世——他可以算是一个畸形的人：身材矮小、脑袋硕大、贼眉鼠目；又短又多又密的灰白色的胡子让人感到恶心；脖子长不足一英寸长，极为丑陋；头发长而浓密，又粗又硬；皮肤黝黑，让人黑夜中不喜遇见；大腹便便而脊背瘦削，相较于其短小的身材，臀部所占比例过大；小腿短小，相应地，脚踝与足部也极为短小……善于言辞，生性如狐狸般狡猾，背信弃义、扯谎作假，堪比尤利西斯。”

——奥托一世（意大利国王）使者利乌特普兰德对拜访尼基弗鲁斯二世一行的记载

冲突 各方战争

532年，在成功镇压群众起义（指发生于532年的“尼卡起义”），并于同年与波斯帝国缔结和平条约之后，查士丁尼大帝开始致力于恢复罗马帝国失去的荣耀。其麾下大将贝利撒留首先从北非的汪达尔人手中收复了罗马行省，之后又在西班牙东南部打败了东哥特人。到6世纪中叶，拜占廷帝国已从东哥特人手中收回意大利大部分地区，帝国重新获得了对地中海地区的控制权。

但是，在帝国南面，一个极为强大的、由一个新的宗教团结起来的民族开始入侵。636年，穆斯林在叙利亚西南部的一次关键性战役中击败了当时国力衰弱的拜占廷帝国，这也是帝国遭受毁灭性打击的一系列战役中的第一场。在此后的数百年中，拜占廷帝国不断与其欧洲邻国发生冲突，包括1014年发生在巴尔干半岛的“克雷迪昂战役”，这场战役极为壮观——巴西尔二世在战斗中取得决定性胜利，从此被称为“屠杀保加利亚人的刽子手”。

7世纪，君士坦丁堡借助一种叫“希腊之火”的燃烧弹，成功抵御了阿拉伯战舰的进攻，才得幸免于难。

小结：拜占廷帝国几乎总是处于战争之中，竭力维持其疆界的完整。

在1784年的画作中，晚年的贝利撒留将军正在乞求人们的施舍

“要追求道德上的崇高，只有脚踏实地，绝非一蹴而就。”——教皇格列高利一世

亦见｜后古典时代：第146页

关键时期

约570～632年
穆罕默德于该时期生活、布道

约610年
穆罕默德经历了一次精神上的转变

约622年
穆罕默德与其信徒逃离麦加，这次逃亡被阿拉伯人称作“希吉拉”，意即“迁徙”

632年
先知穆罕默德率领大批穆斯林到麦加“朝觐”。艾卜·伯克尔成为第一任“哈里发”（即伊斯兰教主）

伊斯兰教

570～1055年

世界主要宗教中历史最短的伊斯兰教，兴起于阿拉伯半岛，迅速扩张并以“圣战”的宗教职责之名促使其信徒对外进行征服战争。伊斯兰教创始人穆罕默德约在570年出生于麦加，当时该地区正处于政治和宗教的不稳定时期。游牧的贝都因人通过抢劫过往贸易车队统治着阿拉伯半岛，他们崇拜偶像，信仰自然神。但半岛上同样住着基督教徒和犹太教徒。到40岁时，穆罕默德开始接到造物主安拉通过大天使加百列传达的启示。据穆斯林文献记载，这些启示后来成为了伊斯兰教圣书《古兰经》的基础。此后，他开始布道，其虔诚的追随者成为了新兴伊斯兰教的核心（即著名的“顺服安拉”运动）。通过抢劫贸易车队和“顺服安拉”运动，伊斯兰教逐渐发展壮大。630年，穆罕默德率领3万名士兵前往叙利亚，征服各部并缔结联盟。信奉伊斯兰教的人得到宽恕，其余的人则被杀死。基督教和犹太教与伊斯兰教有着相同形式的教义起源（译者注：犹太教教义来自摩西的口传律法；基督教徒的教义为耶稣及其使徒传下的口头圣传；伊斯兰教教义为其教徒中世代相传而未见诸《古兰经》的口传穆罕默德教义），但他们一般不会强制人们改变信仰——其信徒缴纳的“捐税”让他们受到了尊重。很多被征服的人此前都遭受着拜占廷帝国和波斯帝国的长期压迫，所以他们非常欢迎伊斯兰教的到来。

> 伊斯兰教兴起于阿拉伯半岛，于7世纪迅速扩张，其信徒传播真主安拉的启示，拥有着如同利刃一般的威力。

伊斯兰教让阿拉伯人重新燃起了进入天堂的希望，尽管那些无视《古兰经》中真主提示的人将被罚入火狱。伊斯兰教禁止偶像崇拜，宣扬为有需要的人做出奉献，同时，它容许一夫多妻并授予妇女财产权。

633～718年，波斯、埃及、摩洛哥和西班牙均成为伊斯兰国家，其规模之大，前所未有。到7世纪晚期，伊斯兰教分裂成为了两大派系：什叶派——他们认为哈里发（统治者）理应是穆罕默德的后嗣；逊尼派——较之家族血缘关系，他们更看重统治者个人的能力。

逊尼派的倭马亚家族在大马士革建立了倭马亚王朝（661～750年）。750年，阿拔斯王朝（750～1258年）推翻其统治，倭马亚王朝覆灭。阿拔斯王朝迁都巴格达，继续掌权直至13世纪。在1000年前后，一个叫作塞尔柱的土耳其游牧民族驱马来到伊朗东部。到11世纪中期，他们与阿拔斯王朝的逊尼派统治者结盟，并占领了伊斯兰帝国东部。

上页：18世纪匿名画中所描绘的伊斯兰教创立者穆罕默德的侧影极为俊朗，引人注目

约661～750年
倭马亚王朝建立了伊斯兰帝国

711年
北非的柏柏尔穆斯林，即摩尔人，入侵西班牙

756年
科尔多瓦脱离阿拔斯王朝

786～809年
在哈伦·拉西德统治时期，阿拔斯王朝的发展达到了顶峰

亦见 | 后古典时代：第150页

领袖 穆罕默德的一生

史料记载，穆罕默德6岁时成为孤儿，之后由其祖父和叔父先后抚养。童年时曾替人放牧。25岁时得到当时已有40岁的富孀赫蒂彻的求婚。婚后赫蒂彻和穆罕默德共有4个女儿。这场婚姻也给穆罕默德带来了很大的财富，使其可以拥有足够的时间到山洞里静思。40岁左右，他开始接到先知的预示。此后，他开始

前来麦加城中央的方形石殿——天房祭拜的伊斯兰教徒

公开布道，宣扬慷慨之重要和末日审判的来临。随着其追随者日渐增多，麦加的部族领袖们认为伊斯兰教的信仰威胁到了自己的统治。于是，穆罕默德决定前往北部绿洲麦地那。630年，他带领一万人向麦加出发。但是双方并未打仗，麦加的首领们只进行了象征性的抵抗。时隔8年以后，穆罕默德以胜利者的身份重回故地。

630年，回到麦加之后，穆罕默德又率领3万士兵向北进发，前往叙利亚边境。沿途的游牧部落又加入到了“乌玛”这一世界性的穆斯林团体之中。两年后，穆罕默德逝世。其岳父阿布·伯克尔被选作继承人，成为第一任哈里发。

小结：穆罕默德中年时期接到了真主的预示，到630年已启发了成千上万的民众。

风云人物

伊斯兰教

穆罕默德 约570～632年
伊斯兰教创始人

阿布·阿拔斯 722～754年阿拔斯王朝创立者

哈伦·拉西德 766～809
阿拔斯王朝的哈里发

穆罕默德·阿尔·花拉子密
约780～850年
杰出波斯数学家

马蒙 786～833年
哈伦·拉西德之子，智慧的阿拔斯王朝哈里发

阿卜杜勒·拉赫曼 891～961年
穆斯林占领后，西班牙科尔多瓦的埃米尔（穆斯林酋长）和哈里发

阿维森纳 980～1037年
阿拉伯名为“伊本·西纳”，出生于波斯的伊斯兰哲学家、医学家

相关阅读：逊尼派 VS 什叶派

阿里·伊本·艾比·塔里卜（约600～661年），第4任哈里发，是伊斯兰教创始人穆罕默德的堂弟和女婿。他在一次政变中夺取政权，此次政变杀死了第3任哈里发——时任叙利亚军事指挥官穆阿威叶（约602～680年）的同族亲属。657年，隋芬战役中，穆阿威叶的军队战胜了阿里的军队，随后，阿里被刺杀。支持阿里和穆罕默德嫡派的人被叫作“什叶派”；而“逊尼派”则支持穆阿威叶。穆阿威叶于661年成为哈里发。今天，逊尼派约占全世界穆斯林的80%，尽管在伊朗、伊拉克、巴林王国和阿塞拜疆，什叶派占多数。

2009年逊尼派与什叶派和解

“真主的确毫不亏待人们，但人们却亏待自己。”——《古兰经》第10章第44节

在发生于732年的图尔战役中，基督教徒战胜了穆斯林

帝国

伊斯兰帝国的扩张

7世纪晚期，伊斯兰教的政治势力主要集中在倭马亚王朝——由一个位于叙利亚大马士革的麦加商人宗族建立。倭马亚王朝将阿拉伯伊斯兰教传入了欧洲和亚洲，但是其拥有的巨额财富引起包括什叶派在内的许多臣民的不满。750年，阿拔斯王朝推翻倭马亚王朝，迁都底格里斯河畔的巴格达。此后，在帝国扩张的同时，阿拔斯王朝更加重视艺术和文化的发展。

711年，柏柏尔穆斯林即欧洲人所称的“摩尔人”，入侵西班牙，开始了其在伊比利亚700多年的统治。756年，倭马亚王朝统治者阿卜杜勒·拉赫曼脱离阿拔斯的控制，自封为西班牙科尔多瓦总督。阿拉伯半岛通过陶瓷、珠宝和钻石的贸易逐渐富有起来。只在科尔多瓦，就建立了许多免费学校、70座图书馆和700座清真寺。

在巴格达的阿拔斯王朝，哈里发哈伦·拉西德将一头白象送给查理大帝作为礼物。

尽管倭马亚王朝脱离了阿拔斯的控制，但伊斯兰教依然在中东地区和欧洲大陆建立了一个颇具凝聚力的文化，将阿拉伯语用作通用语言，并以《古兰经》作为圣书。到了9世纪，各地的叛乱削弱了哈里发的力量，但是阿拔斯王朝的统治一直持续到了1258年蒙古入侵。

小结：与阿拔斯王朝的统治相比，文化凝聚力变得更加重要。

人物评说

哈伦·拉西德哈里发

哈伦·拉西德哈里发（786～809年在位）在位时期，宫廷人员促成了《一千零一夜》故事集的编写，促进了巴格达知识与文化的繁荣。学者们将希腊语和印度语的作品译成阿拉伯语，作家们创造了新的文学形式。但也有不好的一面——他处死了自己的密友和顾问加法尔（阿里的曾孙，伊斯兰教什叶派第6代伊玛目）。他将帝国平均分给了长子艾敏和次子马蒙。内战随即爆发。历史学家将他看作是一个伟大的艺术资助人和一个中等的统治者。

结论：褒贬皆有。

哈伦·拉西德所用的水壶

“有千百个朋友也不嫌多，只有一个敌人却随处可见。”——阿里·伊本·艾比·塔里卜

贸易与经济 多样化

从8世纪开始到9世纪，伊斯兰帝国开始分裂为很多小国之时，巴格达一直是伊斯兰帝国的中心。尽管哈里发的权力开始减弱，但是巴格达同君士坦丁堡一样，作为一个庞大的国外贸易网络的交叉路口，依然发挥着重要作用。这里有来自印度的红宝石、乌木、檀香木、椰子、老虎和大象，有从中国运来的丝绸、纸张、瓷器、桂皮和孔雀，有阿拉伯的鸵鸟和骆驼，希腊出口的赛马、女奴、阉人，还有水利工程师，以及来自埃及的香膏、黄玉和驴子。

随着伊斯兰教的扩张，它不再简单地征服，然后继续前进。其成功的原因部分是与繁荣的农业和商业机构建立了相互连通的整体有关。征服者们非常明智，不对贸易网络做过多干预。到8世纪，阿拉伯金币已成为了地中海地区的标准货币。尽管在伊斯兰教建立初期，西方国家对于穆斯林的怀疑使得伊斯兰国家与欧洲之间的贸易几乎中断，但到了9世纪中期，货物在两方之间已经实现了自由流通，即使是阿拉伯海盗的抢劫也未能阻断这种流通。

小结：适当的经济体系的建立，有助于伊斯兰教的进一步扩张。

阿拉伯人让多个民族——叙利亚人、埃及人、波斯人、北部非洲人和犹太人——像之前那样继续进行贸易，从而建立起一个行之有效的经济体系。

波斯的镀金铜质星盘

阿拉伯金币

尼扎姆·莫尔克 黄色的一天

声音

“穆塔瓦基勒哈里发希望，在固定的狂欢纵饮的日子里，他眼中看到的任何器物都被涂成黄色。于是，檀木屋顶表面也覆盖或装饰着黄色的绸缎。摆在他面前的是甜瓜、黄色的橙子以及用金色容器盛着的黄色葡萄酒。只有那些肤色为黄色且穿着黄色锦缎外衣的女奴可以入内。屋顶下方是一个用大理石铺筑的水池，哈里发下令在连接水池的沟渠中放入橙黄色的花瓣，这样水流过水池时也就变成了黄色。”

——10世纪巴格达法官尼扎姆·莫尔克所记载的轶事

“最英明的君主会与有识之士相伴；而希望常伴帝王左右的都是学者中的下等人。”

——尼扎姆·莫尔克

声音

阿维森纳 关于医学

阿维森纳

“医学中，研究人体的目的在于找到治愈疾病的办法和影响健康的因素。既然世间万物都有其成因，那么，对于任何事物的认识都必须先获悉其成因，否则就无法获得认知，或是只能获得片面的认知。因此在医学中，我们应该知道疾病与健康的成因，这些成因有时候很明显，有时候又很隐蔽，所以需要我们进一步去研究健康的表现与疾病的症状……想要获得认知，除去研究其成因和源头之外，别无他法。”

——阿维森纳（阿拉伯名：伊本·西纳）的医学著作，约1020年

艺术与科学 知识分子

马蒙哈里发为伊斯兰帝国开启了一个艺术与知识发展的新时代。他建立了天文观测台，致力于将希腊哲学与伊斯兰教的思想融合在一起，将后者从过去的神秘主义倾向中解放出来。数学家穆罕默德·阿尔·花拉子密首次定立了代数学中的原则，并将其名字（al-Khwarizmi）放入了“算法”（algorithm）这一术语中。阿维森纳（阿拉伯名：伊本·西纳）是科学家、哲学家、伊斯兰帝国早期最重要的思想家。他撰写了200多部著作，作品覆盖了哲学、宗教、科学和语言等多个学科，对后世的罗吉尔·培根、托马斯·阿奎那还有其他许多欧洲的伟人都产生了深远的影响。他编著的《医典》是世界上最为完备的医学概要，在17世纪之前一直是欧洲最主要的医学经典。

以色列奇尔拔特堡中倭马亚王朝的星形石雕工艺品

阿拉伯艺术以其复杂的几何图案和俊秀的手写经文而著称。花砖装饰的屋顶，精美的画作，精巧细密的挂毯和地毯随处可见。西西里穆斯林的织布机上制造出来的织锦更为富饶的欧洲增添光彩。产生于波斯的哥特式建筑风格，开始出现在欧洲教堂中。

小结：中世纪早期伊斯兰帝国的思想家们对于西方文化产生了深远的影响。

“化学中最重要的就是，你需要做实际的工作，需要去做实验。”

——贾比尔·伊本·海伊恩

《古兰经》

奥斯曼·伊本·阿凡，伊斯兰教早期领导人之一，穆罕默德的女婿，下令整理先知的教义，确定其“定本”。《古兰经》的编纂约在650年完成，成为伊斯兰教的“圣书”。穆斯林认为《古兰经》是真主阿拉的话语，通过大天使加百列传授给穆罕默德，构成了伊斯兰帝国法律、教义和社会组织的基础。它不仅仅是一部宗教经典，而且是一个用于改革和统一社会的计划。全书共有114章，阿拉伯语称为“苏拉”。每个苏拉由数节组成——在阿拉伯语中，古兰经的“节”原意为“迹象”，称作“阿亚”，也就是来自于真主的迹象。

尽管《古兰经》中确实强化了“男尊女卑”的观念，但其主张每个人之间没有差别，所有人一律平等，共同遵循真主安拉的意旨。世界上超过10亿人将其视为宗教经典。

虔诚的读者 一个印度尼西亚苏门答腊岛实格里的小女孩紧握着一本《古兰经》。与印度尼西亚的其他地方一样，苏门答腊岛13世纪遭阿拉伯人入侵，此后逐渐变成了伊斯兰教国家。今天，印度尼西亚的穆斯林总数多于世界上任何一个国家：约总人口的88%都是穆斯林，也就是2.09亿人口。穆斯林的孩子们在最初学习说话的时候就会记住神圣诗句的阿拉伯语说法，如《古兰经》每章开头的“奉至仁至慈的真主之名”

“奉至仁至慈的真主之名，一切赞颂，全归真主，全世界的主，至仁至慈的主，报应日的主。我们只崇拜你，只求你祐助。”【第一章，开端，1～5节】

“为主道而施舍财产的人，譬如[一个农夫，播下]一粒谷种，发出7穗，每穗有一百颗谷粒。真主加倍地报酬他所意欲的人，真主是宽大的，是全职的。”【第二章，黄牛，261节】

精装版 这些来自于10世纪波斯《古兰经》的手稿是用“库法体”来写的，起源于库法（今伊拉克中部城镇）。在制作精装版《古兰经》的时候，也是应用了这种字体

“与其在施舍之后损害受施的人，不如以婉言谢绝他，并赦宥他的烦恼。真主是自足的，是至容的。”【第二章，黄牛，263节】

神圣时刻 在尼日尔的法奇，一位精神领袖将《古兰经》中的祷告誊抄在一块木板上，来教孩子们学习书中的114个章节。

“你们应当把孤儿的财产交还他们，不要以[你们的]恶劣的[财产]，换取[他们的]佳美的[财产]，也不要把他们的财产并入你们的财产，而加以吞蚀。这确是大罪。”【第四章，妇女，第2节】

“日月是依定数而运行的。草木是顺从他的意旨的。他曾将天升起。他曾规定公平，以免你们用称不公。你们应当秉公地谨守衡度，你们不要使所称之物分量不足。”【第五十五章，至仁主，5～9节】

“信道的人们啊！你们不要责备受施的人和损害他，而使你们的施舍变为无效，犹如为沽名而施舍财产，并不信真主和后世的人一样。他譬如一个光滑的石头，上面铺着一层浮土，一阵大雨过后，使它变得又硬又滑。他们不能获得他们所施舍的任何报酬。真主是不引导不信道的民众的。”【第二章，黄牛，264节】

“奉至仁至慈的真主之名你说：我求庇于世人的主宰，世人的君王，世人的神明，免遭潜伏的教唆者的毒害，他在世人的胸中教唆，他是属于精灵和人类的。”【第一百一十四章，世人，1～6节】

翻 译

由于阿拉伯语被认为是《古兰经》最真实的形式，因此人们认为其译本只能用来释义，而无法用于宗教礼仪。然而各种译本依然存在

拉丁语：第一部拉丁语译本于1143年产生于克吕尼修道院，但是直到1543年才出版

意大利语、德语和荷兰语：最初进行《古兰经》原本的翻译时，首先译成了这些语言

法语：1647年，安德烈·杜赖尔完成了《古兰经》的法译本

英语：亚历山大·罗斯在17世纪晚期出版了《古兰经》的第一本英文译本。1734年出现了乔治·萨尔的英译本，后来又出现了其译作的多种版本。其他几个英译本也相继出现，拥有其各自的学术或是文学价值——1861年出版的一本英译本中，译者按照时间顺序将各章节进行了重新排序

亦见 | 帝王和游牧民族：第182页

关键时期

732年
查理·马特在“图尔战役”中击败了摩尔人

768～814年
查理大帝统治时期，他将大量资产分配给贵族，从而确立了封建主义制度

793年
在已知的第一次维京人袭击中，丹麦维京人洗劫了林迪斯芳修道院

851年
维京军队开始统治英国

维京人、斯拉夫人与北欧人

500～1100年

到8世纪，欧洲从罗马帝国灭亡后的长期停滞中渐渐苏醒。自从强大的统治者克洛维大帝之后，法兰克王国（当时其领土包括今天的法国和德国西部）一直处于墨洛温王朝的统治之下，但到了7世纪中期，皇室已非常衰败。于是，一个新的法兰克王朝诞生了，尽管其存在时间较短，但是诞生了欧洲历史上最伟大的统治者之一——查理大帝。在其强有力的领导之下，法兰克王国不断壮大，艺术得到发展，基督教会传播到了之前异教徒所在的地区，并且将迥然不同的部落融合到了一个共同的文化之中。

英格兰岛一直在不断发展，到9世纪，其分散的领土开始联合成为一个独立的王国。此时，斯堪的纳维亚的侵略者们开始入侵英国和欧洲沿海的其他地区——可怕的维京人自此开始了长达两个世纪之久的海上霸权。

到10世纪，在强大的奥托一世的统治下，德意志王国迅速发展壮大。962年，教皇为其加冕，奥托一世成为神圣罗马帝国皇帝。他具有非凡的军事威力，在对抗来自匈牙利的入侵者马扎尔人时大获全胜。另一次入侵则更为成功：1066年，诺曼人在征服者威廉的带领下，占领了英国，在大不列颠的历史上留下了难以磨灭的法国印记。

当时在今天俄国的西部，存在着一个由农民、猎人和牧民组成的，较为松散的族群联邦。斯堪的纳维亚人占领了这个地区，征服了斯拉夫人，并在贸易通道沿途建立城市。他们与拜占廷帝国建立了商业联系，接受了拜占廷的传教人员，于是渐渐转为信奉东正教。在首都基辅，弗拉基米尔王子于987年前后改信基督教，进一步增强了拜占廷帝国对于东欧艺术的影响。

基督教成为支配欧洲社会的主要力量。人们相信，封建主义的政治秩序应该反映上帝的旨意，神权归其尘世的代表（教会和教皇）所有。

> 在罗马帝国之后的几百年内，欧洲各国开始渐渐崛起，各自都有着强大的统治者。基督教会成为了欧洲主要的支配力量，经常与新生的君主制国家政权发生冲突。

上页：法兰克统治者查理大帝为其帝国带来了土地、文化还有宗教的赐福

860年
维京人以200艘战舰攻击君士坦丁堡

955年
德意志萨克森王朝的奥托一世在奥格斯堡之战（亦称“莱希费尔德之战”）中粉碎了马扎尔人的入侵

987年
基辅罗斯的弗拉基米尔王子改信基督教

1016年
丹麦摄政王卡纽特成为英国国王

亦见 | 古典时代：第119页

冲突

野蛮人入侵

4世纪和5世纪，迁徙到莱茵河南岸的大部分野蛮人都是日耳曼人，他们不想霸占任何东西，只是想找到一个更适合生活的地方。在黑海北部（即今乌克兰）的森林和草原上生活着一个多民族部落，称为哥特人。罗马帝国曾试图与部分部落结盟来攻打其他部落，结果这反而造成了大量外族入侵，最终加速了罗马帝国的毁灭。东哥特人被西亚的游牧民族匈奴人吞并；西哥特人向意大利大举进犯，并最终渗透到西班牙。

另外一个大的部落就是法兰克人，也就是今天德国人和法国人的祖先。在查理大帝的统治下，法兰克王国的疆土从斯拉夫南部的庇里牛斯山延伸到莱茵河北部。在5世纪的不列颠半岛，盎格鲁－撒克逊人（包括盎格鲁人、撒克逊人和朱特人）开始向外驱逐本土的不列颠人。

7世纪的盎格鲁—撒克逊头盔

小结：在中世纪早期，日耳曼各部落开始在欧洲扩张并定居。

日耳曼人给不列颠半岛带来语言，取代了本地人所使用的凯尔特语。

风云人物

北欧的统治者们

克洛维 466～511年
法兰克国王，促进了法兰克的统一

圣本笃 约480～547年
西方修道院制度的创立者，之后被追封为圣徒

查理大帝 742～814年
法兰克王朝国王（在位时间：768－814年）

阿尔弗雷德大帝 849～899年
英国韦塞克斯王朝的国王，非常博学，并率领臣民对抗北欧维京海盗民族的入侵

奥托一世 912～973年
后世尊称其为“奥托大帝”德意志国王（936～973年在位）神圣罗马帝国首任国王

弗拉基米尔一世
约956～1015年
基辅大公，将基督教带到了基辅罗斯

声音

盎格鲁–撒克逊 水田芥

“1、若头发掉光，可取本植物榨汁，又名豆瓣菜或水田芥，敷于鼻子上，可促进头发生长。
2、此植物无需播种，春天自然生长于河中。也有记载说在一些地方，它可以顺着墙攀缘生长。
3、若头痛，尤其是由于头屑和瘙痒，可取本植物种子和鹅油膏，捣碎搅拌，可去头皮屑。”

——盎格鲁–撒克逊医书手稿

“克罗蒂达信奉的上帝啊，如果你让我大获全胜，我就加入基督教。”——克洛维

声音

红胡子埃里克

红胡子埃里克 新大陆

“接着，他们就来到了这片陆地，沿着陆地边缘划船前行，进行探索。他们发现那儿有很多平滑的巨石，两个人可以脚跟对脚跟平躺在上面。那儿有非常多的北极狐。他们把这片陆地叫作‘石头大陆’。接着他们顺着北风又航行了两个半天，又有一大片陆地出现在他们面前，上面有巨大的森林和很多野兽。离这片陆地东南部不远处有个小岛，上面有很多熊，所以他们把这座岛叫作‘熊岛’。至于森林所在的陆地，就叫作‘森林大陆’。”

——《红胡子的冒险故事》，讲述红胡子的儿子列夫在北美着陆的经历

探索 北方人

9世纪晚期，查理大帝的帝国灭亡，帝国的财富遭到了周围列强的洗劫。来自今天的丹麦、瑞典和挪威的北欧船员将修道院与村庄洗劫一空，使整个欧洲大陆都蒙上了恐怖的阴影。由于家中可耕种土地的匮乏，维京人不得不踏上他们英勇但通常又异常残忍的征程。他们的征途远至俄罗斯、德国和君士坦丁堡，但凡他们吃水很浅的船只在水道能及之处，都留下了他们的足迹。

除了抢劫，北欧人还对北大西洋进行了探索，将冰岛变成其殖民地，然后占领了格陵兰岛，最终统治北美约10个世纪之久。

尽管我们通常认为他们是野蛮的战士，但是维京人也同样是技艺高超的工匠，其生活准则是自由、荣誉和平等。维京人中的妻子拥有中世纪时期其他民族女性少有的权利。很多维京人直接定居于他们所抢劫的地方，最终转而信奉基督教。他们的入侵在某种程度上将一些散乱无章的国家团结起来，因为他们的入侵迫使这些国家的人们团结起来，采取一致而有力的防御行动。

小结：维京人的入侵让欧洲沿海地区充满了恐惧，但他们在入侵之后融入到了当地的文化之中。

“与其给予太多，不如索要太少，就像是，礼物本就应是一种恩惠。”

——维京诗歌《哈瓦马尔》

亦见 | 帝王和游牧民族：第186页

宗教 # 欧洲的基石

到6世纪，基督教已然扎根于欧洲部分地区，并缓慢地在整个大陆传播开来。教会吸引并培养了很多精英。尽管当时低级教士大都目不识丁，但主教和其他高级教士多为贵族成员，在社会中享有很高的声望。修道院制度也随之出现，并成为欧洲文化中的重要力量。

早期的修道运动关注个人的心灵成长，因此东部的禁欲主义者便将自身与社会和世俗的诱惑隔离开来。在人烟更加稀少的西部地区，由于自然条件严苛，集体修道比个人单独修道更有意义。在法国和爱尔兰的一些偏远地区开始出现修道团体，这些早期的传教士多为好学之人，在修道过程中积累了丰富的学识（和财富——这令他们成为维京掠夺者们的目标）。女性同样开始修道，最初其修道活动必须完全与世隔离。但在后来的几个世纪中，随着贵族家庭的女子来到女子修道院学习并带来了财富，女性修道者获得了很大的宗教和世俗权力。

597年，奥古斯汀与40名修道士来到坎特伯雷开始了英国传教之旅。

教皇格列高利一世派遣传教士到整个欧洲

修道院后来以其大量的“缮写室”而闻名。在这些房间里，修道士们不辞辛苦地撰写有关宗教的经典著作。这样，这些中世纪的修道院就逐渐演变成学校和图书馆，社会上层人士来这里为子女寻找老师也就不足为奇了。

通过传教士到各地修建教堂，修道士从而直接实现了基督教的扩张。作为早期最负盛

“上帝是超乎人们想象的最完美的存在。”——圣安塞尔姆

法国克吕尼修道院内由拱形结构支撑的中世纪屋顶贮水池

名的传教人士之一，乔治一世教皇是虔诚的本笃会教徒。他大力宣扬基督教，修建了很多修道院，被后世誉为“中世纪教会建筑师”。

格列高利一世身兼政治领袖与精神领袖的职责，致力于进一步提升教皇的作用：他保卫罗马不受侵犯，解救人质，颁布土地改革法案并大力修缮灌溉水渠。他将很多传教士派到欧洲各地，在很大程度上促进了罗马天主教会与法兰克君主之间的沟通与联系。

经过 5 个世纪，基督教在欧洲发展成为主导力量。基督教徒有着相同的宗教信仰并接受相同的文化熏陶。神圣罗马帝国疆域大抵与中欧相等，成为教会与国家相结合的典范。

然而，在法国、英国和德国这些新近兴起的国家中，教皇与君主有着不同的目标与宗旨，致使二者的关系变得紧张起来。教皇与欧洲的某位君主经常会挑战彼此的权威。尽管这些冲突从未导致真正意义上的敌对行动，但是却催生了变化与改革，有助于杜绝双方内部的腐败。

小结：修道院、传教士和教皇在500年的时间里实现了欧洲的“基督化”。

声音

本笃会规 睡眠法则

“人们应该和衣而睡，系好腰带。在睡觉时不应将刀具放在身侧，以免睡梦中伤到他人。教徒们应时刻保持警惕，一旦上帝有所指引，应立即起身，不得延误，迅速做好准备，满怀庄严与谦逊，共同为上帝服务。年轻教徒不得拥有自己的床铺，而应在年老教徒的床铺之间休息。在起身为上帝服务时，若有人因困倦而试图寻找借口，所有人应该适当共勉，相互激励。”

——努西亚的圣本笃编纂的《训诫书》，约530年

努西亚的圣本笃

“人民的声音即为上帝的声音，不应采纳持此观点的众人意见，因为民众的骚乱总是近乎疯狂。”——阿尔昆

大公爵奥列格将一面盾钉于君士坦丁堡的大门之上

国家

基辅罗斯

同西欧一样，东欧也经历了几百年的时间才巩固并划分为不同国家。一个较早的国家，开始在黑海和波罗的海间的河谷附近发展起来。它主要是由多种族的斯拉夫人构成，包括波罗的海地区居民和芬兰人。该地区于8～9世纪期间处于罗斯人（东斯堪的纳维亚人）的统治之下。这些入侵的商人在第聂伯河沿岸活动，并将基辅作为首都。

905年，罗斯国首领奥列格领导了对君士坦丁堡的军事攻击，迫使其进贡并打开了贸易之门。因此拜占廷帝国与基辅罗斯之间通过贸易建立了联系，这种联系又在基辅罗斯接受东正教会之后得到了进一步的巩固。同时，斯拉夫波兰和匈牙利则接受了罗马天主教，这标志着俄罗斯与东欧其他国家在未来的分裂。

“智者雅罗斯拉夫”（约980～1054年）建立了圣索菲亚大教堂和基辅“金色大门”。

罗斯国继续向南扩张，占领犹太哈扎尔人和保加利亚人的领土。然而到了13世纪，俄罗斯受到了来自游牧蒙古部落的攻击。

小结：早期的俄罗斯接受了拜占廷帝国的基督教，而其他斯拉夫国家则信奉罗马天主教。

相关阅读：西里尔字母

圣·西里尔及其兄长圣·美多迪乌斯因在9世纪60年代的传教工作而获得“斯拉夫人的使徒”之名。2人为帖撒罗尼迦（位于今天的希腊北部）人，向哈扎尔人和摩拉维亚人宣扬基督福音。其另一个重大贡献是格拉哥里字母表的发明，他们可以借此将经文译成古教堂斯拉夫语，便于让更多的人信仰基督教。该字母表是基于希腊文字发明的，在900年前后经过进一步改进并命名为“西里尔字母”以纪念西里尔的突出贡献。这一字母表成为了今天的俄罗斯和其他斯拉夫文字的原型——原字母表有43个字符，而现代俄语有33个字符，塞尔维亚语有30个字符，保加利亚语有30个字符，乌克兰语有33个字符。

西里尔字母

“字母是符号，代表着物体，代表着话语。其力量是如此强大，可以清晰地告知我们不在场的其他人的话语，却不发出一丝声响。”——塞维利亚的伊西多尔

帝国 # 迎来查理大帝

6世纪早期，墨洛温王朝的克洛维打败了其他法兰克国王，首次将法兰克人民团结起来。当时法兰克王国的领土包括今天的法国和德国西南部，成为了一个统一的罗马天主教王国，其君主是刚刚成为天主教徒的克洛维大帝。但是到7世纪中期，王国遭到了克洛维众多子嗣的瓜分，统治者们软弱无能，王国渐渐衰败。

墨洛温王朝的贵族们都蓄着长发，来显示王室与远古时期的海神之间的亲族关系；然而，随着基督教的兴起，其原有的权力逐渐丧失，这些贵族也逐渐没落。素有“宫殿长官”之称的皇室官员成为了实际意义上的统治者。查理·马特（被称作“大铁锤”）就是这些长官中的一个，他于716年掌权，统一了整个王国，并击溃了法国南部伊斯兰教的入侵。

卡洛林王朝的统治者们包括：秃头查理、口吃路易斯、胖子查理和饭桶路易斯。

一个新的法兰克王朝诞生了。其最伟大的统治者便是查理·马特的孙子——查理大帝。他身材高大，功绩卓著，拓展了王国的边界，将德国、法国、西班牙北部和意大利的大部分领土都划入了王国的版图。他帮助教皇抗击罗马贵族，800年，教皇授予其“神圣罗马大帝”称号。他卓越的功业使其迅速建立起了一个帝国，但是在他于814年去世后，帝国迅速解体，沦为多个由其争执不休的后代所统治的独立王国。

小结：法兰克王朝伴随着伟大的统治者查理大帝的死亡而告终。

声音

艾因哈德 查理大帝

“查理大帝体魄强壮，虽然身材高大，但比例并不失调（众所周知，他的身高是其足长的7倍）。其头部的上半部分是圆形的，眼睛大而有神，鼻子略长，金发，脸上总是带着愉快的笑容。因此，不管是站着还是坐着，他的外表总是威严而庄重。尽管他的脖子粗而略短，肚子突出，但是其身体其他部分的完美对称很好地掩盖了这些缺点。他步态平稳，仪态举止颇具男子气概，嗓音清朗，却不若旁人据其身形所估计的那般洪亮。”

——《查理大帝的一生》，艾因哈德，约817年

亚琛大教堂库藏的查理大帝圣像

“因此我们可以说，所有宫殿里的人都是出色的读者，尽管他们并不理解自己所阅读的东西。”——僧侣圣加尔

亦见 | 帝王和游牧民族：第 191页

阶级与社会 封建主义

8～9 世纪，粮食生产与军事防御的需要，催生了一个阶级制度——封建主义。在封建制度下处于最顶端的是国王，他将土地分配给贵族，从而得到其军事支持；处于最下层的是农民，他们为贵族服务。查理大帝等统治者将更多的资产分配给贵族，从而进一步确立了封建制度。这些强大的贵族会再把土地分给地位更低的公爵——封臣，如果他们愿意在战争期间成为贵族的骑士。

小结：在封建制度下，农民为拥有土地的贵族服务，而贵族则须效忠国王。

尽管封建制度可以保证社会的安定，但是它是建立在不平等基础上的。最下层的农民，更准确地说是“农奴”，处境不比奴隶好多少——很少有人能够还清欠贵族的债，从而获得自主种植一块土地的特权。但是

> 一个中世纪的封臣，其一年中服兵役的时间为40天，公爵服兵役的时间通常更长。

在 11 世纪，伴随着政治的稳定和农耕技术的进步，市镇开始不断扩展，一个新的中产阶级开始兴起。农民们可以售卖自己的农产品和牲畜。一些人搬去居民村居住，成为磨坊工人、面包师、酿酒师或是工艺师。

15世纪采邑制度下劳作的农民

> “上帝说，在他们照顾同胞们的那一天，他们也应该得到来自同胞们的面包，因为付出劳动的人理应获得报酬。”——**格布哈特（康斯坦茨主教）**

日常生活 辛苦维持

在封建社会时期，生活对于大多数人而言短暂而艰辛——沉重的劳动，营养不良，战争和其他形式暴力的存在，使得百姓的平均寿命低至 30 岁左右。大多数人几乎从未到过距离出生地 10 英里以外的地方。在乡村地区，人们普遍信奉迷信，相信鬼神之力的存在，同时也遵从一些新的基督传统。人们向当地圣徒祈祷，希望会有奇迹发生。三大主要社会机构是：教会，修道院和城堡。前两者都是低矮的石质建筑，而城堡则是木质建筑。但是在这些相对较为安定的场所，人们可以聚集到一起进行贸易或是社会活动。尽管以物易物是普遍的交易形式，也有人使用银币——在当时，最小单位的银币也可以买一头奶牛。

在卡洛林时代，教会开始对之前较为宽松的婚姻制度加以限制。到 9 世纪，很多男人都还同时拥有妻妾，离婚也非常容易。但是到了虔诚的路易统治时期，离婚是被禁止的，纳妾也被认为是一种有罪的行为。

图片描绘了两个不同阶层的妇女相遇的场景

中世纪早期，在经济状况较好的时候，农民的饮食多半是面包、奶酪和蔬菜，贵族阶级还能吃到野生鸟兽的肉。所有人，包括牧师在内，都会大量饮酒，主要是葡萄酒和麦芽啤酒。

中世纪欧洲的黑暗时代却孕育着一个更加光明的未来：在查理大帝等人的支持下，学者与艺术家们在默默地辛勤工作，播下文化繁荣的种子。

小结：教会的存在及其对来世美好生活的承诺，一定程度上减轻了百姓生活的艰辛。

英国 农夫的一天

声音

“主：农夫，你说说看，你都怎么工作？

农夫：我的主！我工作非常努力：每天天一亮我就得出门，把牛赶到田里，给它们套上轭，让它们去耕地。即使冬天天气非常恶劣的时候我也不敢待在家里，因为害怕主人：牛的轭一套上，犁头一安在犁上，我就得在一天内耕好整块地，甚至更多。

主：那这一天你还做什么呢？

农夫：当然还有更多的事情要做。我要把牛槽里添满草，要给它们水喝，还要清理它们的粪便……真是非常累人！”

——《主与信徒间的对话》，约1000年

牧师、骑士和工匠

“让我死在酒馆里吧，这样在我死的前一刻，酒杯还在我的嘴边。”——教会诗人

亦见 | 后古典时代：第164页

关键时期

581年

隋朝在黑暗的300年后重新统一了中国

604年

隋炀帝是隋朝的第2个皇帝，即位后计划修建一条大运河

610年

大运河竣工，由亿万强征的劳动者修建

61～907年

唐代时期出现了一个中国艺术和社会发展的黄金时期

亚洲

581～1100年

220年，汉朝灭亡，此后中国陷入了一段分裂与动荡的黑暗时期。但是与罗马帝国衰落后的欧洲一样，长久的分裂并未给中国的文化特质带来巨大的改变。即使在各方征战、冲突不断的时期，中国的传统与儒家的伦理道德标准始终将中国人民团结在一起。581年，隋朝开始执政，其开国皇帝隋文帝意志坚定、雄心勃勃。他建立了许多功勋：建立了一个权力高度集中的中央集权政府，颁布了一部新的法典，降低赋税，缩减兵役期限，发展灌溉系统以提高粮食产量，征服（中原）南部与东部各国，扩大疆域。他的儿子隋炀帝，于604年即位，并修建了连贯长江与黄河、全长1240英里（约为1995千米，但据中国史料记载，隋朝大运河全长2700余千米）的大运河，实现了南北贯通，直到20世纪新中国建立之时一直起到了很大作用。然而，强征的百万余劳工成了讨伐他的臣民，他于618年被刺身亡。

唐太宗在隋朝灭亡后的权力空白期走上历史舞台，他是隋末大将的儿子，是中国历史上最伟大的君王之一。执政之后，他成功地恢复了国家的繁荣，并将国家军队分散成为由平民领导的小股力量，有效地扼制了贵族势力。作为唐朝的开国皇帝，唐太宗也改革了中国的文官系统，设置了通过考试选拔官吏的制度——科举考试。中国进入了文化与扩张的黄金时期。武皇后是中国历史上唯一的女帝。她进一步扩张了国家的疆界，北到蒙古国，南至越南。907年，唐朝灭亡，中国分裂成了10个地方性割据政权，合称“十国”。此后各藩王轮流占据统治地位，直至960年宋朝统一中国为止。

8～9世纪，日本实现了快速的经济扩张——开始生产米纸，奈良成为重要的商业城市。同时，高棉各国在阇耶跋摩二世的统治下实现统一，定都今柬埔寨的吴哥。

> 中世纪早期，在中国，隋唐相继出现，实现了最终的统一。日本和高棉各国也开始繁荣起来。

上页：巴扬寺（位于高棉帝国首都吴哥）内覆盖于巨石表面的藤蔓和地衣

626～649年
中国历史上最伟大的帝王之一——唐太宗在位

690年
武则天成为中国历史上唯一一位女皇帝，在位15年

800年
阇耶跋摩二世将其子民团结起来，建立了高棉帝国

960年
赵匡胤在唐朝灭亡后重新统一中国，建立宋朝

亦见 | 后古典时代：第160页

国家 隋朝与唐朝

杨贵妃以其美貌著称，是唐玄宗的妃子

6世纪末期建立的隋朝，结束了中国300多年的动荡与纷争。浩大的大运河工程为人们提供了一条南北贸易的渠道，刺激了中国经济的增长。但是，大运河的修建强征了数百万的劳工。此外，国家征兵百万攻打高丽，结果失败。于是人民起义，618年，隋朝覆灭。

唐朝建立后，开始了一段仁政时期——唐朝的统治者大力宣扬以德治国的儒家理想。唐朝存在时间达300年之久，定都长安，长安人口达200万之多。

唐玄宗60岁时，开始无心朝政，终日与杨贵妃饮酒作乐，国家陷入危机。755年，大将安禄山发动叛乱，以15万大军将唐玄宗逐出皇城。

小结：唐朝为中国带来了繁荣，但最终的叛乱削弱了其积极作用。

亚 洲

风云人物

隋炀帝 569～618年
隋朝最后一位皇帝，修建了大运河

唐太宗 599～649年
中国鼎盛时期的帝王

武曌 625～705年中国历史上唯一一位女帝

安禄山 703～757年
唐代发动叛乱的大将军

杜甫 712～770年
中国诗人，其诗歌或描绘自然风光，或批判社会不公

阇耶跋摩二世
约973～835年
统一柬埔寨的帝王

紫式部 约973～1014年
《源氏物语》作者

“天无东西之分；世人分之，并信以为真。”

——佛家格言

唐代 及第与落第

“许棠……一旦辞役就贡，会棠送客至灞浐，忽遇遵于途中。棠讯之曰：‘汪都，何事至京？’遵对曰：‘此来就贡。’棠怒曰：‘小吏无礼。’而果与棠同砚席，棠甚侮之。后遵成名五年，棠始及第。”

——《太平广记》

唐俑

阶级与社会 唐朝的奢华

> 780年的土地税使得地方官员纷纷叛变，几乎毁灭了唐朝。

唐代贵族追求奢华而精致的生活。他们输入乐师和杂技演员以供享乐，其豪宅中浴室、喷泉一应俱全。手工或是印制的丝绸都彰显其富有，此外还有大量优雅的金银珠宝饰物。新兴的马球运动在贵族阶层中颇为流行，他们会骑在从波斯买来的宝马背上进行这项游戏。中国等级高度分明的封建社会中，下一个阶层是拥有土地的士绅阶层，他们拥有一定量的土地。再往下便是农民。家庭生活和固有的宗教观念束缚着广大劳动人民，让他们无法反抗——7世纪导致隋朝灭亡的农民起义是一个鲜有的、令人吃惊的例外。中国的市镇中心在数量和规模上均超过欧洲。为处理这些市镇的事务，需要一大批文职官员，这些官员构成了一个非常庞大的中产阶级。唐代的科举考试难度非常大——考生须熟知与政府、儒家经典和诗歌有关的各类知识。

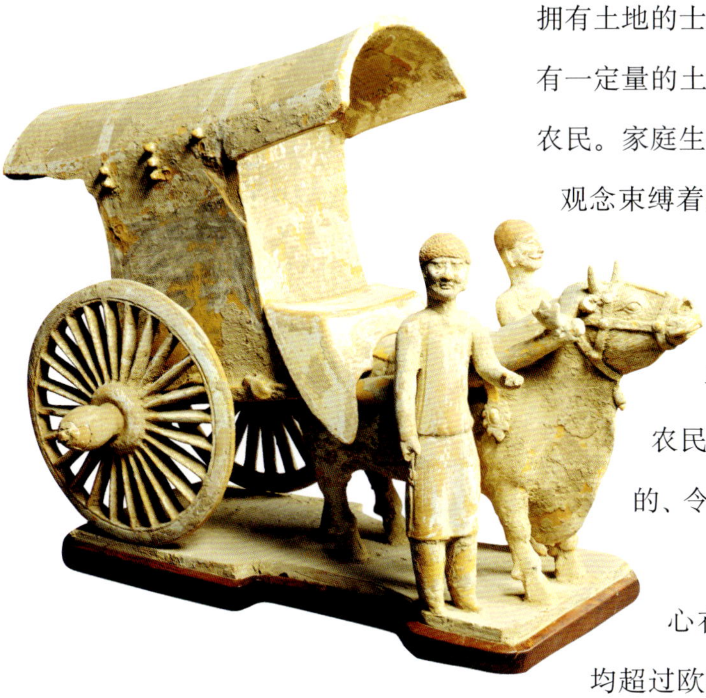

唐朝赤陶制牛车及侍从

小结：中国自上而下的等级制度中，人民大众的辛苦劳作服务于贵族的奢靡生活。

“三教普度众生：宽宏大量，言语谦恭，心怀慈悲，一心向佛。”——佛家格言

贸易与经济 丝绸之路

7世纪，唐朝时期的中国已经开始在国家西面的遥远地区建立保护国，要去到那里，就要通过传说中的"丝绸之路"——即在崎岖不平的山间和荒凉之地的人行小道与车道网络。"丝绸之路"是东西方贸易的必经之路，来往货物有：中国的丝绸和瓷器、罗马的玻璃器皿、大夏的金质首饰、波斯的青铜器与银器、印度的宝石。通过这条路也实现了宗教、科学、技术、艺术风格等方面的交流和食物的交换——这是一个移动的国际市场，能够在不同文化之间传递异域文化的影响。

唐代釉彩陶制骆驼

中国在这一国力强盛、社会稳定的时期，在农业技术和其他领域技术方面取得了极大的进步。人们发明了早期的印刷术——将图案或文字刻于木板之上，然后将其印在纸上。随着印刷术的出现，文学和艺术开始发展起来，纸币的印刷也成为可能。精美的三彩釉让中国的瓷器更加炙手可热、备受追捧。高炉炼铁的新方法效率极高，促进了钢制武器与农耕用具的生产。

探险家马可·波罗（1254～1324年）与基督教的十字军将火药带回了欧洲。

中国人民还在偶然混合了木炭、硫磺和硝石的时候发明了火药，将其装入竹筒，就制成了早期的爆竹——既有娱乐人民之功，又有震慑敌人之效。

唐朝极为繁盛、富足，不论在日渐增多的市镇还是在农村，人口都在急速增长——然而最终，人口过多，导致了社会的动荡不安。

小结：唐代的贸易开始发展起来，各类发明进一步促进了经济的发展。

相关阅读：飞钱

中国人是世界上已知最早使用纸币的民族。9世纪，铜矿资源匮乏，唐宪宗发行了第一批纸币，用作暂时性的解决办法。但是这种简易而便于携带的纸币（叫作"飞钱"）从此便保留下来。财政官员们发现可以通过限制流通纸币的数量来缓解通货膨胀。马可·波罗于13世纪来到中国，在其游记中准确地记载了他看到印刷纸币可以用来换取货物时的惊愕。纸币直到17世纪才出现在欧洲的贸易活动中——当然，现在纸币已在世界各地流通。

通货膨胀时期的流通货币

"传移模写，则古之典范可遗后世矣。"——谢赫

声音

杜甫

杜甫 弃妇

“绝代有佳人，幽居在空谷。
自云良家女，零落依草木。
关中昔丧乱，兄弟遭杀戮。
官高何足论，不得收骨肉。
世情恶衰歇，万事随转烛。”

——杜甫《佳人》，8世纪

宗教与艺术 和平与诗歌

小结：唐代时期，佛教出现并得到发展，同时，诗歌与绘画也取得了长足进步。

中世纪早期，中国将儒家文化的元素与道家的神秘哲学与印度商人带来的佛教文化相融合。经过了几百年的动荡，中国终于迎来了这样一个倡导平和静思与个人启蒙的宗教。唐代的统治者和贵族们都支持修建佛教寺庙。到6世纪中期，在中国已经有近14000处宗教场所。佛教徒和僧侣都去往印度朝拜圣地，并向日本和韩国传播其信仰。

除宗教以外，唐代也迎来了艺术发展的繁荣期。纯白瓷器创造了中国瓷器的新高度。吴道子和王维的画作中，细致精妙的笔法为后世树立了典范。

在文学领域，诗歌散发出了无与伦比的魅力。李白、杜甫以及其他诗人的诗歌想象力丰富，生动地表达了垂钓之乐，抒发了科举考试失利之苦，歌颂了北都长安城的繁荣。唐代有一批嗜酒的诗人，叫作“饮中八仙”（也称“酒中八仙”或“醉八仙”），李白便是其中之一。

观音菩萨（即观世音）
大理石像局部

“似者得其形遗其气，真者气质俱佳。”——荆浩

亦见｜帝王和游牧民族：第203页

国家 早期的黄金时代

在中世纪早期，日本的文明得到了极大的发展。中国文化通过朝鲜半岛传入日本，对日本产生的影响长达数百年。在日本人的生活中，主要产品是轮制陶器，主要作物是栽培水稻。当时，中国的纺织技术、灌溉系统和书写系统（表意文字）都开始在日本出现。

中国的政治体系也对日本产生了一定的影响，儒教、佛教与日本本土的神道教相融合，神道教非常关注神性。

奈良市东大寺佛像

4世纪，好战的大和家族开始掌权，其军队控制了日本群岛的大部分。奈良当时是佛教中心，基本上整个8世纪都作为日本的政治中心。之后，794年，日本天皇迁都平安京（今日的东京），开启了日本的“平安时代”（794～1185年），尤以其文学成就著称。尽管天皇被日本国民看作天神，但实权其实掌握在贵族手中。到了9世纪和10世纪，藤原家族掌控国家权力。

645年，日本实行“大化改新”后，其土地管理和政府机构都沿袭中国体制。

小结：受到中国的影响，日本这个年轻的民族开始渐渐成为一个中央集权国家，并实现了文化上的复兴。

清少纳言 令人讨厌的事

声音

“可憎恶之事，莫过于有急事时来访，偏又饶舌好长谈之客。若是容易对付的人，尚可告以「日后再谈」啦什么的，把他赶走；倘使不巧又遇着有些来头之人，那才讨厌哩。

有急病者，想找法师……请他作法祛病；岂料……一坐下来诵经，那声音竟像与睡着了似的。

想听人家说些什么，却不凑巧碰上婴儿哭个没完，或是狗开始狂吠。

万不得已，费尽心机安排，让他睡一宿的男人，岂料竟打起鼾来。

又倘若获知些许，便马上大大吹嘘，仿佛自己早晓得似的，讲个没完，这种人真是讨厌死了。”

——清少纳言《枕草子》约1002年，林文月译。

清少纳言

“当时的人们，一过十七八岁，就要开始学习背诵佛经，奉行清修，但对于我来说，我甚至根本想不到这些事情。”——紫式部

10世纪吴哥的豆蔻寺供奉守护之神毗瑟

帝国

高棉帝国

高棉之神

7世纪到15世纪，信奉印度教–佛教的高棉王国占据着今天柬埔寨所在地区。

高棉人定都安哥，修建了灌溉水渠、水库、道路、医院和成百上千的石庙。阇耶跋摩二世是他们第一个伟大的国王，他于790年前后结束了在爪哇岛的流放生活，回到高棉。在他的领导下，到802年的短短10年时间内，高棉就成为了一个独立国家。

每一位高棉帝国的国王都会修筑一个金字塔形的神殿，就是著名的“圣殿山”，神圣的献祭仪式会在此进行。高棉人认为其国王的圣殿山就是宇宙的中心。因此，他们王国的地位要高于所有其他国家。即便如此，一个构成相当复杂的官僚机构（其中有婆罗门牧师也有军事领袖），都会对国王的绝对权威加以监督。

小结：高棉帝国在9世纪初期开始掌权，其国王都是非凡的统治者。

“笃敬三宝。三宝者佛法僧也。则四生之终归。”——圣德太子

亦见 | 后古典时代：第172页

关键时期

500年
特奥蒂瓦坎崛起，成为墨西哥谷的第一个强大城邦

562年
蒂卡尔的玛雅城邦毁于邻邦卡拉克穆尔的进攻

约600年
蒂卡尔重新崛起并达到鼎盛时期，成为了尤卡坦半岛上最强大的城邦

615年
被誉为“太阳之盾”的玛雅国王帕卡尔开始了其在帕伦克城邦长达68年的统治

美洲

500～1100年

玛雅人是第一批留下文字记载历史的美洲人。他们于前6世纪到10世纪在尤卡坦半岛崛起，并于7世纪达到鼎盛时期。他们将象形文字刻在石碑、陶器、树皮纸和鹿皮上。这些古老的文字原本被认为是天文数据，却向我们讲述了一段极其精彩的故事。近年来，学者们发现了一段血淋淋的史实——向众神的祭祀仪式是玛雅人生活中不可或缺的一部分。他们的运动项目非常血腥，其暴力程度与古罗马无异——在斗兽场内，战俘会被角斗士或是动物杀死。与古希腊一样，玛雅有着共同的语言和文化，影响范围很广，不过划分成了很多城邦。联姻有助于缓和对立城邦间的关系，但是外部冲突依然时有发生。

蒂卡尔是一个著名的玛雅城邦，到800年，其人口已达50000，领土已经超过了50平方英里（约129.45平方公里）。蒂卡尔处在一个家族王朝的统治下长达600年之久。

尤卡坦半岛的土壤不够肥沃，无法负担每平方英里500人（各地的人口密度）的粮食供给，所以武士们就必须不断开拓疆界，以保证充足的粮食供给。小村庄的怨恨逐渐演变成了叛乱。除了无休无止的战争，其他可能导致玛雅文明灭亡的因素有：干旱、荒漠化以及自然资源的枯竭。到900年，权力中心向北转移到墨西哥河谷，最终，辉煌的玛雅文明湮没在丛林之中。

在北方，特奥蒂瓦坎城邦在6世纪和7世纪变得愈发强大，成为墨西哥河谷几个重要的市镇中心中最早的一个。13世纪，墨西哥河谷成为阿兹特克帝国。

800～1000年，在今天美国所在的地区，人们开始通过耕种田地的方式定居在密西西比河南部沿岸地区。密西西比河沿岸文化开始影响到美国东部和西部居民。典型的村庄拥有一个中心广场，周边是金字塔形的大土堆，土堆上面是用茅草作屋顶的寺庙。牧师、贵族和工匠住在这些村庄里，在这些村庄以外的一些更小的村庄里，住着农民、猎人和商人。

> 一些先进的文明控制着今天的墨西哥南部，城邦掌控权力，牧师们小心翼翼地供奉诸神，以求得战争和农耕方面的指示。

上页：浮雕所示的玛雅囚犯常常沦为祭祀仪式的牺牲品

约800年
阿纳萨齐人用石头在北美洲西南部建立了普韦布洛（由砖石建造的印第安人村落）

约900年
环境的压力和战事使伟大的玛雅城邦逐渐衰落

约1000年
阿兹特克文明在特奥蒂瓦坎发展起来

约1050年
密西西比河地区的卡霍基亚人堆砌土堆以用作寺庙等建筑的地基

亦见 | 帝王和游牧民族：第209页

帝国 胜者为王

在与欧洲有所接触之前，玛雅文明是西半球最先进的文明。玛雅人控制着中美洲，建造金字塔形的寺庙，打造金质和铜质器物，发明象形文字，还组建军队。蒂卡尔和其他玛雅城邦通过研究星象，来确定适合耕种的时令和利于发动战争的时机。562 年曾发生的一次“星象之战”就导致了蒂卡尔城邦几乎毁灭性的失利。实际上，直到 100 多年以后，该城邦都未能完全恢复到之前的鼎盛时期。

修复的玛雅时期的壁画描绘了一个血祭的场面

发动攻击的城邦很有可能是其北部的卡拉克穆尔。599 年，卡拉克穆尔的武士们向西行进 150 英里，成功击垮帕伦克城邦，当时其统治者是名为“尤伊科纳尔女士”的女王——历史上少有的女性统治者之一。然而，伟大的帕卡尔大帝（被称作“太阳之盾”）又重新恢复了帕伦克城邦。他于 615 年年仅 12 岁的时候即位，在位时间长达 68 年之久。他为蒂卡尔城邦提供保护，保护其不受好战的卡拉克穆尔城邦的侵犯。此外，他还为帕伦克城邦建造了许多宫殿、金字塔和寺庙群。

> 血祭的一种方法是——将一根满是刺的绳子穿过一个人的舌头。

相关阅读：玛雅日历与 2012

通过对行星和恒星的细心观测，玛雅人创立了一套复杂的、包含两个循环的日历系统——“太阳年”有 365 天，而“仪式年”只有 260 天。这两个循环互相啮合，共同形成了一个 52 年的时间跨度。在较长的时间系统（太阳历）中，基数是 20，每年有 18 个月，每月 20 天，每年最后的 5 天是“不幸日”。根据玛雅人的推算，宇宙的诞生时间是前 3114 年，一个大的循环将在 2012 年结束。尽管当代的记载中说“玛雅人预言这一天将是世界末日”，但对于当时的玛雅人来说，这一天只是一个新的循环的开始。

奇琴伊察观望台

> “这是对于一个当一切尚处于宁静平和状态的世界的描述……当时还没有人，也没有动物、鸟、鱼、蟹、树、岩石、洼地、峡谷、草地或是森林。”——《圣书》

玛雅人的建筑遍布尤卡坦半岛地区，帕伦克石庙便是其中之一

而738年，科潘城邦国王的结局却不是如此光彩——他为叛乱者所擒并被砍头。但是其后的继承者"烟壳王"重新恢复了科潘城邦的强大力量，通过迎娶一位帕伦克公主与帕伦克城邦结盟。他的科潘卫城——一处巨大的寺庙群和金字塔——是玛雅文明最终留下的伟大遗迹之一。

玛雅的宗教仪式甚至是一些游戏，都总是伴随着血腥。祭祀神明包括要处死的战俘，或是仪式化战斗中的囚犯。皇室血液尤为珍贵，但祭祀所用血液也并不总是来自俘虏。有时候，皇室成员也会取自己的血液来亲身感受先知。

小结：玛雅城邦的国王建造石庙和金字塔，并热衷于向邻国宣战。

声音

玛雅 存在于大陆出现之前

"这个故事，记述了当时整个世界是多么神秘和充满悬念，是多么平静与沉寂，而当时的天空是多么广阔无垠。
这是第一个故事。在这之前没有男男女女，没有鸟兽鱼虫，没有山间沟谷，也没有草木森林，一切都没有，只有一片天空。
大陆地表还没有出现。就只有宁静的大海和浩渺的天空。"

——玛雅圣书《波波尔·乌》开篇

刻有玛雅神明的花瓶

"先是土地出现了，随后是山脉和山谷。水路分裂开来，支流奔腾于山间。"

——《波波尔·乌》

重现特奥蒂瓦坎为泛美运动会点燃圣火的场景

文化 阳光之城

特奥蒂瓦坎的城市中心位于距离今墨西哥城所在地东北部约 30 英里远的地方。这座城市有着超过 15 万的人口，在 500 年达到鼎盛时期。起初这只是一个村庄，之后城市迅速发展。街道呈网格状，死亡大道横贯其中。高大的太阳金字塔耸立于一处用于举办宗教仪式的洞穴之上。

城市中宽阔的街道、寺庙和忙碌的工厂促进了制造业经济的发展。工匠们从绿琉璃中锻造出匕首和刮刀。陶瓷工艺品和精致的雕刻工艺瓶也同样在这里制作，并沿着中美洲的大型商贸网出口。

特奥蒂瓦坎的太阳金字塔由红色的火山岩建成，有200多英尺高。

尽管在 8 世纪，这座城市遭到洗劫并被荒废下来，但朝圣者们仍继续到满是废墟的城市中来。阿兹特克文化，也就是 500 年后这一地区的主导文化，认为特奥蒂瓦坎是太阳神等神灵来到陆地的第一个地方。

小结： 在墨西哥谷，特奥蒂瓦坎是众多主要城市中第一个崛起的。

玛雅象形文字 特奥蒂瓦坎的统治者

蒂卡尔古城象形文字细节

声音

投掷战矛的猫头鹰（掷矛战鹰） 暴风雨的天空
投掷矛的盾 鸟爪
冒烟的青蛙 卷曲的头
带有装饰的美洲虎 双头鸟
上翘的猪鼻 黑色的太阳
美洲虎爪 女性御座美洲虎
野猪 骷髅盾

——玛雅中心蒂卡尔古城中，用象形文字作名字的统治者可能来自于特奥蒂瓦坎

“随着精英阶级身份的提高，对奢侈品和华丽仪式的需求增长，玛雅社会氛围变得紧张。”
——盖伊·古格利欧特

文化 土丘和印第安村落

谷物种植区的土丘建造者集中位于密西西河下游河谷的富饶低地地区，在9、10世纪，土丘建造文化向外发展。伊利诺伊西部卡霍基亚的密西西比人民达到了一个成就的最高点。在全盛时期，卡霍基亚可容纳两万居民。它是一个全面发展的城市中心，有住宅群、艺术家、分明的社会层次，还有大量的土丘，土丘高度达到100英尺。这些土丘可以充当寺庙、墓地以及皇室住所。在周围的乡村地区，农民用火石锄头在玉米田、豌豆田和南瓜田里工作。

在西方，今亚利桑那州的霍霍坎文化当时就受到墨西哥文化的影响。他们的平台土丘、角斗场以及铜制工艺品都有南方特色。聚集在“四个角落”地区的阿纳萨齐人，建造了精致巧妙的悬崖民居，木材和泥浆混合材质的窖屋，以及800年出现的石头村。

小结：虽然不如玛雅的技术先进，但其他北美人也有相似的文化。

阿纳萨齐的民居高达4层，有上百个房间，均由砂石料建成。

大约1000年前的贝壳颈饰，是当时密西西比文化贸易货物的典型代表

卡霍基亚人主要生活在高达700～1000英尺的土丘上，占地面积为16英亩

“密西西比文化代表着北美东部文化演变的巅峰。”

——彼得·尼尔·百福勒

时间脉络关系图

500～1100年

教皇格列高利一世

529年
圣本笃于意大利建造卡西诺山修道院

590年
修道院的创始人格列高利一世成为教皇

677年
拜占廷在塞利昂（位于今土耳其安塔利亚省）打败了阿拉伯军队

500年
中国进入动荡时代，分裂成多个交战国

574年
日本苏我氏圣德太子出生

约600年
日本人改编汉字，完成第一部成文宪法

约700年
在如今的得克萨斯和俄克拉荷马州地区，喀多的土丘建造文化兴旺发展

500年　575年　600年　700年

约500年
加纳帝国成为西非黄金的重要贸易中心

581年
中国的隋朝建立强大的中央政府

约600年
安第斯的瓦里帝国开始统治秘鲁大部分地区

710年
日本迁都奈良

570年
拜占廷和波斯建立50年的和平友好关系

盲眼的贝利撒留静坐像

533年
伟大的拜占廷将军贝利撒留消灭北非的汪达尔王国

尼日尔人在读《古兰经》

644年
《古兰经》文本固定下来

“武器不离身，安全出家门。”

——挪威（北欧）谚语

“巴格达是名副其实的宫殿之城。”

——雅库特

约900年

来自北部的托尔特克人占领了墨西哥的中央山谷

827年

北非的阿拉伯人侵略西西里岛

伊琳娜女皇

878年

英国国王阿尔弗雷德与丹麦人在威尔特郡的爱丁顿作战

托尔特克人像

803年

拜占廷统治者伊琳娜在流放过程中死去

862年

维京罗斯部落控制了俄国北部

约900年

印度南部的朱罗王朝建造高耸的寺庙和青铜雕像

1071年

土耳其人占领耶路撒冷

800年　850年　950年　1100年

793年

维京侵略者攻打林迪斯芳岛，据资料记载，这是不列颠群岛受到的第一次攻击

约850年

毛利航海家发现新西兰岛

907年

中国唐朝灭亡，进入五代十国时期

1054年

罗马教会和东正教会彻底分裂

维京人的珠宝盒

约950年

基辅罗斯进入繁盛时期

877～889年

柬埔寨高棉族的因陀罗跋摩一世统一王国

约820年

马蒙哈里发在中东各处建造天文台

诺夫哥德罗

“通往地狱的道路，都是由善意的目的和美好的愿望铺成的。”

——圣·伯纳

帝王和游牧

民族

骑士精神与征服的传奇故事

1000～1450年

第5章

英军在1415年的阿金库尔战役中取胜

亦见 | 帝王和游牧民族：第185页

关键时期

约1000年
基督教传入格陵兰岛和冰岛

1066年
征服者威廉一世在黑斯廷斯战役中击败英格兰的哈罗德二世

1095年
乌尔班二世发动第一次十字军东征，号召基督战士们夺回圣地

1160年
巴黎圣母院建设开始

欧洲

1000～1453年

新千年之际，黑暗时代开始退出舞台，一个更加繁荣、更具文化素养的时期来临。当时，新兴的欧洲国家开始团结起来，而基督教会也迅速扩张其影响范围，成为欧洲起主导作用的凝聚力。随着维京人和游牧民族袭击的减少，贸易网扩大了，城市发展了，艺术开始走向繁荣。

铁炮和钢弩使军队获得了新的力量，使君主更加牢固地控制住叛乱地区。民族认同感开始取代了地域归属感。例如马项圈、马蹄铁和更加完善的犁头等其他新型科学技术，帮助农民提高了土地的产量。新型的风车水车不仅应用于谷物碾磨，也用来给服装制作和金属加工机械提供动力。商人和工匠协会形成了新崛起的强大的中产阶级。

教会统一了欧洲的许多地区，同时，它也与国家这一具有竞争力的主体有联系。教皇与德、法、英三国统治者之间激烈的权力斗争是中世纪繁荣时期的特点。其中一条导火线是关于授权仪式的问题——是否由世俗君主任命主教。

教皇坚持认为，只有教会持有这一权力。许多世俗君主不同意。但双方都就一点达成了共识：在新兴的东方伊斯兰世界，有必要巩固基督教的地位。

从 11 世纪末开始，一系列的十字军东征，派出欧洲军队重新夺回几个世纪前被穆斯林占领的圣地。中世纪晚期，文化和经济的进程十分不稳定。尤其在 14 世纪，饥荒、瘟疫和战争持续蹂躏着欧洲大陆。中世纪，黑死病摧毁了欧洲城市大量人口，百年战争耗尽法国和英格兰的资源。耗费巨大的英吉利海峡领土争端从 1337 年持续到 1453 年，严重破坏了国际关系，减缓了欧洲文艺复兴的进程。但是，得益于强大的君主制的学者和艺术家们创作出了哲学作品、史诗和哥特式大教堂，他们以这些形式留下了一笔具有深远意义的遗产。因此在中世纪盛期，繁荣的种子已经播下。

> 除了瘟疫和战争，在中世纪盛期，随着教会、新兴科技和强大民族国家崛起的推进，欧洲的经济和文化实现了繁荣发展。

上页：国王亨利五世在百年战争期间统治英格兰

1187年
萨拉丁为穆斯林夺回耶路撒冷

1347年
黑死病即腺鼠疫导致欧洲人口锐减

1429年
圣女贞德拯救了奥尔良城

15世纪40年代
约翰尼斯 · 谷登堡发明了印刷机

亦见 | 帝王和游牧民族：第192页

英格兰的爱德华一世向法国的腓力四世致敬

国家 **被法国奴役**

1066年，诺曼底公爵——征服者威廉入侵英格兰，并在黑斯廷斯战役中打败了哈罗德国王，此后，英格兰的盎格鲁－撒克逊人和北欧维京人之间的妥协消失了。这位强大的新统治者对英国进行铁血压制，盎格鲁－撒克逊的语言、文学和传统都被法国等欧洲大陆国家的影响所取代。威廉的曾孙亨利二世正在攻打法国的数个省，同时在国内还与大主教托马斯·贝克特缠斗。这一斗争一直持续到1170年贝克特被杀才结束。

1215年，英格兰贵族迫使暴躁的约翰国王签署《大宪章》，通过成文法律来限制国王的权力。13世纪末，新生的议会制给欧洲树立了代议政府的榜样。从1337年百年战争开始，英法两国的斗争破坏了之前威廉一世时期两国之间形成的紧密关系，最终导致了两国的决裂。

小结：英国同法国的政治联系始于诺曼底征服，卒于百年战争。

风云人物

欧洲

诺曼底的威廉一世（征服者）
1028～1087年
盎格鲁—撒克逊时期英格兰的征服者

宾根的希尔德加德
1098～1179年
女修道院长、作曲家

腓特烈一世（巴巴罗萨）
约1123～1190年
神圣罗马帝国皇帝

萨拉丁 1138～1193年
在十字军东征中同狮心理查作战

英格兰王国的爱德华三世
1312～1377年
打造国家军事力量使其初具规模

约翰尼斯·谷登堡
1398～1468年
欧洲印刷机的发明者

“诺曼是一个习惯于战争的民族，几乎没有战争就不能生活。用残暴对付敌人，当武力不能取胜时，就准备使用策略了。”——马姆斯伯里的威廉姆

声音

索尔兹伯里的约翰（苏格兰高级教士）

“殉道者站在大教堂中基督的祭台前，正如我们所说的，准备承受苦难，杀戮时刻即将到来。他听到有人在找他，听到来抓他的骑士在一群修道士中喊道，‘主教在哪？’于是他站在刚走完的台阶上，转身面对着他们，神色平静地说：‘我在这！你们想要干什么？’一名骑士刺客对他怒吼：‘想要你现在就死！想要你不可能活长久！’……殉道者神色如常，语气镇定地回答：‘我已经准备好为我的上帝献身，来维护正义，维护我教会的自由。’”

——托马斯·贝克特的秘书写的一封信，这名秘书目睹了他1170年被杀过程

托马斯·贝克特

国家

强国崛起

法国的公爵领地在中世纪盛期开始合并，在13世纪末，法国是欧洲最富有最强大的国家。国王腓力·奥古斯都融合了战争、外交和联姻等手段，扩大其统治范围。从原有传统的法兰西边界（巴黎及周边）扩展到诺曼底、曼恩、安茹、阿图瓦和韦尔芒杜瓦等地区。

卡佩王朝从987年到1328年一直统治着法国。腓力的孙子路易九世是卡佩王朝最伟大的君主，后世称他为“圣路易”。他在政府和法律方面实施了许多深得人心的改革举措，在知识和艺术的培养方面取得了成就。12和13世纪，法国建造了许多庄严的哥特式教堂，巴黎圣母院和沙特大堂也位列其中。百年战争时期，法国庞大的财富和高效的统治，能够支撑一支强大的军队。

巴黎城外的凡圣城堡建于1360年左右

{1358年扎克雷起义中，法国农民暴动，反对贵族的收费。}

小结：法国国力不断增强，从而形成强大的财政实力与英国对抗。

“经过长时间在爱恨之间的动摇挣扎，我们会达到心境平和。”——爱洛伊斯

亦见 | 世界新秩序：第272页

圣女贞德

圣女贞德 对亨利四世说的话

声音

“英格兰的国王啊，对你们皇室血统的王忏悔吧。交还那些你握有的伟大城市之匙吧，把它们交给贞德。她是上帝派来收回皇家血统，创造和平的。如果想让她满意，那么，你必须实现公正，并归还所有你已经夺走的东西。

……这就是上帝和贞德要说的话。”

——1429年圣女贞德给英格兰国王的信

冲突 漫长的战争

1337年，法国国王腓力六世要求获得英国统治的加斯康尼地区，这也就是后来百年战争的开端。

但是糟糕的计划和过分的自信，让法国最初的努力失败了。英国人在1346年的克雷西（巴黎北部的一个小镇）战役中获得了决定性的胜利。英国人使用的长弓是制胜的关键因素。因为同弩相比，长弓的速度更快也更易瞄准射击。

英格兰国王亨利五世曾于1415年的阿金库尔战役中出人意料地战胜2万多法国士兵。尽管如此，法国在年轻且具有远见卓识的圣女贞德的帮助下，于1453年获得了最后胜利。

小结：虽然早期英国获得了几场胜利，但最终法国于1453年赢得了战争。

英法军队于1346年克雷西战役中交锋

“亨利二世曾经尊敬的人，让他不再喜欢，很难。那些他曾经恨的人，让他接受与之亲近，很难。”——布洛瓦的彼得

帝国 权力斗争

尽管教皇宣布了查理大帝为新罗马帝国的皇帝，但神圣罗马帝国是直到962年德国的奥托一世加冕才正式开始。政教同盟给予教皇军事力量，在逐渐扩大的帝国范围内帮助奥托到处维持道德制高点的假象，其中包括波西米亚、奥地利、意大利北部。但是政教的首脑们针对政治问题经常有不可调和的矛盾。在11世纪，一大问题是关于皇帝是否有权任命教会官员。皇帝亨利四世和教皇格列高利七世，这两位有权势的人物针对这一问题产生了冲突。而事件的最后以皇帝被迫下跪请求原谅这一幕收场。而1122年的沃尔姆斯（位于德国西部）宗教协议结束了这场纷争。在12世纪晚期，另一名神圣罗马帝国皇帝腓特烈一世（巴巴罗萨或"红胡子"）入侵意大利北部，教皇不得不向法国和英格兰求助，使其撤退。到了13世纪，皇帝改为由议会选举，而非教皇选举了。在长达23年的大空位时期，一直没有皇帝。

神圣罗马皇帝 奥托一世的黄金王冠

> 教皇格列高利九世宣称，伟大残暴的神圣罗马皇帝腓特烈二世是基督的敌人。

1273年，奥地利哈布斯堡家族的鲁道夫称帝，开始了哈布斯堡统治中欧长达500年的时代。但是，神圣罗马帝国还是逐渐衰败，于1806年走向灭亡。

小结： 神圣罗马帝国是从教会与德国联盟开始的，但二者也经常产生内部冲突。

腓特烈一世 和平之地

声音

"在这和平时期，如果有人杀了人，那个杀人者就要被判死刑。除非根据决斗法则，他能证明，他是为了保卫自己的生命而杀人。

除了捕捉熊、野猪和狼以外，任何人不许为了捕猎而张网套索。

如果有人偷了5先令，或等同于5先令价值的东西，他要被处以绞刑。如果不足5先令，他要受鞭刑，他的头发也要用钳子拔掉。"

——腓特烈·巴巴罗萨于12世纪50年代颁发的法令

腓特烈·巴巴罗萨一世

"法律，是维护公众利益的合理条令，制定法律的人，是一个关心群体的人。"

——圣托马斯·阿奎那

亦见 | 后古典时代：第137页

哥特式大教堂之一——巴黎圣母院于12世纪后期在巴黎破土动工

宗教 欧洲基石

到了11世纪，基督教已成为欧洲人的精神生活支柱。封建制度下的社会和政治秩序以符合上帝规定之秩序为目标。人的终极效忠对象是上帝和他在教会里的凡间代表。东正教和罗马天主教教会之间的分歧由来已久，1054年，当教皇以教义不同为名将拜占廷主教逐出教会之时，两派彻底分道扬镳。

圣方济

但是，这两个分支都保持了对圣徒、圣物、圣像和耶稣母亲玛利亚的忠诚。

在中世纪中期，新的修道会突然活跃起来。1098年，茂来斯木修道院的院长圣乐伯在法国西多创建了严规西多会。阿西西的圣方济在1209年创立了方济各会，他的门徒生活极尽简朴。1216年，西班牙牧师多明我成立了另一家修道会——多明我。这些新的宗教从事布道和慈善事业，范围扩展到了整个欧洲。

{ 12世纪，本笃会的女院长，宾根的希尔德加德创作了70多首音乐作品。 }

小结： 在中世纪晚期，教会是欧洲生活的基石。

“赞美你，我的上帝，为你所有的造物，/众生之上的太阳/他带给我们白日，我们借他的光。”——圣方济

冲突 十字军东征

11世纪末，塞尔柱突厥人控制了巴勒斯坦，基督教朝圣者从此失去了前往圣地的安全通道。1095年，教皇乌尔班二世呼吁通过圣战控制该地区，从此引发了在接下来的两个世纪里一系列的

第三次十字军东征，狮心王理查踏上前往耶路撒冷的征途

十字军东征。成千上万的十字军举起了十字架和长剑，向东方进发。1099年，十字军一度用暴力攻下了城池，但在后来的东征中，理查一世没能重新占领圣地。1212年，成千上万的青少年踏上了苦难的儿童十字军东征之路，他们多数死于途中或以沦为奴隶被贩卖而告终。随着1291年阿卡城的陷落，十字军东征的时代结束了。

虽然十字军东征原来的目标落空了，但至少欧洲人从跨文化交流中获益匪浅。与东方的先进文明的接触，刺激了欧洲文化的发展，也打开了商贸路线。

亚西西的圣方济参加了第五次十字军东征，并和埃及苏丹谈判。

小结：从1095年到1291年，基督教十字军向东方征讨，与穆斯林争夺圣地的控制权。

人物评说

萨拉丁 1137～1193年

萨拉丁

穆斯林世界中也有与西方骑士精神对应的人物，那就是伟大的萨拉丁，这位美索不达米亚的领袖于1187年收复了法国控制下的耶路撒冷王国。1099年基督教徒夺取耶路撒冷后曾大肆屠杀当地居民，但萨拉丁没有这么做。他宽宏大量，安抚百姓。萨拉丁勇敢，豁达，是个性情中人，很容易被感动得热泪盈眶。在第三次十字军东征中，他与狮心王理查的较量成就了一番传奇。听到他的对手遭受疟疾折磨，萨拉丁给理查送去了新鲜的水果和雪。但他在战争中不讲情面，阻止了耶路撒冷再次落入敌手，并巩固了穆斯林对累范特的控制。**结论：**褒。

“1099年，基督徒征服耶路撒冷，在街道上和民居中屠杀撒拉逊人。战败者在耶路撒冷无处藏身。”——**法国对十字军东征的记录**

亦见 | 帝王和游牧民族：第201页

贸易和经济 繁荣时代

中世纪晚期见证了亚洲和欧洲之间的贸易飞速增长，拜占廷成为亚欧贸易门户。贸易及水力织布机等新技术的应用刺激着欧洲各国经济崛起。火药这一发明从中国传到欧洲，使经济进一步升温。

汉萨同盟建立贸易站，修建灯塔，保护商人免遭海盗掠夺。

12 世纪，城镇的发展导致了中产阶级商人和工匠的崛起，他们组织起行会，制定了贸易法规和生产标准。13 世纪，德国北部的几个城市创建了汉萨同盟来保护波罗的海周边贸易。这个同盟的贸易网络从英国延伸到俄罗斯腹地。热那亚和威尼斯巩固了其地中海贸易中心的地位，而佛兰德斯则是北方的贸易中心。意大利银行业为欧洲树立了标准。

德国北部城市中汉萨同盟的盾形纹章

欧洲丰富多彩的市场中常常有货币兑换商

小结：在贸易繁荣和新技术的推动下，大部分欧洲经济体实现了扩张。

“人类是万物之灵，但也最互相依赖。” ——宾根的希尔德加德

中世纪时，瘟疫摧毁了诸多城镇，比如图尔奈

阶级与社会 瘟疫时代

一段相对平静的时期过去后，灾难在 14 世纪降临。小冰期造成气候变化，导致农作物歉收、饥荒、疾病和政治动荡。在 1315 年至 1322 年的大饥荒时期，粮食价格飙升，同时上升的还有犯罪率和杀婴率。更多的灾难接踵而来。鼠疫由老鼠身上的跳蚤携带传播。1347 年开始，鼠疫伴随船舶抵达地中海。拥挤的城市和落后的卫生条件，为历史上最严重的流行性疾病创造了条件。

这种烈性传染病令感染者 3 天之内死亡，且过程往往极其痛苦。黑死病蔓延速度迅猛，使欧洲人口在 20 年内减少了三分之一。整个村庄被一扫而空，人口减少导致城市和农村地区劳动力短缺，法国和英国受害最深。

即将与卡斯蒂利亚王子佩德罗举行婚礼的英国公主琼在半路上死于黑死病。

农民开始要求涨工资，但这一举动被当地法律压制。一旦执行这些法律，往往导致更多内乱。民众在寻找自身苦难的原因时，犹太人和其他少数族裔成了替罪羊，遭到无情的屠杀。

小结：在饥荒之后，黑死病像镰刀一样横扫了整个大陆。

相关阅读： 传染病的动物来源

有关鼠疫的最早记载在前 1000 年，通过携带细菌的跳蚤传播，是一种人畜共患疾病的经典案例，疫病起源于动物。早在前 6000 年，随着人类群居生活，驯化家畜，带有毁灭效应的细菌开始从动物传染到人类。丝绸之路和地中海航道等贸易路线将瘟疫从亚洲带到欧洲，再随着欧洲移民从欧洲向新大陆传播。天花、麻疹、艾滋病等传染病其致命的传播路径都是从动物感染人发展到人际感染，流感各变种也是如此，还包括当代的禽流感和猪流感。

流感的现代防御

“如果创世时我在场，我将提一些好建议，将宇宙秩序变得更好。”
——卡斯蒂利亚的阿方索十世

亦见 | 后古典时代：第160页

乔叟

乔叟 厨师的故事

声音

“从前我们城里有个学徒，
他属于粮商协会，
活泼快乐，好似林中一只金翅雀，
短小精悍，肤色深黄似干果，
发色乌黑，梳理整齐。
他的舞蹈欢快灵活，
因此被称为纵乐波金。”

——《坎特伯雷故事集》，14世纪

日常生活 城镇人

在中世纪，村民和市民的日常生活以家庭和教会为中心。农民组成了庞大的劳动力，耕种土地以换取领主的武装保护。妇女可以拥有土地，虽然她们几乎总是从属于男性。在生儿育女之外她们有另一条出路，可以选择到女修道院隐居。对于男人来说，牧师的生活往往意味着教育、威望、土地和金钱。11 世纪和 12 世纪，由商人和工匠组成的城市中产阶级兴起。昔日的农奴社区发展成围绕教区教堂和墓地聚居的村庄，在此周围则聚集了农场、磨坊、酒厂和面包坊。小麦是主要粮食作物，乳制品和蔬菜作为补充。随着知识繁荣，大学兴起。11 世纪晚期，在博洛尼亚建立的大学以法律系闻名，而学习神学的最佳学府则是 1200 年左右成立的巴黎大学。

农民饮食以面包为核心，面包通常是在当地领主拥有的公用烤箱里烘烤的。

小结：对于中世纪晚期的大多数人来说，生活围绕着家庭、田野和教堂，而城市提供了更广阔的机会。

14世纪，厨师在厨房里准备饭菜

“我对上帝说西班牙语，对妇女说意大利语，对男人说法语，对马儿说德语。”

——法国查理五世

《豪华时祷书》的细部图画，描绘了一座庄园土地上的春日订婚场景

阶级与社会 封建权利

到了中世纪中叶，封建制度已经根深蒂固，农民为领主干活，而领主又为国王效力。主教和贵族管束最少，财富最多，不过不断壮大的中产阶级丰富了城市生活。在欧洲依地区不同而有所差异，例如意大利比法国和英国城市化水平更高，其城邦－国家体制构成了更加复杂的阶级结构。在欧洲的小型自治领地上，领主的城堡或庄园是生活中心，也是节庆场所和吟游诗人与艺人的演艺场所。体育包括狩猎、驯鹰、马背射箭比赛等军事游戏。

非战争时期，贵族男子需要一套行为准则，因而骑士精神便应运而生——骑士或爵士的行为方式。骑士精神的主要内涵是勇敢、荣誉、谦卑、风度，尤其是对待女性方面。当时描述典雅爱情的诗歌，以在欧洲前所未见的方式将女性理想化。因此，虽然女性仍然是二等公民，但她们已经开始受到欣赏，而不再仅仅作为发泄性欲、生儿育女的工具。

{早期的马上比武是没有什么规则可循的暴力项目，在一场血腥的比赛中，60名骑士身亡。}

小结：欧洲上流社会有闲暇时间可以花在游戏和艺术上。

“她讲的法语高雅而流畅，她在斯特拉福学的法语，地道的巴黎法语不会半句。”

——乔叟

艺术 石上杰作

欧洲高耸的罗马式和哥特式建筑是中世纪经典艺术中首屈一指的杰作，尤以大教堂著称。公元1000年之后，以对称和圆拱门为特征的罗马式风格日渐精密复杂，后演化为哥特式风格。12世纪中叶，哥特风格首先出现在法国，以尖拱、肋架拱顶、扶壁以及绚烂的彩绘玻璃为特征。这种风格是圣德尼修道院苏歇长老的智慧结晶，他认为传授《圣经》的最好方式是通过图画。大教堂的里里外外——从十字架的形态到使徒的雕像——到处都是刻在石头上的故事，这对以文盲为主的大众非常有利。

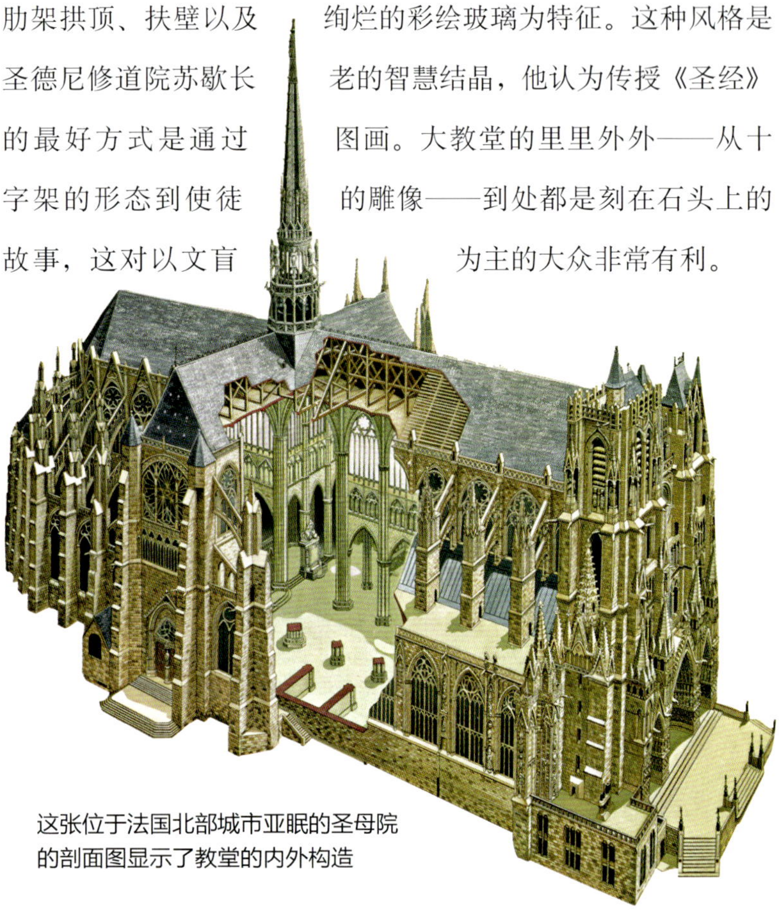

这张位于法国北部城市亚眠的圣母院的剖面图显示了教堂的内外构造

巴黎圣礼拜堂的彩绘玻璃窗

在这段时期里，其他重要的视觉艺术形式包括手稿的装饰和挂毯。比如长达231英尺的贝叶挂毯，在11世纪后期制成，它同时也是一份历史记录，其上生动而精细地刻画了70多个历史场景。

小结：通过刻在石头上的故事，罗马和哥特式建筑传播了宗教信仰。

相关阅读：“哥特式”溯源

文艺复兴时期的建筑师认为，中世纪前辈的建筑作品风格极端，并用侵占罗马的野蛮人为建筑风格命名。“哥特式”这个词汇用来称呼12至16世纪流行的建筑风格，因此它最初是个蔑称。这个词后来形容一种文学类型，描写阴沉的环境，或神秘、可怕的事件，往往哥特式建筑就存在于故事背景中，例如霍勒斯·沃波尔的《奥特朗托城堡》（1764）。近年来，这个用途广泛的词汇语义有所演化，特指黑暗、后朋克的时尚风格。

哥特式的死亡象征

“唯有我一人，被自己的思绪包裹着，在西班牙和法国建造城堡。”

——查理一世（奥尔良公爵）

技术 印刷术

早在8世纪，中国人、日本人和韩国人就用木板在纸上印刷文本。1045年左右，可活动、可重复使用的活字印刷术在中国出现，使用黏土制作活字字模，但汉字有成千上万个，这使得印刷系统不切实际，停滞不前。印刷机在欧洲首次亮相，对受教育水平越来越高的欧洲社会产生了不可估量的影响。

15世纪40年代， 德国银匠约翰尼斯·谷登堡和同事借鉴压榨葡萄酒的技术，发明了第一台印刷机。他们把熔铸出的金属字母放在排字盘里，然后锁进金属模板，悬挂在印刷床的上面。接下来，他们在模板上浇上墨水，纸张则放在印刷床上，沉重的手柄转动旋钮，模板下落并按压在纸上。这种印刷机每小时能够印刷250页纸张。

约1455年，第一部谷登堡《圣经》被印刷出来，版式设计有意采用了《圣经》手稿的样式，带有花式字体的手写字母。威廉·卡克斯顿印刷了首批英文书籍，包括《特洛伊历史的回顾》（1475）。

通过销售《圣经》，约翰尼斯·谷登堡的合作伙伴发财致富，然而谷登堡则在默默无闻中死去。

小结：印刷术为大众带来了书籍。

约翰尼斯·谷登堡发明的活字印刷术提升了欧洲人的读写能力

“在森林中，你能学到比书本上更多的东西。树木与岩石会教给你一些东西，是你永不能从大师身上学会的。” ——圣伯尔纳铎

《大宪章》

13 世纪早期，不受拥戴的英格兰国王约翰与贵族决裂。他否决了贵族提出的大主教人选，收取税收的手段也被视为暴君作风。

1214 年，贵族们公开反抗，并在布汶战役中击败了国王的军队。此后，他们列出了一长串怨言，以国王和贵族之间的契约来保障贵族惯例上的封建权利。从此以后，《大宪章》成为了其他民主权利宪章的范本，包括《独立宣言》。

强迫的手 1215 年 6 月 15 日，国王约翰签署了《大宪章》。这位难以捉摸的君主，在所有事情之中，不喜欢身为国王和英国贵族争吵税收问题。一群男爵起草了《大宪章》来抒发怨气，然后率领一支约有 2000 骑士的军队，前往觐见被围困的国王，地点在拉尼米德，位于伦敦以西 20 英里泰晤士河畔的草甸。在这里，国王签下了名字，并把他的印章加盖在《大宪章》上

“首先，余等及余等之后嗣坚决应许上帝，根据本宪章，英国教会当享有自由，其权利将不受干扰，其自由将不受侵犯。”

“任何自由人，如未经其同级贵族之依法裁判，或经国法判，皆不得被逮捕，监禁，没收财产，剥夺法律保护权，流放，或加以任何其他损害。”

白纸黑字 1215年6月23日至今，现存4份盖有国王约翰国玺的《大宪章》副本，其中一份原始文件现存于伦敦大英图书馆。

“自此以往，除为赎还其本人之身体，册封其长子为武士，与一度出嫁其长女以外，余等不得准许任何人向其自由人征取贡金。”

太少，太晚 国王约翰宪章（上图）在1215年5月9日发布，仅仅比大宪章提早几个星期。该文件授予伦敦市民每年选举一个市长的权利，“忠实，谨慎，并适合治理城市。”这部宪章走的不够远，无法满足叛逆的贵族，他们最终把约翰逼得走投无路，不得不签订了篇幅更长的《大宪章》。

“余等即以此敕令欣然而坚决昭告全国：英国教会应享自由，英国臣民及其子孙后代，将如前述，自余等及余等之后嗣在任何事件与任何时期中，永远适当而和平，自由而安静，充分而全然享受上述各项自由，权利与让与。”

“寡妇之自愿孀居者，不得强迫其改嫁，寡妇本人，如执有余等之土地时，应提供保证，得余等同意前不改嫁。执有其他领主之土地者，应获得其他领主同意。”

“自此以后，任何对余等效忠之人民，除在战时为国家与公共幸福得暂加限制外，皆可由水道或旱道安全出国或入国。”

大宪章条款

《大宪章》由序言和63个条款构成，大致可分为9大类。

教会 教会自由不受王权干涉

地主 对国王授予土地的贵族予以保护

租户 保护租赁地主土地的租户

商人 保护城镇，商人和贸易

皇室官员 限制权力过度的官员

法律改革 司法和立法的整体事宜

皇家森林 分享皇室广泛持有的资产

时事问题 在后续版本中说明，例如要求解雇外国雇佣兵

保障 最终条款以契约约束国王，否则将以战争作为惩罚

亦见｜帝王和游牧民族：第200页

关键时期

1206～1227年

成吉思汗统一蒙古，征服中亚和西亚的大片土地

1237～1241年

蒙古人征服俄罗斯，在那里他们被称为金帐汗国

1258年

旭烈兀可汗征服阿拔斯王朝的首都巴格达

1260～1294年

忽必烈统治中国

横跨东西的帝国

1000～1453年

虽然西欧各国持续发展，中亚的广阔地区却动荡不安。匈奴和其他游牧民族军队从中亚腹地席卷而来，在长达几个世纪的时间里，定居的族群遭受着他们的侵袭。在13和14世纪，这些游牧民族合并为一个强大的帝国。帝国由蒙古人统治，领土从匈牙利延伸到日本海。

蒙古人和对手鞑靼人均来自贫瘠荒芜、风吹草低的中亚大草原，即现今的蒙古地区，他们曾长期骚扰邻近的中国。蒙古人虽然人数少，但以擅长骑射、兵法，耐力强，作战骁勇等特点弥补了劣势。他们最伟大的领袖成吉思汗在位时间近21年，此间他统一蒙古，建立帝国。在他儿孙统治的时期，蒙古已经成为了当时有史以来最大的帝国。

在全盛时期，蒙古帝国由4个汗国构成：金帐汗国、察合台汗国、窝阔台汗国和伊儿汗国。这4个汗国的建立，是世界历史上的重大事件。

13世纪末期，另一个撼动世界的帝国崛起，它正位于欧洲和亚洲之间。这支土耳其游牧民族称为奥斯曼人，因其魅力非凡的领袖奥斯曼一世而得名，他们也起源于中亚大草原。从1299年开始，奥斯曼帝国迅速扩张到东南欧的巴尔干半岛和希腊，削弱了拜占廷帝国的势力。在苏丹穆拉德一世的鼓舞下，奥斯曼文化演化出一些机构，为帝国4个世纪的扩张保驾护航，其中包括以禁卫军闻名的精英战斗团。

在14世纪后期，一位突袭者暂时打断了奥斯曼人的征途，这位名叫帖木儿的非穆斯林土耳其人继承了可汗的风格。他也许是所有游牧民族战士中的最强者——他那残酷而闪电般的袭击在难以想象的短时间内为他攻城略地。但帖木儿的继承人却未能守住这些被征服的土地，奥斯曼人重新稳步前进。1453年，奥斯曼帝国把最后也是最伟大的拜占廷奖品收入囊中，那就是君士坦丁堡。

在第13、14世纪，蒙古帝国席卷中亚和东亚，几乎在同时期，奥斯曼人以土耳其为中心建立了一个穆斯林王国。

上页：奥斯曼帝国苏丹，征服者穆罕默德二世于1453年攻陷君士坦丁堡

1299年
奥斯曼一世脱离塞尔柱土耳其，宣布独立，在土耳其建立奥斯曼王朝

1356年
奥斯曼帝国占领加利波利，为突袭欧洲建立了基地

1402年
帖木儿大军打垮了奥斯曼军队，这标志着奥斯曼帝国暂时进入低谷期

1453年
奥斯曼军队攻陷君士坦丁堡，拜占廷帝国灭亡

帝国

奥斯曼帝国

13世纪后期，一位名叫奥斯曼的土耳其领袖，一位虔诚的穆斯林，宣布从塞尔柱土耳其独立，而后展开了征服行动，此期间他建立了奥斯曼帝国。1301年，奥斯曼已经占领了安纳托利亚的尼西亚城，在他统治末期，又占领了拜占廷的布尔萨市。奥斯曼帝国从1327年到1361年定都于此。

奥斯曼去世后，其继任者继续向西扩张，进入拜占廷帝国，同时向东进攻土耳其的行省。1402年，奥斯曼军队被游牧突袭者帖木儿打败，但这只是一个短暂的失败。到了15世纪，实行独裁、热心文化艺术的穆罕默德二世在1453年征服君士坦丁堡，将1100岁的拜占廷帝国推向灭亡。他将君士坦丁堡改名为伊斯坦布尔，作为奥斯曼帝国的首都。

帖木儿是横扫欧亚大陆的土耳其征服者

小结： 在强大的统治者管理下，奥斯曼帝国成长为一个世界强国。

帝国 东方和西方

风云人物

成吉思汗 1162～1227年
蒙古帝国的缔造者

鲁米 1207～1273年
苏菲派神秘主义者和诗人

忽必烈 1215～1294年
中国的蒙古皇帝

马可·波罗 1254～1324年
商人，他的游记让欧洲人知晓了亚洲

奥斯曼 1258～1324年
土耳其奥斯曼帝国缔造者

穆拉德一世 1326～1389年
奥斯曼帝国苏丹，才能卓著的管理者，带领帝国的扩张

帖木儿 1336～1405年
中亚帖木儿帝国的缔造者

“用防止贫困来提前施行慈善；帮助沦落的同胞……于是他可以获得一个可靠的营生，不必被迫伸出手，走向另一个可怕的选择。”——迈蒙尼德

声音

苏丹穆罕默德二世

克里托布洛 奇袭战术

“因此，船队被敏捷地拖动起来。船员跟在船队后面，为此欢欣鼓舞。然后，他们在陆地上驾驶船队，仿佛他们是在海面上。一些人喊着号子升起船帆，好似正准备起航，微风吹动船帆，将风帆涨满。其他人坐在长凳上，双手握住船桨，来回摇动仿佛在划船一样。”

——希腊历史学家对穆罕默德二世征服君士坦丁堡的记录，描写了他的船队在陆上拖行的场景

军事 禁卫军

在穆拉德一世的统治下，奥斯曼人建立了著名的精英军事团队——土耳其禁卫军（来自土耳其语的“新战士”）。第一支禁卫军部队由基督教青年组成，从被征服的巴尔干村庄招募而来。每隔一段时间，村里7岁到14岁的小伙子，一旦展现出了身体和精神的敏锐能力，就被从家里带走。经过7年的训练，士兵们被磨炼成积极、有纪律的穆斯林战士。

禁卫军被编排入3个分部，身上文有分队的番号刺青。起初，禁卫军须遵守严格的独身纪律，到了16世纪，这个规定被废除。随着时间的推移，这个前途光明的位置开始由家庭成员继承，但是对士兵来说，他们的战友仍旧是自己的家人。这些战士令人闻风丧胆，后来也成为一股强大的政治力量。

除了禁卫军，许多高级官员也曾是奴隶出身。出访奥斯曼宫廷的威尼斯大使发现了这个非常巧妙的转变过程：“最值得注意的是，财富、管理权力、军事力量，总之奥斯曼帝国依托的整个政治集团，被委托给这样一群人，他们是在基督教信仰中出生的男子，沦为奴隶，又成为穆罕默德教徒而崛起。”1826年，禁卫军发动政变，苏丹下令处死他们，禁卫军就此完结。

{在此后的几百年中，禁卫军参与宫廷政变而闻名。}

小结：这些奥斯曼帝国的精英战士曾经是沦为奴隶的基督徒男孩。

奥斯曼帝国的首席战斗军团禁卫军，身穿醒目的制服

“这里有一篮子的新鲜面包放在你头上，你却挨家挨户乞讨面包皮。”——鲁米

亦见 | 帝王和游牧民族：第204页

领袖 蒙古人

13世纪早期，蒙古帝国在中亚崛起，这是铁木真的功绩，世人称他成吉思汗（意为“天下的主宰”）。他是蒙古一个小部落的可汗之子，父亲死于鞑靼人之手，他夺取政权后向鞑靼部落复仇。在联合了约30个游牧部落之后，他开始征服阿富汗、波斯、俄罗斯部分地区等。

1227年成吉思汗去世后，他的子孙继续扩张帝国。他的孙子忽必烈推翻了宋朝，而后从1260年到1294年统治中国。

蒙古战士凭借他们的马术而名闻天下

成吉思汗的儿子窝阔台是基辅的毁灭者，他还未来得及发动对西欧的侵略，就因酗酒过度而死。

1258年，忽必烈的兄弟旭烈兀可汗攻占了阿拔斯王朝的首都巴格达，另一个兄弟拔都则在俄罗斯建立了金帐汗国。直到14、15世纪，原住民才打败或者同化了蒙古人。

小结：一个半世纪里，蒙古人控制了中亚和北亚大部分地区。

成吉思汗

成吉思汗 《大扎撒令》

“通奸者无论婚配与否，都必须处以死刑。

无论是谁，故意说谎，或施行巫术，或窥探他人的行为，或介入争吵的双方之间，以帮助一人对抗另一人，都处以死刑。

他下令，所有宗教都受到尊重，不偏重任何教派。他颁布这些命令，可能是为了顺从天意。

他禁止他们对任何宗派显示偏好，说话不能强调一些字词，不能使用尊称；对可汗或者任何人说话的时候，只能称呼他的名字。”

——《蒙古的法典》，13世纪，阿尔-马克里兹记录

声音

“人必须对纯洁、无辜、公义、博学，以及任何拥有这些品质的人致以推崇和敬意；同时谴责那些不道德的人。”——《大扎撒令》

马可波罗

马可·波罗 在蒙古的日子

“妇女打理贸易商号，从事买卖，养活丈夫和家人。男人的时间则全部投入狩猎、养鹰和军旅生活的有关事务。他们拥有全世界最好的猎鹰，也有全世界最好的猎狗。他们完全靠吃肉和喝牛奶维生，还吃狩猎的猎物，以及一些小型动物，很像兔子，我们这边称为埃及獴。”

——《马可·波罗游记》，约1300年

探险 马可·波罗

1271 年，17 岁的马可·波罗与父亲和叔父从威尼斯出发前往中国。两个长辈是贸易商人，已经远行到过蒙古宫廷，但这一次他们带上了一个天生的作家同行。三年半后，他们到达了忽必烈避暑的上都（元上都）。忽必烈可汗非常喜欢马可·波罗，派他在王国内跑腿办事，到过西藏和印度。马可·波罗带回的信息，有一天将成为欧洲第一部伟大游记的素材。

17 年之后，马可·波罗一行人回到了威尼斯，但他们家人都认不出他们了。3 年后，马可·波罗在一次战斗中被俘。在囚禁期间，他把《马可·波罗游记》口述给一个专业作家。这本充满冒险经历的编年史，瞬间变成了畅销书。

小结：《马可·波罗游记》把欧洲读者带往了远东。

丝绸之路是马可·波罗一家曾经穿行过的中国西北部的道路

“他们不觉得在战斗中逃跑有任何耻辱，所以他们有时会佯装逃跑，然后突然杀一个回马枪，重挫敌人。”——马可·波罗

亦见 | 帝王和游牧民族：第206页

关键时期

1006年
穆斯林在印度北部定居

1100年
中国人发明磁罗盘

1192年
源赖朝自立为日本的统治者，开创了镰仓幕府

12～14世纪
穆斯林国家德里苏丹统治印度北部

亚洲强国

1000～1450年

和欧洲一样，中世纪时统治亚洲的王朝都极为擅长夺取政权、征服邻国土地，并治国有方。经过数十年的混战，中国宋朝崛起，其统治从960年延续到1279年。宋朝统一中国时，统辖的省份不如前几个朝代那么多，不过它稳据中国中部和南部地区，直到游牧民族鞑靼人和蒙古人入侵。在此期间，艺术蓬勃发展，尤其是陶瓷和山水画，农业和商业也有所进步。

蒙古大汗统治一个世纪之后，中国百姓团结在起义军统帅朱元璋的麾下，推翻了蒙古元王朝。明王朝诞生，并一直统治到1644年。在元朝的统治下，中国的人口数量下降了40%，刚刚超过6000万，而在明朝，这个数字翻了一倍。中国人取代蒙古人担任政府职务，科举考试依据才华而不根据势力选拔官员。儒家哲学重新繁荣起来，书院蓬勃发展，奴隶制被取缔，并采取公平的制度征收税金。15世纪早期，长城被重新修复，在北方建设一个新的首都——即今天的北京。

在日本，源氏家族的首领源赖朝在1192年夺取政权，开始了长达700多年的军事统治。日本成长为海上强国，日渐繁荣，不过仍不时受到内战的困扰。皇帝仍然是傀儡，实权落入幕府将军们的手中。他们统治着由诸侯和地主构成的封建体系。在台风的帮助下，幕府挫败了蒙古人的入侵。训练有素的战士们为这些幕府将军服务，他们被称为武士阶级，是展现勇气、服从、淡泊、寡欲精神的武士贵族。这种简朴和注重冥想的武士阶层生活方式鼓励了佛教禅宗的传播，并产生了一些独具风格的艺术形式，如能剧和茶道。

与日本一样，印度也未受蒙古侵扰。但到了13世纪，伊斯兰教开始向印度社会施加影响，尤其是在北方，而耆那教则在印度西北部的拉贾斯坦邦地区十分兴盛。

中国的宋朝和明朝各主宰中国300年，期间被蒙古人的统治打断。与此同时，日本和印度抵挡住了蒙古人，发展了自己独具特色的文化。

上页：打败蒙古人之后，皇帝朱元璋在1368年建立明朝

1279年 在忽必烈的带领下，蒙古人灭亡了宋朝

1333年 日本的室町幕府上台

1405～1433年 郑和带领中国庞大的商贸船队出航，最远抵达非洲

1421年 北京成为中国的新首都

亦见 | 冲破束缚：第258页

典雅的北京紫禁城建于明朝，为皇帝居所

帝国

繁荣时期

960 年大将赵匡胤执掌政权，成为中国宋朝的开国皇帝。到 13 世纪末期，宋朝统治着中国的中部和南部地区，国家变得富饶繁荣。他们恢复了科举考试制度，形成一个受过教育的官僚阶层。南宋的都城杭州在巅峰时期市民数量超过 100 万，曾是世界上最大的城市之一。

宋朝的繁荣最终导致王朝覆灭。统治阶级对奢华的生活已经习以为常，为了维持这种生活，拥有田产的地主士绅提高了土地租金。官员骄傲自满，军队纪律涣散，致使这个国家在内部叛乱和外部侵犯面前不堪一击。蒙古大军看准这一机会，于 1279 年推翻了宋朝。

1368 年，起义军统帅朱元璋把蒙古人赶出中国，明朝开始兴起。朱元璋出身农民阶级，因此痛恨上层阶级，一旦发现它们有任何谋逆迹象，他便以雷霆之势镇压。中国再次国泰民安，

中国明朝海军的庞大船队能运载1000名水手。

风云人物

亚洲强国

赵匡胤 927～976年
在几十年的权力斗争后，重新统一中国的皇帝

朱熹 1130～1200年
哲学家，新儒学的倡导者

源赖朝 1147～1199年
日本镰仓幕府的第一代将军

拉齐亚女王 1205～1240年
马穆鲁克苏丹，第一位女性穆斯林统治者

永乐皇帝 1360～1424年
紫禁城的建造者

郑和 1371～1435年
中国伟大的航海家和外交家

“圣人视天地万物如己身。心外有物者，不能至天人合一。” ——朱熹

一件宋代的青铜器，描绘文殊菩萨骑狮

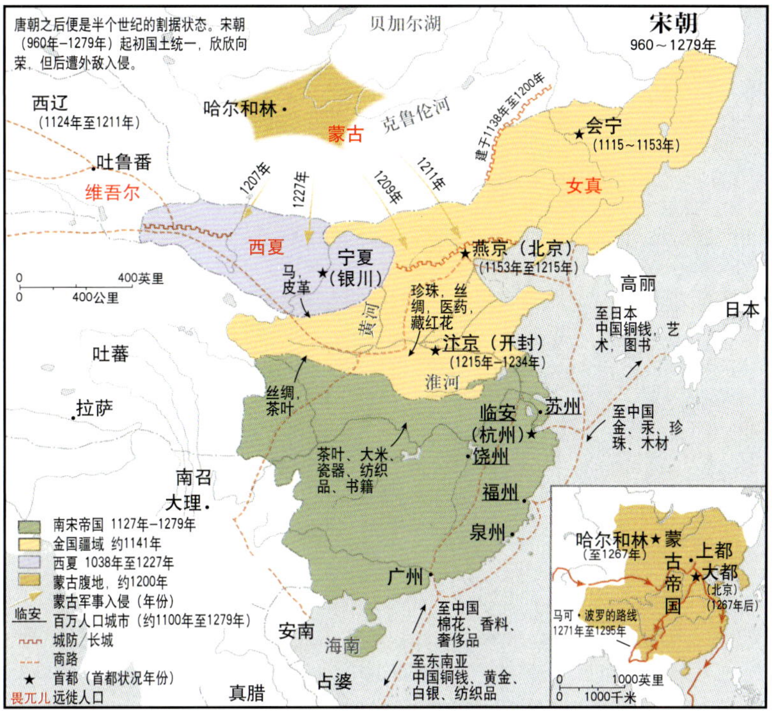

尽管略有变化：富人持有的土地重新分配给农民；高等教育繁荣兴盛，不仅仅局限于精英阶层；蒙古人统治时废除的科举考试如今重新开办起来。

15 世纪初，朱元璋之子永乐皇帝把中国建筑水平推上巅峰。他动用了成千上万的工匠开始修建如今的北京城。在外墙环绕的城池之内是皇家广场，紫禁城就位于其中。后世皇帝在此修建了美丽的御花园、亭台楼阁、拱桥和宝塔。

明朝也把注意力投向了国外，成为印度洋的主宰。明朝庞大的海军令全世界羡慕不已。明朝的帆船舰队驶入遥远的港口，他们开放贸易，要求进贡。永乐皇帝在 1424 年去世后，中国愈发闭关锁国，海军规模锐减。

小结：中世纪结束之时，中华帝国国力强盛，但闭关锁国。

人物评说

航海家郑和 约1371～1435年

中国航海家郑和探索印度洋比欧洲伟大的航海家们早了几十年。1371 年，郑和出生在蒙古国境内，是一介平民。10 岁的时候被明朝军队抓获。他的事业一路上升，很快就深受皇帝信赖。1405 ～ 1433 年间，他指挥了数次航海旅行，路程超过 10 万英里，最远到达波斯湾和肯尼亚。他指挥着约有 300 余艘船的舰队，把异国的动物，甚至锡兰的君主带回明朝。**结论**：褒。

郑和

“我们已经望见远方荒蛮的土地，掩映在轻薄的水汽之中，覆上一层透明的蓝色，同时我们的风帆如云朵般傲然展开，无论日夜。”——郑和

亦见｜冲破束缚：第262页

军事 幕府统治

到了12世纪，日本皇权已经无以为继，几方军阀统治着没有法律、政治上四分五裂的国家。西部诸侯平氏和东部诸侯源氏两方交战，争夺最高权力。1185年，在源赖朝的指挥下，源氏在本州岛的南部赢得了坛之浦海战的胜利，终于占据上风。1192年天皇去世，随后源赖朝宣称自己为最高统帅，开创了镰仓幕府，以其所在地日本中部的镰仓市而得名。

起初，幕府主要关心军事问题，把民生问题留给京都朝廷解决。不过在镇压了1221年的叛乱后，幕府攫取了政府的大部分权力。

蒙古人在1274年和1281年企图入侵日本，但被风暴和训练有素的勇士们击退，这些勇士被称为武士。镰仓时代也因为推广禅宗和修建寺院而闻名，禅宗是佛教的一个派别。1333年，室町幕府接掌政权，但到了世纪末，中央权威被日渐侵蚀，下一个世纪的内战（1467～1477年）导致全国更加混乱无序。

日本画卷中与蒙古侵略者作战的武士英雄

小结：在一段不受法律约束的时期，幕府时代的军事政权崛起。

妇女和侍者

《御成败式目》 一个女人的权利

声音

“妻妾得夫让，被离别后，领知彼所领否事。

若其妻依有重科于被弃捐者，纵虽有往日之契状，难知行前夫之所领，若彼妻有功无过赏新弃旧者，所让之所领不能悔还之。（妻妾因为重罪而被离弃时不得领有丈夫让与的所领，但如果妻子有功无过、丈夫赏新弃旧，则所领出让仍然不得反悔）”

——镰仓幕府的法令，1232年，《一个女人的权利》

“独自坐在灯光下，面前摊开一本书，与未曾谋面的前代人亲密交谈——这种乐趣无可比拟。”——吉田兼好

效法蒙古风格的征服者帖木儿于1398年入侵印度，占领德里

帝国 伊斯兰教到来

库特布·乌德·丁·艾巴克，从一个奴隶成为了古尔王朝的穆斯林，控制着印度的北部地区。起初，他只是负责看管皇家马厩。13 世纪初，他逐渐晋升为将军，并多次赢得在印度北部对抗印度教帝国国王的重要战役的胜利。之后，德里苏丹国建立。这个穆斯林苏丹国一直延续到 14 世纪，其间经历了一系列的朝代更替——从奴隶王朝，到阿富汗的卡尔吉王朝，再到土耳其的图格鲁克王朝。其中，有一个被叫作“奴隶的统治者”的拉齐亚，是穆斯林印度唯一一位女性统治者。她是苏丹人的女儿，是一位头脑精明且颇具远见卓识的女王，但是其统治为各地叛乱所扰，最终被印度教徒杀死。

在印度南部，权力依旧集中在位于温迪亚山脉中的穆斯林苏丹国和位于毗奢耶那伽罗的最后一个大印度教帝国。北部的伊斯兰教领地抵挡住了蒙古人的入侵，却未能联合巩固整个印度——南部地区在整个 15 世纪都处于政治动荡之中。

穆斯林统治总体上比较宽松，不会迫使人们改变宗教信仰，不过印度教徒需要缴纳一种特殊税款，并失去了部分政治地位。即便如此，穆斯林与印度教徒间在宗教观上有着巨大差异，其社会结构也大不相同，这些都导致双方冲突不断。

小结： 13世纪，在印度北部，德里苏丹国开始了穆斯林的统治。

维达拉神庙的石制战车

“这本经是从万能至睿的真主降示的。我只为真理而降示此经；所以崇拜真主吧，以真诚之心相信真主的一切喻示。”——《古兰经》

亦见｜后古典时代：第171页

关键时期

约1000年
在墨西哥中部，托尔特克文明发展到了顶峰

约1050年
墨西哥中部部族入侵玛雅领地，并对其文化产生了重大影响

1170年
入侵者攻占了托尔特克王国首都图拉，标志着王国的覆灭

约1200年
干旱迫使阿纳萨奇民族生活在海拔更高的地方，于是他们在科罗拉多州梅萨维德的峭壁附近建立了自己的定居地

美洲

1000～1450年

同欧洲一样，中世纪晚期的美洲也处在一个帝国的建立时期。强大的统治者以武力控制着实力相对较弱的地区，建立了许多城市。若其积累了足够多的财富，就会进一步发展其艺术和文化。朝代兴亡取决于君主是否善于掌控权力。通过人祭（通常是用奴隶）来满足众神的需要，是该时期一直持续的一种中美洲的传统。在阿兹特克文明出现之前，托尔特克文明兴起于10世纪，并定都墨西哥城以北的图拉市。到1000年时，托尔特克帝国已经拥有约3万人口。12世纪出现了一段较长时间的干旱，这使得侵略者们来到了这个拥有众多湖泊的墨西哥河谷。来自北部的阿兹特克人不得不与其他移民民族争夺河谷内的资源。

1325年，阿兹特克人建立了特诺奇蒂特兰城（今墨西哥城），成为世界历史上最为辉煌的都城之一。15世纪早期，在伊兹科阿图大帝统治时期，阿兹特克人终于控制了整个墨西哥谷，并开始征服其周边领土。在帝国灭亡前的一个世纪中，阿兹特克人在蒙特祖马一世和蒙特祖马二世的领导下，创造了最伟大的早期美洲帝国——一个拥有8万平方英里领土和600万人民的帝国。然而1519年，西班牙征服者埃尔南·科尔蒂斯仅以一小队士兵，在天花的影响和叛乱部落的帮助下，就轻而易举地毁灭了这个盛极一时的帝国。

与阿兹特克人一样，秘鲁高原的印加人也在早期文明之后建立了强大的帝国。奇穆人在1000年前后开始掌权，修建了水库和灌溉水渠。其宏伟的都城——昌昌——拥有近3万居民。15世纪，印加人逐渐征服奇穆人，并建立了更加伟大的遗迹——库斯科与马丘比丘（后者很可能是印加统治者帕查库特克·印加·尤潘基的宫殿）。

尽管不如美洲南部的各个文明那般璀璨，美洲北部的每个文明也都极尽精巧。东部密西西比州的人们在土丘上所建的村庄，西部的阿纳萨奇在峭壁旁修建的居所与村庄，都是阶级社会结构下劳动人民的伟大成果。后来的西班牙征服者们改变了这些文明，但并未将其彻底毁灭。

在16世纪西班牙征服者到来之前，美洲中部的托尔特克人和阿兹特克人，南部的奇穆人和印加人，以及北部的密西西比州人和阿纳萨奇人，缔造了非常先进的文明。

上页：15世纪，印加人在秘鲁高原修建了马丘比丘，用作其庆典中心

1325年
阿兹特克建立特诺奇蒂特兰城（今墨西哥城）

约1350年
阿兹特克人开始要求其属国纳贡

1410年
秘鲁帝王维拉科查大举扩张其帝国

1440年
蒙特祖马一世成为阿兹特克帝国国王

亦见 | 冲破束缚：第 247页

雕刻作品展示了传奇的托尔特克统治者托皮尔岑

帝国 托尔特克

约从 1000 年开始，颇具进取心的托尔特克人开始了对墨西哥河谷近 200 年的统治。在其首都图拉，他们修建了很多石庙、金字塔、球场，跟其南部早期的玛雅人一样。此外，高大的武士雕像，还有刻画战争及人祭仪式的浮雕都增添了图拉城的魅力。碎裂的头骨铺满了近一个球场那么大的祭坛，表明当时的仪式性的竞赛真的是一场残酷而血腥的、生与死的较量。统治者们都是根据众神的名字来命名，如“云蛇神”、“羽蛇神”。传说在魁扎尔科阿特尔大帝被逐出国家之后，与其追随者向东到达尤卡坦半岛，在那里建立了奇琴伊察。

托尔特克人通过贸易和征服逐渐变得富有——其大量的金银、绿宝石、珊瑚、贝壳及有着异国情调的羽毛，都被制成了精美的艺术品。之后，干旱削弱了其国力，于是曾经盛极一时的托尔特克文化最终屈服于北方的入侵者。1170 年前后，图拉城被占领，并被焚毁。

小结：从大约1000年到1170年，托尔特克人统治着富饶的墨西哥谷。

风云人物

美 洲

曼科·卡帕克 约1200年在位
第一位“萨帕·印卡”——印加帝国的最高统治者

特拉卡勒尔 1397～1487年
阿兹特克皇帝蒙特祖马一世的兄弟和重要顾问

蒙特祖马一世
约1398～1496年
第五位阿兹特克皇帝，通过联盟增强了阿兹特克的国力

帕查库特克 1438～约1472年
最伟大的印加皇帝，下令修建了马丘比丘

蒙特祖马二世
1466～1520年
阿兹特克统治者，欢迎埃尔南·科尔蒂斯来到特诺奇蒂特兰城

埃尔南·科尔蒂斯
1485～1547年
探险家，为西班牙征服了阿兹特克

“国王和王后陛下，在您们的指引下，这些野蛮的部落逐渐开化，开始拥有信仰，这是卓有成效的，在上帝看来这也是一件很大的功德。”——埃尔南·科尔蒂斯

阿兹特克人使用的火盆

帝国 阿兹特克

阿兹特克人又称墨西卡人，13 世纪从北方迁徙到了墨西哥河谷地，并且定居在德斯科科湖中一个多沼泽的岛上，与现在的墨西哥城距离不远。赶上旱季的时候，猎人们、渔民们和农民们都要转行做武士。14 世纪，他们在更为强大的邻国军队中服务。到了 15 世纪，他们利用新生的力量对付自己的盟友，并且展开了征战之旅。阿兹特克人最终将他们的帝国从墨西哥湾扩张到了太平洋沿岸。这场征战之后，阿兹特克人起用了传统的血祭。他们将 2 万名俘虏作为祭品在大金字塔前供奉，祭司把他们的心挖出来。

阿兹特克人还有着绝佳的建筑天分。他们建起了特诺奇蒂特兰岛城，还修筑了运河、堤道和大型中心广场。1519 年科尔蒂来到这里时，对这座城市倾心不已。两年后，这个西班牙人和他的联军推翻了这个强大的帝国。

小结：阿兹特克人将战争和帝国建设提升到了新的高度。

音乐家、工匠和手艺人丰富了阿兹特克文化

声音 迪亚斯·德尔·卡斯蒂略 特诺奇蒂特兰

迪亚斯·德尔·卡斯蒂略

“看到这么多水上的城市和村庄，陆地上宏伟的小镇，还有通往墨西哥的笔直、水平的堤道，我们都惊呆了。我们都说，那里的塔楼、庙宇和其他建筑从水中拔地而起，而且都是土石结构，那种感觉就像是人们在阿玛迪斯传说中常说的着迷一样。我们有一些士兵甚至会问，我们所看到的难道不是一场梦么？所以我在这里以这种方式将其写下也就不足为奇了，因为要考虑的东西着实太多，我都不知该如何形容了……我们看到了以前未曾听过、未曾见过、甚至从来没有梦见过的东西。”

——迪亚斯·德尔·卡斯蒂略《征服墨西哥信史》中对特诺奇蒂特兰的描述，1568年

“如果知道你们会说出如此诽谤中伤的话来，我是不会让我的众神现身的。”

——蒙特祖马二世

亦见 | 冲破束缚：第248页

帝国 印加帝国的影响

安第斯平原上的土著印加人放牧小羊驼以获取羊毛

大约从1400年开始，印加人开始从安第斯山地区的库斯科谷对外扩张，因为国王们想要更好的土地。1483年，帕查库特克（意为“改变世界的人”）继位，他很快建立起了帝王统治即为征服的传统。所有的臣民都要周期性地充当士兵、工人或农民，来为国王服务。

鼎盛时期的印加帝国，从今天的厄瓜多尔到智利绵延2500英里，包括100个民族。帕查库特克在高地上建起了壮观的马丘比丘庆典中心，这一建筑群后来在16世纪躲过了西班牙人的侵略。附近的都城库斯科坐拥着庙宇、宫殿和军事要塞。1471年，帕查库特克退位，他的儿子继位，并且完成了对奇穆人的镇压。

印加人的瓷罐

小结： 仅用一个世纪，印加帝国的统治者们就建立起了方圆2500英里的疆域。

齐耶萨·迪里昂 印加帝国的经济

声音

PARTE PRIMERA
Dela chronica del Peru. Que tracta la demarcacion de sus prouincias: la descripcion dellas. Las fundaciones de las nueuas ciudades. Los ritos y costumbres de los indios. Y otras cosas estrañas dignas de ser sabidas. Fecha por Pedro d' Cieça de Leon vezino de Seuilla.
1553.
Con priuilegio Real.

秘鲁编年史

“新年一到，每个村庄的统治者都会来到库斯科。他们随身带着结绳，来记录过去的一年里有多少人出生，多少人去世。用这种方法，印加帝国的统治者和官员可以知道哪些原住民生活贫困，哪些女人守了寡，他们是否缴得起税，战争时期可以出多少壮丁，还可以知道其他极其重要的事。印加人想方设法保证奖罚分明，因此没有人敢冒险去犯重罪或者盗窃。这么做是为了对付盗窃犯、强奸犯和反叛印加帝国的人。由于帝国幅员十分辽阔，所以每个省都设有许多仓库，其中装满了补给等生活必需品。因此，在战争时期，不管军队行进至何处，都可以利用这些仓库中储存的东西。”

——齐耶萨·迪里昂《秘鲁编年史》，1540年

“这片大陆人口和牲畜产量都比欧洲、亚洲或者非洲要多，气候也比我们知道的任何地区都要温和。”——亚美利哥·韦斯普奇

阶级与社会 撼动世界的人

欧洲人到来之前的几个世纪，生活在密西西比河谷和西南部沙漠一带的人们已经形成了复杂的文化。农业的进步促使这些复杂的社会达到了这一地区前所未有的兴盛程度。将玉米和豆类、瓜类以及其他作物一同培育的方法，使得密西西比人不必再去打猎和捕鱼。这样稳定下来之后，他们便建起了许多不断扩张和延伸的城市，比如埃托瓦（位于佐治亚州）、芒德维尔（位于亚拉巴马州）和卡霍基亚（在圣路易斯州附近）。这些城市因为有着用于葬礼、仪式和庙宇遗址的巨型土堆而知名。卡霍基亚市有多达2万名居民，他们都居住在由柱子支撑的茅草屋中。

在今天的“四角落”地区，阿那萨齐人（意为“古时的人”）在悬崖边上建起了精致的小屋和多层的土坯房。新墨西哥州的查科峡谷和科罗拉多州的梅萨维德公园是两个最好的例子。

到了13世纪中叶，气候变化和其他环境压力令密西西比人深受其害。16世纪40年代，埃尔南多·德·索托的探险队穿过西南部地区，使得曾一度繁华的文化陷入了混乱和衰落。

{阳光照耀下的印第安村落孕育了金色都市的神话，吸引着寻求财富的人来到西南部地区。}

小结：北美洲文明利用泥土建起了令人叹为观止的建筑。

11世纪，新墨西哥州查科峡谷的普韦布洛·波尼托至少有5000人

“尽管没有用绿松石装饰，也没有用石灰和好的砖块建造，但它们仍然是非常好的房子，有三、四或者五层那么高。”——弗朗西斯科·巴斯克斯·德·科罗纳多

时间脉络关系图

1000～1450年

1100年
阿那萨齐人的遗址贝勃罗·波尼托在查科峡谷兴起

亨利二世的印章

1187年
萨拉丁成功围困耶路撒冷

汉萨同盟总部

13～15世纪
汉萨同盟主导北欧的贸易

1154～1189年
金雀花王朝的亨利二世统治着英格兰，同时在扩张领土，但却与家族发生争执

1150年
苏利耶跋摩二世的陵墓于吴哥窟建成

1206年
成吉思汗成为蒙古统治者

1225年
棉花开始在西班牙生产

1000年　1150年　1200年　1225年

1066年
征服者威廉在黑斯廷斯战役中击败了英王哈罗德二世

1152年
腓特烈一世成为了神圣罗马帝国的统治者

1215年
英格兰国王约翰签订了《大宪章》

13世纪
日本佛教徒从中国返回日本

1122年
神圣罗马帝国皇帝亨利五世与教皇卡利克斯特二世就《沃尔姆斯宗教协定》达成妥协

1170年
随着图拉沦陷，托尔特克人在墨西哥的统治结束了

“财富与权力只是对盲目命运的馈赠，而善良却是应个人功绩而生”。
——海洛伊丝

1189～1199年
著名的十字军战士理查一世（狮心王）统治着英格兰

狮心王理查

“几个坏人掌权不如一个专制的暴君掌权邪恶。”
——巴特罗·萨索费拉托

特诺奇蒂特兰城

1258年
蒙古统治者旭烈兀攻克了巴格达，推翻了哈里王朝

1306年
罗伯特·布鲁斯被加冕为苏格兰国王，开始率军抗击英格兰

14世纪
阿兹特克人的古都特诺奇蒂特兰城开始兴起

13世纪40年代
巴黎的圣礼拜堂落成，是哥特式建筑的典范

1185～1333年
镰仓时代在日本开始了封建统治

1337年
英王爱德华三世争夺法国王权，百年战争打响

1428年
有远见的士兵圣女贞德率领法军抗击英军

1226年　1275年　1325年　1450年

1230～1255年
松迪亚塔控制了马里帝国

13世纪70年代
一场灾难性的旱灾迫使阿纳萨齐人离开了科罗拉多州梅萨维德的村庄

1333年
日本后醍醐天皇推翻了北条氏家族，攻占了镰仓市

15世纪30～40年代
葡萄牙和意大利的航海家探索了非洲海岸和河流

14世纪
密西西比文化在美国中南部和西南部地区兴盛起来

波罗两代三人离开威尼斯

1271年
马可·波罗与父亲、叔叔离开威尼斯，奔赴远东地区

北京天坛

1368年
蒙古人的统治结束，中国进入明朝时期

冲破束缚

历史上的转变

1450～1650年

第6章

文艺复兴期间，出现了很多风格效仿法国卢瓦尔河谷地区的香波堡的城堡

亦见 | 冲破束缚：第242页

关键时期

1420年

布鲁内莱斯基设计了其建筑上的杰作——佛罗伦萨大教堂（后文亦称“圣母百花大教堂”）

1453年

土耳其人将圣索菲亚大教堂改成了清真寺

1498年

瓦斯科·达·伽马航行绕过好望角，到达印度

1508～1512年

米开朗琪罗为罗马西斯廷教堂绘制天花板壁画

欧洲

1450～1650年

尽管人们将其称作“文艺复兴”或是“复活”，但是14世纪到17世纪席卷整个欧洲的文化繁荣，更大程度上是一个基于中世纪鼎盛时期的渐进过渡时期。其标志为人文主义的复兴与古希腊、古罗马（二者在艺术和文学领域成就极大，且为现代科学奠定了基础）的重大影响。文艺复兴开始于意大利，因为意大利的城邦最早出现了城市文明，之后渐渐地影响到北欧，因为意大利的艺术家和教师们来到了英国、法国和德国。16世纪早期，在德国发生了一场重大的宗教运动，影响了接下来几百年政治和社会生活的历史进程。此次宗教改革由信奉天主教的学者马丁·路德发起，旨在反抗罗马天主教会的权威。当时，天主教会不仅对国家有着很大的影响力，也很大程度上影响着社区和家庭的生活。新教的出现，调和了天主教会严苛的教义与仪式，使人文主义理想（一种强调个人主义与世俗主义的哲学）得到了进一步的发展。

文艺复兴所激发的对知识的追求，带来了全球范围的巨大飞跃。地理和航海知识的进步让欧洲各国得以将探险人员送到更远的地方，去探索他们急需的新的贸易路线。在西班牙国王的支持下，克里斯托弗·哥伦布于1492年横渡大西洋，途中碰巧经过了加勒比海中的一些岛屿，于是意外发现了“新大陆”。6年后，葡萄牙航海家瓦斯科·达·伽马绕过非洲的好望角，到达印度，开辟了通往亚洲的海上贸易之路。此后更多的去往东、西方向的探险，继续将更多的财富和信息汇集到欧洲大陆。例如葡萄牙航海家斐迪南德·麦哲伦船队的幸存者在完成了第一次环球航行后于1522年回到了欧洲。

文艺复兴并非一帆风顺。冲突之一就是从1618年到1648年的三十年战争。在这场战争中，新教与天主教进行了严酷的对抗。但文艺复兴期间，欧洲各国繁荣起来，与新大陆建立了联系，创造了不朽的高超的艺术作品，所以文艺复兴是人类历史上成果颇丰的伟大时期之一。

文艺复兴时期，人文主义的复兴和古典主义的影响催生了很多高超的艺术成就。在此期间，欧洲人也到达了几个遥远大洲的海岸。

上页：1558～1603年，英格兰女王伊丽莎白一世在位，国家繁荣昌盛

1517年
马丁·路德发表了《九十五条论纲》，发起了宗教改革

1532年
意大利政治哲学家尼可罗·马基亚维利写出了《君主论》

1588年
西班牙派出无敌舰队，以征服新教英格兰

1618～1648年
三十年战争席卷了欧洲大陆

亦见 | 帝王和游牧民族：第197页

佛罗伦萨政治家洛伦佐·德·美第奇在其别墅中开庭

小结：文艺复兴植根于富饶的意大利城邦。

国家 第一次繁荣

14世纪时，意大利拥有约250个自治城邦。其中最强大的，包括佛罗伦萨、米兰、罗马和威尼斯，都为富商家族所控制，如美第奇家族和博尔吉亚家族。这些家族也因此成为了所有艺术活动的资助人。意大利的人文主义作家（如薄伽丘和彼特拉克）脱离了宗教主题，开始探索人类精神与肉体之美。1453年，君士坦丁堡为土耳其人攻占，很多拜占廷学者都带着自己的经典手稿逃到了意大利，在那里恢复了人们学习古代经典的兴趣。

风云人物

欧洲

哥白尼 1473～1543年
波兰天文学家，发现行星围绕太阳运转

马丁·路德 1483～1546年
德国神学家，以质疑天主教的忏悔仪式而著名

亨利八世 1491～1547年
英国国王，英国国教最高领袖

查理五世 1500～1558年
西班牙统治者、神圣罗马帝国国王

威廉·莎士比亚 1564～1616年
英国著名戏剧家、诗人

声音

尼可罗·马基雅维利 畏惧还是爱戴？

“关于这一点，常有这样的争论：究竟是受人爱戴比被人畏惧好呢？还是被人畏惧比受人爱戴好呢？我认为，最好是两者兼备。但是，要同时拥有两者是极为困难的。假如一个人对两者必须有所取舍，那么，被人畏惧比受人爱戴要安全一些……而且人们冒犯一个自己爱戴的人比冒犯一个自己畏惧的人要更没有顾忌，因为爱戴是靠恩义维系的，然而由于人性是恶劣的，在对自己有利的情况下，无论在任何时候，人们便会砍断恩义这条纽带。可是畏惧呢，人们由于害怕受到绝不会放弃的惩罚而不敢抛弃。”

——尼可罗·马基雅维利《君主论》（1532年）

尼可罗·马基雅维利

“我们应该感谢马基雅维利和很多其他的人，因为他们告诉我们的是人会做什么，而不是人应该做什么。”——弗兰西斯·培根

国家 新思想

> 伊拉斯谟曾写道：“盲人国度，独眼称王”。

文艺复兴从意大利开始传向北欧。15世纪晚期，法国人在入侵意大利后，带回了关于艺术与时尚的新思想。意大利的外交官们又进一步将很多新的思考方式在欧洲广泛传播，所以当16世纪中期，文艺复兴运动已经在意大利渐渐衰落时，北欧的文艺复兴运动却正处在巅峰时期。法国、英国、德国及荷兰的统治者和贵族为意大利的画家和作家提供经济资助，于是这些画家和作家不仅装饰了其教堂的墙壁，也开化了其国民的心智。

作家托马斯·莫尔的作品引起了广泛关注。他1516年完成的小说《乌托邦》构想了一个理想社会，其治理原则是理性和对公众福利的普遍关怀。他的朋友德西德里乌斯·伊拉斯谟出生于荷兰，在1511年完成的《愚人颂》中他抨击了教会的腐败。在法国，医师兼教士弗朗索瓦·拉伯雷在16世纪30年代创作了很多冒险故事，讽刺了教会和众多的公共机构。

小结：意大利文艺复兴时期的艺术与哲学在15和16世纪传遍了欧洲。

荷兰人文主义学者伊拉斯谟是北方文艺复兴中的重要人物

卡尔帕乔的《圣乌尔苏拉传》中体现出的艺术风格，从意大利传向北欧

> “智慧不属于恶毒的心灵，没有良心的科学只是灵魂的毁灭。”——弗朗索瓦·拉伯雷

文艺复兴时期，上流社会女性的活动主要是刺绣和绘画

阶级与社会

社会流动

14世纪，瘟疫基本根除了欧洲大部分的封建社会结构，但阶级分化依旧根深蒂固。城镇中，银行家、市民和行会会员们的社会地位高于劳动者；乡村里，封建制度逐渐衰落，留下了大批没有技术的农民，从中产生了中产阶级，包括小本生意人和土地所有者。从14世纪开始的农民起义逐渐结束了农奴制——一种半奴隶制度。新的采邑制更加宽松，允许农民阶层拥有一定的社会流动和经济流动的自由。

从过去由宗教主导的旧社会中发展出来的新一代人，重新审视个人的社会角色。1528年，外交官巴尔达萨雷·卡斯蒂利奥内出版了《侍臣论》。这本书被译成了多种语言，得到了广泛传播，其中关于礼仪的论述成为了文艺复兴时期新兴阶级的礼仪手册，人们纷纷从中学习如何成为一位绅士。

文艺复兴时期，近80%的欧洲居民住在小山村中。

小结：资产阶级依旧是当权阶级，但是农奴制被废除，很多农民变成了土地所有者。

“他们（乌托邦人）觉得奇怪的是，黄金从其本身性质来说毫无价值，竟在世界各地受到如此重视。”——托马斯·莫尔

声音

英国 着装禁忌

“除国王、王后，国王的母亲、孩子及兄弟姐妹、叔婶、伯父伯母、舅父舅母之外，任何人不得穿着紫色丝绸、饰以金色薄纱的衣服或是黑貂皮。只有公爵、侯爵、伯爵可着相同颜色的紧身上衣、短上衣、斗篷内衬、长外衣和长筒袜。吊袜带须为紫色，且须压在斗篷下方。任何人不得穿着金银色布料、亮色缎面布料、或是任何掺杂或绣有金银图案的布料所制衣物。”

——《伊丽莎白着装法令》，1574年

人们反抗禁止奢侈的法令

日常生活 饮食与服饰

对于商人和中上阶层的人们来说，他们拥有优越的物质和精神生活条件，而这在更早的时候是无法实现的。贵族的女儿一般拥有私人教师，其中有一些私人教师是人文主义学者。富商们通常会将女儿送去修道院学校，那里的教育要优于农村的教育。

对于女人而言，婚姻是一种提升社会地位的手段；同样，男人也可以通过婚姻获得巨额财富。直到21岁依然未婚的女性最后通常是去到修道院。

村民们在市镇的集市上售卖农产品

麻风病患者通常穿灰色的衣服，戴红色的帽子，而妓女则须穿鲜红色的裙子。

多数人是每日两餐，主食是蔬菜汤和面包，禽肉和鸡蛋作为补充。但是对于农民来说，牛肉和猪肉都是奢侈品。土豆来自于新大陆（美国），直到16世纪晚期才引入英国。

禁止奢侈的法令旨在通过着装强化等级差别。通常只有贵族的服装上才能装饰花边和纽扣，但是很多商人都会设法违反法令。

小结：社会地位决定了一个人的包含饮食、服饰和住房条件。

“我希望在我的王国没有如此贫穷的农民，他们即使在周日依然吃不到鸡肉。”

——亨利四世

亦见 | 冲破束缚：第 220页

布鲁内莱斯基的圣母百花大教堂的瑰丽穹顶覆盖着佛罗伦萨这一历史中心

艺术 天才的时代

文艺复兴时期的绘画、雕塑和建筑开始非常关注经典艺术和人体。在 14 世纪早期，乔托·迪·邦多纳（意大利文艺复兴初期的画家和雕塑家）已经开始将现实主义画像融入到宗教壁画之中。但是意大利文艺复兴艺术在 15 世纪末 16 世纪初达到顶峰，在“文艺复兴三杰”的作品中得到了淋漓尽致的体现。

列奥纳多·达·芬奇，画家、发明家，还是一位著作颇丰的作家。其杰作《蒙娜丽莎》和《最后的晚餐》是世界艺术殿堂中的瑰宝。他还为世人留下了 4000 多页手稿和图纸，详述了其在人体解剖学、力学、飞机原理、水力学、光学、地质学和很多其他学科中的见解。

米开朗琪罗，绘画家、雕塑家，可能是那个时代中最伟大的艺术家，将对人体的刻画带向了一个无法逾越的高度。他在梵蒂冈西斯廷教堂天花板上的壁画《创世纪》和雕塑作品如罗马的《哀悼基督》和佛罗伦萨的《大卫》，都将威严与情感带到了人文经验之中。

列奥纳多·达·芬奇的《少女头像》反映出他细腻的笔触

建筑在这一时期也发展起来。该领域的杰作有菲利波·布鲁内莱斯基的作品，他所设

“一张美丽的面庞会让我的爱达到顶峰，因为它会让我摈弃心中所有低级的欲望。”
——米开朗琪罗

扬·凡·艾克的代表作《阿尔诺芬尼夫妇像》显示了其非凡的绘画技艺

米开朗琪罗在西斯廷教堂高达80英尺的脚手架上工作了整整4年。

计的佛罗伦萨的八角穹顶教堂被看做文艺复兴时期伟大的工程壮举之一。

到了15世纪和16世纪，荷兰、德国和法国的艺术家开始将意大利的技巧与本国的传统相结合。扬·凡·艾克（“油画之父”）进一步提高了以油彩作画的技巧，同时，阿尔布雷希特·丢勒成为了他那个时代中德国最伟大的画家。

这一时期在文学领域也产生了很多天才：威廉·莎士比亚出生于英国文艺复兴时期，米奎尔·德·塞万提斯创作了许多戏剧、诗歌和小说等伟大作品。

小结：文艺复兴时期产生了大量多才多艺的艺术天才。

相关阅读：莎士比亚的话语

引用莎士比亚的话语在文学界非常普遍，如果将这看作是一种剽窃罪，那么几乎每个作家都有罪，即使他们的引用是无意识的。当阿瑟·柯南道尔笔下的夏洛克·福尔摩斯向沃森喊道，“游戏正在进行”（《福尔摩斯归来》，1904年）时，他其实是在借用莎士比亚《亨利五世》中的话语。但是莎士比亚对语言的贡献远不止那些非常有名的短语，如“终成眷属”、“反复无常”、“威风凛凛”等。字典中记载他曾创造了1000多个现在为人们所熟知的英语词语，如“outbreak”（爆发）、“vulnerable”（易受攻击的）、“bedazzle”（使困惑）、“fashionable”（时髦的）、“employer”（雇主）、“sanctimonious”（假装虔诚的）“negotiate”（协商）“obscene”（淫秽的）、“tranquil”（宁静的）、“jaded”（疲惫的）、“bedroom”（卧室）和“zany”（小丑，马屁精）。

威风凛凛

“只用你的眼神与我对饮，我也会用我的眼神来为你祝酒，或只在杯中留下一个吻，我将不再把美酒找寻。” ——本·琼森

亦见 | 世界新秩序：第280页

哥白尼的太阳系以太阳为中心

科学

重新审视

文艺复兴时期，随着科学与技术的进步，自然就会出现很多敢于怀疑、充满活力的科学家。敢于打破旧有的“宇宙不变”和“地心说”的观念，波兰的天文学家尼古拉·哥白尼发现行星围绕太阳运转——这一观测结果颇受争议，直到1543年，也就是他去世的前一年，他才将自己的“日心说”发表出来。

天文学家约翰尼斯·开普勒用了6年的时间才为其母亲洗清使用巫术的罪名。

一些伟大的天文学家，如丹麦的第谷·布拉赫和德国的约翰尼斯·开普勒，阐明了宇宙的大小和其运转机制。1609年，意大利物理学家和天文学家伽利略·伽利雷成为了第一个运用望远镜观测宇宙的科学家——其诸多发现，如木星的四大卫星，还有他的探测实验都有助于科学的发展向着现代方法迈进。

到了15世纪中期，对自然界的研究深入到微观世界。自然哲学家们开始用单镜头显微镜观察昆虫。1590年，荷兰的制镜师撒迦利亚·詹森发明

声音

霍基 伽利略“虚构的”行星们

伽利略·伽利雷

“伽利略·伽利雷，帕多瓦的数学家，来到博洛尼亚找我们，带着他的小型望远镜，通过这个望远镜他看到了4个‘虚构出来的’行星。在4月24日和25日，我基本没有睡觉，整日整夜地去以各种方式测试伽利略的望远镜，查看它在观察地面物体和高空物体时的准确程度。在地面上，它精准无误；然而在观察天空的时候，它就有失精准，因为其他已经确定的行星看起来有两个……在其发现被否定后，他在早晨很早的时候就离开了，是马吉尼先生送他离开的。他没有对我们给予的好意和想法表现出任何谢意，因为他自己宣称的完全就是无稽之谈。”

——敢于怀疑的德国科学家马丁·霍基于1610年给约翰尼斯·开普勒的信

“啊，所有那些推测宇宙永恒运动的人们，在这样的探寻中你们曾做过多少徒劳之功？还是跟随淘金者们去发现财富吧！”——列奥纳多·达·芬奇

比利时解剖学家安德雷亚斯·维萨里在帕多瓦使用尸体讲学

了复式显微镜，开启了发现世界的新纪元。

德裔瑞士籍内科医生帕拉塞尔苏斯领导了医学革命。他心直口快，善于思考，怀疑旧时的医学理念，认为疾病并非是由人体内4种体液（血液、痰液、黄胆汁和黑胆汁）不平衡引起的，这几种体液也无法决定人体的健康状况。相反，他认为外界因素才是引起疾病的原因。比利时解剖学家维萨里生活在16世纪，是解剖人类尸体的先驱，而这一做法之前都是被教会所禁止的。英国内科医生威廉·哈维在1628年首次提出了血液循环理论。

DE RENE' DESCARTES. 79

de faire mouuoir les membres auſquels ſe raportent ces tuyaux, vers les lieux auſquels ſe raportent ces endroits de la ſuperficie de la glande H. Et notez que l'idée de ce mouuement des membres ne conſiſte qu'en la façon dont ces Eſprits ſortent pour lors de cette glande, & ainſi que c'eſt ſon idée qui le cauſe.

Comme icy par exemple, on peut ſuppoſer, que ce qui fait que le tuyau 8, ſe tourne pluſtoſt vers le point b, que

LXXVII. En quoy conſiſte

在《论人体结构》一书中，法国哲学家勒奈·笛卡尔详细阐述了他的人体结构方面的理论

英国哲学家、作家弗朗西斯·培根在其开创性著作《学术的进步》（1605）和《新工具》（1620）中详述了他对科学方法本身的看法。前者考察了学术的现状，而后者则分析了他常用的归纳研究法。法国数学家、哲学家勒内·笛卡尔在其著作《方法论》（1637）中认为所有知识都是从显而易见的前提中推理得来的，该书奠定了现代哲学的基础。

小结：文艺复兴时期的逻辑推理为后来的科学革命打下了基础。

“如果我们能面对现实，或者像人们常说的那样‘睁大双眼’，我们就应该将太阳放到宇宙的中心。”——尼古拉·哥白尼

亦见｜冲破束缚：第 242 页

宗教 四分五裂的教会

1517 年，德国宗教学者马丁 · 路德给他的大主教写了一封抗议信，却不知自己即将掀起一场革命。在这封很长的抱怨信中，他一共提到了 95 点不满，并且批评了教会通过贩卖“赎罪券”来免除人们（包括在世的和去世的）罪过的行径。他认为，教会原本应是一个正派、高尚的机构，但如今却通过贩卖这些官方特免权来搜刮民脂民膏。

路德的思想原本只是为了触发一场学术论战，但却由于新式印刷机的出现而传遍了北欧。不到 50 年的时间里，路德教就连同其他持异议的基督教会一道，将罗马天主教搞得四分五裂。宗教改革就此开始了。

欧洲一向都容得下这种“百家争鸣”的场面。路德所大胆反对的那些做法，长期以来一直都让人们饱受折磨，甚至连虔诚的教会支持者们也难逃一劫。他们和人文主义者们一样，都因为教会在世俗事务中的权力越来越大而惴惴不安。教会经常向那些富庶的人家卖一些收入颇丰的文职工作，这种做法也已经不是一天两天了。

有些教皇极度虚伪，他们筹集的钱不但用于战争，还用

日内瓦传教士约翰 · 加尔文于16世纪40年代创立了加尔文教，坚信圣经的最高权威。

1529年，马丁 · 路德和胡尔德莱斯 · 慈运理与撒克逊宗教改革者们在马尔堡进行讨论

“当路德最初开始改革时，他只是温和地提出几个最难容忍的弊端。而如今，这些弊端已经完全无法被容忍了。”——约翰 · 加尔文

声音

马丁·路德 销售免罪符

马丁·路德

“教会沉溺于以你们的名义建造圣彼得堡教堂，我不反对布道者的奋力疾呼，我根本没听见，但人们从他们那里得到的完全错误的印象让我悲伤不已——不幸的人们相信只要他们购买了免罪符，其灵魂就一定能得到救赎。于是，他们再次迅速地把自己的钱财投入到那些钱箱里，就觉得灵魂逃离了炼狱。另外，上帝的恩惠如此之多，没有什么罪不可以被赦免，甚至，像他们所说的那样，即使对上帝的侵犯也可以被宽恕——虽然这是根本不可能的事情。”

——《给美因茨大主教的一封信》，1517

于粉饰罗马教廷或是举办奢靡的宴会。

路德要传达的是：救赎是上帝直接送给人们的礼物，人们无法购买，但也无需教堂人员插手。他和其他的改革家简化了教堂的教义和礼仪。他们的领袖不再称为天主教牧师，而改称为基督教新教牧师。他们布道和举办教事的时候使用当地语言，而不再使用拉丁语。

新教席卷欧洲，他们的思想比路德更为极端。在苏黎世，胡尔德莱斯·慈运理的“归正会”跟随者创立了一个“教皇国”，禁止天主教弥撒，在举办宗教仪式时也不得演奏音乐。另外一个极端群体——重浸派——在婴儿接受洗礼一事上与慈运理意见相背。他们还反对担任公职或携带武器，因为他们曾因此遭受天主教和新教的迫害。而英国教会则更保守，然而还是在1534年，亨利八世宣布自己和后嗣将作为英国教会合理的领导人时与教皇决裂。

小结：1517年，新教改革迅速席卷欧洲。

“国王公正而合法地成为、且理应成为英国教会的最高领袖。”——《至尊法案》

亦见 | 冲破束缚：第229页

三十年战争期间，帝国军队于1631年强攻马格德堡镇

冲突 宗教改革的代价

在文艺复兴和宗教改革时期，欧洲很不太平。欧洲大陆上各种涉及宗教和领土的战争此起彼伏。西班牙女王伊莎贝拉和费迪南德的孙子查理五世，占领了包括西班牙、奥地利、德国、荷兰和意大利在内的大片疆域，成为神圣罗马帝国皇帝。1521～1544年，他对弗朗西斯一世统治下的法国发动了一场残酷的战争。1525年，帕维亚战役胜利之后，弗朗西斯一世被囚入狱。

宗教改革使德国和其他一些国家分裂成为基督教新教和天主教两个敌对派系，这削弱了查理对帝国的统治。查理的儿子腓力二世是一个野心勃勃的帝国建造者，于1580年吞并葡萄牙，接着于16世纪晚期占领菲律宾群岛（为纪念他而命名）。然而，在面对新教时，他却显得无能为力。16世纪60年代，荷兰也开始反抗其统治。英格兰与荷兰站在同一战线，此后，腓力二世于1588年对英格兰发动了一场海战，然而迎接由130艘船组成的强大的西班牙无敌舰队的，不仅有英国海军，还有北大西洋的恶劣天气。最终，风暴摧毁了撤退中的舰队。

宗教战争在1545～1650年间风卷欧洲大陆。胡格诺派，

胡格诺派教徒，纳瓦尔的亨利，在圣巴托罗缪日大屠杀中幸存下来，并在1589年成为国王亨利四世。

“应该在神圣的帝国陛下和众多的基督教陛下之间建立基督的、普世的和平，订立一系列永久、真实与真诚的友好关系准则。”——《威斯特伐利亚和约》

即法国新教徒的权力和影响力在此期间迅速增强，并遭到弗朗西斯之子亨利二世的迫害。亨利二世逝世之后，内战爆发，最严重的后果就是1572年圣巴托罗缪日的大屠杀——天主教势力屠杀了上千名胡格诺派市民。最残酷的宗教战争当属

在1618年的布拉格"抛出窗外"事件中，3名天主教徒被扔出了布拉格城堡的窗户。

主战场在德国领土上的"三十年战争"（1618～1648），参战的主要有神圣罗马帝国、瑞士和荷兰，同时另一些战役也席卷了整个欧洲。为了打败新教徒，天主教会又重新启动了宗教法庭，企图彻底消灭异教徒。作为敌对的一方，路德教徒、加尔文教徒和其他教徒共同组成了反抗联盟。双方发生了激烈的冲突。战争使德国的人口、农业、商业和工业发展蒙受了惨重的损失。

《威斯特伐利亚和约》是通往宗教宽容至关重要的一步，它最终促使双方和解：天主教徒和新教徒承认了对方教徒居住在自己国家的权利。然而三十年战争使神圣的罗马帝国分裂成300个小国，这一发展也为欧洲大陆带来了社会和经济变革。

伊丽莎白一世在战胜西班牙无敌战舰后面露得意洋洋的神情

小结：由于受到宗教改革中不同势力的推动，欧洲宗教战争持续了一个多世纪之久。

人物评说

铁公爵 1507～1582年

费尔南多·阿尔瓦雷斯·德·托莱多，即"阿尔瓦公爵"，是西班牙士兵及政治家。他出身贵族，早年间就成为一名出色的士兵。他屡立战功，并被提拔到腓力国王二世的法庭任职。1567年，腓力二世派阿尔瓦到荷兰镇压反叛军。阿尔瓦公爵抓捕了叛军首领，并与臭名昭著的"血腥议会"共同建立了恐怖统治，推翻了当地的法律并判处12000名叛军死刑。腓力国王于1573年召阿尔瓦回国，并将其软禁，然而7年后阿尔瓦成功地率军占领里斯本。阿尔瓦公爵于1582年逝世，在西班牙他的声望显赫，但在葡萄牙和荷兰，一提到他的名字，人们就会想到残忍和恐怖。**结论：**贬。

阿尔瓦公爵

"大屠杀开始的信号应该由宫殿大钟来敲响。"——德杜

亦见｜冲破束缚：第246页

探险 向西方的航行

当法国、英国、德国、意大利统治欧洲之际，西班牙和葡萄牙正在悄无声息地向外扩张，寻求可以征服的新天地。葡萄牙脚踏非洲沿岸，面朝大西洋，实属开启远征之旅的最佳地势。因此，葡萄牙于15世纪晚期开始探索非洲的西海岸。由于意大利垄断了地中海航线，而土耳其人则控制着欧洲与东方的贸易（自从1453年君士坦丁堡的陷落后），葡萄牙亟需另换贸易航道。

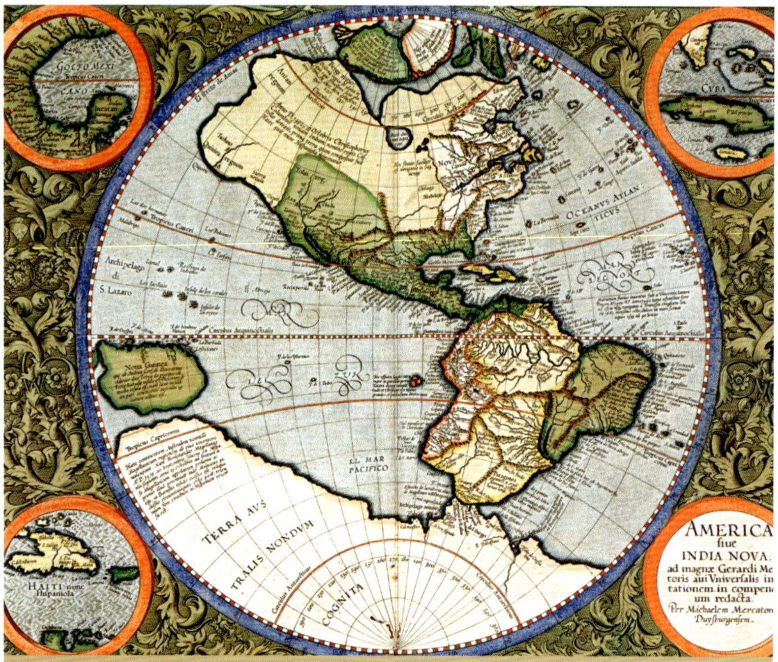

在1595年的地图上，新世界已经初具雏形

从非洲海岸进口的黄金和奴隶更加刺激了葡萄牙探险家的胃口。他们接二连三地占领了葡萄牙和非洲海岸间的岛屿：亚速尔群岛、马德拉群岛、加那利群岛和佛得角群岛。这些探险家乘着操作简单、轻快便捷的三桅帆船一路向南。

葡萄牙在新的探险之路上越走越远，这也引起了西班牙的注意。因此当一位来自热那亚、名叫克里斯多弗·哥伦布的水手向葡萄牙国王申请资金远航日本却遭拒绝时，费迪南德和伊莎贝拉却答应会考虑。

15世纪或16世纪之后，克里斯多弗·哥伦布成为硬币上的肖像人物

> 英国航海家亨利·哈德逊于1611年在哈德逊湾被船上反叛者抛弃，之后便再无音讯。

哥伦布的向正西航行至东方的想法，就算不是天方夜谭，在当时也可以算得上是奇思异想。他花了将近10年的时间才得到皇家的认可，并答应将基督教传播到海外。最后还是多亏了伊莎贝拉女王的英明，哥伦布终于获得了充足的资金开始远航。

1492年10月，哥伦布乘着三只船终于在巴哈马靠岸，然而他一生一直在偏执地认为他靠岸的地方正是东亚。这是由于他乐观地低估了海洋的宽度和地球的大小。直到下一位航海家，意大利裔的亚美利哥·韦斯普奇才证实哥伦布发现了新大陆。后来韦斯普奇的发现被刊载在了报纸上，人们也因此将哥伦布发现的新大陆

> “地图上所有的疆域都是探索者牺牲巨大的人力物力财力、冒着严寒酷暑才得以发现的。”——米格尔·德·塞万提斯

1497年，约翰·卡伯特从英国的布里斯托尔起航

> 麦哲伦的航行条件极为艰苦，有时船员饥不择食，甚至不得不以桁端上的羽毛充饥。

以韦斯普奇的名字命名为“美洲”。

1497年，威尼斯人约翰·卡伯特在英国皇室的资助下扬帆起航，向北航行，穿过大西洋，考察维京人将近500年前就已经发现的北美洲。

1519年的航行，将这一时期的海上探险推向了高潮。那年，葡萄牙的费迪南德·麦哲伦率领一支西班牙舰队寻找西行的航道，前往哥伦布未曾到达的印度群岛。1520年，麦哲伦的船只绕经南美洲之角，驶进太平洋。次年，麦哲伦因病逝世。之后胡安·塞巴斯蒂安·德·埃尔卡诺接了麦哲伦的班，率领唯一剩下的一只船继续西行，并成功地完成环球航行，于1522年返回西班牙。

小结：航海家从伊比利亚半岛起航，于15世纪末16世纪初到达并探索新世界。

西班牙航海家胡安·庞塞·德莱昂于1513年到达佛罗里达

声音

亚美利哥·韦斯普奇 蜥蜴

亚美利哥·韦斯普奇

“因此我们继续穿过他们的房子，更确切的说是帐篷，接着发现了很多活生生的怪物。这些怪物的脚被绑住了，嘴巴也绑着绳子张不开，很像欧洲的獒犬，绑着嘴巴以防止咬人。这些怪物十分残忍，我们当中没人敢碰它们，害怕它们有毒。它们有小孩子那么大；它们的脚又长又粗，还长着大爪子；它们的皮很厚，而且颜色各不相同，嘴和脸都很像蟒蛇；从嘴部到背部一直到尾巴，还长着锯齿般的突起。”

——《给佛罗伦萨行政长官的一封信》，信中描写了他在第一次南美航行的见闻

“暴风雨非常可怕，当晚就使我和其他船只分离，每一艘船都在绝望的海峡中航行，看不到希望，只能等待死亡的到来。”——**克里斯多弗·哥伦布**

亦见 | 世界新秩序：第295页

探险 向东方的航行

无论他们的船只驶向哪个方向，探险者的最终目的地都是神秘的东方，那里有珍贵的金属、珠宝，还有欧洲人特别喜欢的香料，因为在汤汁沸腾之前加一点点香料便可以让他们喜爱的肉食更加美味。随着通往亚洲新航线的发现，远东的珠宝、丝绸、胡椒、丁香、肉桂便可以不经过地中海的中间商人直接大批地进入西方市场。在资助海上探险方面，葡萄牙和西班牙遥遥领先，这些投资很快带来不菲的收益，也让先前不怎么出名的国家名声大噪。

香料群岛以岛上的肉豆蔻、豆蔻香料和丁香等著称

1498年，葡萄牙航海者瓦斯科·达·伽马的船只航行至印度

葡萄牙海上探险的最主要推动者是“航海家亨利亲王”，他创办了一所专门研究航海探险的学校，并资助了多次探索之旅。1415年，他占领了摩洛哥港口休达，成为了葡萄牙最南部省份阿尔加维省省长。他召集了来自四面八方的众多制图师、造船工匠、仪器制造商和天文学家。而他的探险者实验室研究了航海所需的各种技术，无一遗漏。

为了开展贸易和传教，亨利亲王派遣了一批航海队伍绕行非洲大陆抵达印度。海上远行开始于15世纪20年代，到了15世纪40年代亨利亲王的水手们已经绕过了1500英里之外的佛得角，并打消了人们对沸水和水怪的迷信。尽管亨利亲王并没有亲自参与航行，但他极为热心地赞助航行以至于后来他因此而负债累累。

> “西非的王子和贵族们过去常常用各种形状的漂亮的结装饰他们的毛皮，结果毛皮就好像树枝花纹锦缎一样，非常奇怪。”——理查德·艾登

15 世纪晚期，哥伦布的西部海上航行给西班牙王室带来的实在收益甚微。海上探险带来最直接商业利益的是葡萄牙探险者瓦斯科·达·伽马在1498 年的重大发现。他绕过非洲大陆西南部的岬角好望角，一直航行到印度西南海岸的卡利卡特。在卡利卡特，众望所归的海上大发现终于带来了实实在在的财富收益。葡萄牙海军司令阿方索·阿尔伯克基于1510 年在印度西海岸城市果阿建立了葡萄牙海上基地。香料的昂贵价格也由此大幅下降，威尼斯和其他贸易中心的垄断地位也因此丧失。

瓦斯科·达·伽马在其第二次航行（1502～1503）中，在莫桑比克建立了葡萄牙殖民地。

15世纪，航海家亨利亲王发起了从葡萄牙出发的海上航行

世界探险打开了机会的大门，也开始了欧洲人对土著居民的剥削。坚信“服务上帝”就是其最高职责的伊莎贝拉和其他的领导者对此踌躇不前。然而，在基督教传教或扩张的伪饰下，殖民扩张的浪潮吞没了所有的道德上的不安。

小结：早期的探险东方的海上航行开辟了贸易线路，开始了殖民掠夺时期。

瓦斯科·达·伽马 基督徒与香料

声音

瓦斯科·达·伽马

“第二天，即5月22日，达·伽马船长派遣一名罪犯前往卡利卡特，这些船再次跟随，和船长一道的那些人带他来到两个突尼斯摩尔人面前，这两个摩尔人会说卡斯提尔语和热那亚语。船长听到的第一个问候是下面这些话：‘见鬼去吧！什么风把你吹到这儿来？’他们问船长不远千里来此处是何目的，船长告诉他们，是来寻找基督徒和香料的。他们又问：‘为什么卡斯提尔的国王、法国国王、威尼斯的西纽利亚没有派人过来寻找？’船长回答说，葡萄牙国王不同意他们这样做。两个摩尔人认为葡萄牙国王做得很对。”

——达·伽马1498年远洋队员的日志

“他们很友好地接待我们，好像这些人非常乐意见到我们，不过，第一眼那看上去他们都有点吓人，因为他们手中都拿着出鞘的宝剑。”——瓦斯科·达·伽马

亦见｜冲破束缚：第229页

国家 动荡中的英格兰

1455年长期统治英格兰的金雀花王朝内部出现争端，爆发了“玫瑰战争”。这场战争是以两大家族的族徽命名的，即兰开斯特家族的红玫瑰和约克家族的白玫瑰。尽管约克家族赢得了战争，但1485年兰开斯特家族的亨利·都铎登上了王位宝座，世称“亨利七世”。

亨利七世迎娶了约克家族的伊丽莎白，由此统一了两大家族。亨利七世的儿子亨利八世，体格健壮，头发火红，于1509年继承王位，继续巩固稳定的“都铎王朝”。

在历史上，亨利八世被认为是王室中的流氓，因为他一共结了6次婚。在位期间，亨利八世利用政治影响力扩大了国王的权力。因此，当教皇拒绝批准他和阿拉贡的凯瑟琳离婚时，他断绝了王室与罗马的关系，在英国自封为英国基督教的首领。独立的英国基督教逐渐演变为英国的国教——英国圣公会。

德国肖像画家小汉斯·荷尔拜因1540年创作的亨利八世画像

亨利八世的儿子爱德华六世继承王位，于1553年去世，仅仅统治了6年。他的同父异母的姐姐，信仰天主教的阿拉贡凯瑟琳的女儿玛丽便成为英格兰的统治者。为了恢复天主教在英格兰的地位，玛丽血腥地杀死了很多新教徒，成为英国历史上的“血腥玛丽”。玛丽于1558年去世，死后，同父异母的妹妹伊丽莎白继承王位。

> 亨利八世曾和两任妻子离婚，并处死了其他两个妻子。剩下的一个妻子自然死亡，另一个妻子比他长寿。

伊丽莎白一世极为聪敏，政治英明。在她统治期间，英格兰开启了一段长期的探险和艺术创造之旅。伊丽莎白支持英国在世界扩张，促进了英格兰与亚洲的贸易，并成功抵御了西班牙无敌舰队的入侵。她还奠定了英国宗教包容的基石，允许天主教在尊重国王的

> “噢，我最亲爱的耶稣，请放了我吧。在似监狱的折磨中，在痛苦的深渊里，我为你憔悴。”——玛丽，苏格兰女王

声音

温菲尔德 等待死亡

“两个女仆撑着她，[刽子手]开始脱掉她的衣服。然后，她把十字架放在凳子上。一个刽子手，从她脖子上扯下“上帝的羔羊”，她接过去交给了其中的一个女仆，并告诉刽子手这个东西能值不少钱。然后，在她的两个女仆的陪同下，她心甘情愿地被人摘取身上的香丸珠子和其他的衣饰，她虽然脚步不稳却面带喜悦，毫无悲伤，她用自己的双手披上了他们从她身上扯下来的袖子，动作很快，就好像她盼望着早点离开尘世一样。”

——罗伯特·温菲尔德所记载的玛丽女王的死刑，1587年

苏格兰女王玛丽的死刑

前提下在英格兰发展。英国文学在“童贞女王”伊丽莎白一世的统治期间，蓬勃发展，达到世界一流水平。威廉·莎士比亚、克里斯托弗·马洛、埃德蒙·斯宾塞等大文豪，在丰富多彩的伊丽莎白英国文化中大放异彩。

能和伊丽莎白竞争王位的是玛丽·斯图亚特——苏格兰女王，亨利七世的后裔。玛丽被迫放弃王位，于1567年逃到英格兰，伊丽莎白将她囚禁了18年，后因密谋造反获罪处以死刑。然而，玛丽唯一的儿子在伊丽莎白去世后即继承王位，成为詹姆斯一世。

詹姆斯一世的儿子查理一世在位期间，议会有权限制国王的权力，查理一世为此同英国议会展开各种斗争。1629年，他解散了议会。为了筹集资金应对苏格兰的动乱，他又不得不重新召开议会，议会内部的争执和不满情绪激增，最终恶化为一场内战。1649年，查理一世以叛国罪被送上了断头台，1653年议会成员奥利弗·克伦威尔被任命为护国公。1658年克伦威尔死后，英格兰进入了两年的混乱状态，至1660年，查理一世的儿子被请来继承王位，成为查理二世。

查理一世在苏格兰强制推行英国国教《共同祈祷书》，苏格兰人民奋起反抗。

1647年，查理一世在去往监狱的路上收到玫瑰

小结：伊丽莎白一世长期的有力统治，是英格兰艰苦时期里的亮光。

“尽管是上帝置我于高位，但是我坚信我的王冠是熠熠生辉的：我的统治有你们的爱戴。”——伊丽莎白一世女王

摩尔人14世纪建造的阿尔汗布拉宫，15世纪末成为基督教中心地

帝国 驶向光荣

1469年，随着阿拉贡的费迪南德与西班牙古国卡斯提尔的伊莎贝拉联姻，西班牙最大的州联合在一起了。1492年，他们联合起来将穆斯林赶出了他们在伊比利亚最后的大本营格拉纳达。同年，西班牙资助了哥伦布的远航。费迪南德和伊莎贝拉狂热的基督教信仰的黑暗一面在臭名昭著的西班牙宗教法庭上尽显无疑。西班牙宗教法庭是罗马天主教法庭在西班牙的一个变体。除了穆斯林和其他所谓的异教，富有的犹太教徒也在反犹太人的热潮中成为迫害对象。大约2000人被怀疑为异教徒，在多米尼加共和国牧师托马斯·德·托尔克马达的主持下惨遭拷打和烧灼。这个“伟大”的审判者还促使大约160000名犹太人在1492年被驱逐出西班牙。

费迪南德和伊莎贝拉的一个女儿，阿拉贡的凯瑟琳成为亨利八世的第一任妻子。

费迪南德和伊莎贝拉的婚姻统一了西班牙两大州。

当西班牙和葡萄牙两国均急切在亚洲新大陆贸易路线上谋求垄断地位时，教皇不得不出面解决争端。1494年《托尔德西里亚斯条约》宣布，以佛得角群岛以西300里格（约合1770千米或1100英里），大约位于西经46°37'的南北经线，为两国的势力分界线，分界线以西为西班牙所有，而分界线以东一直到亚洲海岸为葡萄牙所有。自从南美

费迪南德和伊莎贝拉的联姻统一了西班牙的两大州

“如果用火战胜异教是一种艺术，那么这些刽子手就是世界上最有学识的医生。”

——马丁·路德

洲东海岸的分界线划分出之后，东部的巴西就归属葡萄牙。到了1550年，西班牙从新世界迅速敛集了一艘艘金银财物，这些

到了17世纪末期，葡萄牙统治下的巴西是世界上最大的蔗糖生产国，奴隶是庄园的主要劳动力。

目击证人聚集到马德里马约尔广场斥责异教徒

财富再加之多次与欧洲各王室联姻，使得西班牙成为欧洲的霸主。而控制着东部贸易活动的葡萄牙也成为一方强国。

1556年，哈布斯堡皇室的一名有影响力的成员腓力二世，成为覆盖西班牙、荷兰和意大利部分地区强大帝国的国王，他还寻求进一步扩大帝国版图。

接下来的40年里，他攻下了菲律宾，兼并了葡萄牙，在1571年勒班陀战役中战胜了土耳其帝国舰队。与此同时，满载财富的西班牙帆船已经成为英国和荷兰的水手们眼中的肥肉。为了惩罚英格兰的海盗行为，腓力率领麾下的无敌舰队试图袭击英格兰群岛。然而，1588年的一次战争使其名誉扫地，战争也成了一个转折点，尽管它并非意味着西班牙霸权的终结。

接下来的几十年里，西班牙维持了世界霸主的地位，尽管它不得不出血本偿还外国银行的债务。在此期间，艺术活动兴盛，成就了著名的小说家米奎尔·德·塞万提斯和格列柯、委拉斯开兹等著名画家。

小结：靠着探险积累起来的财富，西班牙和葡萄牙崛起，成为世界上的强国。

声音

西班牙 落入海盗的手中

“当驱逐的法令传到其他国家之后，来自热那亚的船舶便航行至西班牙海港，载走了大批犹太人。连这些船舶的海员们也恶意卑鄙地对待这些犹太人，他们抢劫他们的财物，把一些犹太人交到了一个出了名的被称为“热那亚海盗船”的海盗手里。一些人侥幸逃脱，到达热那亚，城里的人十分绝情，压迫他们、抢劫他们，他们的心残忍到抢走妇女怀中的婴儿。很多犹太人在的船上，尤其是从西西里驶出的船上，辗转来到港口城市那不勒斯。这个国家的国王对犹太人很友好。

——西班牙1492年驱逐犹太人的记录

被驱逐出西班牙的犹太人

“活着的人雄心勃勃地想征服整个世界，其实死后所需的土地也就那么一小块。”

——腓力二世

恐怖的沙皇伊凡攻占了利沃尼亚人的堡垒

国家 最早的沙皇

15世纪，鞑靼蒙古人控制了俄罗斯，强迫俄罗斯人民进贡。1480年，伊凡三世即伊凡大帝将莫斯科从蒙古人的铁蹄中解放出来。自称“沙皇”的伊凡大帝扩建了克里姆林宫，并将俄罗斯的统治扩大到了北冰洋。他的孙子伊凡四世是早期沙皇中最令人生畏和最有权势者之一。伊凡四世，世称伊凡雷帝，16岁即位，他逮捕、拷打、处死了很多被怀疑谋反者而臭名昭著。然而，作为一个统治者，伊凡四世实现了中央集权，扩大了俄罗斯与欧洲的贸易，并将俄罗斯的疆土向东和向南扩张。

据说，伊凡三世是传说中基辅罗斯挪威开国者留里克的后代。

1598年，伊凡四世的儿子费奥多尔·伊万诺维奇沙皇去世，之后俄罗斯陷入了15年的“麻烦时期”，尽管鲍里斯·戈都诺夫继承了沙皇王位并做出了巨大努力。1608年波兰占领了莫斯科，1613年莫斯科反击取胜，新沙皇罗曼诺夫由此坐稳了沙皇宝座。

17世纪掌握政治大权的俄罗斯贵族

人物评说

鲍里斯·戈都诺夫 约1551～1605年

鲍里斯·戈都诺夫

鲍里斯·戈都诺夫是伊凡四世弱智儿子费奥多尔·伊万诺维奇沙皇的顾问，是费奥多尔·伊万诺维奇沙皇统治时期的实际掌权者。16世纪90年代，他挑起了俄罗斯与瑞典的战争，并获得大胜，占领了芬兰湾沿岸的土地，挫败了鞑靼蒙古对莫斯科的进攻，巩固了外贸，建造了数个军事堡垒和防御重镇。费奥多尔·伊万诺维奇沙皇死后，国会选举戈都诺夫为沙皇。即位后，他推行了几项为人熟知的改革，包括重整司法体系，允许建造路德教堂，就土地事宜同其他国家谈判。**结论**：褒。

小结：沙皇俄罗斯摆脱了鞑靼蒙古的统治，并将领土大范围地扩张到莫斯科以外。

“如果你要以基督的名义亲吻一个人，那你就要屏住呼吸亲吻她（他），而不能唾沫飞溅。

——《俄罗斯家规》

帝国 奥斯曼帝国

苏莱曼大帝卡努尼是奥斯曼帝国最为杰出的君主之一

1453年，奥斯曼帝国攻下君士坦丁堡后，势力深入欧洲，先后征服雅典、塞尔维亚和阿尔巴尼亚。奥斯曼帝国拥有强大的陆军和海军，靠着劫掠来的财富肥得流油。奥斯曼土耳其人是逊尼派穆斯林，他们认为其神圣的职责便是打败基督徒，但他们与伊朗的什叶派穆斯林也有交手，因为他们视什叶派为异端。在"冷酷者"塞利姆苏丹的领导下，奥斯曼人从统治了埃及长达250多年的马穆鲁克人手中夺取了叙利亚和开罗。到了16世纪中叶，苏莱曼一世苏丹（卡努尼）将帝国拓展到了史上最为辽阔的疆域，西至阿尔及尔，东到巴林，南到也门，北至匈牙利。奥斯曼人还控制了地中海岸和黑海的大部分地区。但1571年在勒班陀港（位于今日的希腊），来自西班牙、威尼斯和意大利罗马教廷诸王国的海军舰队一举击败了100多艘奥斯曼帝国的战舰，终于遏制了奥斯曼帝国的扩张步伐。虽然遭此浩劫，但奥斯曼帝国的繁荣一直持续到17世纪末，由于战事不利，君主昏庸，最终帝国走向衰落。苏莱曼大帝卡努尼是奥斯曼帝国最为杰出的君主之一。

奥斯曼帝国的男人最多可以有4个合法妻子，她们在家里的住所称为后闺。

小结：进入17世纪后，奥斯曼的霸权依然继续朝东西两个方向扩张。

在1571年的勒班陀战役中，神圣同盟的舰队击败土耳其舰队

“我的女人一头秀发，我爱的人眉目含情，眼中满是淘气……我会永远为你唱赞歌。”

——苏莱曼一世

路德《九十五条论纲》

为了给罗马圣彼得大教堂的重建募集资金，教皇利奥十世于 1517 年在德国各省大力销售免罪符。最初发行免罪符是用来赦免罪人免受教会的惩罚，后来范围扩大到赦免罪人在炼狱中遭受上帝的惩罚。34 岁的修道院学者马丁·路德精通法律、哲学和神学，他认为这些免罪符不仅导致腐败，而且是露骨地亵渎上帝。路德认为只有上帝可以宽恕人的罪孽，他写下了一套共 95 条论纲，对宽容的力量和教皇的权威提出质疑。宗教改革从此开始了。

钉下了自由 路德于 1517 年 10 月 31 日写下了《九十五条论纲》，但他是否真的在德国维滕贝格城堡教堂的大门上钉下了一块牌子来张贴《九十五条论纲》，学界依然争论不休。无论如何，路德的论文迅速传遍全国。罗马教皇的代理人称路德为“长着黄铜脑子和铁鼻子的麻疯病人。”有些人赞成把他烧死，但他又活了几十年，写文章，进行辩论，娶了一个还俗的修女，生了 5 个孩子。

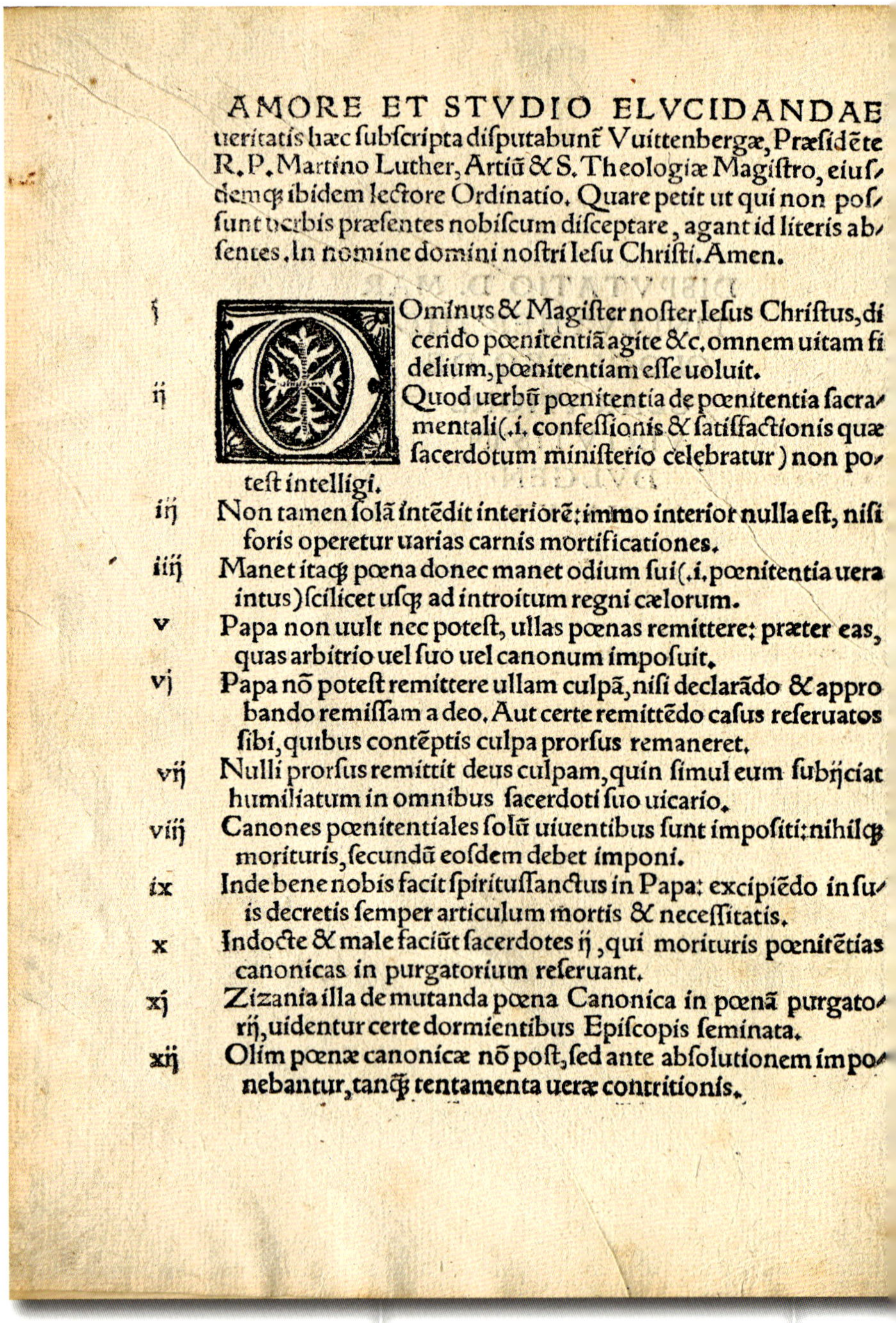

AMORE ET STVDIO ELVCIDANDAE ueritatis hæc subscripta disputabunt Vuittenbergæ, Præsidēte R. P. Martino Luther, Artiū & S. Theologiæ Magistro, eiusdemq; ibidem lectore Ordinatio. Quare petit ut qui non possunt uerbis præsentes nobiscum disceptare, agant id literis absentes. In nomine domini nostri Iesu Christi. Amen.

i Dominus & Magister noster Iesus Christus, dicendo pœnitentiā agite &c. omnem uitam fidelium, pœnitentiam esse uoluit.

ij Quod uerbū pœnitentia de pœnitentia sacramentali (.i. confessionis & satisfactionis quæ sacerdotum ministerio celebratur) non potest intelligi.

iij Non tamen solā intēdit interiorē: immo interior nulla est, nisi foris operetur uarias carnis mortificationes.

iiij Manet itaq; pœna donec manet odium sui (.i. pœnitentia uera intus) scilicet usq; ad introitum regni cælorum.

v Papa non uult nec potest, ullas pœnas remittere: præter eas, quas arbitrio uel suo uel canonum imposuit.

vj Papa nō potest remittere ullam culpā, nisi declarādo & approbando remissam a deo. Aut certe remittēdo casus reseruatos sibi, quibus contēptis culpa prorsus remaneret.

vij Nulli prorsus remittit deus culpam, quin simul eum subijciat humiliatum in omnibus sacerdoti suo uicario.

viij Canones pœnitentiales solū uiuentibus sunt impositi: nihilq; morituris, secundū eosdem debet imponi.

ix Inde bene nobis facit spiritussanctus in Papa: excipiēdo in suis decretis semper articulum mortis & necessitatis.

x Indocte & male faciūt sacerdotes ij, qui morituris pœnitētias canonicas in purgatorium reseruant.

xj Zizania illa de mutanda pœna Canonica in pœnā purgatorij, uidentur certe dormientibus Episcopis seminata.

xij Olim pœnæ canonicæ nō post, sed ante absolutionem imponebantur, tanq; tentamenta ueræ contritionis.

“第1条，当我们的主耶稣基督说‘你们应当悔改’的时候，他是说信徒一生应当悔改。”

“第5条，教皇除凭自己的权柄或凭教条进行惩罚以外，既无意也无权免除任何惩罚。”

供辩论的观点 路德的《95条论纲》（供辩论的提纲）很可能贴在了公共场所，因此其目的在于引发学术讨论。

“神父赦免炼狱中的悔过的死者的行为是无知可耻的。”

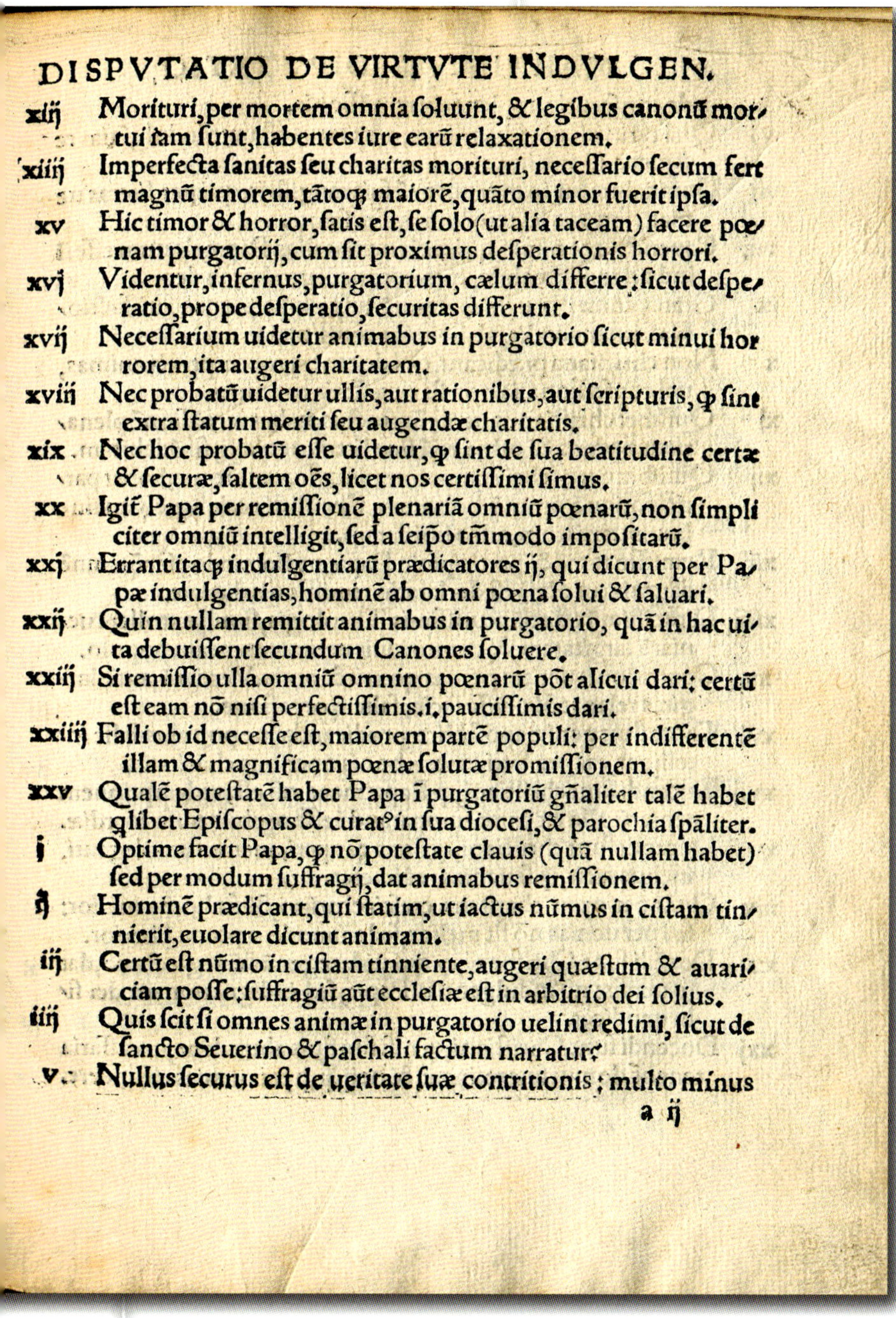
DISPVTATIO DE VIRTVTE INDVLGEN.

xiij Morituri, per mortem omnia soluunt, & legibus canonũ mortui iam sunt, habentes iure earũ relaxationem.

xiiij Imperfecta sanitas seu charitas morituri, necessario secum fert magnũ timorem, tãtoq; maiorẽ, quãto minor fuerit ipsa.

xv Hic timor & horror, satis est, se solo (ut alia taceam) facere pœnam purgatorij, cum sit proximus desperationis horrori.

xvj Videntur, infernus, purgatorium, cælum differre: sicut desperatio, prope desperatio, securitas differunt.

xvij Necessarium uidetur animabus in purgatorio sicut minui horrorem, ita augeri charitatem.

xviij Nec probatũ uidetur ullis, aut rationibus, aut scripturis, ꝙ sint extra statum meriti seu augendæ charitatis.

xix Nec hoc probatũ esse uidetur, ꝙ sint de sua beatitudine certæ & securæ, saltem oẽs, licet nos certissimi simus.

xx Igit Papa per remissionẽ plenariã omniũ pœnarũ, non simpliciter omniũ intelligit, sed a seipo tm̃modo impositarũ.

xxj Errant itaq; indulgentiarũ prædicatores ij, qui dicunt per Papæ indulgentias, hominẽ ab omni pœna solui & saluari.

xxij Quin nullam remittit animabus in purgatorio, quã in hac uita debuissent secundum Canones soluere.

xxiij Si remissio ulla omniũ omnino pœnarũ põt alicui dari: certũ est eam nõ nisi perfectissimis. i. paucissimis dari.

xxiiij Falli ob id necesse est, maiorem partẽ populi: per indifferentẽ illam & magnificam pœnæ solutæ promissionem.

xxv Qualẽ potestatẽ habet Papa ĩ purgatoriũ gñaliter talẽ habet qlibet Episcopus & curat⁹ in sua diocesi, & parochia spãliter.

j Optime facit Papa, ꝙ nõ potestate clauis (quã nullam habet) sed per modum suffragij, dat animabus remissionem.

ij Hominẽ prædicant, qui statim, ut iactus nũmus in cistam tinnierit, euolare dicunt animam.

iij Certũ est nũmo in cistam tinniente, augeri quæstum & auariciam posse: suffragiũ aũt ecclesiæ est in arbitrio dei solius.

iiij Quis scit si omnes animæ in purgatorio uelint redimi, sicut de sancto Seuerino & paschali factum narratur?

v Nullus securus est de ueritate suæ contritionis; multo minus

a ij

刻在青铜上 据说路德的《九十五条论纲》就是钉在城堡教堂的木门上，不过木门于1760年焚毁。1858年，教会换上了青铜门（见下图），上面刻有拉丁文版的《九十五条论纲》。

“第28条，很显然，当钱币投入钱柜中“叮当”作响的时候，增加的只是贪欲心，至于代祷是否有效，完全只能以上帝的意志为转移。”

“第45条，基督徒须知，人若看见弟兄困苦，不予援助，反用他的钱购买赎罪券，他所得的并不是教皇的赦免，而是上帝的愤怒。”

“第75条，把教皇的赎罪券看得这么有效，甚至认为它们能赦免一个（假定那不可能的事）玷辱了圣母的人，这简直是疯狂的看法。”

重要日期

1517年10月 路德发布《九十五条论纲》

1517年12月 美因茨大主教怒不可遏，将一份《论纲》送至罗马

1518年10月7日 一位红衣主教传唤路德到奥格斯堡，对《九十五条论纲》进行答辩。因担心入狱，路德后来逃脱

16世纪20年代 路德教成为基督教的一个分支，在德国传播开来

1521年1月 因被控诋毁教皇，攻击朝圣和向圣徒奉献等教会规则，路德被逐出教会

1534年 路德发布具有里程碑意义的《圣经》德译本

“地狱、炼狱和天堂之间的区别，似乎是与绝望、几乎绝望和确信之间的区别是相同的。”

从拉丁语到德语 《关于赎罪券效能的辩论纷争》，或称《九十五条论纲》，最初用拉丁文写成，但很快就被翻译成德文，大量印刷。

亦见 | 冲破束缚：第246页

关键时期

1492年
探险家克里斯托弗 · 哥伦布到达伊斯帕尼奥拉岛海岸

1521年
科尔蒂斯击败阿兹特克人，攻下特诺奇蒂特兰

1539年
德索托带领一支探险队横跨美国东南部

1540年
科罗纳多前往美国西南部寻找黄金

美洲

1450～1650年

15世纪中后期开始，欧洲国家花了近3个世纪的时间将势力范围延伸至全球，成为历史上最伟大的征服和殖民时期之一。哥伦布于1492年在加勒比海登陆不到3个月，就代表西班牙在新大陆建立了首个殖民地。他的旗舰“圣玛丽亚”号从一个岛巡游到另一个岛，终于在一个大岛——伊斯帕尼奥拉岛（如今由海地和多米尼加共和国分治）搁浅。泰诺印第安人将他们拯救上岸，哥伦布认为这是上帝要他在那里定居的旨意。翌年，哥伦布重返此地，却发现这个殖民地被摧毁了。这可能是与他们为敌的印第安人干的。于是他又修建了一座更大的堡垒，担任伊斯帕尼奥拉岛的首任总督。他呼吁善待当地土著人，采购印第安人生产的棉花，开采黄金，基本上通过岛屿之间的贸易，使这个殖民地和他本人发了财。印第安人实际上成了服侍新主人的农奴，但凡抵抗者一律遭到严惩。面对外来者的火枪和刀剑，土著人几乎毫无招架之力，但更具破坏性的则是在不知不觉中在当地人口中流行的新型疾病。

哥伦布将印第安人作为奴隶运回西班牙，但大多数人在途中死亡。最终这一做法被叫停。取而代之的做法是，将非洲奴隶贩运到加勒比地区种植甘蔗和其他作物。1511年，在牙买加、波多黎各和古巴又新建了一批西班牙殖民地。

殖民者在墨西哥和南美腹地探矿，终于找到了他们苦苦寻觅的矿产财富。西班牙征服者们大部分是贵族，但很少或根本没有继承任何财产，他们带领西班牙和葡萄牙探险队攻陷了阿兹特克帝国和印加帝国。大多数征服者用当地武装来补充兵力，因为这些当地人对原先的执政者早就心怀怨恨，但真正渔利的是欧洲冒险家，他们获得的回报是土地授予和金钱。

随着西班牙人大举进入佛罗里达和新墨西哥，殖民者在北美的竞争日趋激烈。16世纪中叶，法国在加拿大建立了殖民地，而英国和荷兰则开始在从弗吉尼亚到马萨诸塞州的大西洋海岸建立了殖民地。

> 在欧洲发现新大陆后，一个忙着扩张殖民地的时代开始了。西班牙征服者们首当其冲，奴役当地百姓，将掠夺的战利品送回家乡，于是西班牙帝国在经济上富裕起来。

上页：1492年克里斯托弗·哥伦布到达美洲，开辟殖民统治的新大陆

1565年
西班牙在佛罗里达州圣奥古斯丁建立了一个殖民地

1585年
英国设立了命运多舛的罗阿诺克殖民地

1607年
英国人在弗吉尼亚州詹姆斯敦建立一个永久性殖民地

1620年
清教徒乘着“五月花”号横渡大西洋，到达马萨诸塞湾

亦见 | 帝王和游牧民族：第211页

探险 哥伦布

克里斯托弗·哥伦布精通航海技术，他在家乡热那亚附近水域练出了一身过硬的本领。在西班牙王室的资助下，他于1492年率领3艘船横渡大西洋，携带着各种最新式仪器，包括一个星盘来帮助他找到纬度。经度靠的是估测，使用指南针、沙漏计时以及打结的绳子来测量航船速度。

哥伦布从西班牙出发，航行到加那利群岛，然后一路向西，连续7个星期没有看见陆地，焦躁不安的船员们的哗变倾向越来越明显。1492年10月12日，他们可能在巴哈马的圣萨尔瓦多岛登陆。哥伦布总共4次从西班牙到达加勒比海地区，他至死都相信自己发现的是亚洲的岛屿。他在贫困潦倒中死去，在地理发现和殖民热潮中，他的成就遭到了冷落。

“平塔”号、“尼娜”号和“圣玛丽亚”号3艘船驶向西印度群岛

小结：哥伦布自以为找到了到达亚洲的捷径，其实却开辟了一个新大陆。

美 洲

克里斯托弗·哥伦布
1451～1506年
意大利探险家，向西航行寻找东方

弗朗西斯科·皮萨罗
1475～1541年
西班牙征服者，在南美洲征服印加王国

埃尔南·科尔蒂斯
1485～1547年
西班牙征服者，带领一支探险队征服了墨西哥的阿兹特克王国

雅克·卡蒂埃
1491～1557年
法国水手，发现了加拿大的圣劳伦斯湾

约翰·温思罗普
1588～1649年
马萨诸塞湾殖民地的第一任总督。

相关阅读：哥伦布的交流

哥伦布掀起了欧洲与美洲之间交流的序幕。动物、粮食、疾病和思想纷纷飘洋过海，从一个世界传到另一个世界。烟草、土豆、南瓜、玉米、木薯、西红柿、可可豆、火鸡都是欧洲人从未见过的稀罕物，如今这些大部分都变成了他们的主食。欧洲人带来了家畜，包括马、猪、羊、牛；水稻、小麦、苹果等作物；还有来自非洲的产品，如香蕉、咖啡豆和甘蔗。新大陆进口的为祸甚巨的物品包括火枪、火药、天花、麻疹，还有一些无意中被携带的乘客，如蒲公英和繁缕。

来自南美的西红柿

“殿下在这里有了另一个世界，这里可以大力推广我们神圣的信仰，也可以收获巨大的财富。”——克里斯托弗·哥伦布

阿兹特克末代国王夸乌特莫克被科尔蒂斯的大军所俘，遭到酷刑折磨，后被绞死

冲突 阿兹特克人

墨西哥南部的阿兹特克文明在200岁时达到了巅峰。此时，西班牙征服者埃尔南·科尔蒂斯前来拜访。科尔蒂斯时年19岁，性子急，爱争吵，于1504年航行到加勒比地区。他协助建立了古巴殖民地后，受命带领探险队于1519年到达墨西哥。他深谙如何统治土著居民，于是率领600人乘坐11艘船，航行到了阿兹特克王国的领土上。在建成不久的韦拉克鲁斯港口登陆后，他烧掉了船只，昭示手下破釜沉舟的决心。

大军朝内陆进发，一路上用大炮和骏马来恐吓当地人，因为他们从未见过这些怪物。情妇兼翻译玛琳驰介绍科尔蒂斯结识了阿兹特克统治者蒙特祖玛二世。蒙特祖玛二世起初认为西班牙人是羽蛇神的化身，但科尔蒂斯将国王劫持为人质，蒙特祖玛的弟弟率领阿兹特克人袭击西班牙人。蒙特祖玛重伤不治，而科尔蒂斯撤出了首都特诺奇蒂特兰。科尔蒂斯招募了约20万对阿兹特克王国索取朝贡和对殉葬早有怨言的印第安人，翌年重返阿兹特克王国。此时蒙特祖玛已经去世，科尔蒂斯发现该国发生叛乱，同时天花疫情正在肆虐。经过4个月的围城之战，他于1521年摧毁了首都，并在原址上创立了墨西哥城。

> 在阿兹特克神话中，羽蛇神离开墨西哥时，发誓说总有一天要归来。

小结： 科尔蒂斯凭着阴谋诡计和政治操纵，于1521年征服了墨西哥。

“科尔蒂斯用奇特而野蛮的口音回答，面朝玛琳驰说道：告诉蒙特祖玛，我们是朋友。没什么好怕的。”——阿兹特克史书

亦见｜帝王和游牧民族：第212页

冲突 印加人

和科尔蒂斯一样，西班牙征服者弗朗西斯科·皮萨罗用阴谋诡计击败了一个帝国。皮萨罗陪同探险家瓦斯科·努涅斯·德·巴尔博亚于1513年穿越巴拿马，到达太平洋。1531年到达秘鲁时，他手下不到200人，面对印加领袖阿塔瓦尔帕数万大军，他几乎没有胜算。于是他反其道而行之，将阿塔瓦尔帕诱骗到西班牙阵营囚禁起来，杀害了手无寸铁的代表团。然后他收到了一大笔巨额的黄金赎金，找了个莫须有的罪名将阿塔瓦尔帕处死。在5年内，他攻下了印加首都库斯科，赶走了统治者，建立了新的首都利马。

印加末代帝王阿塔瓦尔帕在位8年

这把用于仪式的印加刀形似纳拉姆普神，神话中一位经海路来自北方的统治者

西班牙人同对墨西哥人的做法如出一辙，招募当地人推翻印加帝国，然后强索徭役和贡品。16世纪，西班牙流入了大量来自南美和墨西哥的白银，以及大量来自中美洲的黄金。

> 阿塔瓦尔帕对基督教的合法性提出质疑，并将别人送给他的一本《圣经》扔在地上。

至于皮萨罗，他住在秘鲁，与他以前的战友迭戈·德·阿尔马格罗同室操戈，并杀害了对方。但阿尔马格罗的追随者于1541年结果了皮萨罗的性命。

小结：16世纪30年代，皮萨罗征服秘鲁，将大量战利品送回西班牙。

“印加人在所有大都市内均建有太阳神庙、造币厂，还有许多银匠专门制造贵重的金片或是精美的银制器皿。”——佩德罗·谢萨·德·莱昂

西班牙人侵略并洗劫了一个印第安人村庄，试图寻找黄金

帝国

伊比利亚的殖民地

与墨西哥和秘鲁的遭遇一样，16世纪，整个拉丁美洲其他地方也都被西班牙征服。西班牙冒险家佩德罗·德·瓦尔迪维亚于1540年进入了今天的智利，建立了圣地亚哥市。当地阿洛柯人将该城摧毁，但西班牙又将之重建起来，又建立了其他几座城市。失去了统一的帝国后，这里的印第安人顽强抵抗西班牙人的殖民活动长达3个世纪。殖民者们也从秘鲁涌入阿根廷，到了1580年，布宜诺斯艾利斯市已经建成。按照条约，巴西归葡萄牙所有，葡萄牙人于16世纪30年代开始在此定居。

1630年，荷兰人控制了巴西东北部，但于1654年被赶了出去。

西班牙和葡萄牙殖民者建立首批定居点后，便纷纷涌入南美，容易开采的黄金和白银迅速殆尽，于是他们便设立种植园。战争和疾病令许多印第安人死于非命，其他印第安人被迫接受委托监护制，沦为农奴。反抗运动遭到残酷镇压，死者数以百万计。为了取代印第安人，殖民者们输入了大量的非洲奴隶。

小结： 西班牙和葡萄牙在16世纪占领了整个南美洲。

声音

阿吉雷 寻找黄金国

“陛下从我们实况报告中可以读到，马拉尼翁河非常深，连续航行800里格，两岸一直很荒凉，没有一座城镇。我们一路上见到了6000多个岛屿。只有上帝才知道我们如何逃脱这个可怕的湖！陛下，大人们，建议你们不要试着派遣或允许一支船队到这个阴森的河流，因为……这条河中除了绝望，什么都没有。”

——诺普·德·阿吉雷致西班牙国王腓力书，1561年

黄金国

“西班牙人依然无恶不作，将当地土著人撕成碎片，杀死他们，让他们遭受了无尽的苦难和折磨。”——巴托洛梅·德拉斯·卡萨斯

亦见 | 世界新秩序：第310页

1541年，埃尔南多·德·索托到达密西西比河，插上一座十字架，作为西班牙领土的标志

探险 西班牙人入侵

西班牙人将目光转向北美，没有发现多少黄金，却遭到印第安人的英勇抵抗。探险家胡安·庞塞·德莱昂于1508～1509年间探索了波多黎各。为了寻找传说中的不老泉，他于1513年到达一片郁郁葱葱的土地，将这里命名为佛罗里达。但他寻找不老泉未果，1521年返回途中遭到当地印第安人袭击，重伤不治。

18年后，埃尔南多·德·索托率领700人对美国东南部进行了为期4年（1539～1543年）的探险活动，全程4000英里，此行结了不少仇。他病逝在对密西西比河探险的途中，留给土著人的遗产只是疾病、怀疑和骚乱。同样，弗朗西斯科·巴斯克斯·德·科罗纳多于1540年从墨西哥向北进发，寻找传说中锡沃拉的7个城市未果，却弄得印第安人的村庄鸡飞狗跳。

早期探险家虽然到处破坏安宁，却也为欧洲更新了大量地理知识，以及永久定居可能比快速打劫黄金更划算这一观念。佛罗里达州的西班牙殖民运动始于1565年，佩德罗·梅嫩德斯·德·阿维莱斯创立了圣奥古斯丁城，摧毁了北面一个法国人定居点。虽然方济各会在佛罗里达州举行了数十次传教之行，但传教活动在西部获得了更加永久性的成功。

英国人建立詹姆斯敦两年后的1609年，西班牙人建立了圣达菲。

小结：16和17世纪，西班牙人在佛罗里达和新墨西哥州定居下来。

“他们让我们了解到，距离这里很远的地方有一个省叫做阿巴拉陈，那里盛产黄金，我们想要的东西应有尽有。”——卡韦萨·德·巴卡

探险 新法西

1534 年，雅克·卡蒂埃乘帆船到达圣劳伦斯湾，法国对新大陆的探险正式开始了。卡蒂埃次年返回后，试图开辟东西印度群岛的西北航道未果。他和其他欧洲人一样，俘虏了一些印第安人带回家乡，与印第安人结下了仇。但到了 1600 年，法国人在欧洲开辟了销售海狸毛皮帽子的市场空间。这一贸易有利可图，因而大大刺激了新法国即加拿大的发展。

1608 年，萨缪尔·德·尚普兰在加拿大魁北克省创建了一个法国的永久定居点，与当地许多部落尤其是休伦族结盟。耶稣会传教士很快赶到，导致了欧洲疾病的传播，面临对手易洛魁人（住在现今的纽约州）的进攻，休伦人毫无招架之功。尽管暴力事件不时爆发，但被称为沃亚格鲁斯的皮毛商人还是于 1642 年成立了蒙特利尔，并乘独木舟深入西部地区。

长条屋和木栅栏是萨斯奎汉纳印第安人村落的标志

300多年来，探险家一直在寻找西北航道，即大西洋和太平洋之间的海上航线。

小结：法国人于1534年开始鲸吞加拿大。

声音

尚普兰 很容易翻船

“此地有许多野蛮人前来交易皮毛，他们中几个人划着独木舟靠近我们的船只，这些独木舟八九步长，中部约一步到一步半宽，两端越来越窄。如果不知如何驾驭的话，这种独木舟很容易翻船。独木舟由桦树皮制成，内部用排列整齐的白雪松作为肋材加固。独木舟非常轻，一个人可以轻松携带。分摊到每个人头上的重量仅相当于一根烟斗。”

——《魁北克的建立》，作者萨缪尔·德·尚普兰，1608年

萨缪尔·德·尚普兰

“我比较倾向于相信，这是上帝给该隐的土地。”——雅克·卡蒂埃

亦见 | 世界新秩序：第312页

殖民地 反对之声

1585年，英国殖民者到达北卡罗莱纳州海岸的罗阿诺克岛，这里看起来很适合定居。定居者与印第安人几次交锋后，放弃了北美第一块英国殖民地。但1587年的第二次远征团更加庞大，达117人。由于殖民地物资匮乏，领队约翰·怀特被迫返回英格兰求援。英国和西班牙之间的战争使他连续三年无法返回罗阿诺克，后来他发现这个殖民地已经荒废。这块迷失的殖民地命运如何，至今仍是个不解之谜。

因宣扬宗教自由，安妮·哈钦森被逐出马萨诸塞州

英国人再次试图建立殖民地，过程充满艰辛。詹姆斯敦于1607年在弗吉尼亚州建立，它位于詹姆斯河岸上一个布满沼泽的岛屿上。虎视眈眈的印第安人、疟疾和饥饿几乎摧毁了这个殖民地，但从英国陆续赶来的新鲜血液让他们保住了在这个大陆上的立足点。1612年，殖民者约翰·罗尔夫将西印度的烟草引入了这块土壤，詹姆斯敦总算有了经济作物。

沃尔特·雷利爵士的船只接近佛罗里达州北部海岸

弗吉尼亚州形成了烟草种植园经济体，干活的大多是身

> 刻在一个栅栏上的“CROATOAN”，这些字母是迷失的殖民地人们留下的极少数线索之一。

约翰·温斯罗普 山上的城市

声音

“在这项工作中，我们必须团结如一人。我们如手足般亲睦。为了他人温饱，我们必须愿意生活简朴。我们必须秉持温良恭俭让的精神共襄其事。我们必须团结友爱，急人所急，荣辱与共，患难与共，作为集体的一份子，在工作中时刻不忘记使命和集体。因此我们将以和平为纽带，统一思想……因为我们必须考虑到我们将是山上的城市。大家的目光都集中在我们身上。”

——基督徒慈善之模范，写于“阿贝拉”号船上，1630年

“小小蜡烛可照亮千人，而这里点燃的光明照亮了许多人，从某种方面上看，照亮了我们整个国家”。——威廉·布拉德福德

1620年，分裂主义清教徒或称朝圣者在马萨诸塞州的普利茅斯下船上岸

背契约的仆人。马里兰殖民地也形成了类似的经济体。马里兰殖民地于1634年由卡尔弗特家族建立，这些贵族来此是为了躲避其他天主教徒。

在美国寻求避难的其他宗教异见人士还有清教徒，这些新教徒们与英国教会不和。其中一个清教徒群体于1608年迁往荷兰，然后于1620年乘“五月花”号来到新大陆。他们自称朝圣者，在普利茅斯定居下来。在那里，他们遇到了印第安人。幸运的是，这些印第安人不希望与人为敌，并教会了他们如何种植玉米和其他当地作物。

罗杰·威廉姆斯写下了《美洲语言要略》，这是以英语写成的第一部印第安语言研究成果。

又一群人数众多的清教徒于1630年到达马萨诸塞湾，建立波士顿城。因反对殖民地的清教而知名的罗杰·威廉姆斯被推翻，他于1636年建立附近的罗得岛殖民地。他与纳拉甘西特印第安人联合起来，于1637年帮助殖民者打败并几乎全歼了佩科特人。

小结：英国人于1607年获得了在美洲的詹姆斯敦据点，然后又将目光对准了新英格兰。

远征画家约翰·怀特笔下描绘的北卡罗莱纳州帕梅欧克印第安村民

“没有智慧的官府仿佛没有开刃的巨斧，干不了活儿，只会让用它的人鼻青脸肿。”

——安妮·布拉德斯持里特

亦见 | 冲破束缚：第260页

关键时期

1368～1644年
中国正值明朝的鼎盛时期

15世纪
廷巴克图成为横跨撒哈拉大沙漠的桑海贸易帝国的中心

1510年
葡萄牙人在阿方索·德·阿尔布克尔克的率领下占领果阿

1523年
巴卑尔入侵印度，开创了莫卧儿帝国

亚洲和非洲

1450~1650年

随着东方蒙古帝国的衰落，亚洲趋于稳定。中国的明朝天下太平，欣欣向荣，建立了与日本的贸易关系，首都迁往北京，并加固了长城。截至1500年，132岁的明王朝是当时世界上最强大、最先进的国家。16世纪80年代，意大利传教士从因宗教战争而满目疮痍的欧洲到达中国，认为这些飞檐彩瓦的中国城市说明这个国家文明高度发达。但在17世纪因战争和饥荒引发的起义让明朝光彩不再。1523年，蒙古后裔巴卑尔从阿富汗入侵印度，建立莫卧儿帝国，开始了对印度三个多世纪的统治。莫卧儿在印度语中是指突厥人和蒙古人的后裔。巴卑尔之孙阿克巴统治印度长达半个世纪，巩固了莫卧儿帝国在印度北部的统治。莫卧儿帝国时期，印度成为阿拉伯思想和波斯思想的大熔炉。

当时，日本名义上由天皇统治，但几个世纪以来实权一直把持在幕府（将军）、大名（幕府手下的军阀）、武士（大名的勇士军团）手中。日本人生活在封建社会中，统治阶级及其爪牙占有大量土地。由于畏惧外部势力的影响，日本在17世纪初开始驱逐外国传教士，并在1630年彻底闭关锁国，从此与世隔绝达200余年。

非洲各王国和亚洲的帝国联系越来越紧密，与欧洲的的贸易联系日益加强。15世纪之前，穆斯林商人创造了横跨印度洋的印度和中国的贸易联系。在15世纪，葡萄牙冒险家开始在黄金海岸（今加纳）建立了前哨阵地。他们还开始将非洲奴隶贩卖到欧洲。随着新大陆的发现，欧洲市场不断扩大，导致了廷巴克图等灿烂的文化中心走向衰落。到了17世纪，荷兰已控制非洲西海岸的港口，于1652年在非洲南部创立了开普敦。

亚洲那些幅员辽阔的帝国继续修建灿烂的城市和公共设施，与此同时，非洲各王国却遭到穆斯林商人以及日渐增长的欧洲奴隶贸易的荼毒。

上页：印度统治者沙·贾汗拥抱着心爱的王后亚珠曼德·贝侬·比古姆

1603年
日本在德川家康建立的幕府统治之下

17世纪30年代
日本向除荷兰和中国商人外的所有外国人关闭门户

1632年
位于印度阿格拉的泰姬陵破土动工

1644年
在中国，清朝建立

亦见｜世界新秩序：第289页

贸易 非洲的十字路口

耶稣堡由葡萄牙人于1593年建成，旨在保护肯尼亚至关重要的贸易港口蒙巴萨

15世纪末，非洲已经成为不断扩大的欧亚贸易网络上的十字路口。葡萄牙探险家绕过好望角，横渡印度洋，建立了与亚洲的联系。16世纪初，葡萄牙军人弗朗西斯科·德·阿尔梅达在非洲东海岸和马来西亚设立了多个堡垒。为了预防对手捣乱，他先下手为强，烧毁了附近的竞争港口城镇，包括肯尼亚海岸上极具战略意义的蒙巴萨。由于阿拉伯人和埃及人的利益与他发生冲突，他便摧毁了对手的沿海城镇，并于1509年击败了印度舰队。

在非洲东南部，姆韦尼·马塔帕王朝从14世纪开始统治着赞比西河和林波波河之间的地区，把持着利润丰厚的黄金贸易。当地的修纳人也用象牙和铜换取来自中国的瓷器，来自印度和印尼的珠子和布匹。葡萄牙人于16世纪30年代入侵这一地区，于1629年最终推翻姆韦尼·马塔帕王朝的政权，获得了该地区价值连城的矿井的开采权。

到了16世纪初，葡萄牙

亚洲和非洲

风云人物

尼亚齐姆巴·穆托塔
统治时期15世纪，非洲东南部的姆韦尼·穆托塔王朝半传奇色彩的开国帝王

巴卑尔 1483～1530年
印度莫卧儿王朝开国帝王

丰臣秀吉 1536～1598年
强大的日本大名，后来摄政

阿克巴 1542～1605年
巴卑尔之孙，伟大的莫卧儿统治者

德川家康 1543～1616年
将军，统一了日本的领导人

利玛窦 1552～1610年
来到中国的耶稣会传教士

沙·贾汗 1592～1666年
泰姬陵的建造者

“他让基督徒们滚开，告诉他们蒙巴萨不像基尔瓦：他们甭想找到那些‘胆小如鸡，任人宰割’的人。”——汉斯·迈耶

声音

非洲人 廷巴克图

“当地居民都很富裕，尤其是在该国定居的外乡人，以至于现任国王贪图富贵，将两个亲生女儿嫁给了商人兄弟俩。廷巴克图有许多甜水井。此外，尼日尔河发洪水时，城市通过运河供水。粮食和牲畜都很高产，牛奶和黄油的消耗相当大。但盐非常紧缺，要从距离廷巴克图约500英里外的特加扎运来。”

——《利奥·阿非利加努斯记述》（又名《哈桑·本·穆罕默德－瓦赞－扎亚提》，1600年

廷巴克图的桑科雷清真寺

已经在非洲东海岸的莫桑比克和西海岸的安哥拉建立了贸易前哨。到了17世纪，安哥拉成为葡萄牙殖民地巴西奴隶的主要出产地。1641年，荷兰人也插足奴隶贸易，曾一度将葡萄牙赶出安哥拉。但好景不长，10年后，葡萄牙人杀了回来，并在那里统治了大约两个世纪，种植甘蔗、玉米、烟草等来自新大陆的作物。不过17世纪晚期，葡萄牙人遭到莫桑比克当地人的反抗，他们的日子不太好过。

当时在北非大部分地区，穆斯林的势力都很强大。15世纪晚期，来自非洲西部的桑海人接手了廷巴克图，这一贸易和商业中心的发展达到了顶峰，人口达到百万左右。廷巴克图是一个世界级都市中心。摩洛哥商人前去用黄金和奴隶换来产自撒哈拉的盐和北非的布匹与骏马。来自麦加和埃及的学者讲授法律、神学和自然科学。摩洛哥于1591年占领廷巴克图，但是面对图阿雷格人及其他部落的不断骚扰，他们束手无策。

廷巴克图的市场摊位前，商贩们对奴隶和香料讨价还价

据民间传说，桑海国王桑尼·阿里大帝是一位伟大的巫师。

小结：葡萄牙建立了新的贸易航线，而在北非，穆斯林的影响力不断蔓延。

“廷巴克图有无数法官、教师和牧师，他们均由国王唯贤任命。国王非常尊重学识。”

——利奥·阿非利加努斯

国家

明朝

16世纪，明朝经济繁荣，文化灿烂，达到了鼎盛时期。商人们用中国的茶叶、丝绸和陶瓷换来新大陆的银子，造就了一个富裕的商人阶层。艺术复兴，产生了无数描写言情和暴发户骄横之态的短篇小说和剧作。出口商品中，手艺精湛的雕刻品和刺绣最为走俏。明代瓷器是在窑中以2200华氏度以上的高温烧制而成，令世界各地艳羡不已。尽管中国文化达到了很高的造诣，但中国仍然排斥外夷，允许欧洲商人和传教士进入中国，但很少让他们入朝。在中国人眼中，欧洲人是制造了少数值得购买的物品的野蛮人。

明代彩绘陶制香炉

> 耶稣会士们给中国朝廷带来了许多西方玩意儿，如眼镜、钟表。

虽然明王朝外表光鲜亮丽，但金玉其外，败絮其中。政治对手和国家的其他敌人被当众杖责致死。紫禁城的隐秘体现在两个方面：外面的人禁止入内，里面的人很少接触宫墙外的生活。皇帝将朝政事务交给朝廷官员们，其中很多太监通过卖人情而大赚特赚。17世纪早期，文官们曾举行抗议，但常因此而被处以极刑。

在此期间，中国以前的附属国日本强大起来，对中国构成了威胁。为对抗日本，中国被迫养了一支庞大的军队。中国农民起义风起云涌，局势愈发恶化，倭寇骚扰沿海，蒙古人在长城外的北方虎视眈眈。

17世纪20年代，庄稼连

利玛窦

利玛窦 官阶和阳伞

声音

“中国人还可以根据官员们出巡时的遮阳伞来分辨其官阶。有的伞是蓝色的，也有黄色的。有时为了排场，他们要用两三把这类的伞，但是如果职位低而不许用这么多，就只好用一把了。还可以根据他们交通工具的样式来区别他们。低级官员骑马，高级官员则乘轿，由仆人抬在肩上。轿夫的多少也表明等级：有的只许四抬，有的则乘八抬大轿。

——选自《利玛窦中国札记》，17世纪初

“她露出左臂，向我们展示了皮肤上一块像奴隶标志般的印记……她很认真地用中文向我们请教，我们是不是基督徒。”——费尔南·门德斯·平托

1557年，中国东南部的澳门被葡萄牙人占领，并形成一个繁忙的贸易中心

年歉收引发饥荒，而小冰期气候更是雪上加霜，起义烽烟四起，许多农民干脆落草为寇。其中一支起义军的领袖李自成曾当过驿卒，他占领了整个陕西省，而另一支起义军的领袖张献忠则破坏了东部平原和长江流域，在四川建立了一个独立王国。

不久，明军哗变。1644 年，士兵们几乎毫无抵抗，让李自成进入北京，明朝末代皇帝在煤山上吊自尽。

这只明代花瓶描绘了万历皇帝及其侍从

驻扎在中国北方的明朝军队回朝攻打叛军。他们与北方的满族人联手，逐渐占了上风。满族人后来占领首都，建立了清朝，统治中国达两百多年之久。

小结：16世纪，明代在文化成就上达到了炫目的高度，然后在17世纪盛极而衰。

“在中国，没有罪犯可以逍遥法外。杖责是对轻微过失的常见惩罚方式，根据过失的性质来确定相应的杖责数量。”——杜赫德

亦见 | 帝国崛起：第327页

帝国 莫卧儿王朝

1523年，突厥大汗帖木儿和蒙古大汗成吉思汗的后裔巴卑尔将注意力转向了印度。巴卑尔是来自喀布尔的莫卧儿人，即突厥人和蒙古人后裔的印度语名称。他的骑兵迅速消灭了骑着大象的印度军队，推翻了德里的突厥苏丹国，占领了印度中北部。

巴卑尔对印度的梦想破灭了，他从未巩固自己的帝国。他将印度留给儿子，而其子因抽鸦片的恶习，差点把印度让给了一位阿富汗酋长。但巴卑尔之孙阿克巴打造了一个坚固的莫卧儿王朝，控制了印度一半以上的地方，让莫卧儿王朝统治持续了近200年。

这枚铸造于1611年的金币上的人物很象莫卧儿皇帝贾汉吉尔

位于印度北部阿格拉的气势恢宏的泰姬陵

阿克巴虽然目不识丁，但聪明好学，13岁那年登基后，很快就熟练地管起国家大事。他将国家分为地区和省，各级政府管理机制健全。他改革了以前繁重的税收结构，此举深受农民欢迎。虽然他自己是穆斯林，但他让许多印度教徒担任军师、官员和将领。他还邀请了不同教派的学者来到宫廷，并娶了一位印度教公主。

> 据说皇帝贾汉吉尔每年两次捐出与自己体重相当的银子用于济贫。

阿克巴不满足于征服本身，每次帝国的疆域扩张时，他就从被征服地区吸收其文

> “上帝啊，你可能以前见过，从亚洲地图来看，伟大的莫卧儿帝国无论东西还是南北，跨度是多么广袤……至少相当于从巴黎到里昂五倍的距离。” ——弗朗索瓦 · 柏尼埃

莫卧儿王朝开国皇帝巴卑尔主持朝政

沙·贾汗囚禁了400名参与绑架两名莫卧儿女奴的葡萄牙海盗。

化，建立图书馆和学校，并鼓励艺术、音乐和文学的发展。穆斯林和印度的建筑风格融为一体，体现在大理石建筑的圆顶、拱门、尖塔和装饰上。细密画这一流派蓬勃发展。

阿克巴尔去世后，其子贾汗吉尔统治22年，此间军务与内政流弊甚多。贾汗吉尔能干的皇后努尔·贾汗监督他不得纵酒，还替他做了不少他认为沉闷的公务工作。

贾汗吉尔之子沙·贾汗在位期间，国家有所起色，不过他的重税引起了农民外流。这位残酷无情的统治者命人勒死亲哥哥，杀害所有其他王室诸侯，以免他们与自己争夺王位。沙·贾汗最为人熟知的事情是在阿格拉建造了泰姬陵。这座为爱妻慕塔兹·玛哈修筑的陵墓始于1632年，雇用了超过两万名工人。沙·贾汗还重修德里，并定都于此。

莫卧儿王朝的统治持续到1857年。此时英国以间接的形式开始了对印度的直接统治。

小结：从1523年起，突厥与蒙古后裔的莫卧儿人开始统治印度北部地区长达300多年。

人物评说

皇帝阿克巴 1542～1605年

阿克巴大帝

阿克巴年仅13岁时，便担任旁遮普邦（印度北部）总督。起初阿克巴由首辅辅佐，但他很快就亲自掌权，并在1561年开始了一系列的东征西讨，征服各地但不破坏当地的文化，还经常通过从被征服地区纳妃来建立外交关系。阿克巴对拒绝纳贡并拒绝承认阿克巴大帝者毫不留情，但他也有一个宽松的政策，允许当地的宗教和文化发展。他甚至取消了传统的针对非穆斯林的专项税，让印度教徒也可以当高官。虽然其阶级制度让印度农民备受欺凌，但阿克巴努力巩固印度大部分地区，并让学术和艺术的发展进入了全盛时期。**结论：**褒。

“胡马雍一听说我们到了，立即派卡尼卡南和其他大臣带着400头大象和几千人……我们受到了极为丰盛的款待。”——西迪·阿里·雷斯

亦见 | 帝国崛起：第358页

位于京都南部，始创于1346年的姬路城堡被列为世界遗产，1601年改建后面貌保存至今

国家

幕府将军和武士

1588年，日本军方在全国范围内实施“刀狩”，解除了农民武装，也加强了武士这些精英战士的力量。此时正值战国时代的顶峰。该国的大将军即最高军事领导人，权力胜过天皇。为了将武力集中化，幕府禁止武士在各地之间往来。他们还必须签字宣誓服从将军。1603年，德川家康就任将军，长期内战和夺权斗争终于结束。他的幕府统治持续了250年，这一时期日本政局稳定，繁荣富强。

外来影响这一问题愈发重要，德川家康对外国人的态度对日本历史产生了长久的影响。由于16世纪中期的欧洲商人和传教士曾来到日本列岛，输入了火器和宗教。武士起初认为持枪是胆怯，但织田信长于1560年用火枪以少胜多，击败了一个武士队伍，对火器的看法发生了转变。除武器外，欧洲人还带来了天文学、制图学和造船业方面的进步。

虽然德川家康对葡萄牙、荷兰和英国商人表示欢迎，但他对推行天主教的耶稣会士很

丰臣秀吉是农家之子，他加强了日本的阶级差异

“任何日本人不得出国。一旦有任何人胆敢偷偷出国，必须处以极刑。”

——德川家光将军

圣方济·沙勿略 耶稣会

“日本人……认为自己在军事荣誉感和勇气方面胜过所有国家。他们珍视和尊重所有与战争相关的事物，没有任何东西比武器更让他们自豪。他们用黄金和白银来装饰刀剑。无论出门还是在家，总是佩戴刀剑和匕首，睡觉时便把刀剑悬在床头。总之，他们对武器比我所见过的任何人都更加重视。他们擅长射箭和步行作战，虽然该国不乏良驹。他们彼此彬彬有礼，而对外国人则完全不同，他们极其鄙视外国人。”

——圣方济·沙勿略致欧洲耶稣会士书，1552年

圣方济·沙勿略

不放心，因为耶稣会士令15万人皈依天主教。1612年，他开始驱逐耶稣会士和圣方济会修道士。10年后，他那狂热的儿子甚至采取了更加严厉的措施，将滞留在日本的55名基督徒钉死在十字架上。

1615年，德川家康的大军冲进大阪城，对手丰臣秀赖自尽。

德川家康的孙子德川家光于1623年成为幕府将军，他继续执行父亲的政策，屠杀或驱逐基督徒。1639年，他将葡萄牙人驱逐出境，使日本几乎完全闭关锁国。在远离日本中心地带的长崎，仍然允许与荷兰和中国间有限的贸易。

幕府权力达到了顶峰。日本人不再被允许出国，留在国外的人不准回国。幕府甚至禁止建设大型远洋船只。闭关锁国带来了和平统一，也促进了商业和文化的繁荣。城市不断发展，行会开始出现，中产阶级兴旺起来。即便如此，这个岛国在数学、自然科学等领域的进步被打断。直到1853年，在美国海军准将马休·佩里的逼迫下，日本才重新回到全球市场。

小结：好战的幕府给日本列岛带来了统一、稳定、繁荣和与世隔绝。

在1583年的贱岳之战中，武士部队向前冲锋

“过去经年来，眼见孤云随风飘荡，我也心有触动，思绪万千。”——松尾芭蕉

时间脉络关系图

1450~1650年

“一个君主必须知道怎样做错事才能掌控自我。”

——马基雅维利

弗朗西斯科·皮萨罗

1453年 穆罕默德二世率领奥斯曼土耳其夺取君士坦丁堡

1468年 桑海王桑尼·阿里征服廷巴克图

1478年 西班牙宗教裁判所设立

1502年 瓦斯科·努涅斯·德·巴尔博亚穿越巴拿马地峡，看到太平洋

1510年 弗朗西斯科·皮萨罗远征哥伦比亚，开始了毕生的探险生涯

1520年 天花传遍新大陆的西班牙殖民地

1528年 英国的亨利七世试图与阿拉贡的凯瑟琳离婚

1450年　1475年　1505年　1528年

1445年 哥本哈根成为丹麦的首都

1469年 阿拉贡的斐迪南娶了卡斯蒂利亚的伊莎贝拉

1475年 威廉·卡克斯顿制造出第一本印刷版英语书

1485年 英格兰玫瑰战争以博斯沃思之战告终

1508年 马克西米利安一世成为神圣罗马帝国皇帝

1521年 费迪南德·麦哲伦被菲律宾岛民杀害

1528年 帕拉塞尔苏斯写下了第一本现代外科学手册

“那座伟大的黄金城市，西班牙人口中的黄金国。”

——沃尔特·雷利爵士

麦哲伦的船遭遇暴风雨

“大千世界是个舞台，男男女女只不过是戏子。”——莎士比亚

1560年
木薯、花生等新大陆农作物被引种到非洲

1520～1566年
苏莱曼一世成为奥斯曼帝国的苏丹

苏莱曼一世的水壶

16世纪80年代
利玛窦和其他耶稣会传教士奔赴中国

明代奖章

1644年
满清入侵者推翻中国明朝的统治

1579年
低海拔国家组成了乌得勒支联盟

1600年
德川家康就任日本的幕府将军

1650年
疫情席卷美国西南部的美洲原住民部落

1550年 1575年 1600年 1650年

伊凡雷帝

1547年
伊万·瓦西里耶维奇加冕成为俄国沙皇，后世称之为伊凡雷帝

1558年
伊丽莎白一世就任英国女王

1578年
弗朗西斯·德雷克爵士乘帆船沿着北美西海岸北上至温哥华

1582年
教皇格列高利颁布了一个更准确的新历法

1607年
英国殖民者定居在弗吉尼亚州的詹姆斯敦。

1610年
伽利略通过他新造的望远镜观察到了木星的4颗卫星

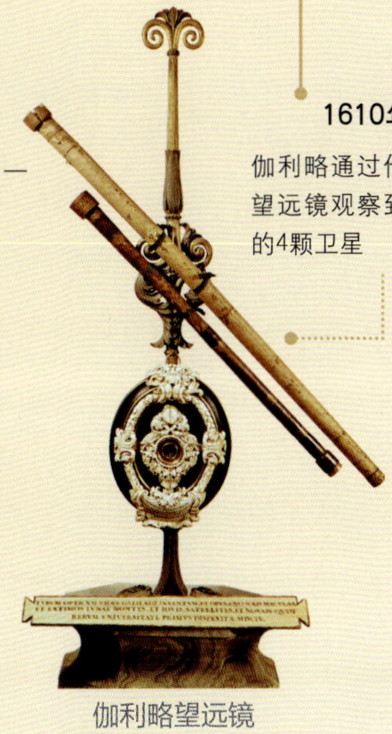
伽利略望远镜

1648年
威斯特伐利亚和约签署，结束了为期30年的战争

世界新秩序

革命话语

1650～1800年

第7章

法国启蒙知识分子们聚集在乔佛宏夫人的沙龙里

亦见｜世界新秩序：第274页

关键时期

1648年

威斯特伐利亚条约签订，结束了三十年战争

1649年

英国国王查理一世被反对派奥利弗·克伦威尔及其议会手下处决

1687年

艾萨克·牛顿发表《自然哲学的数学原理》

1688年

威廉和玛丽接受了限制王权的《权利法案》，“光荣革命”开始

欧洲

1650~1800年

17世纪后期，启蒙运动在欧洲兴起，理性、怀疑论和自我利益受到青睐，凌驾于宗教信仰之上。人们一如既往地祷告并相信上帝，但欧洲各教派教义相互冲突，竞争极为激烈，引发了不少政治辩论和权力斗争。随着宗教战争的平息，欧洲大陆各王国发展壮大，组织更为严密。在英国，议会用宪法限制了君主权力。然而在法国和其他欧洲国家，统治者权倾天下。君主颁布法令，收税，只要认为时机合适就发动战争，将自己的意志强加给议会，因为这些议会不像英国议会那么有权。这种专制可以用法国国王路易十四的一句话来总结，“朕即国家”。

君主们愈发骄横专权，不过科学家和哲学家也在不断提出新思想、新理论，这些思想将彻底改变欧洲，推翻王权。在启蒙运动（也被称为理性时代）达到了的巅峰的1784年，德国哲学家康德为这个时代写下了座右铭：“要有勇气靠自己去理解”。学者们思考一切问题都不基于宗教信仰，他们质疑一切。这种勇敢的求索精神和创新意识不仅培育出了科技革命和工业革命，也引发了政治起义，改革者们提出了为民众而非少数特权者的利益来重组社会的种种方式。

像普鲁士的腓特烈大帝和俄罗斯的叶卡捷琳娜女皇这样的统治者直面挑战，寻求现代化和合理化的王国。但是，这些开明的专制君主也无法阻止笼罩的大动荡，欧洲大国之间的长期战争耗尽了伟大的法国，榨干了它的财富。

据说国王路易十五曾宣称，“我死后，哪管它洪水滔天。”这可能是传言。但继任者路易十六在1789年确实面对反对的洪流，在波澜壮阔的法国大革命中，他被处决。大革命标志着由君主专权和王公贵族专政的旧政权开始在欧洲走向末路。

在整个欧洲大陆，君主权力所达到了登峰造极的地步。在同一世纪里，法国大革命爆发，将法国国王和王后推上了断头台。

上页：腓力五世是西班牙波旁王朝创始人，西班牙王位继承战争的关键人物

1690年
约翰·洛克发表《人类理解论》

1756年
英国向法国和其他国家宣战，发动七年战争

1775年
美国革命开始，各殖民地为脱离英国获得独立而斗争

1789年
攻陷巴士底狱，法国大革命开始

亦见｜帝国崛起：第326页

国家 限制权力

英国尚未成为真正的君主立宪制国家时，曾试图废除君主，却发现，有半个国王或是一个被议会严重削弱权力的国王比没有要强。教会英国人这一课的是国会反对派领袖奥利弗·克伦威尔，他于1649年绞死国王查理一世，成立共和国。作为联邦的护国公，他将共和国变成了实质上的独裁政权，并向民众灌输严格的清教观念。

1666年，伦敦大火灾使伦敦城大半焚毁

1658年克伦威尔去世后，许多英国人欢迎国王查理二世复辟帝制。但他和继任者国王詹姆斯二世同情天主教徒，因此便和国会龃龉

风云人物

欧洲

奥利弗·克伦威尔
1599~1658年
将英国转变为共和制联邦的领袖

艾萨克·牛顿 1642~1727年
引领科学革命的英国物理学家、数学家

彼得一世 1672~1725年
俄国沙皇，改革家，政治家

腓特烈二世 1712~1786年
普鲁士国王，将普鲁士变成了军事强国

路易十六 1754~1793年
法国大革命时期在位的法国国王

声音

塞缪尔·佩皮斯 伦敦大火灾

“于是我来到水边，乘上一条船，穿过桥梁，看到了可怕的大火……大家都在尽力抢救财物，搬不动的就扔进河中或纵火焚烧；穷人们一直呆在自己的房子里，直到大火扑向他们，他们才赶紧去找船，或从岸边一侧的楼梯奋力爬到另一侧。此外，我还看到可怜的鸽子不愿离开自己的房子，它们在窗户和阳台上徘徊，直到有的鸽子翅膀烧焦，掉落下来。”

——《塞缪尔·佩皮斯日记》，1666年9月2日

塞缪尔·佩皮斯

“新的观点总是备受怀疑，也往往遭到反对。原因无他，只因太不寻常。”

——约翰·洛克

声音

国会 新权力

“向国王请愿，乃臣民之权利，一切对此项请愿之判罪或控告，皆为非法。

除经国会同意外，平时在本王国内征募或维持常备军，皆属违法。

凡臣民系新教徒者，为防卫起见，得酌量情形，并在法律许可范围内，置备武器。

国会议员之选举应是自由的。

国会内之演说自由、辩论或议事之自由，不应在国会以外之任何法院或任何地方，受到弹劾或讯问。”

——英国《权利法案》，1689年

威廉与玛丽

国会于1689年通过《宽容法案》作为《权利法案》的补充，允许新教徒享有信仰自由。

不合，国会干脆邀请荷兰新教领导人奥兰治的威廉和妻子玛丽即詹姆斯二世的女儿来篡权。1688年发动了一场不流血的政变，史称“光荣革命”，威廉和玛丽接受了限制君主权力的《权利法案》。

“光荣革命”给英格兰或大不列颠（自1707年与苏格兰合并后便有了这个新名称）带来了强有力的议会制度，帮助大不列颠成为地球上最强大的国家之一。英国殖民者带着统治者应反映人民意志的信念来到了北美、澳大利亚和其他遥远的国度。美国殖民地居民向国王乔治三世宣战，于1776年脱离英国，但他们也追随着早期英国异见人士的思想，其中包括反对查理二世，启发美国人起草《独立宣言》的政治哲学家约翰·洛克。

英国的政治进步与商业发展并驾齐驱。18世纪末期，随着蒸汽机的发明，英国开始了工业革命。工商业的发展使伦敦迅速膨胀，从1666年大火灾的废墟中快速复苏，截至19世纪初，已经成为世界第一大城市。

小结：受议会的限止，英国的统治者如走马灯般更迭，而议会限制了君主的权力。

英国座钟，大约造于1700年

“为何我们在推理时竟如此懦弱，如此害怕面对冷嘲热讽的考验？”

——安东尼·阿什利·库珀

亦见｜帝国崛起：第 328 页

奥地利女皇玛丽亚·特蕾西亚带领大家跳起四对舞，庆祝外国军队撤走

帝国

大国崛起

到1650 年，曾经占据欧洲中部大片土地的神圣罗马帝国四分五裂。1648 年签署的《威斯特伐利亚条约》结束了灾难性的三十年战争，宣布瑞士独立，将德国划分为约 300 个公国，这些公国的统治者大多为新教徒，他们一度在天主教的地盘坚持自己的信仰。这些公国大多数较为弱小。

但在旧帝国的废墟上崛起了两个大国——一个以普鲁士的未来首都柏林为中心，另一个以哈布斯堡王朝的首都维也纳为中心，涵盖了奥地利、匈牙利和周边地区。

哈布斯堡王朝是罗马天主教徒，神圣罗马帝国残余部分的继承人。他们统治下的臣民宗教信仰各异，有巴尔干半岛北部的穆斯林，他们于 1683 年在维也纳击退了土耳其军队后，部分被哈布斯堡的军队所征服。

1740 年，查理六世国王去世后，宝座留给了他 23 岁的女儿玛丽亚·特蕾西亚，此时新的威胁出现了。普鲁士的腓特烈二世在一些认为自己应当继承奥地利王位的王公贵族支持下，入侵哈布斯堡的西里西亚省，意图煽动人们向这位乳臭未干的女皇造反。她紧紧守住国土，并向匈牙利的贵族妥协，承认匈牙利和奥地利在哈布斯堡帝国中平起平坐，借以阻止普鲁士的侵略步伐。

战后，玛丽亚·特蕾西亚治国有方，功劳盖过了丈夫弗朗西斯一世皇帝，提升了维也纳的文化素质，美名远播，成

“和平并不是没有战争；和平是一种美德，一种思想境界，一种对爱心、信心和正义的向往。”——巴鲁克·斯宾诺莎

声音

腓特烈一世 一个固执的男孩

“一个固执的坏男孩，不爱亲生父亲……你很明白，我可受不了那种娘娘腔的小子，没半点男子汉气概，不会骑射（说出来多丢脸！），人很邋遢，头发也不剪，乱蓬蓬的像个傻瓜；我都批评这些一千次了，但还是屡教不改。另外，你傲慢，冷漠得像个乡巴佬，一点儿也不讨人喜欢，只和对自己胃口的少数人说话，别人谁也不搭理，傻瓜一般扮着鬼脸，虽说喜欢我，但从不听我的话。”

——腓特烈一世致16岁的儿子，后来的腓特烈二世的家信

腓特烈二世

为欧洲的音乐之都。

玛丽亚·特蕾西亚的宿敌腓特烈二世通过不懈努力，将普鲁士变成了一个军事强国，一个现代化、井井有条的国家，史称腓特烈大帝。“三十年战争”后，他精明的祖先腓特烈·威廉（史称“大选侯”。选侯是指决定神圣罗马帝国皇帝人选的德国王储们）使他的王国取得长足进步。腓特烈大帝与腓特烈·威廉一样，命令容克们（即好战的贵族）为他效命，他发动战争，容克们带领普鲁士大军作战。但他也赢得了开明君主的名声，在他这个以新教为国教的王国里也允许天主教徒和犹太教徒的存在，还制订了公职人员的优才擢升制度。

玛丽亚·特蕾西亚与丈夫弗朗西斯一世育有16个孩子。丈夫在1765年去世，其后她和儿子约瑟夫二世仍然共同执政。

“我是国家的第一公仆”，腓特烈谦虚地说道。但他也是普鲁士说一不二的主宰者。普鲁士这支力量正在欧洲崛起，后来完成了德国统一大业。

小结： 到1800年，普鲁士和哈布斯堡帝国的中心奥地利成为中欧的两大国家。

玛丽亚·特蕾西亚女皇和其他哈布斯堡人住在维也纳的美泉宫

“这个曾经叫作且至今仍然自称为神圣罗马帝国的共同体既不神圣，也不罗马，也不是一个帝国。”——伏尔泰

亦见｜帝国崛起：第324页

罗伯斯比尔和路易·德·圣茹斯特被送上断头台

冲突 **革命**

路易十四在位时间为1643~1715年，是欧洲最大的王国之一法国的最高统治者，因此他认为自己有权过奢华的生活。前任们一直住在巴黎，但他远离拥挤的大众，将城外一所皇家狩猎行宫改建成了辉煌壮丽的凡尔赛宫。

一位目睹者写道，“在绝对王权面前，伟岸也变得渺小。”人称“太阳王”的路易十四的光芒让手下人不敢直视，但金光闪闪的凡尔赛殿堂之外，法国大部分地区仍然笼罩在中世纪的阴暗下。农民的生活几个世纪以来基本没什么改变，为服从地主的义务而辛勤劳动。人口增长速度超过了粮食供给速度，导致巴黎和其他城市因面包短缺引发骚乱。路易十四撤销了较为宽容的南特敕令，坚持认为法国必须有唯一的“一王，一法，一教”，人称胡格诺派的新教徒再次面临遭到天主教徒迫害的厄运。

凡尔赛宫共有1400座喷泉，还有一个可以养10000匹马的马厩。

尽管社会动荡不安，路易的继任者们若能管好财政系统，本来是有可能将君主制保留下来的。

但与英国、普鲁士等列强

法国 **论人权**

声音

“第一条　在权利方面，人们生来是而且始终是自由平等的。只有在公共利用上面才显出社会上的差别。
第二条　任何政治结合的目的都在于保存人的自然的和不可动摇的权利。这些权利就是自由、财产、安全和反抗压迫。
第三条　整个主权的本原主要是寄托于国民。任何团体、任何个人都不得行使主权所未明白授予的权力。

——《人权宣言》，1789年

《人权宣言》

“自由之树只有用暴君之血浇灌才会茁壮成长。——贝特朗·巴雷雷·德·维欧扎克

玛丽·安托瓦内特王后以法国民众为敌

之间的战争旷日持久，不菲的军费导致国库亏空。1789年，路易十六召集大会，企图批准新税种，没料到面对的却是一大堆牢骚。他威胁下令部队解散随后的国民议会，7月14日，巴黎人突袭了称为巴士底狱的皇家要塞，打响了波澜壮阔的法国大革命的第一炮。几个月后，妇女们手持武器从巴黎游行到凡尔赛宫，敦促国王向议会屈服，批准保障公民在法律面前人人平等的《人权宣言》。

愿望落空后，以马克西米连·德·罗伯斯比尔为首的雅各宾派激进人士决定废除君主制，建立共和国。1793年，他们发动了恐怖统治，此期间路易十六和王后玛丽·安托瓦内特以及其他数以千计的人被送上了断头台。激进派有许多极端措施，例如试图用至上崇拜取代天主教仪式，这些举动引发了狂澜，罗伯斯比尔和其他许多人也被依次处死。直到拿破仑·波拿巴在1799年以法兰西共和国第一执政者身份上台，才结束了法国的动荡局势。

小结：革命推翻了旧政权，但并没有建立一个稳定的新政权。

人物评说

马克西米连·罗伯斯比尔 1758～1794年

马克西米连·罗伯斯比尔死于1792年，当年法兰西共和国成立。他本可以像托马斯·杰斐逊那样因倡导自由平等而名垂青史。他出身富裕家庭，年轻时当过律师，致力于捍卫穷人利益，抗议宗教迫害，反对残酷刑罚。但当英国等列强向法兰西共和国宣战时，罗伯斯比尔主张使用恐怖手段。“恐怖不过是迅速、严重而不够灵活的正义。”他宣称道。身为公共安全委员会主任，他负责发动了一场腥风血雨的恐怖统治，处死的人当中不仅有皇室和保皇党成员，也有反对他的极端措施的共和党同志如乔治·雅克·丹东。**结论**：贬。

“最后我还记得一位高贵的公主一句无心之语。她听说乡下人没有面包吃，便答道，‘让他们吃蛋糕吧。’”——伏尔泰

亦见 | 交战中的世界：第386页

帝国 面向西方

1682年罗曼诺夫王朝沙皇彼得一世上台时，俄罗斯在经济和军事上远远落后于法国和其他欧洲国家。俄罗斯领土大部分位于亚洲，但彼得将俄罗斯变成一个充满活力的西方强国。他去欧洲考察，视察工厂和造船厂，这些经历让他实施了政府的西化，将首都从莫斯科迁至圣彼得堡，借助位于芬兰湾的优势，让建设中的俄罗斯海军得以进入波罗的海和大西洋。像法国的路易十四一样，他也召集称为波雅尔的世袭贵族参观新首都，在那里他们住在欧式风格的联排别墅里，在壮丽的冬宫中朝拜皇上。波雅尔和其他贵族男性不得不剪去长长的胡须，像欧洲绅士那样把胡子刮得干干净净，否则将支付高昂的胡须税。他像普鲁士的腓特烈二世一样，加强政府管理，扩张武装部队，让部队向西进入波罗的海，向南至黑海，因而获得了新称号彼得大帝。在他的统治下，俄罗斯创办新兴产业，建设工厂、运河，修筑道路。他的死因是在冬天跳入涅瓦河去救快要淹死的水手，结果冻出病来，于53岁那年骤然离世，正如他的突然到来。

> 彼得一世有时会从事臣民的日常劳动——例如在船厂，他拿起劳动者的工具。

彼得的接班人未能达到他的成就，直到他孱弱的孙子彼得三世于1762年遭谋杀后，

这幅彼得一世的肖像凸显了他刮得干干净净的面容

彼得大帝在剪胡子

鲁塞·德·梅西 胡须

声音

“沙皇……责令士绅、商人和其他人等，除牧师和农民外，如希望蓄须，则一律每人每年缴纳税款一百卢布；平民必须每人支付一个戈比。官员们守在城门外收税……有许多俄罗斯老人在剃掉胡须后，将胡须珍藏起来，以便放进棺材，因为他们担心没有胡须将来不得进入天堂。”

——鲁塞·德·梅西《彼得大帝传》，约1730年

“我征服了整个帝国，但我无法征服自己。”——彼得大帝

> 圣彼得堡人称“建在尸骨上的城市”，因为10万名农奴在建造过程中死去。

纵容谋杀发生的是他的遗孀，这位生于德国的女性开始用铁腕统治俄罗斯到1796年，史称叶卡捷琳娜女皇。她情人众多，其中一位情人帮她除掉了她的丈夫，这一点令她声名狼藉。但她的行为与其他欧洲皇室成员毫无二致，他们很少为爱情结婚。叶卡捷琳娜的雄心既是为了俄罗斯，也是为了自己。她的大军与奥斯曼帝国在克里米亚厮杀，占领了乌克兰，直逼被俄罗斯、奥地利和普鲁士三国瓜分的波兰。叶卡捷琳娜深受启蒙思想影响，改善了政府体制，采取措施纾解受压迫农奴的困苦生活，但她害怕失去贵族主人的支持，于是严惩起义农民。法国大革命令她大惊失色，于是便放弃了改革旧政权的念头。这个政权又持续了一个多世纪，直到被俄国十月革命结束。

身着立法装束的叶卡捷琳娜女皇

小结：截至1800年，俄罗斯实现了现代化，成为欧洲一大军事强国。

> “我也许会很仁慈，我和常人一样温柔，但干事业时我有任何意志，都必须坚决服从意志。”——叶卡捷琳娜女皇

冲突 欧洲战争

18世纪，欧洲因三大战争而饱受蹂躏。西班牙王位继承战争（1701~1714）的起因是法国王子腓力·安茹继承了空置的西班牙王位，这激起了敌对国家反对法国继承西班牙王位，此时西班牙在欧洲不再是一个大国，但仍然有广阔的海外殖民地。奥地利王位继承战争（1740~1748）触发的原因是，普鲁士的腓特烈大帝挑战奥地利的玛丽亚·特蕾西亚，并威胁她在幅员辽阔的哈布斯堡帝国的王权。最具爆炸性的七年战争（1756~1763）原因是普鲁士和奥地利结盟，与欧洲其他国家联盟对抗。每场战争中，法国和英国都是对立双方，在七年战争中，英国支持普鲁士，而法国与俄罗斯一同作为奥地利的后盾。普鲁士和英国联军比对手厉害得多。虽然法国在七年战争中战败，但随着世纪末拿破仑·波拿巴的崛起，法国重新成为军事大国。

七年战争超出了欧洲，战火也烧到了新大陆的殖民地，也预示着20世纪的全球性冲突。

小结：国家联盟在18世纪开始变迁，但英法之间的深仇大恨仍然不变。

1702年的维哥湾海战发生在西班牙王位继承战争初期

“盗马者不会被绞死，但马不可被盗。”——乔治·萨维尔

声音

托马斯·米尔伯恩 转运到植物学湾

“我们每两个人用铁链捆在一起，在整个航程中一直囚禁在牢房中……他们给[我们]吃的东西少得可怜，几乎无法存活下去，而且几乎没有任何水；至于我，3～4个人的份量才能让我吃饱……和我们捆在一起的同志如果死了，我们尽可能保守秘密，直到腐尸的气味无法掩盖，为的只是得到他的那份口粮，好多次饿得发慌时，连腿上的膏药我都吃得很香。”

——致米尔伯恩的一封信，1790年

被押解到植物学湾的犯人们

社会

司法观念

启蒙时期的改革家谴责自中世纪以来一直未变的严刑峻法，包括刑讯逼供，对非暴力犯罪判处死刑等。意大利哲学家切萨雷·贝卡利亚在1764年的一篇文章《论犯罪与刑罚》奠定的司法原则后来被多国广泛接受。他宣称，被告被判有罪后，方可将其视为罪犯，应根据罪行适当量刑。这种启蒙思想并未迅速结束那些严刑峻法。在18世纪的英格兰，有200余种罪行可判处死刑，包括偷窃物品价值超过40先令，不过法官往往不会判其死刑。那些经审理初次犯死罪的犯人可能会在拇指上烙上印记，被运送到北美或澳大利亚殖民地，澳大利亚殖民地的属权是由英国探险家詹姆斯·库克于1770年宣布的。许多罪犯在殖民地开始了新生活，日子过得红红火火，这表明被判刑的罪犯是可以改过自新的。

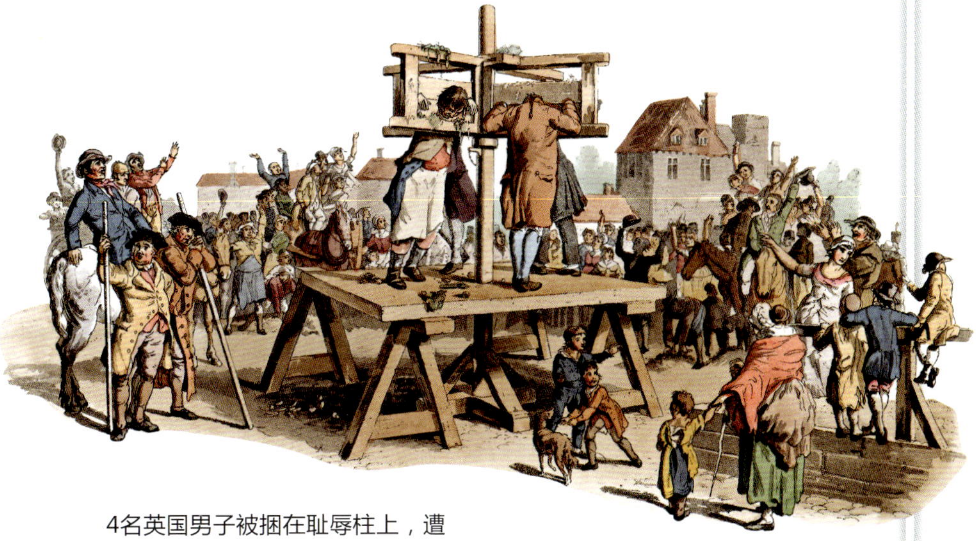

4名英国男子被捆在耻辱柱上，遭到围观群众的嘲笑

小结：启蒙思想家留给现代社会的思想遗产是，量罪判刑应适当。

“法律就像蜘蛛网，可以粘住小飞虫，却让黄蜂和大黄蜂漏网。”——乔纳森·斯威夫特

1796年，英国外科医生爱德华·詹纳实施了第一例天花疫苗接种

科学 可量化的世界

科学革命始于欧洲，渴望认识大自然的学者们抛弃了无法凭经验或实验证明的理论，严格根据观察和测量结果下结论。哥白尼和伽利略等天文学家为这场革命搭建了舞台，他们推翻了地心说的旧宇宙观。但现代科学的伟大先驱是英国物理学家艾萨克·牛顿，他在1687年发现了物体运动规律，并用数学方法证明行星和卫星的轨道是由万有引力决定的，而万有引力与两个物体之间的距离成反比。牛顿表明，大自然的活动基于可量化的原则，因此他进行观察、测量，将数学作为提出和验证科学理论的基础。

新型或改良的工具以及更先进的技术，使科学家能够观测到以前未见的或不可测量的现象。例如牛顿用玻璃棱镜将一束光分成彩虹般的光谱，从而奠定了其光学理论。他还成功发明了第一个反射式望远镜，利用镜子而非透镜来对射入的光线进行聚焦。

牛顿的同事罗伯特·胡克和同胞罗伯特·玻意耳设计了一个空气泵，用来压缩气体，并总结出玻意耳定律，即气体的压力与体积成反比。17世纪60年代，荷兰科学家安东尼·

> “我自己以为我不过像一个在海边玩耍的孩子，不时为发现比寻常更为美丽的一块卵石或一片贝壳而沾沾自喜，至于展现在我面前的浩翰的真理海洋，却全然没有发现。”——牛顿

凡·列文虎克完善了显微镜工艺，透过镜头观察微生物。德国天文学家威廉·赫歇尔在七年战争期间从入侵自己祖国的法国军队开了小差，在英国定居下来并制造了当时世界上性能最优的望远镜。靠着这架望远镜，他于1781年发现了天王星——这是有史前时期以来发现的第一颗行星。他和妹妹兼同事卡罗琳·赫歇尔的脚步没有停歇，而是去观测太阳系外之空间，发现了一些星团和星云。

牛顿的反射式望远镜

艾萨克·牛顿在当世就已经是传奇人物，被选为伦敦皇家学会主席，死后葬于威斯敏斯特大教堂。

伦敦皇家学会和法国科学院等机构帮助他们公布以上发现，但其成员并不总是受到公众的尊重。法国科学院一颗耀眼的明星，与英国人约瑟夫·普里斯特利共同发现氧气的安托万·洛朗·拉瓦锡在法国大革命期间被送上了断头台，罪名是当房东牟利。一个崇拜者感叹道，“断头只需一瞬，但一百年时间也未必再出一个这样的人才。”

法国物理学家丹尼斯·帕潘和英国化学家罗伯特·波意耳

小结：科学革命强调观察和实验。

声音

艾萨克·牛顿

牛顿 我年轻时犯过的错

“公然使用（上帝）这个词汇
在您的日子里插了一根羽毛
却否认是自己做的
在您的日子里往约翰·凯斯的帽子里放了一根别针来扎他
听到母亲喊我，却不肯走过去，
威胁父亲和母亲史密斯要烧掉房子，烧死他们
希望死掉，并咒一些人死掉
把心思放在赚钱、学问和寻欢作乐上，没有把心思放在您身上。”
——艾萨克·牛顿《菲茨威廉的笔记本》，这是他年轻时记的日记

“最顺心，最与世无争的生活轨迹，让人们走上科学和学识的大道。”——大卫·休谟

阶级与社会 乡村生活

在18世纪，尽管伦敦、巴黎等城市迅速成长，但欧洲仍以农村社会为主。超过四分之三的人口住在乡下，他们大多生活拮据，饱受周期性瘟疫和饥荒之苦。最贫苦的是俄罗斯的农奴，他们的人身完全归地主所有。富有的商人以及律师、医生等专业人士在欧洲城镇中令人瞩目，但这个崛起的中产阶级在政治上的地位依然低于贵族，直到法国大革命和工业革命转变了整个社会形态。

小结：在欧洲，许多种田人的生活过得比奴隶好不到哪里去。

英国乡村风情画中，妇女们正在为买鱼而讨价还价

诺曼底 各省的饥荒

饥荒时期发放面包

声音

“居民们无法救治的病人共有450人，其中200人被抬了出去，我们眼睁睁看着他们躺在路边一个个死去。这样的人还有很多，对他们每个人，我们唯一能做的是施舍一点点面包。我们只把面包施舍给行将饿死之人。这里的主食中有老鼠，包括百姓们实在饿得慌才会去抓的老鼠。他们把动物都不肯吃的草根也吃了下去。”

——诺曼底庄园报告，1651年

“先生，一个充满宗教、狡猾和变革的新世界：我们很快就会过上好日子了。”

——阿芙拉·贝恩

声音

沃斯通克拉夫特 妇女权利

“我以愤怒的心情来对待那些想要奴役女性的错误观念。我喜欢把男人当作我的同伴看待；但是他那支权杖，不管是实有的或是僭取的，却不能伸展到我的头上来，除非那个人的理智是值得我尊敬的；就是那样，我也是服从于理性而不是服从于人。事实上，一个负责任的人的行为，必须受他自己的理性活动的支配，否则上帝的权能建立在什么基础之上呢？

——玛丽·沃斯通克拉夫特《女权辩护》，1792年

玛丽·沃斯通克拉夫特

哲学 女性发声

启蒙哲学家谈到人权，他们压根儿没想到妇女。例如法国倡导自由的先锋让-雅克·卢梭宣布妇女只在家庭中发挥重要作用。然而妇女通过举办哲学沙龙，促进了启蒙运动和改革，她们也通过自己的成就证明在公民权利方面与男性有同等资格。有的女性在艺术或科学方面成就斐然，如卡罗琳·赫歇尔，以及英国皇家学会的会议上吸收的第一位女性玛格丽特·卡文迪许。

正在编制草帽的女性，往往出门做工

1792年，英国作家玛丽·沃斯通克拉夫特发表《女权辩护》，斥责卢梭等人将女性写成“无用的社会成员”。此前一年在法国，奥兰普·德古热效仿《人权宣言》，起草了《女权宣言》。她反对雅各宾派禁止革命女性从事社会活动，谴责恐怖统治，而她自己于1793年在恐怖统治中被害。

小结：18世纪后期，女性受到启蒙运动的鼓舞，开始争取平等权利。

“女人生而自由，享有与男性平等的权利。社会差别只应当基于共同效用。”

——奥兰普·德古热

亦见｜冲破束缚：第224页

巴赫 请再给点钱吧

“我在莱比锡两大教堂负责音乐，至今已有数年；尽管非我之咎，但我常因这一职位经费短缺而烦恼不已，难以为继。恳请陛下大人施恩，任命我在宫廷教堂工作，下旨有司，发布任命状。”

——致奥古斯特三世书，1733年

巴赫

18世纪奥地利的管弦乐四重奏表演

艺术 音乐大师

欧洲17和18世纪繁复的巴洛克音乐是从德国作曲家约翰·塞巴斯蒂安·巴赫令人赞叹的音乐作品中总结出来的。他职业生涯之初是在教堂里演奏管风琴，像许多巴洛克作曲家一样，他在宗教音乐和世俗音乐上都显示了不凡的音乐才能。巴洛克音乐家代表人物还有作曲家兼天主教神父、小提琴演奏家安东尼奥·维瓦尔第，以及格奥尔格·弗里德里希·亨德尔。这些作曲家谱写了许多圣洁的传世之作，如巴赫的《圣马太受难曲》、亨德尔的《弥赛亚》。18世纪的古典作曲家从巴洛克派前辈那里受益匪浅，但他们喜欢旋律清晰，不喜欢繁复，更加重视器乐而非声乐。维也纳作曲家约瑟夫·海顿和沃尔夫冈·阿马德乌斯·莫扎特等天才将音乐带到了世俗社会。莫扎特这位神童5岁时便开始了音乐演奏生涯。

约翰·塞巴斯蒂安·巴赫有20个孩子，其中C.P.E巴赫等四个孩子也成了作曲家。

小结：从巴洛克音乐向古典音乐的过渡，反映了音乐从虔诚到愉悦的变迁。

“音乐的魅力可以抚慰狂野的胸怀，软化顽石，让苍劲的橡树弯腰。”

——威廉·康格里夫

艺术 巴洛克之后

巴洛克艺术风格浓烈、华丽、催人奋起，其灵感常来自《圣经》主题，这在17世纪佛兰德斯画家彼得·保罗·鲁本斯和协助装饰圣彼得大教堂的意大利雕塑家济安·劳伦佐·贝尼尼的作品中得到了体现。天主教会利用巴洛克艺术作为与新教竞争的武器，因为新教不赞成在教堂绘有艺术作品。

然而18世纪初，巴洛克艺术孕育了一种绘画和装饰新风格，即洛可可风格。这种风格更明快，更鲜亮，宗教氛围更少，很适合用于装饰剧院和住宅。和古典作曲家一样，法国画家让－安托万·华托和其他洛可可画家优雅的作品反映了他们富裕的老主顾们的口味，这种口味常出现在优雅的沙龙和乡村庄园中。在18世纪末期，法国新古典主义画家雅克－路易·大卫离开奢华的风格而赞扬共和罗马的简朴和英雄主义的绘画，这使他成为法兰西共和国的艺术领袖。

小结： 巴洛克艺术让位给传达艺术家及其主顾世俗利益的新风格。

洛可可时代的画家卡纳莱托因风景画而著称，其描绘的是威尼斯大运河

“幽怨的笛声，行将结束，诉说着有缘无分的恋人的痛苦。”——约翰·德莱顿

亦见 | 世界新秩序：第307页

声音

德格里姆男爵 乔佛宏夫人的沙龙

乔佛宏夫人

“那可怜的家伙（乔佛宏夫人的丈夫）再无能，终究还是被获准坐下来一起吃饭，就坐在饭桌尽头，条件是绝对不准在大家谈话时插话。一天，某位经常拜访乔佛宏夫人的外国人没有看到他像往常一样出现在餐桌上，便询问道：“那个我总能看到的坐在这里一言不发的可怜家伙，你把他怎么样了？”“哦，那是我丈夫，他已经死了。”

——《德格里姆男爵回忆录》，1815年

哲学 自然权利

启蒙哲学家关心知识和学术探究的所有领域，包括宗教、政治、经济和自然科学。启蒙运动的先驱之一是政治哲学家约翰·洛克，他写于17世纪后期的《论政府》一文驳斥了统治者像父亲，有权发号施令，是需要惩罚自己幼稚子民的这一说法。相反，他将政府定义为天赋人权的人民和统治者之间的合同。洛克青睐英国的君主立宪制，但托马斯·杰斐逊以及卢梭等启蒙思想家在《社会契约论》（1762）一书中认为，只有共和国才能体现人民的意志。

在启蒙运动的知识中心法国，领军人物弗朗索瓦－马里·阿鲁埃给自己起了个笔名伏尔泰，创作戏剧和讽刺杰作《老实人》（1759）等小说以及哲学论文。他的法国同事狄德罗反对种族和宗教偏见，批评欧洲人奴役其他地方的人民。

当时认为这种想法很危险，狄德罗的《百科全书》这样一本非常优秀的知识汇编中，部分相关词条经审查后被删去。不过他和其他哲学家的部分拥护者颇具影响力，包括杰出女性如玛丽·泰蕾兹·乔

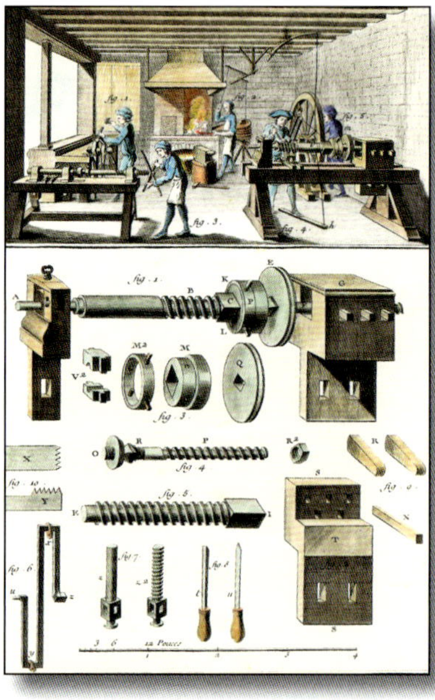

启蒙运动期间诞生了狄德罗的《百科全书》（右上，工具插图）以及亚当·斯密的《国富论》（左）

“思想完全依赖胃口，尽管如此，胃口最好的人不是最好的思想家。”——伏尔泰

法国哲学家伏尔泰对艾萨克·牛顿崇拜不已，并写了一本书来解释牛顿的工作。

佛宏。乔佛宏夫人资助了《百科全书》，并邀请作者们参加她在巴黎的沙龙。

启蒙哲学家不仅主张政治和宗教上的自由，而且倡导自由贸易和自由竞争。走在时代前列的英国经济学家亚当·斯密在其著作《国富论》（1776）提出了这一说法。

小结：启蒙哲学家们制定了公民自由、宗教自由和思想自由的核心原则。

普鲁士的腓特烈大帝与伏尔泰交谈

声音

卢梭 重获自由

“人是天生自由的，但却无处不在枷锁之中。自认为是其他一切的主人的人，反而比其他一切更是奴隶。这种变化是如何形成的？我不清楚。是什么使得这种变化成为合法的呢?我自信能够解答这个问题。

假使我仅仅考虑暴力以及由暴力所得出的效果，我就要说：”当人民被迫服从而服从时，他们做得对；可是，一旦人民可以打破自己身上的枷锁而打破它时，他们就做得更对了。因为人民正是根据别人剥夺他们的自由时所根据的那种同样的权利，来恢复自己的自由的，所以人民就有理由来重新获得自由；否则别人当初夺去他们的自由就是毫无理由的了。”社会秩序是为其他一切权利提供了基础的一项神圣权利。然而这项权利决非出自自然，而是建立在约定之上的。问题在于懂得这些约定是什么。可是在谈到这一点之前，我应该先确定我所要提出的东西。”

——卢梭《社会契约论》，1762年

“我也曾想当哲学家，但就是做不到，因为快乐总是干扰我。”——奥利弗·爱德华兹

亦见｜冲破束缚：第234页

关键时期

1648年
父亲被暗杀后，苏丹穆罕默德四世继承奥斯曼帝国王位

1652年
通过荷兰东印度公司，欧洲人开始向南非建立殖民地

1670年
阿桑特氏族统一西非的黄金海岸

1683年
奥斯曼帝国军队被逼撤出维也纳

中东和非洲

1648~1800年

随着贸易、航运和科学技术的发展，欧洲国家日渐强大，他们开始向过去比他们厉害的帝国和以往遥不可及的王国发起了挑战。即便是庞大而可怕的奥斯曼帝国，疆域覆盖了从巴尔干半岛到中东和整个北非的地中海地区，在欧洲人的军事和经济压力下，在17世纪也开始走下坡路。占奥斯曼帝国主导地位的土耳其人过去曾作为中间商，在欧洲和远东地区之间的贸易中获利颇丰，但如今他们丧失了这种优势，因为热爱冒险的欧洲人乘船绕过非洲或南美，到达东方。君士坦丁堡的苏丹发现提高政府收入、养活军队越来越难。

奥斯曼军队不自量力，于1683年围攻维也纳，结果被击退。到了1800年，土耳其人渐渐失去了对巴尔干地区和埃及的控制权。18世纪90年代后期，这一地区由拿破仑的法国军队短暂占领，而法国的介入又招来了对手英国军队，从而在非洲开创了欧洲帝国主义时代。

1800年之前，非洲大部分地区依然未受奥斯曼帝国或欧洲列强的直接控制。然而非洲大陆大片土地深为跨大西洋奴隶贸易所苦。在18世纪，奴隶贸易达到了顶峰，每年非洲出口超过50000名奴隶到欧洲位于美洲的殖民地。许多部落氏族因此而遭到摧毁。但部分非洲王国，如坐落在今日加纳的阿桑特王国却积极从事奴隶贸易，突袭敌方、抓获俘虏，卖给欧洲商人装船送至新世界牟取暴利，以黄金和其他贵金属的传统方法计算可谓巨额财富，大大增强了国力。从事奴隶贸易等各种生意的欧洲人很少有人敢从海岸深入内陆地区，只有自称布尔人的赫赫有名的荷兰殖民者例外，他们占领了如今的南非。

一度强盛的奥斯曼帝国衰落，而18世纪跨大西洋奴隶贸易的蓬勃发展，为欧洲国家主宰非洲和中东搭好了舞台。

上页：大维齐尔卡拉·穆斯塔法·帕夏。他率领的奥斯曼大军在维也纳被击败

1703年
奥斯曼帝国苏丹艾哈迈德三世将欧洲文化引进奥斯曼帝国

1718年
在相对宁静的奥斯曼帝国，“郁金香时代”开始了

1769年
当地军队与奥斯曼帝国争夺埃及的控制权

1795年
英军从荷兰手中夺取南非控制权，占领南非殖民地

亦见 | 冲破束缚：第241页

帝国

苏丹和维齐尔

1683年，帝国军队粉碎了奥斯曼帝国的入侵，拯救了维也纳

苏丹穆罕默德四世在1648年继任时，奥斯曼帝国已经开始走下坡路了。他精神错乱人称“疯子易卜拉欣”的父亲被宫廷官员谋害，当时穆罕默德年仅6岁。这位年幼的统治者一直在母亲和祖母的监护下，直到他长大成人。即使如此，他的权力依然十分有限。像16世纪的苏丹苏莱曼大帝铁腕治国的日子一去不复返了。如今许多权力掌握在禁卫军和大维齐尔手中，禁卫军中的军官年幼时便入伍，个个骁勇善战，而大维齐尔则在苏丹寻欢作乐时代理朝政。穆罕默德醉心于打仗，有时会随部队上战场。但他未能控制军队，并未能阻止过分热心的大维齐尔在17世纪80年代走险棋，企图击垮奥地利的哈布斯堡王朝，抢占维也纳，结果奥斯曼军队以惨败告终。

最终，穆罕默德为这一错误和其他挫折而付出了代价，将王位拱手让给了亲兄弟苏莱曼二世。苏莱曼二世挽回了前任苏丹给帝国造成的部分损失。艾哈迈德三世于1703年即位，从此

风云人物

中东和非洲

卡拉·穆斯塔法·帕夏
1634～1683年
率领奥斯曼军队在维也纳遭遇惨败的大维齐尔

穆罕默德四世 1642~1693年
奥斯曼帝国苏丹，在任期间帝国战事失利，局势不稳

苏莱曼二世 1642～1691年
穆罕默德四世被废黜后，这位奥斯曼帝国苏丹让帝国恢复了秩序

奥塞·图图
约1660～约1712年
将部分小国家统一起来，开辟了阿桑特帝国

艾哈迈德三世 1673~1736年
奥斯曼帝国苏丹，艺术赞助人

“安拉！英明的真主！啊，独一无二的真主！啊，荣耀的光芒之王！永生的君主！向我们展示您的恩泽公平吧。”——苏丹穆斯塔法二世

声音

蒙塔古 土耳其女澡堂

“她们一般每周享受一次洗浴的消遣，每次至少呆上四五个小时，从热澡堂中直接进入凉飕飕的房间还不会感冒，这让我十分诧异。她们当中看起来最善解人意的那位女士请求我坐在她旁边，恨不得剥了我的衣服让我洗澡。我好不容易为自己找了个借口，不过她们还是无比认真地劝我，最后我终于被迫敞开衬衫，让她们看见了我的胸衣，她们这下可满意了，因为我看得出来，她们认为我被锁在那台机器里，靠自己的力量无法打开，她们认为一定是我丈夫搞的鬼。”

——玛丽·沃特利·蒙塔古夫人土耳其使馆信札，1763年

玛丽夫人

欧洲服装和饰品深受精英阶层喜爱，掀起了种植郁金香的热潮。在所谓“郁金香时代”，富裕的土耳其人深受欧洲习俗的影响，但奥斯曼帝国政府不愿接受欧洲的技术和武器装备，因而在军事上已经落后于俄罗斯等对手。在经济上，君士坦丁堡统治者的财政收入依赖于税官收税，而税官的腐败引发了巴尔干等地区的农民起义。

{厌恶新技术的守旧派人士逼迫奥斯曼帝国领导人于1742年关闭了印刷厂。}

奥斯曼苏丹塞利姆三世试图实现帝国的现代化

奥斯曼帝国的逊尼派穆斯林统治者容忍基督徒和犹太人，却迫害什叶派穆斯林，与什叶派把持的波斯（伊朗）为敌。在波斯，宗教领导人乌莱玛比摇摇欲坠的萨非王朝君主更有权。在18世纪20年代，萨法维王朝被推翻，波斯进入了漫长的动荡时期。

小结：随着奥斯曼帝国日薄西山，统治者们越发疏于朝政。

“存在，是真主的馈赠；生命，是神圣的礼物；呼吸，是他爱的表现；言语，是他恩典的标志。”——优素福·纳比

亦见｜帝国崛起：第336页

殖民地 南非

欧洲在南非的殖民统治始于1652年，荷兰东印度公司在非洲大陆的尖端附近建立开普敦，作为绕过非洲大陆，往来于印度和其他亚洲地区与欧洲之间航船的补给站。第一批定居者为公司员工，其中部分是农民，他们负责种植作物，饲养牲畜，为居民和停靠在当地的补给船提供食物。为了避免与当地的科伊科伊黑人闹矛盾，该公司并未奴役南非黑人，而是从其他地方进口奴隶。

然而到1700年，以荷兰殖民者为主体的，爱冒险的布尔人开始从开普敦出发，赶着牛群徒步朝内陆进发，一路上与各部落冲突不断，殖民者将天花传染给了当地部落，许多人死于瘟疫。截至18世纪80年代，约20000名欧洲人在南非生活。开普敦成长为欧洲和亚洲之间的重要中转站，居民既有欧洲人，也有他们的奴隶。

这只瓷盘描绘的情景是四艘悬挂荷兰国旗的帆船驶过好望角

荷兰人继续控制着南非殖民地。直到1795年，英国军队占领这里，获得了往来亚洲的重要海上航线，并防范对手法国来犯。10年后，英国吞并南非，派来了自己的殖民者，他们后来与布尔人、祖鲁人和其他勇敢反抗的部落交战不断。

小结：欧洲列强争夺南非及其航线的控制权。

扬·范·里贝克 逃跑的奴隶

声音

扬·范·里贝克

“自由民扬·雷尼尔森一大清早就跑来抱怨说，他所有的男女奴隶当夜都逃走了，还带上了三四条毛毯、衣物、大米、烟草等。于是我们叫来新来的翻译杜曼（如今改名安东尼），他曾与克尤涅斯阁下刚从巴达维亚返回。我们问他为什么霍屯督人[即科伊科伊人]不愿搜捕逃跑的奴隶，他冷冷地回答说不知道。司令不相信他，于是把翻译伊娃独自叫进办公室，私下问她霍屯督人是否包庇我们的黑人……她（荷兰语说得很不错）说了这番话，即：“我就跟你直说了吧，明涅尔·范·里贝克先生，杜曼跟他们是一伙儿的。”

——《开普敦司令范·里贝克日记》，1758年

“这丧尽天良的种种恶行，通称奴隶贸易。”——约翰·卫斯理

非洲黄金海岸的海岸角城堡，建于1682年

帝国 阿桑特王国

在17世纪中后期，阿桑特王国形成于现今加纳境内，缔造者奥塞·图图是一位器宇轩昂的领袖。他的军师是一名祭司，名叫奥克佛·阿诺凯，他帮助图图建立了统领其他阿桑特头领的权力，让人民感受到其王道威严。图图的王权象征主要是他的宝座金凳，位于首都库马西。相传金凳从天而降，预示着上天神灵赐予了他权力，这一点很像欧洲的国王，他们都自称天赋神权来统治万民。阿桑特境内出产黄金，黄金是阿桑特社会用于衡量财富和声望的传统标准。肯特布是另一种身份的象征，这是一种用手纺棉布或买来的丝绸制成的花布面料。

阿桑特过去是由多个独立国家和部族组成的松散集体，到了17世纪，阿桑特人开始团结起来。通过中央集权、军事改革，建立阿桑特议会，图图国王及其势力加强了凝聚力，击败了邻国也是世敌登基腊。阿桑特在该国抓来奴隶，卖给欧洲商人换取枪支。到17世纪结束时，奴隶贸易已经成为阿桑特贸易中的最主要部分。

奥塞·图图王子尚未登基时，曾被一位强大的登基腊君主挟持为人质，他从该君主的朝廷里逃脱出来。

这种贸易对阿桑特来说可谓喜忧参半。在建国之初，他们靠此在势力上盖过了非洲对手们，但也让他们在19世纪沦落为英国的殖民地。

小结：阿桑特等非洲人有自己独特的王权、征服和帝国主义传统，这些传统通过奴隶贸易得到了加强。

阿桑特金面罩（左）；加纳出土的陶土纪念头像（下）

“神的旨意是给我们自由，人的意愿是把我们变成奴隶，/我尊从神的旨意，神的旨意必须执行。”——约翰·杰克

关键时期

1637年
日本幕府将军德川家光禁止基督教，驱逐所有传教士和大多数贸易商

1644年
满族人攻入北京，建立清朝

1658～1707年
伟大的莫卧儿王朝末代皇帝奥朗则布在位时期

1688～1704年
日本的元禄时期是文化的黄金时代，文学、艺术、戏剧蓬勃发展

亚 洲

1644~1800年

和非洲、中东一样，亚洲部分社会长期以来对欧洲人一无所知或很少受欧洲人影响，而在17和18世纪面临来自西方的压力时，他们以各种方式迎接这一挑战。德川幕府统治日本时，担心日本会像西班牙统治的菲律宾那样沦为殖民地，因而禁止基督教传教士进入日本，将与外国人之间的贸易仅限于长崎港，只有少数中国和荷兰客商获准进入那里。日本人自己制造的隔离状态导致技术上落后欧洲，但也有助保持了独立和独具特色的文化。在首都江户（今东京），文学艺术蓬勃发展，幕府将军平定了国内军阀，将打硬仗的武士们转化成了绅士和学者，他们运笔比持剑更得心应手。

中国清朝皇帝也对西方人采取了类似政策。17世纪中叶，满族人推翻了明朝，平定叛乱，建立了清朝。18世纪初，清朝禁止天主教传教士在中国传教，而外贸则在广州港严密监督下进行。通过控制贸易，中国统治者保护了丝绸、茶叶和瓷器等国内产品，外国人在广州用白银购买这些产品，中国的厂商和帝国国库都富裕起来。和日本一样，中国在这一时期欣欣向荣，达到了很高的艺术成就。

印度统治者发现，与管理他们的多元社会相比，抵御外敌入侵要难得多。莫卧儿皇帝奥朗则布1658年登基，统治了近半个世纪，他通过征服不断扩大疆域，从现在的巴基斯坦一直延伸到印度南部。期间，他推行伊斯兰教，疏远了南部的印度教多数派。为增加政府收入，他和继任者们征收重税，并允许欧洲公司在孟买、加尔各答等港口保留防御性贸易前哨。18世纪中叶，莫卧儿帝国日渐势微，英国借机统治印度，这让英国东印度公司掌握了大权。

在18世纪，中国和日本限制外国人的贸易及其他往来，以维护主权，而印度的莫卧儿帝国在经济上越来越受英国控制。

上页：日本浮世绘大师喜多川歌磨的杰作之一

1756年
孟加拉王公惩罚当地英国人，因其违反贸易限制

1760年
英国在文迪瓦什之战中击败法国，加强了英国在印度的权力

1791年
汉语文学杰作《红楼梦》出版

1796年
清乾隆皇帝退位，传位给其子，白莲教起义爆发

亦见 | 交战中的世界：第403页

帝国 从莫卧儿王朝到英国人

孟加拉王公会见罗伯特 · 克莱夫上校

莫卧儿皇帝奥朗则布1707年去世后，给继任者留下了一个烂摊子。奥朗则布将帝国疆域扩张到最大程度，用他钢铁般的意志和严格的穆斯林信仰统治印度，令国家大部分民众苦不堪言。他的继任者撤销了一些最严厉的措施，如对非穆斯林实施惩罚性税收以及下令销毁印度教寺庙等。但是许多向奥朗则布造反的人，包括住在印度西海岸的印度教马拉地人以及居住在西北部旁遮普省的锡克人，仍然与莫卧儿王朝后世统治者坚决抗争。

雪上加霜的是，波斯于1739年大举入侵，洗劫了莫卧儿王朝的首都德里，掠走了奥朗则布和其他皇帝金灿灿的孔雀宝座。莫卧儿王朝统治者的苛捐杂税本来就已经让百姓忍无可忍，如今再也无法筹集到足够的财政收入来维护领土完整，于是他们便成了傀儡，而印度形形色色的王公、省长等人口头上效忠，但在处理事务时则我行我素。

同时，欧洲列强开始打起了印度财富的主意，英国、法国、葡萄牙、荷兰和丹麦都在海岸边设立了贸易前哨，有时会因争夺霸权而大打出手。英国人发现印度在政治上四分五裂，于是他们的商人和军队通过打一个拉一个的方式对付王公们，直至征服整个国家。这种战术使英国东印度公司挫败了对手法国东印度公司，将孟加拉省欣欣向荣的港口加尔各答变成了英国扩张的基地。

英国商人希望获得财富而不是领土。但随着时间的推移，由一个目标导向另一个目标。1756年是一个转折点：孟加拉省省督以违反贸易法令为由对英国人施以惩戒。很多英国卫兵被抓并监禁在一处令人窒息

风云人物

亚　洲

奥朗则布　1618～1707年
莫卧儿皇帝，治国有方但铁腕无情

康熙　1654～1722年
清朝第二个皇帝

德川吉宗　1684～1751年
日本第八届德川幕府，治国有方

曹霑（即曹雪芹）
约1715～1763年
中国文学杰作《红楼梦》的作者

罗伯特 · 克莱夫
1725～1774年
英国驻孟加拉总督

“因其卓越，孟加拉被称作人间天堂……西方的白银和东方的黄金多年来一直涌入这个地方。”——罗伯特 · 克莱夫

声音

J. Z. 霍尔维尔 加尔各答黑洞

“我大声呼喊，‘请看在上帝的份上，给我口水吧！’……然而我根本无法用水来得到解脱，因为我的干渴就是因它而起；所以我下定决心不再喝水，而是耐心地等待结局的到来；我时不时地吮吸袖子上的汗水，来让唇舌得以湿润；我会接住每一个滴下来的水滴，比如倾盆而下的大雨；你根本无法想象，如果没能接到其中的任何一滴，我会感到多么地沮丧！”

——1756年的第一手记录（可能有所夸张）

加尔各答黑洞

到18世纪末，曾经幅员辽阔的莫卧儿帝国，其领土缩小到了德里及其周边地区；后来，英国于1803年占领了这一地区。

的狭小牢房（就是后人所知道的“加尔各答黑洞”）中，很多人死于牢房之中。为了复仇，英国迅速派出了救援军队，在罗伯特·克莱夫上校的率领下，解救了监狱中的幸存者，并占领了整个孟加拉，杀死了目中无人的省督，并重新安排了一位非常顺从的省督，充当克莱夫的傀儡。

尽管孟加拉名义上是独立的，但仍须经常向英国缴纳巨额税款。这些钱很多都落到了个人的手里，包括克莱夫本人。“纳瓦布”（莫卧儿帝国时期主管省政府的省督）这个头衔也很快加诸很多英国官员身上，比如克莱夫——他们在当地印度兵的帮助下，接连占领各省，成为印度真正的长官。

实际上，印度不仅处于英国的控制之下，同时也被迫屈服于东印度公司。由此引发的民愤在接下来的一百年中不断增加。

小结：莫卧儿帝国的帝王们无法掌控其多样化的人口，失去了对印度的掌控权；英国商业借此权力空白之机迅速进入印度。

人物评说

奥朗则布大帝 1618～1707年

奥朗则布大帝在祈祷

奥朗则布大帝是沙·贾汗大帝的第三个儿子。他战胜了自己最年长的兄长（法定的继承人）并在即位之前杀死了族内其他兄弟。拥有这样的残忍对于莫卧儿的帝王们来说是非常有利的，因为他们之间的相互斗争中少不了密谋与反叛。作为一个虔诚的穆斯林，奥朗则布大帝严格约束自己，远离先前统治者们那种放荡不羁的生活。但是，他的宗教热情后来也成了不利因素——他舍弃了前辈的宽容政策而开始对拥有其他信仰的人们进行残酷压迫。当锡克教的精神领袖得格·巴哈都尔拒绝改信伊斯兰教时，奥朗则布大帝便将其处死。虽然帝国在其领导下不断壮大，但这样的残酷手段让帝国分崩离析。**结论：**褒贬皆有。

“20年之后，我们的征服依旧像第一天一样野蛮……英国人赚得的每一卢比，对于印度来说都是永远的失去。”——埃德蒙·伯克

蒙古使节向乾隆皇帝展示进贡的马匹

帝国 清朝

在中国混乱而动荡的漫长历史中，满族人是来自北方的众多入侵者之一，并在17世纪控制了中国。长城曾经在早些时候有效地阻止了蒙古人入侵中原，虽然明朝的帝王对其进行了修缮并延长了其长度，但却未能帮助明朝士兵有效抵挡住满族人的入侵。与蒙古游牧部落不同，满族人在满洲的南部地区进行耕作，通过贸易和其他渠道对中原文化有较长时间的接触；这也有利于他们与中国的反叛势力结盟，从而加速了明朝的灭亡。

1644年，满族人占领京城，清朝建立。其统治者直接采用了中原的各种习俗，但同时又与之有所区别。1661～1722年在位的清朝皇帝康熙，延续了其满族前辈们开拓疆域的传统，征服了藏族地区，占领了台湾岛（当时是明朝遗民的避难之所）。康熙不仅是一个征服者，也是一个专注的学者，是儒家学说中理想的博学仁慈的君主——他减免赋税，开办学堂，出版百科全书和其他学术性书籍。他与天主教传教士之间的关系非常融洽，但在1704年，教皇禁止中国信徒敬奉祖先，自此，康熙与天主教的关系转冷。基督教在中国的传教活动也逐渐衰落，直到19世纪才重新恢复。

康熙皇帝

声音 康熙《圣谕广训》

“一、敦孝弟以重人伦；
二、笃宗族以昭雍睦；
三、和乡党以息争讼；
四、重农桑以足衣食。”

——康熙《圣谕十六条》，1670年

“从早期开始，人们就非常关注农业方面的发展。请列举各个朝代为此都采取了哪些措施。”——中国考题康熙及其皇孙乾隆在位的较长时间内，国家繁荣昌盛。即使说清朝的统治者未能赢得臣民的爱戴，但至少使全国的臣民非常顺服。1796年，乾隆帝年事已高（85岁），便退位令其儿子即位，此时“白莲教起义”爆发。在乡村地区，饥荒与官员权力的滥用让群众不堪重负，于是佛教徒首先发起了这次起义，抨击满人是外来的压迫者，并向其追随者保证佛陀即将转世。起义军组织涣散，但是朝廷的官员们侵吞了军队的所有粮饷，这削弱了军队的力量。起义一直持续，最终朝廷不得不指望饥民的顺从。这次起义标志着清政府已失去了在民众中的道德威严，预示着规模更大、更加血腥的革命即将到来。

清代瓷盘

18世纪的满清皇帝乾隆博学多才，相传曾写过4万多首诗。

小结：满清皇帝大都为开明君主，只是他们也没能根除腐败这一同样毁掉了前朝的弊病。

康熙南巡的场景（绢画）

“请列举不同朝代的货币流通方式，并简述宋代钱币与我们今天所使用的纸币有何相似之处。”——中国考题

亦见｜黄金时代：第70页

阶级与社会 家庭纽带

大多数中国人，不管是否信奉佛教或者其他宗教，都将儒家学说作为日常家庭生活中的准则。儒家思想并没有浓重的宗教色彩，更多的是一种哲学思想——它宣扬统治者和长辈们应该对臣子和晚辈们以礼相待；相应地，臣子和晚辈也应该给他们以应有的尊重。父亲是一家之主，子女必须尽孝道。

母亲也同样受到尊重，有时会在“幕后”执掌大权。如在帝王驾崩之时，如果继任皇帝尚且年幼，则由皇太后垂帘听政。

歌妓们会在公共场合表演歌舞，但是大户人家的女子大多还是留在家中。清朝时期，在富贵人家开始流行对女性进行“缠足”，这样她们的脚就变得小巧而精美。但同时，她们也不再能像正常人一样自由行走，于是只能待在家中。

中国的宗族体系和官员考核体制让社会实现了一定意义上的进步。富人们可能会资助同族内生活贫困但有前途的年轻人读书，去参加严苛的科举考试。

婢女

小结：在古代中国，家庭是非常神圣的。

18世纪中国女子摆放睡莲的场景（水粉画）

“生视女，髻云高簇，鬟凤低垂，比垂髫时尤艳绝也。”——**蒲松龄**

曹霑 清代少女

“一面想，一面又恨认不得这个是谁。再留神细看，只见这女孩子眉蹙春山，眼颦秋水，面薄腰纤，袅袅婷婷，大有林黛玉之态。宝玉早又不忍弃他而去，只管痴看。”

——《红楼梦》，1759

中国少女

艺术 精湛的表现力

依照中国的传统，绘画、书法、诗歌等各种艺术形式，都是供皇室成员和御用文人之类的精英阶层消遣之用的。清代早期两位最好的画家，朱耷和石涛就是前明皇室贵族的后裔，明亡后出家为僧，这在当时是避免遭受政治迫害的通常途径。

明朝的覆灭可能是造成朱耷行为古怪的原因之一，对他的艺术风格也有影响。与之前的名画家相比，朱耷的风格更富于表现力，也更加个人化。从另一角度说，此时期的中国文化反映出国力昌盛，商人的地位日渐重要，商品也变得十分精美。清朝那光滑闪亮、有着复杂刺绣的丝绸布料举世闻名。清代优美的瓷器，因有了精致的釉面愈发名声大噪。也就是在这一时期，中国因陶瓷业发达而被英语国家的人称作“china”。

中国不断扩张的商人阶级都识文断字，喜欢《红楼梦》一类讲表兄妹间曲折恋爱的流行小说。像今天的畅销书一样，这类小说多为言情主题，有时还有艳情描写。但在享受故事的过程中，读者也能有所收获。

{画家朱耷将“哑”字贴在门上，然后缄口不言。}

小结：中国商人生产的优良产品和他们对小说的喜爱，将中国文化推上了活跃的巅峰。

清代陶瓷狮子

“如果胸襟光明正大，足下自现彩云；倘或满腔奸私暗昧，足下自生黑云。”——李汝珍

亦见 | 冲破束缚：第262页

国家

德川政权

17世纪，德川幕府高层牵制住好惹麻烦的贵族、即大名的势力，加强了对日本政权的掌控。大名不但拥有广阔的土地，还征募忠诚的武士，以血腥的争斗打击异己。德川家族则通过实行叫做“幕府”的军政府体制，使这些军阀乖乖就范。

德川家族从贵族阶级中脱颖而出，严格限制了其他人的权力。

“幕府”一词暗示着这是一种临时体制，就像将军指挥作战所用的帐幕一样，将军只是辅佐天皇恢复社会秩序。然而到了17世纪，天皇早已成为傀儡，德川家族急于上位。他们以江户作为居城，规定大名一年留国一年留府，受到将军的严密监视。通过限制外贸，德川政府不仅让日本免受欧洲影响，也阻止了大名从西方商人那里购买武器。

东京的二条城，曾是早期德川幕府的总部

德川时期的盔甲

此类政策让饱受战争创伤的日本恢复了稳定繁荣。17世纪期间，人口大幅增长，某些地区的农民开始不太安分。但总体来说，粮食产量的增长为急速发展的城市提供了后盾。江户、京都和其他经济繁荣城市的商人变得比大名还要富有。

商人的成功令旧时代社会上层的儒学人士痛恨不已，过去商

“凡所谓士之职，在于省其身，得主人而尽奉公之忠……专于斯道。”——山鹿素行

江户时期葛饰北斋的作品，描绘了农家女子采摘蘑菇归来的情景

人处在社会最底层，然后是武士、大名，最上层是将军。

德川政权的孤立主义是日本地理位置偏远的政治表现。直到19世纪西方人入侵，贸易屏障才被打破，日本统治者也不得不面对外面的世界。

小结： 德川时期的将军终止内战、闭关锁国的时期被后人称为暴风雨前的宁静。

声音

本多利明 商人与武士

“很快黄金和白银通货就会流入商人手里，也只有商人才配得上‘富有’、‘权势’这样的词汇。商人的力量会不断增长，直至成为四个阶级之首。在我调查现今商人的收入时，发现日本总收入十六份中有十五份归商人所有，剩下的一份才是武士的收入。那么很显然，除非武士阶层囤积粮食，否则是无力为荒年的农民提供保障的。这都是因为没有建立正确的制度。”

“用阐述四大需求时草拟的计划，现在这个腐坏的社会也能恢复繁荣昌盛。武士之国日本的古老荣耀也能复兴。”

——《经世秘策》，1798年

“当心！国家为强盗所破坏，房屋被老鼠啃噬，寡妇被追求者玷污。”——井原西鹤

亦见 | 世界新秩序：第302页

阶级与社会 武士的道路

47个浪人攻击贵族宅邸（版画）

德川时期，也叫做“江户时期”，日本从由军事统治的封建社会转化为秩序井然的中央集权国家，由德川吉宗这样的开明将军掌权。1716 ~ 1745 年间，德川吉宗和平地统治着日本，大力普及教育和对法律的尊重。在这样平静的氛围下，很多武士放下刀剑，成为学者和官员，致力于维护和平而非引起纷争。

但并不是所有在武士传统下成长的人都适应新体制。流浪的武士，即“浪人”，失去了军阀的支持，变成社会安定的威胁。1651 年，政府挫败了浪人推翻将军的密谋。虽然作为法外之徒被人们惧怕，浪人也因严守武士道精神而受到尊敬。47 个浪人为被杀的主人复仇的故事已经成为了传奇，被改编成很多日本小说和戏剧。

小结：德川时代的将军为日本带来了法制和秩序，却不得不与固执的武士斗争。

山本常朝 武士之书

声音

“特别是武士，要时时在意，因为不知何时会发生何事，所以每天都要预立，一条一条想清楚以后，再因时运而决胜负。只要有心一死就好，输了就要立刻报复，当然，如果没有丢脸，就另当别论。这样做的刚者，既不需要智慧，也不需要功业；既不考虑胜败，也不在意外在形式，无二无三，一味死狂，自置死地，方为活路。”

——《叶隐》（武士行为指南），约1700年

江户时期的武士盔甲

“重要的不是说某样事物‘伤感’，而是其为自身而感伤。”——近松门左卫门

声音

松尾芭蕉 俳句三首

“蝉声鸣不已
安有死亡时

端阳裹粽忙
只手拢额发

乌鸦立枯枝
秋暮正迟迟”

松尾芭蕉

艺术

流动的世界

如同在中国一样，日本新兴富商阶层对娱乐的追求，为小说和其他流行艺术形式创造了市场。江户时代最多产的作家是井原西鹤，以上千首幽默的短诗，即俳谐而闻名。这种创作形式衍生出了俳句——三行 17 个音阶的动人小诗，由井原西鹤同代的天才、曾做过武士的松尾芭蕉所完善。17 世纪末，井原开始写作小说。他的情色小说描写了歌舞伎町的亚文化，女人并非作为艺妓、而是作为演员表演戏剧，不过后来就禁止女性演员出演了。画家们也用极具专业水准的木版画描绘了歌舞伎町那“流动的世界”。

小结： 很多江户时代的画家，都以充满诱惑的隐秘享乐生活作为题材。

4位穿着全套戏服、画着妆的歌舞伎演员

“懂得诗歌，自然会明白世间治乱的道理。”——贺茂真渊

亦见 | 世界新秩序：第278页

关键时期

1675年
梅塔科米特酋长，即著名的“腓力国王”，带领印第安人抗击殖民者

1682年
威廉·佩恩，宾夕法尼亚英属殖民地所有者，到达了费城

1759年
巴西将耶稣会士驱逐出境

1765年
英国议会通过了《印花税法案》，引起了殖民地人民的抗议

新大陆

1650~1800年

17世纪晚期到18世纪，欧洲各国对殖民地展开了激烈的争夺，于是旧世界对新大陆产生了极为深刻的影响。在此期间，他们将自己国家的居民和数百万的非洲奴隶迁至殖民地，颠覆了美国本土的社会构成。西班牙王国依旧是新大陆中最大的王国，其殖民地覆盖了南美洲的大部分地区（著名的葡萄牙殖民地巴西除外），越过墨西哥，向北延伸到得克萨斯州、新墨西哥州和加利福尼亚州。但是，西班牙不再像过去那样从其美国殖民地中掠取大量财富。同时，在加勒比地区和佛罗里达州，西班牙也面临着与英国和法国的残酷竞争。葡萄牙勇敢的殖民者们向西推进，跨越了巴西边境，成为威胁到西班牙帝国的一大因素。同时，印第安部落有力地阻止了西班牙传教士的渗透和军队的进攻，成为了西班牙帝国的又一大威胁。

在美国北部，法国和英国为争夺霸权而展开了激烈的斗争。此次战争的高潮是“法国—印第安人战争”（1754～1763年），北美成为英法两国在欧洲“七年战争”的分战场。英国在大西洋沿岸有着富饶的殖民地，其居民人数远远多于法国在加拿大的人口数量。但是法国的探险家和商人们与印第安部落结成了联盟，这些部落分布广泛，从圣劳伦斯河河谷到南部密西西比河沿岸的五大湖地区，再到新奥尔良的港口。英国殖民者们进入到北部的新英格兰或是向西跨越了阿巴拉契亚山脉时，受到了印第安部落与法国的联合抗击。然而，尽管如此，英国还是在1763年打败了法国，并迫使其放弃在加拿大的殖民地。

之后，为抵消其在“法国—印第安人战争”中的巨大开销，英国殖民者们开始在殖民地征收重税，此举遭到了殖民地居民的一致抗议。美国独立战争期间（1775～1783年），法国和西班牙支持殖民地人民抵抗英国，希望能够取代英国、占有其殖民地并从中获利。但是，从长远看来，没有任何一个欧洲国家能从羽翼日渐丰满的美国获益，因为独立战争的胜利鼓舞了美国人民团结起来，共同反抗殖民统治。

> 欧洲殖民国家在美国本土及其他地区不断斗争，付出了极大的代价，这放松了其对美国的控制，为美国独立战争和其他反抗活动提供了有利条件。

上页：本杰明·富兰克林、约翰·亚当斯和托马斯·杰斐逊共同起草《独立宣言》

1774～1775年
第一届大陆会议在费城召开

1781年
在法军的援助下，乔治·华盛顿将军在弗吉尼亚州约克镇取得了决定性的胜利

1788年
美国各州批准了美国宪法

1789年
美国人选举乔治·华盛顿为国家的第一任总统

亦见 | 世界新秩序：第310页

18世纪巴西欧鲁普雷图的圣弗朗西斯科大教堂

西班牙在美国的最后一处殖民地在上加利福尼亚（即今美国加利福尼亚州），1769年建立，1848年被美国收回。

殖民地 新社会

早期，很多英国殖民者都是举家迁入美国，而西班牙和葡萄牙殖民者则不同：他们大多是男性，会娶印第安或非洲的女性为妻，其混血后代叫做“麦斯蒂索人”（拥有部分印第安血统）或者“穆拉托人”（拥有部分非洲血统）。一些富有的农场主、商人或官员会带着妻子一起从欧洲迁到美国，或者在美国安定之后再将妻子接到美国。其后代被称作“克里奥人”（西班牙裔拉丁美洲人），后来成长为拉丁美洲社会中的精英群体。

南美地区的各国家中，巴西的人口多样性最高。殖民时期有近400万非洲奴隶进入巴西——最初很多奴隶在海岸附近的甘蔗种植园工作。后来，在18世纪，很多葡萄牙探矿者来到美国，需要更多的奴隶在金矿或是宝石矿中工作。一

风云人物

新大陆

本杰明·富兰克林
1706～1790年
美国科学家、作家，美国开国元勋之一

庞蒂亚克酋长
1720～1769年
渥太华印第安部落反抗运动首领

乔治·华盛顿
1732～1799年
美国独立战争大陆军总司令，美国首任总统

约翰·亚当斯
1735～1826年
美国政治家，大力支持《独立宣言》的撰写

詹姆斯·麦迪逊
1751～1836年
第四任美国总统，《美国宪法》起草人之一

“利马居民的组成是白人（或西班牙人）、黑人、印第安人、麦斯蒂索人，以及来自后面三种血统的其他社会集团。”——豪尔赫·胡安与安东尼奥·乌略亚

声音

胡安娜 头发与拉丁语

“我开始学习拉丁语，我相信自己还没有学完二十课。我对它的兴趣非常浓厚，所以尽管对头发的珍爱是所有女人（尤其是正处在花季的少女）的天性，但我还是可以很坚决地将四到六根手指那么长的头发剪掉，量一下剪掉的头发有多长。我给自己定下规则：如果到头发长回原来的长度时，我依然没能学好我要学的东西，我就会将其再次剪短，作为对自己懒惰的惩罚。”

——墨西哥修女、诗人胡安娜·伊内斯·德·拉·克鲁斯于1691年写给普埃布拉主教的一封信（主教曾因身为修女的胡安娜追求世俗的学习而对其加以批评）

胡安娜·伊内斯·德·拉·克鲁斯修女

些印第安人也在葡萄牙人名为“bandeiras”（葡萄牙国旗）的袭击中沦为奴隶。耶稣会士试图保护印第安人免受剥削，但是殖民地其他势力对于教会权力的憎恨与日俱增。最终，在1759年，耶稣会士被逐出巴西。天主教在拉丁美洲依然具有很大的影响力。其他宗教的修道士替代了耶稣会士。从古巴到秘鲁，天主教会几乎掌控了市镇的每一个角落。

小结：欧洲殖民者、非洲人和印第安人共同创造了拉丁美洲的新社会。

葡萄牙强大的首相庞巴尔侯爵控制了巴西的高利润贸易

“我们看到大量的印第安人，还有很多太平洋沿岸的居民，他们通过耕种与捕鱼实现更好的生活。”——塞拉神父

亦见 | 冲破束缚：第252页

殖民地 英国在北美与南美的殖民地

1683年，威廉·佩恩与特拉华州的印第安原住民签订协议

英国人在北美建立的殖民地，在气候、地形和文化方面都有较大差异。新英格兰冬季非常寒冷，山地崎岖不平，这种条件更适合小面积个人种植，而非大面积的庄园种植。此外，新英格兰人还有着非常坚定的清教信仰，这让新英格兰人勤勉刻苦，继而催生了很多以教育官员为主要目的的大学，如哈佛大学（1636 年建校）和耶鲁大学（1701 年建校）。但他们所生活的时代依旧是一个相当迷信的时期，无法逃脱谣言与“猎巫”恐慌的迫害。17 世纪晚期，在马萨诸塞州塞勒姆等许多城镇，很多人因被怀疑是女巫而惨遭迫害。

大西洋中部沿海的殖民地多有较为宽广的河口，如哈得孙河、特拉华河与切萨皮克湾，这有利于海上贸易的发展，吸引了大批人来到北美的各大港口。1664 年，荷兰殖民地纽约为英国所夺，后发展成为英属北美地区最大的城市之一。之后超越纽约的城市只有 1682 年建立的费城，其建立者威廉·佩恩是一名英国贵格会教徒，欢迎所有拥有其他信仰和国籍的人们来到他的属地。本杰明·富兰克林是费城思想开明优良传统的最完美代表——18 世纪 20 年代，他还是一名印刷工人，在费城开商店，后来成为有名的作家、智者、科学家和启蒙哲学家。

南部殖民地的典型特征是有着半热带气候和湿软的海岸

“任何一个坚持法治和人民参与立法的政府，都应该无偿为其人民服务。”——威廉·佩恩直到1750年，在北美共有超过100万的英国殖民地居民。而在加拿大却只有约两万法国殖民地居民。

地带，适合种植园经济的发展，如种植水稻、棉花和烟草。17世纪晚期，种植园主们不再雇用契约仆役，而开始从非洲或是西印度群岛购买奴隶。一方面是因为奴隶会成为其财产，另一方面，奴隶对于疟疾等其他疾病有着较强的抵抗力。拥有奴隶的种植园主控制着南部沿海地区，而多山的内陆地区则住着饱受贫困与土地贫瘠之苦的白人，他们为抵抗印第安部落与殖民统治而跨越了阿巴拉契亚山脉。多次起义中，1676年的“培根起义”是一场由拓荒者们发起，反抗弗吉尼亚殖民者的起义，反映了英国殖民者们向西扩张的决心。

1673年荷兰在新阿姆斯特丹的殖民地的地图

小结：即使在美国独立之后，各个殖民地间的差异依然存在。

声音

安·普特南 女巫审判

“小安·普特南的证词中写道，‘1691年，也可能是1692年3月13日，我在女巫中见到了古迪·诺斯，她马上开始虐待我；那时我还不知道她的名字，后来我看到她坐在我们的会议室中；自那之后，她以各种方式残酷地折磨我，又是咬我又是刺我，迫使我在赦免她的请愿书签字；还有3月24日，在进行她的考试时，她异常残酷地折磨我，自那之后还有好几次。在考试时，我还看到丽贝卡·诺斯伤害默茜·刘易斯、玛丽·沃尔科特、伊丽莎白·哈伯德和阿比盖尔·威廉姆斯。”

——1692年证明丽贝卡·诺斯有罪的证词（一些拼写采用现代拼法）

被指控的女巫，萨雷姆城

“在这里，不同民族的人们融合成了一个新的种族，其劳动和后代终有一日将改变整个世界。”——赫克托·圣约翰

冲突 印第安战争

庞蒂亚克酋长鼓动其他印第安部落共同反抗英国殖民者

在北美，欧洲移民面对着殖民地印第安人的坚决反抗，如新墨西哥州的普韦布洛人曾在 17 世纪晚期的一段时间内暂时将西班牙殖民者们驱逐出去。1675 年，新英格兰地区的英国移民也面对着同样的挑战：梅塔科米特酋长，即著名的“腓力国王”，带领印第安人发起反抗。成百上千的移民死于此次战争，最终，在易洛魁盟军的援助下，英国才战胜了腓力国王。

在法印战争中，很多印第安部落开始反抗英国殖民者。这场战争开始于 1754 年，当时英国军队和乔治 · 华盛顿领导的弗吉尼亚义勇军在内塞西蒂堡遭遇了法军与印第安部落的联盟军。

很多新斯科舍的法裔阿卡迪亚人后迁居路易斯安那州，成为著名的卡津人。

即使在 1763 年法国放弃加拿大殖民地后，庞蒂亚克酋长带领的渥太华印第安各部落

英国将军布雷多克

依然继续战斗。但是英国迫使庞蒂亚克签署了协议，并通过对移民继续向西扩张做出限制（一条为殖民者们深恶痛绝的边界线）来避免进一步的冲突。

小结：在北美，很多印第安部落的土地被占，引发了很多印第安人战争。

“没有任何人有权利将我们驱逐出去，因为我们是这片土地最早的拥有者。伟大的天神将它赐给我们，让我们在这里生活，我们定会继续留在这里。”——**特库姆塞**

声音

威廉·伯德

威廉·伯德 六月的一天

“1709年6月10日，我早上5点钟起床，但没能读书，因为基林上尉造访，我和他一起打台球，赢了一半的皇冠和他的医生。乔治把男孩尤金带回家……晚上，我在种植园里散步，看到尤金因逃跑而被鞭打，身受重伤。我为他祈祷，愿他有健康的体魄，良好的思想，温顺的脾气，谢谢全能的神。”

——弗吉尼亚种植园主威廉·伯德的日记

阶级与社会 一个不稳定的社会

与欧洲不同，英国在美洲的殖民地很少有古老血统的贵族。即使是建立了马里兰的高贵的卡尔弗特家族，也是因为一位没有头衔的绅士乔治·卡尔弗特才获得了皇家宪章，而他本人也是因为服务皇室才获得了第一巴尔的摩男爵爵位。在马里兰州，弗吉尼亚州和其他南部殖民地一些优越的家庭确为贵族起源，但其他人通过自己的努力也能出人头地。例如，中产阶级冒险家威廉·伯德，一个伦敦金匠的儿子，获得了弗吉尼亚州1200英亩地的拨款资助，促成了一个著名的奴隶主和政治家的王朝。南方种植园主形成的精英群区别于北方上层阶级，他们中一些商人拥有奴隶，通过雇用低工资的免费劳动力最终致富。

穷人希望在快速发展的殖民地社会中改善生活。各个阶层的自由人为自己不是奴隶而感激上苍。奴隶们的悲惨境况众人皆知，如奥兰达·艾奎亚诺：他还是个孩子时就从非洲被捉来当奴隶，贩卖给了一个又一个奴隶主，直到1766年他用当店员赚来的钱在费城给自己赎了身。

贵格派教徒主要集中在罗德岛、加利福利亚北部、宾西法利亚和新泽西西部

在南方大部分地区，黑人多于白人，并发展出独特和独立的文化。

烟草标签

小结：殖民地社会的阶层具有流动性，很多底层社会的人有机会出人头地。

“当然，这样的交易不会是什么好事。它像瘟疫一样传播开来，污染着一切所接触到的东西。这违反了人类与生俱来的首要权利：平等和独立！”——奥兰达·艾奎亚诺

《美国宪法》

“美国宪法之父”詹姆斯·麦迪逊和联邦领导人亚历山大·汉密尔顿一致认为，美国需要用一个强有力的政府来征收税款，支付债务，保卫国家。但是不同于汉密尔顿所提出的建立一个像英国那样的君主立宪制政府，美国宪法规定总统只能担任四年，但允许再次参选。

乔治·华盛顿　在他当选美国首位总统的两年前，乔治·华盛顿就被一致推选为费城制宪议会的主席。

麦迪逊担心，对公民的自由做出界定，这反而会限制其自由。但是反联邦主义者认为，总统或议会损害了他们的权利，表示强烈反对。这让麦迪逊和其他开国元勋们提出了《权利法案》作为十个宪法修正案之一。这保证了美国人民的宗教自由、言论自由、拥有武器的自由以及其他一些法律保护。

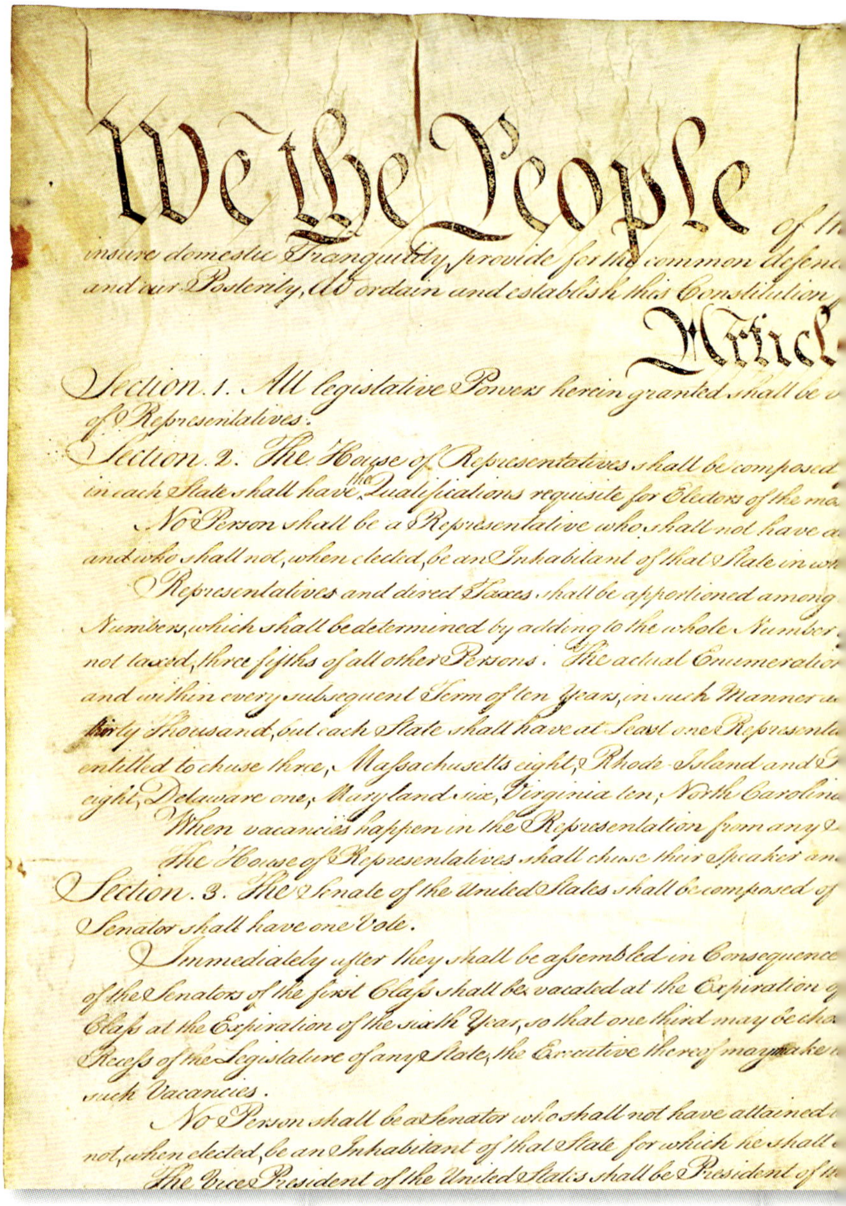

“美利坚合众国总统、副总统及其他所有文官，因叛国、贿赂或其他重罪和轻罪，被弹劾而判罪者，均应免职。”

“国会有权规定并征收税金、捐税、关税和其他赋税，用以偿付国债并为美国的共同防御和全民福利提供经费，但是各种捐税、关税和其他赋税，在合众国内应统一征收。”

最初草案 宪法的最初草案由宾西法尼亚众议院议员雅各布·夏洛斯手写在羊皮纸上，经历了数个世纪完好地保留下来

“美国的参议院由每州选举两名参议员组成，参议员的任期为6年，每名参议员有一票表决权。”

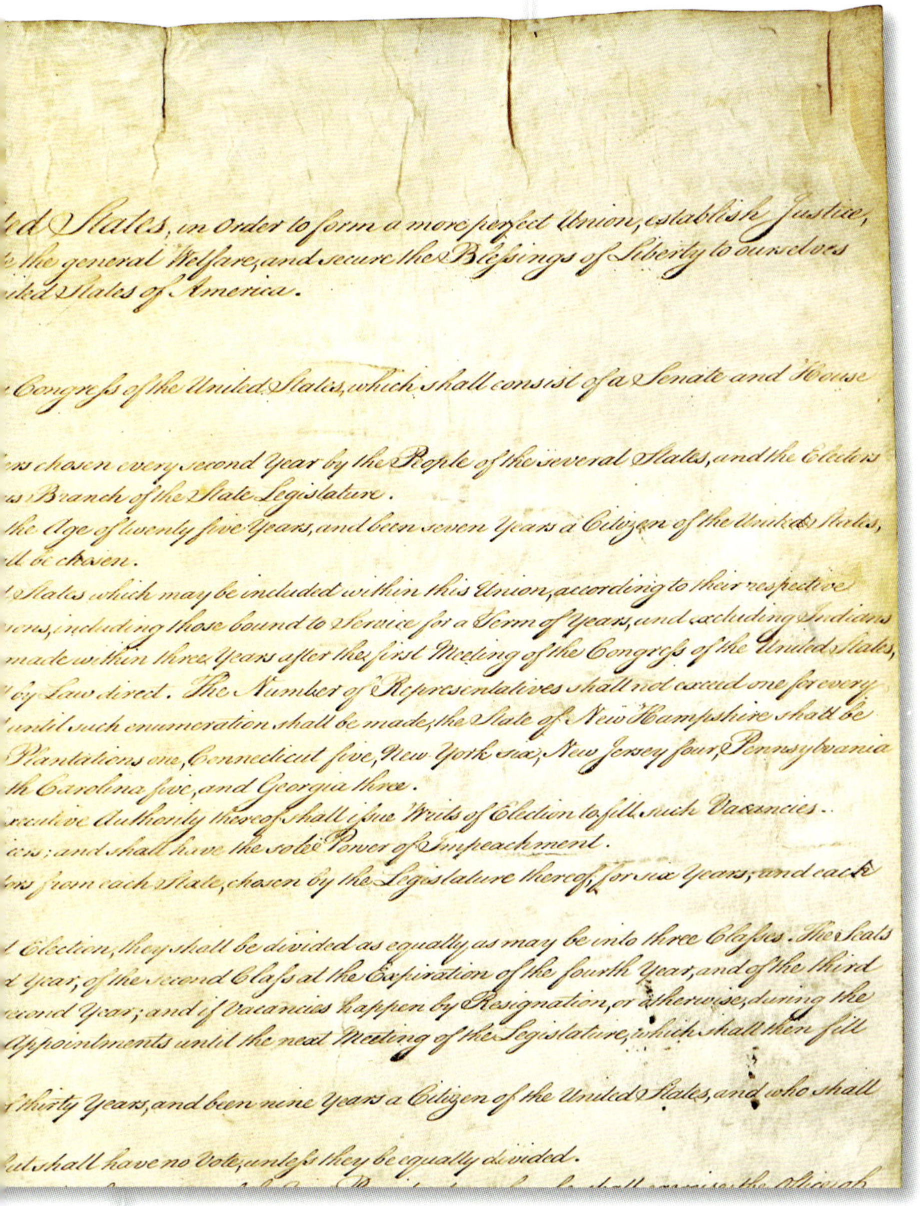
ed States, in Order to form a more perfect Union, establish Justice,
the general Welfare, and secure the Blessings of Liberty to ourselves
ited States of America.
Congress of the United States, which shall consist of a Senate and House
rs chosen every second Year by the People of the several States, and the Electors
us Branch of the State Legislature.
the Age of twenty five Years, and been seven Years a Citizen of the United States,
ll be chosen.
States which may be included within this Union, according to their respective
ons, including those bound to Service for a Term of Years, and excluding Indians
made within three Years after the first Meeting of the Congress of the United States,
by Law direct. The Number of Representatives shall not exceed one for every
until such enumeration shall be made, the State of New Hampshire shall be
Plantations one, Connecticut five, New York six, New Jersey four, Pennsylvania
th Carolina five, and Georgia three.
ecutive Authority thereof shall issue Writs of Election to fill such Vacancies.
ers; and shall have the sole Power of Impeachment.
ors from each State, chosen by the Legislature thereof, for six Years; and each
t Election, they shall be divided as equally as may be into three Classes. The Seats
d Year, of the second Class at the Expiration of the fourth Year, and of the third
econd Year; and if Vacancies happen by Resignation, or otherwise, during the
Appointments until the next Meeting of the Legislature, which shall then fill
thirty Years, and been nine Years a Citizen of the United States, and who shall
t shall have no Vote, unless they be equally divided.

“只有对合众国发动战争，或投向它的敌人，予敌人以协助及方便者，方构成叛国罪。无论何人，如非经由两个证人证明他的公然的叛国行为，或经由本人在公开法庭认罪者，均不得被判叛国罪。”

签署和批准 这份4页的文件于1787年9月17日由宪法委员会的39名代表签署，又于1789年6月21日由9个州批准实施。

首个内阁 乔治·华盛顿的首个内阁由国防部长亨利·诺克斯、国务卿托马斯·杰斐逊、司法部长埃德蒙·詹宁斯·伦道夫和财政部长亚历山大·汉密尔顿组成。宪法第二条指出，总统可在参议院建议和同意的情况下任命公共官员和领事

序言 宪法以一段宣言开始：“我们美利坚合众国的人民，为了组织一个更完善的联邦，树立正义，保障国内的安宁，建立共同的国防，增进全民福利和确保我们自己及我们后代能安享自由带来的幸福，乃为美利坚合众国制定和确立这一部宪法。”

《权利法案》

十二个修正案最初是为1789年宪法而提出的，其中关于选民和补偿的两个没有被通过，但是其他十个最终成为《权利法案》。其中：

修正案1：国会不得制定关于下列事项的法律：确立国教或禁止信教自由；剥夺言论自由或出版自由；或剥夺人民和平集会和向政府请愿伸冤的权利。

修正案10：本宪法未授予合众国、也未禁止各州行使的权力，保留给各州行使，或保留给人民行使之。

亦见 | 世界新秩序：第314页

冲突 美国革命

美国革命源起于多种怨愤，其中包括英国在法国—印第安人战争时期强迫殖民地居民服兵役和招待士兵。美国殖民地人民的愤怒于1765年达到顶点，英国议会通过《印花税法案》，对报纸征收税款以偿还战争债务。此法案被演说家帕特里克·亨利称作“无代表权的征税”。

反抗起源于马萨诸塞州，反叛者在1770年遭到了英国军队的致命打击，于1773年将茶叶倾倒入波士顿港口来抗议征税，并于1775年在康科德、列克星敦和邦克山发起了美国革命。在约翰·亚当斯的推进下，大陆会议在1776年7月4日通过了《独立宣言》。起初美军屡受挫折，但1777年在纽约萨拉托加获得了辉煌的胜利。1781年10月，在法军的援助下，总司令乔治·华盛顿在弗吉尼亚约克镇取得了决定性的胜利，英国不得不在1783年承认美国的独立。

本·富兰克林

小结：因战争的影响而不堪重负，英国从美国殖民地人民那儿尝到了失败的滋味。

美军在列克星敦战役中向英军开火（1755年，沃伦）

“我们政治制度的根本，是人民拥有建立和改变政府体制的权利。”——乔治·华盛顿

声音

阿比盖尔·亚当斯

阿比盖尔·亚当斯 欢庆

“当克莱福特上校在州议会大厦的阳台上读宣言的时候，大家用心聆听每个字。当他读完后，阳台上爆发出‘上帝拯救美国各州’的欢呼声。接着，三声欢呼声响彻空中，钟声敲响，战船开火，大炮发射，接着是兵团投入战斗，每一张脸上都洋溢着欢乐……晚饭后，国王的武器从州议会大厦上被挪开，所有一切有关他的东西在国王大街付之一炬。”

——致约翰·亚当斯的一封信，1776年7月21日

国家 新的规则

在反抗了国王乔治三世后，美国人民对新的统治者十分警惕，通过了《联邦条例》，国家没有强有力的立法系统和行政长官。但是，诸如为偿付战争债务之类的任务，需要一个像联邦主义者亚历山大·汉密尔顿所提倡的一个强大的联邦政府。他们催促1787年费城举行的制宪会议成立一个“更完美的联邦”。在本杰明·富兰克林的帮助下，联邦主义者与反联邦主义者（设法限制联邦权利的人）决定让步，起草了一部三权（总统、国会、最高法院）制衡的宪法。1789年，选举产生美国首位总统乔治·华盛顿，同年，首届国会正式召开，并颁布了《权利法案》。

乔治·华盛顿年鉴

小结：新政府在权力制衡的基础上建立。

相关阅读：美国宪法

最初，《美国宪法》并不能保证每个公民都有投票表决权。但是这次制定非凡宪法的共和国遵循以下原则，那就是政府应该满足公民的要求，而不是君主的法令。它启发了法兰西共和国在18世纪90年代的革命，并成为许多国家的宪法典范。到目前为止，包括波兰、墨西哥和切罗基民族的宪法都以其为蓝本。切诺基民族在19世纪20年代形成了自己的宪政共和国，但美国最高法院裁定，它不具备外国国家地位，因此失去独立主权。

西班牙宪法颁布典礼

“我们的宪法切实可行；所有的事物似乎都将维持下去，但在这个世界上没有什么是一定的，除了死亡和纳税。”——本杰明·富兰克林

时间脉络关系图

1650～1800年

“如果这是所有可能的世界里最好的世界，那其他世界是什么样的？”
——伏尔泰

奥利弗·克伦威尔

1651年
哲学家托马斯·霍布斯发表《利维坦》，为政治专制主义辩护

1665年
牛顿发现科学定理，但此时他的大学（剑桥大学）却因瘟疫而关闭

1685年
中国对欧洲开放贸易港口

土耳其瓷盘

1650年
英国士兵奥利弗·克伦威尔在邓巴击败苏格兰军队

1661年
康熙皇帝登基，中国开始了一段长治久安的历史

1676年
美国拓荒者们在“培根起义”中向弗吉尼亚州总督发起反抗

1718年
土耳其进入“郁金香时代”

1650年　1660年　1675年　1700年

1650年
启蒙运动的创始人之一笛卡尔去逝

1660年
查尔斯二世成为英格兰国王

1670年
阿散蒂部落在非洲的黄金海岸统一

1692年
马萨诸塞州几个县的女性因巫术而受到指控并被判处死刑

1664年
英国吞并了新阿姆斯特丹，改名纽约

1652年
荷兰东印度公司在好望角附近筑垒设防

葛饰北斋的《富岳三十六景》

1603～1868年
日本江户时代以复杂的视觉艺术和戏剧闻名

“那些仅为少许短暂安全感而放弃必要自由的人不值得拥有安全或是自由。”
——本杰明·富兰克林

清代瓷佛

1740年

弗里德里希二世（腓特烈大帝）登上了普鲁士王位

庞蒂亚克酋长

1763年

庞蒂亚克酋长领导印第安人反抗英国

1776年

美国殖民地宣布脱离英国独立

1644～1911年

清朝成为中国最后一个王朝

1754年

法国－印第安人战争（或称英法北美战争）在北美打响

1769年

西班牙传教士和部队到达圣迭戈港，建立加利福尼亚殖民地

1792～1794年

英国探险家乔治·温哥华为北美西北海岸绘制地图

1725年 1750年 1775年 1800年

1718年

法国殖民者建立新奥尔良市

1756～1763年

普鲁士、英国、德国汉诺威开始了与法国、俄罗斯、奥地利、德国萨克森州、瑞典的“七年战争”

1771年

埃及反抗奥斯曼帝国统治

1796年

在中国，“白莲教起义”爆发

1789年

法国人民攻占巴士底狱，标志着法国大革命的开始

1741年

荷兰航海家维特·白令率领俄罗斯探险队到达阿拉斯加海岸。

“爱国主义是流氓最后的避难所。”

——塞缪尔·约翰逊

1769年

库克船长和船员乘“奋进”号发现新西兰海岸

“奋进”号

帝国崛起

机器时代编年史
1800~1900年

第8章

德拉克洛瓦所画的《自由领导着人民》纪念了1830年法国的七月革命

亦见 | 帝国崛起：第324页

关键时期

1804年
拿破仑成为法国皇帝

1815年
滑铁卢战役中，拿破仑最后一次战败

1848年
马克思和恩格斯合著了《共产党宣言》

1853年至1856年
俄国与英法联军间展开了克里米亚战争

欧洲

1800~1900年

19世纪，欧洲各国在经济和政治上都愈发强大，对其控制的世界其他国家产生了深远的影响。18世纪启蒙运动席卷欧洲，鼓励人们开始将自己当作公民而非臣民。这一理念点燃了法国大革命的战火，进而催生了拿破仑·波拿巴政权的建立。拿破仑在1804年宣布成为法国的皇帝，但是在《拿破仑法典》中肯定了法国公民的合法权利。拿破仑是第一位充分利用民族主义并建立了一支强大的公民军队的现代君主。他组建的军队忠于他，但更忠于法国，在一次又一次艰难持久的战斗中，他们强烈的爱国主义精神得到了充分的体现。然而，征服者拿破仑对其军队的期望过高，最终导致了失败。

在1815年召开的维也纳会议上，击败了法国的各战胜国试图恢复拿破仑战争时期被推翻的欧洲封建秩序，重建各国封建王朝，如奥地利的哈布斯堡王朝和俄国的罗曼诺夫王朝。这些王朝曾经极力与国内及边境周围各个民族的民族主义进行抗争。然而，民族主义热情不可能被长时压制。在接下来的一百年中，旧帝国不断衰落，新兴国家如意大利和德国（包含普鲁士王国及其征服的其他日耳曼国家）迅速崛起，与法国和英国形成鼎立之势，很大程度上改变了欧洲的版图。

民族主义同个人主义和帝国主义一样，极大地改变了欧洲，改变了世界。英国成为第一个开始实行工业化的国家，而这一优势又在其政治改革中进一步得到了强化——英国公民在政府中拥有更多的话语权，也增强了他们作为英国公民的自豪感。作为商人、工程师、士兵或是移民，英国人分布于世界各地，控制了非洲和亚洲的很大区域，补偿了其在美国失去的殖民地。

在法国，实行工业化和政治稳定则用了更长的时间。但是到19世纪中期，法国也成为强大的帝国主义国家。德国和其他国家对英法帝国的不断扩张非常嫉妒，开始建立自己的殖民地，扩大影响，加速了全球各个国家的竞争，最终引发了20世纪毁灭性的世界大战。

19世纪，英国、法国、德国等工业国家将自己的势力渗透到非洲和亚洲，由此欧洲各国的势力覆盖到了全世界。

上页：英国科学家迈克尔·法拉第有关电的发现推动了工业革命的发展

1857年
“印度民族起义”之后，英国完全控制了印度

1870年
在维托里奥·埃马努埃莱二世统治时期，意大利王国实现最终的统一

1871年
普鲁士国王威廉一世在法国郊外的凡尔赛宣布德意志帝国成立

1902年
英国打败非洲南部的布尔共和国

亦见 帝国崛起：第320页

领袖 拿破仑传奇

拿破仑·波拿巴出生于法国的科西嘉岛。刚开始其军旅生涯之时，他是法兰西共和国的拥护者，后来在1799年的政变中夺取了政权。当时法国人民已经在恐惧和混乱压迫下精疲力尽，因此非常欢迎拿破仑独裁政体的到来，并于1804年以很大优势当选为法国皇帝。他向法国人民承诺在法治之下每个公民之间的平等，推动公共教育，并带领大军打败了奥地利、普鲁士和俄罗斯，最终赢得了法国人民的忠心。但英国依旧英勇反抗。1805年，英国在特拉法尔加粉碎了法国的舰队，抵住了法国的侵略，保卫了国家安全。

1812年，沙皇亚历山大一世与英国结盟共同对抗法国，拿破仑入侵俄罗斯，占领莫斯科。俄国人民放弃并烧毁了自己的首都，令法国军队在寒冬迫近之时粮食短缺，无处可去。在这次灾难性的战役中，拿破仑的60万大军折损50万有余。1814年，拿破仑逃到厄尔巴岛，一年后回国重整军队，但最终在滑铁卢战役中败给了英国的威灵顿公爵。

欧 洲

拿破仑·波拿巴
1769～1821年
征服欧洲大部的法国将军

克莱门斯·梅特涅
1773～1859年
杰出的奥地利外交大臣

朱塞佩·马志尼
1805～1872年
意大利统一的捍卫者，"青年意大利党"创始人

卡尔·马克思 1818～1883年
德国革命家，经济学家

路易斯·巴斯德
1822～1895年
法国生物化学家，发现了微生物的致病性

1815年的滑铁卢战役，结束了拿破仑领导的法国与欧洲其他国家的战争

"我曾听波拿巴夫人说，她的丈夫一直有个习惯，那就是每天晚上临睡前都会盯着军队里的首领名单沉思。"——德·雷慕沙夫人

维克多·雨果 死亡

维克多·雨果

“屠杀，真实而可怕，遍及每一条街道，犹如一条章鱼伸出了它的触须。逃跑？为何要跑？躲藏？又是为了什么？死亡步步紧逼，无处可逃。在巴格维恩大街上，一个士兵问一个路人，‘你在这里做什么？’路人回答，‘要回家去。’接着，士兵杀死了路人。在马莱街上，士兵杀死了四个年轻人，就在他们自己的庭院中。埃斯皮纳斯上校高呼着“上刺刀之后，开炮！”罗什福尔上校呐喊着“猛刺！流血！猛砍！”，接着他又喊道“这样就节约了火药，减少了轰鸣。”

——维克多·雨果《罪恶史》，1852年

在路易–拿破仑发动政变后，作家维克多·雨果决定流亡海外，直到他被废黜之后才重回法国。

1848年，路易·腓力离开杜伊勒里宫

拿破仑倒台之后，法国君主制复辟，但并未得到广大人民的支持。1830年，巴黎人民走上街头，抗议查理十世的暴政（即著名的“法国七月革命”），迫使其让位给自己的堂兄路易·腓力，但是其软弱的宪法改革也未能让法国人民满意。1848年，革命者们推翻路易·腓力，建立了法兰西第二共和国。路易–拿破仑·波拿巴，拿破仑一世的侄子，当选为共和国总统。在议会拒绝其连任要求之后，他于1851年12月发动政变。像他的叔叔一样，路易–拿破仑也摒弃了共和制政体，并于1852年称帝，即拿破仑三世。

1870年，德国军队在普鲁士国王的带领下入侵法国，擒获拿破仑三世，控制其军队，至此，拿破仑三世的统治非常不光彩地结束了。此次溃败之后，法兰西第三共和国崛起，其新的宪法将权力牢牢地控制在当选的领导人手中。同英国一样，法国开始大力扩张其海外帝国，逐渐拥有了阿尔及利亚、突尼斯、法属西非、印度尼西亚、塔西提岛及其他一些殖民地。

小结：法国人一直在努力实现拿破仑的军事光辉与其共和国信念的调和。

“我离开了，但是你们，我的朋友们，会继续为法国服务。她的福祉是我唯一的心愿。我会一直为法国祈福。”——拿破仑·波拿巴

亦见 | 帝国崛起：第 322 页

经济 英国工业化

英国海军（图示其于1801年与法军军舰作战）使英国建立了海上霸权

通过击败拿破仑，英国击败了其老对手法国，并跻身世界领先大国。英国的主导地位取决于其强大的海军实力和巨大的工业产出。然而，早期居住在不列颠群岛的人们几乎没有从工业革命中受益。工厂和煤矿的工作条件阴暗而危险，因此议会法案做出重大改革：禁止使用 9 岁以下童工；另外，每周的工作时间不允许超过 6 个 12 小时工作日。乡村地区的人们仍然很穷并且饱受自然灾害之苦，如 19 世纪中叶爱尔兰爆发的马铃薯疫病引发了饥荒，夺走了 100 万人的生命，200 多万人不得不背井离乡。

然而，从长远来看，国内外的工业化和投资业务的发展大幅提高了英国人民的生活水准，并推动了大英帝国的繁荣。以英国的东印度公司和南非公司为代表的大公司在外国经济上占主导地位，为英国政府接管这些殖民地扫清了道路，其中一些后来成为自治领地或联邦。到 19 世纪末期，英国的殖民地或联邦遍布除南极洲以外的各大洲，被誉为“日不落帝国”。

小结：英国的工业繁荣和军事力量使其有实力在世界各地建立殖民地。

“在毛织品的生产中，梳毛机、细纱机和飞梭的使用，减少了近三分之一的人工劳动。”

——利兹布料商人

声音

伯里特 土豆饥荒期间的生活

“我们从一个大约三英尺的小口进入了一个狭小的洞中，发现有一两个孩子躺在稻草上睡着，眼睛却还睁着。他们最起码看起来像是睡着了，因为我们在他们眼前的时候，他们连眼睛都不眨一下。”他们的父亲进来了，可怜兮兮地给我们讲了他们有多悲惨，还说他们一天下来，一口饭都没有吃。他点着了一小把稻草，把躺在洞里另一个角上的一两个孩子指给我们看。孩子们的母亲死了，所以每天的大部分时间，他只好把他们留在洞中。”

——以利户·伯里特《对斯基柏林的访问》，1847年

土豆饥荒暴乱

帝国 英属印度

1857年，印度兵奋起反抗东印度公司。他们有很多不满和抱怨，怀疑东印度公司用猪油或牛脂做润滑油涂在来福枪的子弹上。当时在装子弹之前，士兵必须用牙齿咬破来福枪子弹的弹壳，而这样做是违反印度教和穆斯林教戒律的。许多平民也加入了这场暴乱，这使得英国加快了介入和直接控制印度的步伐。

英国军队和官员大量涌入印度镇压叛乱、维持秩序，英国的工程师建起了大量的公路、铁路和电报线路。

通信、教育和医学的进步原本有利于印度的现代化，但英国人却用来满足自己殖民者的利益。他们从印度榨取棉花和其他原材料，并且将印度作为出售英国货物的市场。例如，英国制造的布被大量地运往印度，遏制了印度手工织品的生产。

英国乔治五世国王率领着第一支孟加拉非正规骑兵团

英国人不让印度人在军队或者行政机构担任要职，还说印度文化落后几千年，他们这么做是在使其开化，而印度人极其讨厌这种说法。印度国民大会党成立于19世纪80年代，后来几十年一直是争取独立的有力呼声。但是之后英国一直拒绝给予印度英联邦地位：因为印度对于英国来说就像是皇冠上的珠宝，太过珍贵，不忍丢弃。

{1876年，英国维多利亚女王被加冕为印度女皇，而她的儿子爱德华七世则做了印度国王。}

小结： 人口众多的印度被英国殖民了近一个世纪。

“印度人无法像英国人一样，兴致高的时候就挑个好天气，打打猎什么的。‘自己活，也让别人活’是他们的处世准则。”——莫尼尔·威廉姆斯爵士

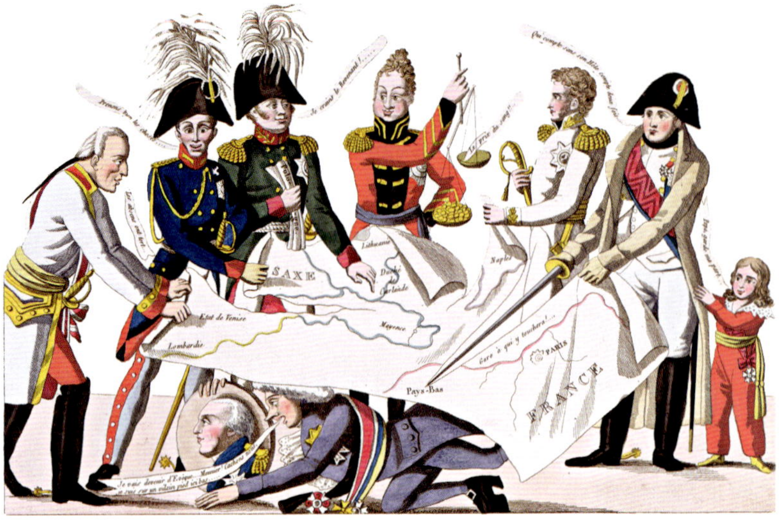

拿破仑战争之后，欧洲统治者在维也纳会议上重新划分领地

帝国

日耳曼民族

1815年，克莱门斯·梅特涅王子在维也纳会议上试图在欧洲内营造一种力量的均衡，来制约新国家崛起，防止多种族的奥匈帝国受到威胁。奥匈帝国由日耳曼人、意大利人、斯拉夫人等种族的人构成。例如，他不想让意大利人建立起自己的共和国，也不想让日耳曼人同自己的老对头普鲁士结盟。

1848年，梅特涅的计划就在这时开始瓦解，因为很多欧洲国家爆发了革命，其中就包括奥地利和普鲁士。这两个国家拒绝建立日耳曼共和国，却想要建立日耳曼帝国。冷酷无情的政治家俾斯麦就是主张建立帝国的主要人物。俾斯麦凭借普鲁士的工业和军事实力，开始进行扩张战争，使普鲁士吞并了其他日耳曼城邦，还夺取了法国的阿尔萨斯和洛林。1871年，在战胜法国之际，普鲁士的威廉一世加冕成为德国国王，建立全新的德意志大帝国。

小结：普鲁士在19世纪建立起了全新的德意志帝国。

俾斯麦 奋起反击

声音

俾斯麦

“俾斯麦是个爱发火、专横但却脸皮薄又敏感的人，所以遭人反对时，他从来不会掩饰心中一触即发的烦恼和愤怒。生气的时候，他会浓眉紧锁，快速环视议事厅，像是在琢磨他的敌人。最后，他又会在众人一片突然的鸦雀无声中站起身。他的演说断断续续、语言粗鲁；他的嗓音很沙哑，而且显然有些呼吸困难。但是讲到激动的时候，他的嗓音却又十分清澈洪亮、充满轻蔑。他讲话的时候，两只大手会抓着军装上亮晶晶的扣子，或者粗野地转着铅笔、捻着纸张，然后就会对攻击作出回应。”

——乔治·托尔1880年《俾斯麦国会内外》

“当今之计，唯有联合众国王，方能拯救社会于水火之中。”——克莱门斯·梅特涅王子

1848年，米兰革命人士与奥匈帝国军队展开街战

国家

意大利联邦

德意志联邦是由保守的君主主义者俾斯麦通过武力统一的，而意大利的情况则有所不同。它的统一，在一定程度上要归功于某些共和主义者和革命者（比如说朱塞佩·马志尼和朱塞佩·加里波第）的努力。1831 年，马志尼因为反对奥匈帝国对意大利北部的统治而遭到流放。他随后成立了“青年意大利党”，志在将四分五裂的意大利统一为意大利共和国。1848 年，马志尼回到家乡，与加里波第和其他起义者一道宣布建立共和国。

与同时代其他的欧洲革命相似，意大利的这次起义最后也不了了之。后来，加里波第与其他人一起，开始大力支持萨丁尼亚 - 皮埃蒙特的维托里奥·埃马努埃莱二世国王和他的首相加富尔伯爵。1860 年，加里波第带领一千起义者，最后在那不勒斯遇到了维托里奥·埃马努埃莱。后者次年称王，并在 1870 年攻陷了罗马附近的一个教皇国，完成了意大利的统一。

罗马被攻陷之后，罗马天主教失去了大本营，这种情况一直持续到1929年梵蒂冈城成立。

小结：革命者与非激进人士联手统一了国家，从此意大利渐渐成型。

“仍然温暖的皇家巢穴被人民的解放者占领，皇宫的地毯被平民重重的靴子所践踏。”

——朱塞佩·加里波第

亦见｜帝国崛起：第325页

国家 动荡的俄国

凯瑟琳大帝的孙子亚历山大一世统治期间，俄国击退了拿破仑的进攻，并且攻下了波兰和芬兰，进一步扩张了原本幅员辽阔的帝国。然而，俄国基本上没有工业，而且贵族阶级和贫苦农奴之间的差距过大，所以俄国的经济仍然很落后。1825年，亚历山大去世，保守的尼古拉一世继位。忠于亚历山大兄弟康斯坦丁（他曾放弃皇位，但是却得到了改良派的支持）的官员开始反对尼古拉。尼古拉镇压了十二月党人起义。直到1861年，他的儿子和继承人、走改良路线的亚历山大二世才解放了贫苦农奴。除了解放农奴，这位新皇帝还采取了许多措施来实现国家的现代化，追赶英国、法国等对手。英法两国曾经在惨烈的克里米亚战争（1853～1856）中击败俄国。

克里米亚战争中，一名英国军官和与两名俄国男孩正在休息

1881年，亚历山大二世被人刺杀。当时，他正在考虑建立立宪制政府。

有了列夫·托尔斯泰等作家，俄国文学在19世纪兴盛起来

俄国虽然进行了改革，但收效甚微。借着作家安东·契诃夫和作曲家彼得·伊里奇·柴科夫斯基等艺术家的成就，俄国的文化达到了新的高度。但是俄国社会仍然是一片不和谐。有些俄国人最后意识到，沙皇政权一日不废除，俄国就一日不能彻底实现自身的潜能。

小结：推翻拿破仑之后，俄国竭力跟随西方国家的脚步走上现代化道路。

“波兰王国服从我国的统治，但它会重获宁静，再次在一个警觉的政府的福佑下获得和平，再次在这和平的怀抱中繁荣起来。”——沙皇尼古拉二世

冲突 战局扩大

19世纪的战争伤亡更加惨重，因为军队规模扩大，武器威力也有所增强。在1812年的博罗季诺，拿破仑大军和俄国军队之间展开一场恶战，其间有7万5千人伤亡。俄国入侵奥斯曼帝国，克里米亚战争爆发，而后英法两国介入战局，阻挡俄军行动，战况随之升级，最终夺去了近75万人的生命，许多人死于饥饿、疾病或伤口感染。英国护士南丁格尔对肮脏的医院病房感到震惊，由此引入了新的卫生标准。

结束在战地医院的服务之后，南丁格尔建立了现代护理体系

英国和法国军队在克里米亚战争中围困塞瓦斯托波尔城

19世纪晚期，得益于技术进步，比如通过铁路运送部队，欧洲军队效率更高。这些技术进步在普法战争（1870～1871）中帮助德国军队迅速击溃法国，赢得了胜利。

小结：欧洲战争从职业军人之间的竞争转变为国家之间的对抗。

人物评说

拿破仑三世 1808～1873年

拿破仑三世

法国皇帝拿破仑三世并不具备他叔叔拿破仑一世的军事天才，但这并没有阻止他通过征服寻求荣耀。他与法国的宿敌英国缔结盟约，在克里米亚战争中打败了俄国。然而，拿破仑三世热衷于外交阴谋，致使后来疏远了英国，并引起了普鲁士帝国的敌意。1870年，拿破仑三世的威望与日俱衰，他试图亲自率领军队与普鲁士一战，以此重拾他的声望，并恢复法国的荣光。最终他在色当被20多万德国大军围困，与8万3千名法国士兵一同投降。这场屈辱的战败导致了他的垮台，留下法国和德国这一对死敌，他们的世仇将在未来引爆两次世界大战。**结论**：贬。

“把这作为原则宣布或许有些奇怪，但在一家医院中，第一要求应当是不伤害病人。”

——佛罗伦斯·南丁格尔

亦见 | 交战中的世界：第369页

经济 工业革命

工业革命中，各地工厂纷纷拔地而起，比如这些位于东欧的钢铁工厂

19世纪，工业革命从英国向其他国家扩散，新的动力能源比水力、风力、马力等更为有效，取代了传统的能源。英国发明家詹姆斯·瓦特在1769年改进了蒸汽机，为发电厂、机车和汽船提供动力，从而大大提高了货物生产和运送的速度，让工业家和投资者发财致富。1831年，当英国的迈克尔·法拉第移动磁铁通过螺旋线产生电流时，另一种能源形式被利用起来。电报和电话通讯也成为现实，美国人塞缪尔·莫尔斯于1837年设计出电报代码，莫尔斯的同胞亚历山大·格雷厄姆·贝尔在1876年获得电话技术专利。另一个美国人托马斯·阿尔瓦·爱迪生改良了白炽灯灯泡，照亮了整个世界，并成立公司为城市输送电力。

19世纪后期，意大利的古列尔莫·马可尼也用电流来生成无线电波，并向远方的接收机发送无线电信息。与此同时，德国工程师戈特利布·戴姆勒和鲁道夫·狄塞尔正在设计用石油燃料驱动的内燃机，这在世纪之交掀起了一场交通革命。

起初，很多人对工业革命及其技术感到担忧。一些工匠失去了工作，因为他们的手工制品可以被机械化生产。一些人在工厂里找到工作，他们的工作单调而辛苦，操作重型机械，从黎明直到黄昏。在曼彻

一些国家完成工业化后，生产出先进的武器装备如铁甲战舰，发展出更为强大的军事力量。

“物理机械科学给社会带来的福祉，以及它改善人类境遇的潜在技术手段，尚未得到充分探讨。”——安德鲁·尤尔

斯特乃至英国，那些机器造成大批工人伤残，以致一名观察人士把城市比喻成战区。工作条件十分恶劣，生活条件则更加糟糕，工业贫民窟拥挤不堪、犯罪频发、疾病肆虐。富人和

1886年，保罗·戴姆勒为他的父亲驾驶第一辆四轮戴姆勒汽车

权贵对抗议的劳动者没有丝毫同情心。积极的抗议者被视为不法分子，持不同政见的人被称为卢德派，谁破坏机器，谁就被判处死刑。

有些人把工业社会的弊病归咎于资本主义，并倡导社会主义或集体所有制，就是把工人或者社会作为一个整体，共同拥有生产工具。空想社会主义者呼吁有产者建立现代的公社，像苏格兰的新拉纳克，在那里，实业家罗伯特·欧文提高了棉纺厂工人的工资，改善其住房和学校条件。激进的社会主义者认为，资本家们作为一个阶级永远不会心甘情愿放弃权力，他们坚持认为，只有通过革命，工人才能拥有他们所生产的财富。

1848 年，出生于德国的激进主义者卡尔·马克思和弗里德里希·恩格斯发表《共产党宣言》，呼吁工人团结起来，反抗资本主义的老板，预言资产阶级和被压迫的无产阶级之间会存在阶级斗争。马克思和恩格斯没有料到的是，一些改革措施，例如允许工人成立工会，作为集体和资本家协商权益，将使他们能够分享工业化带来的好处，从而缓解阶级矛盾。随着时间的推移，这个过程使许多工人阶级成员或他们的子女，加入了日益壮大的中产阶级。

共产主义是社会主义运动的一个激进的分支，但社会主义运动中也有探索改革而非革命的派系。

小结：工业革命加快了现代生活的步伐，提高了生产力。

声音

马克思和恩格斯 阶级斗争

“至今一切社会的历史都是阶级斗争的历史。自由民和奴隶、贵族和平民、领主和农奴、行会师傅和帮工，一句话，压迫者和被压迫者，始终处于相互对立的地位，进行不断的、有时隐蔽有时公开的斗争，而每一次斗争的结局是整个社会受到革命改造或者斗争的各阶级同归于尽。

……从封建社会的灭亡中产生出来的现代资产阶级社会并没有消灭阶级对立。它只是用新的阶级、新的压迫条件、新的斗争形式代替了旧的。”

——卡尔·马克思及弗里德里希·恩格斯《共产党宣言》，1848年

弗里德里希·恩格斯和卡尔·马克思

“如果想知道，一个人在不得已的时候有多么小的一点空间就够他活动，有多么少的一点空气（而这是什么样的空气呵！）……那只要到曼彻斯特去看看就够了。”——**弗里德里希·恩格斯**

亦见｜帝国崛起：第338页

科学 生命和死亡的种子

在19世纪，科学研究为改善大众健康做出了许多贡献。18世纪90年代，英国医生爱德华·詹纳研制出第一代可靠的疫苗，给人们接种无害的牛痘病毒，预防天花感染。19世纪中叶，极具创新精神的法国微生物学家路易斯·巴斯德创立微生物学理论，把疾病的传播与微生物或细菌联系起来。他发现，微生物有时衰弱，甚至变得无害，这使他研制出了针对炭疽和狂犬病的疫苗。19世纪70年代，德国的罗伯特·科赫在实验室中培养出细菌，并识别出引发结核病和霍乱的细菌种类，随着欧洲城市卫生条件的改善，死于这些疾病的人越来越少。在卫生设施方面的进步，也使得19世纪在医院接受手术的病人生存率有所提高。19世纪60年代和70年代，英国医师约瑟夫·利斯特引入石炭酸作为抗菌剂使用，降低了手术过程中致命传染病的感染率。

孟德尔的豌豆研究为遗传学提供了线索

法国化学家路易斯·巴斯德彻底改变了生物学和医学

其他研究人员则为新的科学学科奠定了基础。原子物理学发轫自英国科学家约翰·道尔顿在19世纪初提出的理论。奥地利植物学家孟德尔开创了遗传学，在他培育的杂交豌豆中识别出显性和隐性的遗传性状。孟德尔的成果在很大程度上不受重视，直到20世纪的科学家才把他观察到的遗传变异现象和达尔文的进化论联系到一起。

小结：疾病的病菌学说使公共卫生有了巨大改善。

“牛痘病毒的非凡之处在于，接种之后的人将永久受到保护，不被天花感染。”

——爱德华·詹纳

保罗·塞尚的《苹果与桔子》为20世纪的艺术埋下了伏笔

1824年在希腊，诗人拜伦勋爵在抗击奥斯曼帝国、解放希腊的战斗中英勇牺牲。

艺术 情感的时代

在19世纪初，欧洲文化被浪漫主义所主宰，从古典主义的克制转变为激昂和悲怆。德国作曲家路德维希·范·贝多芬用音乐敲响了这个时代的前奏，伴随着他激昂的作品《英雄交响曲》（1804），这是他献给拿破仑的乐曲，那时他还不知道这位法国统治者已经背叛了自己的原则，成为皇帝。浪漫主义强调强烈的感情和知觉，孵化出19世纪中后期印象派画家，以莫奈和梵高为代表，他们用鲜明和主观的方式呈现出对世界的感知，刻画他们经历的真实世界。

但那个时期主流小说家和戏剧家，如法国的爱弥尔·左拉，挪威的易卜生，俄罗斯的列夫·托尔斯泰则采用比较客观的创作手法，以现实主义者或自然主义者的身份，研究塑造人类行为的社会力量。

小结：浪漫主义运动反映了民族主义的兴起，以及对更加自由表达的渴望。

声音

拜伦勋爵 对牛弹琴

“默里的来信令人沮丧，他说：‘今年出版的作品没有哪一部能留下些许印象。’我相信，这说的也包括他替我出版的作品。你现在明白什么是把明珠投给猪了。夸张的废话已经腐化了大众口味，只要我写这些废话，每一句回声都有读者击掌赞叹。现在我开始真正的创作，这三四年内，写出一些‘不甘心任它沉沦’的作品，所有的猪就开始哼唧抱怨，并回到泥潭中打滚去了。”

——致珀西·比希·雪莱的一封信，1822

拜伦勋爵

“我不在乎这伟大的世纪。我关心的只有生活、斗争、张力。我在我这一代人中安然自适。”——爱弥尔·左拉

亦见｜交战中的世界：第400页

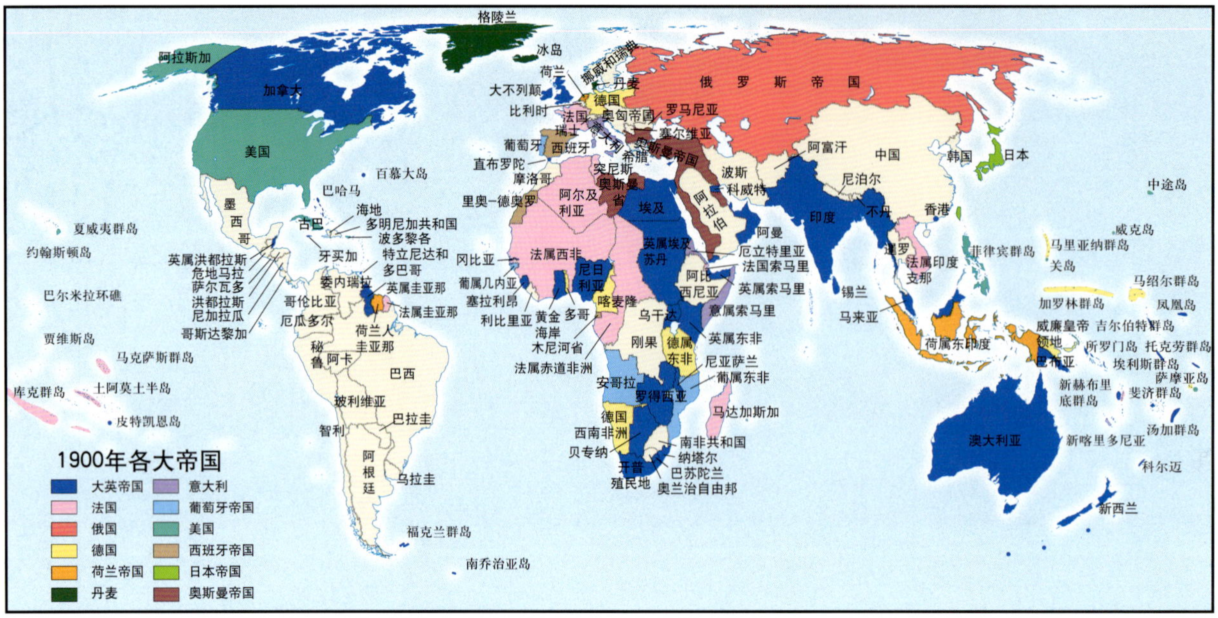

帝国 帝国主义时代

19 世纪的欧洲帝国主义与早些时候的欧洲殖民主义并不相同，殖民主义依赖于殖民者的移民定居，他们把旧世界抛在身后，又在新世界建造起与母国非常相似的社会体系。在 19 世纪，工业和军事的进步赋予发达国家压倒性的优势，凌驾在非洲、亚洲和太平洋地区的欠发达国家之上，使欧洲人能够从经济和政治上主宰那些国家，又不必再派大批人口前去定居，也不用把自己的文化强加给当地社会。

私营企业在强势的大英帝国的扩张中扮演了重要角色，截至 1900 年，英国殖民地已经拥有 4 亿人口，涵盖了全世界近四分之一的土地。在英国买下印度当作殖民地之前，商人们就已经把印度控制在英国的影响之下，此外，那里的商业利益吸引英国介入缅甸等其他亚洲地区。当中国的统治者试图阻止英国把印度的鸦片走私到中国时，英国用武力欺凌中国，迫使中国把鸦片走私合法化，

相关阅读：殖民主义的后遗症

帝国主义的后果之一，是在外国统治下，国内族群之间的紧张关系加剧。占人口多数的胡图族和少数民族图西族之间长期对抗，结果导致了卢旺达的种族灭绝惨剧。但是两个族群并非从一开始就相互仇恨敌视，而是从他们遭到德国人的殖民统治开始，而后比利时人又在 1918 ~ 1962 年控制了卢旺达。那些早期殖民者支持图西族人。后来胡图族武装又控制了卢旺达，对之前的压迫者进行报复，在 1994 年屠杀了近 100 万对手。

卢旺达纪念遗址的幸存者

> “肩负着白人的压迫/缴纳出最好的收成/子孙们注定远离故土/只为满足殖民者的需求。”
>
> —— 鲁德亚德·吉卜林

为了确保对阿尔及利亚等非洲殖民地的统治，超过15万名法国士兵战死沙场。

并交出香港。

1869年，苏伊士运河开凿完成，极大地促进了英国和印度之间的贸易。英国为了维持他们对运河的使用权，镇压了1882年埃及民族主义运动浪潮。

与此同时，钻石大王塞西尔·罗得斯的英国南非公司正在打造一个商业帝国，他建立新殖民地罗得西亚，并把英国的统治从好望角殖民地扩展到此。布尔人（荷兰和其他欧洲殖民者的后裔）反抗英国人的统治，与他们打了一场漫长而艰难的战争，到1902年才结束，最终他们向英国屈服，而英国也作出了一定让步。

马克沁机枪等现代武器对帝国主义者的殖民活动大有帮助

法国是英国最旗鼓相当的帝国主义对手，在同一时段，法国利用了奥斯曼帝国在北非的衰落，把阿尔及利亚变为殖民地，并宣布突尼斯是法国的保护领地。

19世纪末期，许多国家涌入非洲争夺殖民地。1884年，十几个国家的代表在柏林会晤，瓜分对非洲地区的控制权。到了世纪末，新兴欧洲强国如德国、意大利，以及其他工业化国家如美国和日本也加入了这场有利可图的殖民活动。

小结： 帝国主义列强利用军事和经济优势在全世界扩张。

1869年，蒸汽机船和帆船首次穿越苏伊士运河

“白人有形上帝的三位一体包括帝国主义，资本主义剥削和军国主义，因此非洲人要与之对抗，真是脆弱无助。”——**爱德华·莫雷尔**

《物种起源》

1859 年，英国博物学家查尔斯 · 达尔文在著作《物种起源》中，阐明物种进化的原则“物竞天择，适者生存”。他提出自然选择的理论，即物种的生理特征发生随机变异，使得在某些环境中一些个体能够更好地存活和繁衍。这个灵感是他在 19 世纪 30 年代登上轮船“小猎犬”号，开展环游世界旅行时产生的。他在加拉帕戈斯进行研究，发现了不同种类的地雀，各个种类进化出了不同的鸟喙，来适应它们各自的生存环境。他得出一个结论，包括人类在内的所有物种，都通过这样的适应能力来实现进化，这挑战了《圣经》对造物的解释。

查尔斯 · 达尔文 这幅肖像在他 31 岁时绘制，那时他在剑桥大学学习宗教和生物学。在结束跟随“小猎犬”号 5 年的航海生涯之后，他与表妹艾玛 · 韦奇伍德结婚，生了 10 个孩子，同时发展了自己的学说。听到博物学家华莱士正在提出类似理论的消息，达尔文终于在 1859 年出版了他的杰作，一时间毁誉参半。他一生中时常受到疾病的困扰，最终在 1882 年因心脏病发作去世。

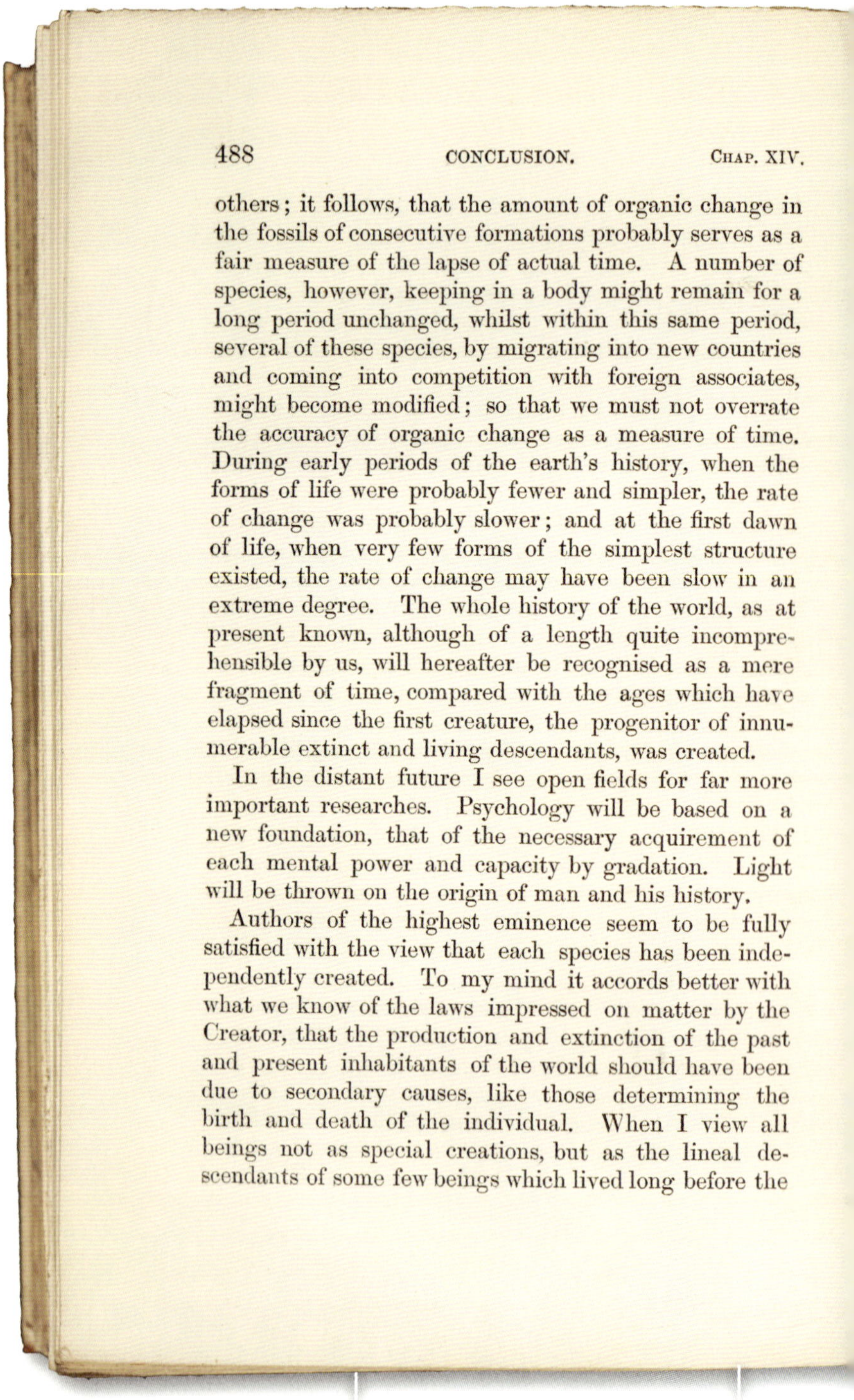

488 CONCLUSION. CHAP. XIV.

others; it follows, that the amount of organic change in the fossils of consecutive formations probably serves as a fair measure of the lapse of actual time. A number of species, however, keeping in a body might remain for a long period unchanged, whilst within this same period, several of these species, by migrating into new countries and coming into competition with foreign associates, might become modified; so that we must not overrate the accuracy of organic change as a measure of time. During early periods of the earth's history, when the forms of life were probably fewer and simpler, the rate of change was probably slower; and at the first dawn of life, when very few forms of the simplest structure existed, the rate of change may have been slow in an extreme degree. The whole history of the world, as at present known, although of a length quite incomprehensible by us, will hereafter be recognised as a mere fragment of time, compared with the ages which have elapsed since the first creature, the progenitor of innumerable extinct and living descendants, was created.

In the distant future I see open fields for far more important researches. Psychology will be based on a new foundation, that of the necessary acquirement of each mental power and capacity by gradation. Light will be thrown on the origin of man and his history.

Authors of the highest eminence seem to be fully satisfied with the view that each species has been independently created. To my mind it accords better with what we know of the laws impressed on matter by the Creator, that the production and extinction of the past and present inhabitants of the world should have been due to secondary causes, like those determining the birth and death of the individual. When I view all beings not as special creations, but as the lineal descendants of some few beings which lived long before the

“这些事实似乎向我揭示了物种的起源，——谜中之谜，如我们最伟大的一位哲学家所称。”

“可以说，在世界各地，自然选择时时刻刻都在验证每一个变异，即使是最微小的变异。”

畅销作品 达尔文作品的篇幅为502页，售价15先令，由伦敦的约翰·默里首次出版，首次印刷的数量只有寥寥1250本，但这本书立即获得了成功

“新种、改进后的物种，不可避免将取代和消灭旧物种、改良不足和中间的变种。”

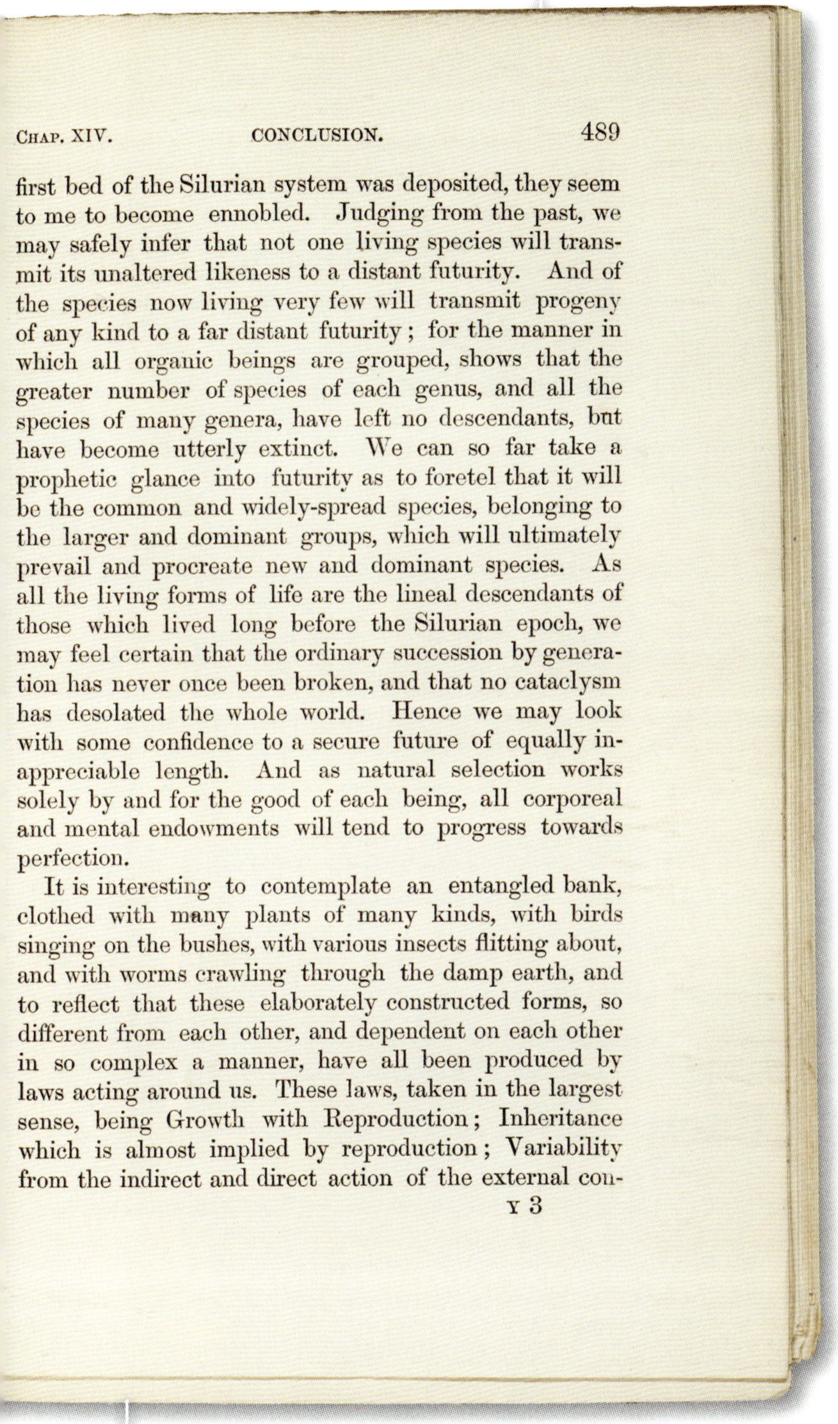

CHAP. XIV. CONCLUSION. 489

first bed of the Silurian system was deposited, they seem to me to become ennobled. Judging from the past, we may safely infer that not one living species will transmit its unaltered likeness to a distant futurity. And of the species now living very few will transmit progeny of any kind to a far distant futurity; for the manner in which all organic beings are grouped, shows that the greater number of species of each genus, and all the species of many genera, have left no descendants, but have become utterly extinct. We can so far take a prophetic glance into futurity as to foretel that it will be the common and widely-spread species, belonging to the larger and dominant groups, which will ultimately prevail and procreate new and dominant species. As all the living forms of life are the lineal descendants of those which lived long before the Silurian epoch, we may feel certain that the ordinary succession by generation has never once been broken, and that no cataclysm has desolated the whole world. Hence we may look with some confidence to a secure future of equally inappreciable length. And as natural selection works solely by and for the good of each being, all corporeal and mental endowments will tend to progress towards perfection.

It is interesting to contemplate an entangled bank, clothed with many plants of many kinds, with birds singing on the bushes, with various insects flitting about, and with worms crawling through the damp earth, and to reflect that these elaborately constructed forms, so different from each other, and dependent on each other in so complex a manner, have all been produced by laws acting around us. These laws, taken in the largest sense, being Growth with Reproduction; Inheritance which is almost implied by reproduction; Variability from the indirect and direct action of the external con-

Y 3

“当这卷《物种起源》里涵括的观点……被普遍承认之时，我们依稀可以预见，博物学的领域将掀起一场巨大的革命。”

名言 “优胜劣汰”这句名言来自赫伯特·斯宾塞，直到第五次印刷才出现在《物种起源》这本书中。

达尔文地雀 达尔文在加拉帕戈斯时，收集并观察到多种多样的地雀。他注意到不同的岛屿上的地雀，鸟喙形状明显不同，每一种都适合在其生存的岛屿上捕获食物，比如岛上的昆虫、种子或花朵。他从而开始发展自然选择理论，认为那些最适应生存环境，能够存活下来的动物，更有可能把他们的特质遗传给后代。

“由于每个物种繁衍的个体总比能够存活的个体要多许多;因此，为生存而进行的斗争总是重复发生，这个斗争遵循一个原则，任何生物，在复杂和时时变化的生存条件之下，如果发生了变异，无论是多么细微的变化，无论以任何形式，只要能带来优势，就会有更多的机会存活下来，并由此被自然所选择而生存。”

达尔文的其他著作

- 1839年：《“贝格尔”号军舰环球考察记录》
- 1846年：《南美地质观察》
- 1862年：《不列颠与外国兰花经由昆虫授粉的各种手段》
- 1868年：《动物和植物在家养下的变异》
- 1871年：《人类的由来与性择》
- 1872年：《人类与动物的感情表达》
- 1875年：《食虫植物》
- 1881年：《腐植土的产生与蚯蚓的作用》

亦见｜帝国崛起：第346页

关键时期

1803年
美国向法国买下路易斯安那州地区

1804年
海地通过革命脱离法国获得独立

1812～1815年
1812年的第二次独立战争在美国和英国之间打响

1822年
巴西脱离葡萄牙获得独立

美洲

1800~1900年

19世纪时，美洲大陆的许多国家都以美国为榜样，反抗欧洲殖民者的统治。1804年，海地脱离法国获得独立，1810年，墨西哥人奋起反抗西班牙。到19世纪20年代中期，大多数拉美国家都赢得了独立，包括前葡萄牙的殖民地巴西。然而事实证明，对这些新兴国家来说，想要实现繁荣和政治稳定是一个挑战。中美洲和南美洲的前殖民地国家缺乏美国的优势，美国尽管反抗英国的殖民统治，但同时从海上贸易中获得丰厚利润，并建立殖民机构自我管理。考虑了种种好处，加拿大人选择留在英国统治之下，直到1867年，他们的国家成为英国的一个自治领。拉丁美洲国家并没有做好自治的准备，除农产品和贵金属之外，他们没有什么财富来源，而在殖民时期，这些资源已经被掠夺一空。许多国家落入军事首脑的掌控之中，他们被称作军事独裁者，或者在经济上依附欧洲国家和美国，这些国家在南半球崛起，成为领导力量。

美国成为世界强国并非一帆风顺。随着美国人向西部拓展疆土，他们需要面对自古以来扎根在美洲大陆，坚决抵抗美国人的印第安部落，也遭遇来自其他国家的殖民者。美墨战争的胜利（1846～1848年）扩大了美国的疆域，墨西哥则付出了割让土地的代价。这场胜利却引出风波，印第安人和墨西哥人割让出土地，但在这片新国土是否要施行奴隶制度的问题上，依赖奴隶劳动的南方人与北方人产生了冲突，

亚伯拉罕·林肯在1860年当选总统，他致力于废除奴隶制，导致南方各州脱离联邦，继而引发内战（1861～1865年）。这场战争描述为第二次美国革命可谓恰如其分，通过废除奴隶制，把各州牢牢控制在联邦统治之下，这场残酷的战争解决了美国的两大问题。联邦权力压倒各州权力获得胜利，强化了国家的控制。19世纪后期，美国的工业实力因此长足发展，与世界强国展开竞争。

> 在赢得独立之后，北美和南美的国家都经历了政治斗争，美国也是如此，只有在南北战争之后，美国才成为世界大国。

上页：西蒙·玻利瓦尔被称为解放者，他在南美领导革命反对西班牙统治

1846～1848年
墨西哥战争导致美国扩张领地，并收购墨西哥国土

1861～1865年
美国南北战争废除奴隶制，使联邦政府的权力凌驾各州之上

1867年
加拿大宣布成为大英帝国的自治领

1876年
在小巨角河战役中，坐牛和美洲原住民的队伍打败了卡斯特将军

探险

西进运动

在阿拉莫战役中，只有两个德州守军没有战死

在推动美国向西扩张这件事上，总统托马斯·杰斐逊居功甚伟。1803年，他完成了意义重大的路易斯安那州收购，付给法国1500万美元，买下了包含新奥尔良、圣路易斯以及密西西比河谷和落基山脉之间大片土地在内的领土，这片土地由法国占领，但没有实际控制。1805年，杰斐逊派遣探险家梅里韦瑟·刘易斯和威廉·克拉克，跨越洲际长途探险，远达哥伦比亚河口。那时印第安人还没有遭到白人殖民者的威胁，因此他们与西部印第安人基本都是和平交往。

然而生活在阿巴拉契亚山脉和密西西比河之间的印第安部落则害怕遭到美国人的统治，因此支持英国人一方，在1812年的战争中对抗美国。田纳西州的安德鲁·杰克逊将军在那场战役中一战成名，他在阿拉巴马州击溃了目中无人的克里克印第安人，1815年1月又在新奥尔良打败英国军队。

印第安人和平勋章

杰克逊于1828年当选总统，他完成了对切罗基人和其他部落的清理，把他们从东南部驱逐进印第安保留区（今天的俄克拉何马州），为白人殖民者腾出土地。1836年，在更远的南方，得克萨斯州的美国人反抗墨西哥统治，通过斗争获得独立，其中圣安东尼奥市

风云人物

美　洲

托马斯·杰斐逊　1743～1826年
美国第三任总统

何塞·圣马丁　1778～1850年
阿根廷革命家，政治家

西蒙·玻利瓦尔　1783～1830年
南美革命家，大哥伦比亚共和国总统，秘鲁的独裁者

罗伯特·E·李　1807～1870年
南方邦联总司令，北弗吉尼亚州军统帅

亚伯拉罕·林肯　1809～1865年
美国第十六任总统

约翰·D·洛克菲勒　1839～1937年　美孚石油公司的创始人

“在恢弘的时空领域中，多民族国家注定会向人类展现神圣原则的卓越性。”

——约翰·奥沙利文

声音

刘易斯 被灰熊追赶

“这天清晨，我们出发的时间和往常一样，和风轻拂，我和一个同伴在岸边漫步。大约是8点的时候，我们遇上两只棕熊。开枪打伤它们后，一只熊成功逃脱，另一只被我打中后，还追着我跑了七十码或八十码。但幸运的是，它伤得太重跑不快，没法靠近我，让我有时间重新装上子弹。我们再次开火，把它击毙。这是只还没有完全长大的雄性小熊，估计有300磅重，但没有能够精确测量体重的工具。”

——梅里韦瑟·刘易斯日记，1805年4月29日

探险中遇到的灰熊

的阿拉莫战役尤其惨烈。

美国在1845年吞并得克萨斯州后，陷入与墨西哥的边界争端，很快引发战争。在侵入墨西哥并攻陷墨西哥城后，美国人获得一纸条约，拿下新墨西哥和加利福尼亚地区的所有权。1848年战争结束时，在那里发现了黄金。淘金热随之而来，成千上万的人涌入加利福尼亚，1850年，加利福尼亚正式并入美联邦，成为一个州。

在南北战争期间，美国对西部的殖民步伐慢了下来，但冲突结束后，又全心全意踏上殖民之路。战败的美国南部重新与北方统一战线，短短四年之后，在1869年建成横贯大陆的洲际铁路，直达加州，把东西海岸连接起来。这条从东海岸到西海岸的运输路线表明，美国曾经是一个松散的联盟，但已经联合起来成为统一的国家。

小结：美国脱离英国后，缔造了自己的帝国。

19世纪40年代，大约有12000名殖民者，沿着长达两千英里的俄勒冈小道向西部进发

“有一片自由的土地，经济持续衰退，以及向西部拓展殖民地，这些是美国发展的原因。”——弗雷德里克·杰克逊·特纳

国家

东部的印第安人

塞米诺尔印第安人领袖奥西奥拉在1837年被逮捕

尽管美国殖民者宣称印第安人没能有效利用土地，以此来证明他们夺走部落领地的合理性，但实际上许多东部的印第安人都擅长种田。其中5个部落的种植农业尤其成功，他们是塞米诺尔族、克里克族、乔克托族、契卡索族和切罗基族，被称为东南部五大文明部落。这些部落的有名望的成员通晓英语，住在框架式的房屋中，但保留自己的部族身份。一些人主动向西方迁移，以避免被同化，比如学者塞阔亚，他发明了切罗基字母。其他人则坚守领土，像切罗基族酋长约翰·罗斯。虽然美国最高法院裁定，切罗基族拥有他们的土地权，安德鲁·杰克逊还是把他们从佐治亚州的家园驱逐出去，迫使他们搬入印第安人保留区。成千上万的人随后死于旅途中，迁徙的道路也被称为“泪水之路”。

许多部落迁移到印第安人保留地，他们失去的大片土地于1907年成为俄克拉荷马州。

小结： 在被驱赶到西部之前，切罗基人已经建立起繁荣的社会。

被拖出自己住宅的琼斯一家

泪水之路

声音

“切罗基人几乎都沦为囚犯。他们从自己的家中被拖出来，在要塞和军事据点扎下营寨，遍布全国。特别是在佐治亚州，族人没有时间带走任何东西，除了身上的衣服。精心布置的房屋成了掠夺者觊觎的猎物，他们就像饥饿的狼，沿着抓捕手走过的道路，这些卑鄙的人拿着步枪闯入房屋，洗劫无助的居民，洗劫这些世界上最无害的房屋主人。”

——埃文·琼斯为《浸会传教杂志》的报道，1838年9月

“印第安人对于他们占有的土地，享有被承认的、从古至今都不可置疑的权利。”

——约翰·马歇尔

国家 西部的印第安人

印第安人曾经长期在大平原上自由迁徙，在马背上捕杀水牛，但美国人的扩张给他们带来了牢狱和灾难。一些人忍受不了政府保留地的生活，开始逃亡。1864 年，黑壶酋长带领的夏安族逃亡者，同意回到科罗拉多洲的克里克保留地，那片荒凉的沙洲。然后军队袭击了他们的营地，并屠杀了 150 多人。黑壶酋长幸免于难，最终还是于 1868 年，死在由陆军上校乔治 · 阿姆斯特朗 · 卡斯特发动的另一场袭击中。后来愤怒的夏安族人加入了拉科塔苏族，他们的保留地在南达科他州布莱克山，饱受采矿者的蹂躏。他们一起对抗美国军队，在蒙大拿州自由狩猎。1876 年 8 月，在坐牛的带领下，他们在大角河挫败卡斯特发动的突袭，打死了这名上校和许多部下。

坐牛后来向政府投降，但是在 1890 年，他因与保留地警方发生冲突而丧生。不久之后，卡斯特的旧兵团组建军队，在伤膝谷屠杀了他的 200 多名苏族同胞。他将作为最后的印第安反抗领袖被世人铭记，能与他比肩的还有阿帕切族的杰罗尼莫与内兹佩尔塞族首领约瑟夫。在 1877 年投降之前，约瑟夫带领族人躲避追兵，完成了长达 1300 英里，犹如奥德赛史诗般的艰难跋涉。

在长达数月的时间里，内兹佩尔塞族首领约瑟夫躲避美国军队的追袭

小结：西部印第安部落常常反抗对保留地施加的限制。

1876年在小巨角河战役中，乔治 · 阿姆斯特朗 · 卡斯特将军带领部队陷入灾难性的溃败

“白人是邪恶的学校校长，他们披着虚伪的外表，经营着欺诈活动；他们对印第安人堆起笑容来欺骗他们。”——黑鹰

冲突 # 南北战争

亚伯拉罕·林肯在 1858 年宣称，美国无法再忍受“半奴隶，半自由”的状态，他的预言成为了现实。19 世纪 50 年代，加利福尼亚州、俄勒冈州和明尼苏达州被承认为自由州，这时在蓄奴的南方和劳动力自由的北方之间，政治平衡被打破。西部地区的新领土即将建州，南方人希望在那里推行奴隶制合法化，以此恢复平衡。伊利诺伊州民主党参议员道格拉斯支持折中方案，即允许每个地区的居民来决定是否允许奴隶制存在。林肯反对任何扩大奴隶制的措施，1858 年，他以共和党参议员候选人身份在辩论中差点了击败道格拉斯，然后在 1860 年的总统竞选中又击败了他。林肯随即面临危机，南方各州脱离联邦，并选择了密西西比州的杰斐逊·戴维斯为新成立的南部邦联总统。

1861 年 4 月，南部邦联军前往南卡罗来纳州查尔斯顿港，炮轰萨姆特要塞，迫使北方联邦弃地投降，打响内战第一枪。虽然与人口众多、工业发达的北方相比，南方似乎处于劣势，但南方人积极捍卫领地，并且指挥得当。1862 年 6 月，弗吉尼亚州的罗伯特·E·李接掌南部邦联军队，并打败了大规模进攻首府里士满的敌军。9 月，李将军攻入马里兰州，在安蒂特姆发生了激烈的战斗，致使 23000 人伤亡——这是美国战争史上最血腥的一天。

南北战争结束不久，亚伯拉罕·林肯遇刺身亡

当李将军带领残兵败将撤退时，林肯发表了《解放黑人

林肯总统和他的内阁成员宣读《解放黑人奴隶宣言》

“你的美国独立纪念日对奴隶来说意味着什么？我的回答是，这一天让他明白……他是严重不公和残酷行为不变的受害者。”——弗雷德里克·道格拉斯

奴隶宣言》，宣布南部邦联的奴隶获得自由，并鼓励他们投奔联邦军队寻求庇护，黑人入伍军队使得联邦军队实力大增。

1863 年 7 月，李将军重整旗鼓，进攻宾夕法尼亚州葛底斯堡，但进攻被北部联邦军队挫败，而后联邦军队夺取维克斯堡，进而控制密西西比河。尤利西斯·格兰特占领维克斯堡后，继续在田纳西州的查塔努加击败了邦联军队，之前联邦军队曾在奇克莫加附近被邦联军打得一败涂地。1864 年，格兰特被任命为总司令，他在彼得斯堡压制住李将军日渐衰弱的军队，同时威廉·谢尔曼为联邦军队攻下亚特兰大城，胜利横扫佐治亚州和卡罗来纳州。1865 年 4 月 9 日，李将军在阿波马托克斯投降，战争结束。在那前一天，美国参议院通过第 13 修正案，废除奴隶制，而后不到一周的时间里，林肯被邦联军的支持者约翰·威尔克斯·布斯暗杀。

{1863年7月4日，格兰特攻下维克斯堡，李将军的部队从葛底斯堡败退，战争局势就此逆转。}

1863年7月，葛底斯堡之战第三天的伤亡情况

小结：1861年，围绕美国领土能否实行奴隶制的争议，南北战争爆发。

列兵威廉·奥利芬特

声音

奥利芬特 奇克莫加的战火

“枪弹射出的火花点燃了战场上高高的莎草。围栏当时就着火了，战场上高耸的死树在空中燃起烈焰。联邦军队占领了另一端战场，枪炮穿过硝烟战火扫射过来，战死和受伤的士兵躺在地上，面临着死亡的危险。低下头，抓紧抢，我们跳入这个地狱的漩涡。冲破烽火和烟雾，我们像魔鬼一样吼叫，冲向联邦军队，打得他们溃逃。这是一个可怕的地方。伤兵的呼喊令人心碎，一些人的躯体都被烧焦了，子弹擦出嘶嘶的声音，炮弹的尖啸而过，让这场经历永远难以忘怀。

——“列兵威廉·奥利芬特的记录“，得克萨斯州第六步兵团，1863年7月4日

“对任何人不加恶意，对所有人心怀善念，站在正义一方毫不动摇，因为上帝启示我们正义所在，让我们努力达成我们已经担下的使命。”——亚伯拉罕·林肯

亦见 | 交战中的世界：第376页

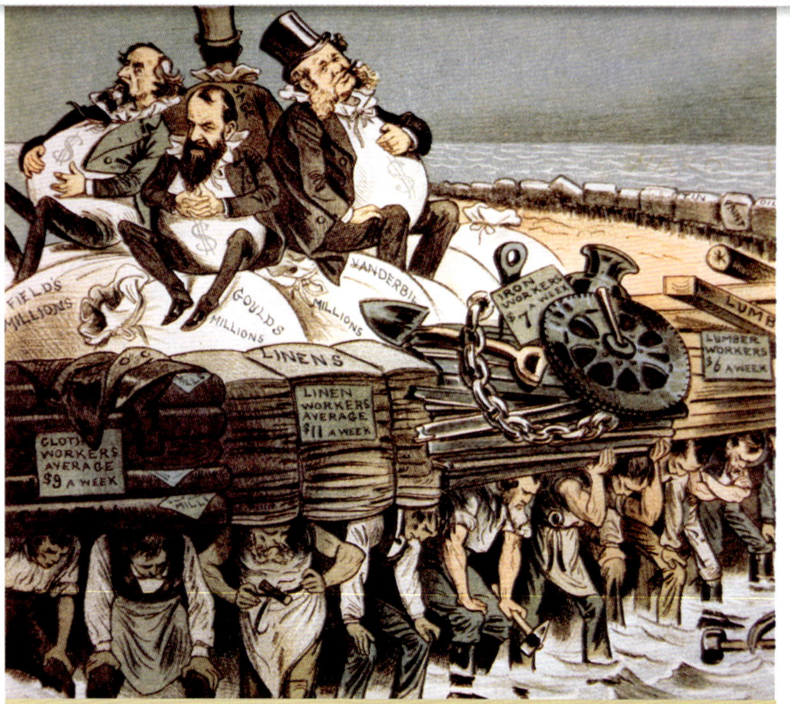

企业大亨范德比尔特、古尔德和菲尔德等人的漫画形象

经济 财富和工作

南北战争结束之后，美国迅速实现工业化。纽约、芝加哥等城市繁荣发展，得益于几百万前来寻找工作的欧洲移民，劳动力成本持续走低。精明的资本家利用这些利润拓展经营业务、占领整个行业，例如石油产业。约翰·D·洛克菲勒的美孚石油公司占据了90%的行业份额，而安德鲁·卡内基的美国钢铁公司，通过收购矿山、工厂和运送公司产品的铁路压倒竞争对手。公众越来越关注这种垄断现象，也称之为托拉斯集团（在一个董事会的管理下联合多家公司垄断），因此，1890年国会通过了《谢尔曼反托拉斯法》。

1842年，马萨诸塞州最高法院裁决承认工人有成立工会和罢工的权利，这为其他各州开创了先例。劳工骑士团和美国劳工联合会等全国性的组织成立起来，在工人要求提高工资和缩短工作时间的时候，赋予工人更大的商讨权力。另一方面，企业主试图阻止罢工，他们雇用没有加入公会的工人来替代罢工者，或者用武力逼迫他们回去工作。

1893年经济危机爆发，五分之一的工人失业，农民和产业工人都受到影响，这些经济危机促使民粹主义者呼吁改革，要求更公平地分配财富。他们组建的人民党很快解散，但一些提议在后来被采纳，包括累进所得税制度。

1883年，出于协调铁路车次安排的需要，美国开始采用标准时间。

小结： 工业发展使财富集中到少数企业手中。

意大利移民在埃利斯岛寻找丢失的行李

“我们文明世界中的煤矿工地有……所有年纪的小孩，只要超过6岁，都在碎煤机边工作，在尘土中忙忙碌碌，空气中飘浮着厚重的炭灰。”——亨利·德马雷斯特·劳埃德

帝国 # 美国扩张之手

在19世纪后期，美国仿效其他帝国主义列强收购海外领土，包括夏威夷。在那里，美国传教士和种植园主的力量已经超过王室家族。利留卡拉尼女王在1891年登上王位，她发誓要保护国家独立。两年后，夏威夷的美国人向她发动叛乱，美国的海军陆战队上岸提供支援。1898年女王勉强退位，为美国吞并夏威夷扫清道路。

同年，美国战舰“缅因”号在古巴神秘爆炸，随后威廉·麦金利总统要求国会对西班牙宣战，古巴的反政府武装也在试图脱离西班牙独立。没有证据表明西班牙与爆炸有关，但报纸上刮起了战争狂潮。一些人鼓吹美西战争，认为这是美国登上世界舞台的契机，其中就有西奥多·罗斯福。他辞去海军副部长的职务后，指挥志愿军组成莽骑兵，在古巴对抗西班牙军队，成为举国家喻户晓的英雄。1900年，麦金利任命他为副总统。

1898年，时任骑兵军官的西奥多·罗斯福

西班牙战败后，古巴独立，但它仍然受到美国的干预。美国也夺取了其他前西班牙殖民地的控制权，包括波多黎各、关岛和菲律宾。在这些国家，叛乱分子曾长期与西班牙军队战斗，他们很快转而反抗美国控制。用国务卿海·约翰的话来说，起初这是一场反抗西班牙帝国主义的“辉煌小战争”，最后变成打压寻求独立菲律宾人的残酷斗争。

小结：美西战争使美国成为世界强国。

声音

呼声 恶魔的杰作

“我和与此事相关的人们有过交谈，其中印象最深的是，爆炸应该发生在9点钟之后，那时每个人都在他的吊床上睡着了，灯也熄灭了。另一件非同寻常的事是，一些“缅因”号的船员谈到爆炸前的神秘船只和其他漂浮物。他们说，一只小黑船进入港口，在夜间几次围绕“缅因”号航行。“军需长官费里斯，”汤普森说，“当船只从左舷靠近的时候，向这只神秘的船打了两次招呼，但没有得到任何回应。”

——恶魔的杰作或将导致战争，《旧金山呼声报》，1898年2月19日

爱国徽章

“西班牙与美国的战争一直是辉煌的小战争，始于最崇高的动机，伴随着宏伟的才智和精神进行。——海约翰

领袖 拉丁美洲

在失去古巴很久以前，西班牙的美洲帝国就开始摇摇欲坠。1808年，拿破仑·波拿巴把弟弟约瑟夫送上西班牙王位，此举对西班牙的海外权威有所削弱，同时鼓励了殖民地的叛乱。两位统帅人物出现，推动南美解放——一个是委内瑞拉的西蒙·玻利瓦尔，他是雄心勃勃、贵族出身的士兵；另一个是阿根廷的何塞·圣马丁，他曾是忠诚的西班牙军官。两人的人生轨迹在秘鲁交会，圣马丁在此投降，把西班牙殖民帝国曾经的首都利马拱手让给玻利瓦尔。

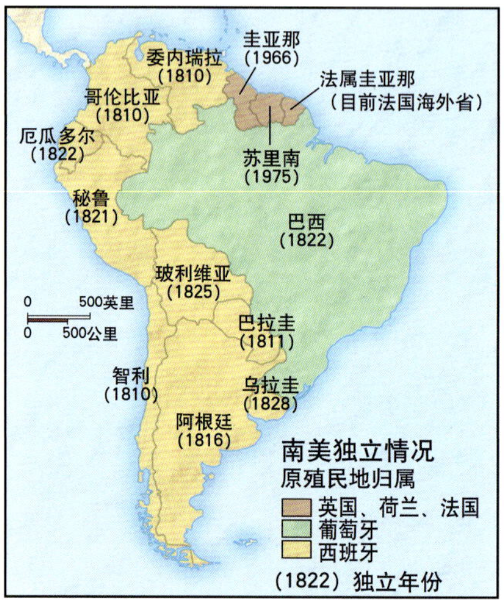

玻利瓦尔在成为大哥伦比亚共和国（包括厄瓜多尔、哥伦比亚、委内瑞拉和巴拿马）的统治者之后，掌管秘鲁，并在其内部开拓出一个新的国家，以他的名字命名，称为玻利维亚。他急于求成，想建立一个西班牙语国家联盟，但大哥伦比亚共和国在19世纪20年代后期分崩离析，希望就此破灭。“美洲是无法治理的。”玻利瓦尔总结道。

巴西脱离葡萄牙独立的过程中没有多少动荡，也避免了分裂。1807年，摄政王若昂（约翰）离开葡萄牙以躲避拿破仑，并在里约热内卢设立王室。在英国的帮助下，若昂于1821年回到葡萄牙，其子佩德罗成为摄政王，但他拒不接受葡萄牙控制这片殖民地。1822年，他宣布巴西独立，1824年，巴西通过宪法。

何塞·圣马丁设计的秘鲁国旗

小结： 19世纪初，当南美洲脱离西班牙和葡萄牙实现独立后，许多国家建立起来。

西蒙·玻利瓦尔

西蒙·玻利瓦尔 双重矛盾

声音

“我们不是欧洲人，我们不是印第安人，我们只不过是原住民和西班牙人的混血后裔。美国人生而为美国人，欧洲人的身份受法律确认，我们则陷入双重矛盾：我们与原住民为名称的所有权争论不休，同时，我们不顾侵略者的反对，在赐予我们生命的国家努力保持自我。因此，我们的立场最不寻常，极为复杂。”

——致安古斯图拉国会的信，1819年

“一场拉丁美洲的革命要取得成功，必须由军队发动，或得到军队支持。反叛者首先必须贿赂部分军队，获得一个重要职位。” ——**弗里德里希·希萨立克**

亦见 | 帝国崛起：第325页

国家 # 墨西哥

1810年，墨西哥独立战争打响，天主教神父米格尔·伊达尔戈·伊·科斯蒂利亚，带领贫苦的墨西哥人发动起义，反抗西班牙统治阶级。虽然他在1811年被西班牙军队俘获并处死，但抗争没有停止。阿古斯丁·伊塔尔比德曾是起义的镇压者，直到他倒向起义军，并于1821年称帝，墨西哥才实现独立。但他没有料到，代议政府的支持者废除了他。

1824年墨西哥共和国成立，制定自由宪法作为基石，却不能维持稳定。10年后，安东尼奥·洛佩斯·德·桑塔·安纳违反宪法，并谋划了一场军事政变。1836年，他在圣哈辛托被得克萨斯叛军打败，名声扫地，后来他重新执政——在1847年，美国侵略军队迫使墨西哥割让其北部地区，他遭受了更为惨重的损失。即便如此，墨西哥在19世纪60年代由法国接管失败后，成功维护了国家独立。

墨西哥总统贝尼托·华雷斯与法国侵略者进行斗争，他的父母是印第安人。

小结：1821年，墨西哥挣脱西班牙统治，但仍不得不与外国列强抗衡。

安东尼奥·洛佩斯·德·桑塔·安纳公开反抗斐迪南七世率领的西班牙军队

“墨西哥是一个充满不平等的国家。没有任何地方，财富、文明、土地种植和人口分布会存在如此可怕的差异。”——亚历山大·冯·洪堡

亦见 | 帝国崛起：第324页

1791年，革命党人焚烧海地的法兰西角市

领袖 海地

海地独立战争不仅仅是一场反对法国统治的斗争，也反对奴隶制度。虽然海地居民主要是非洲裔的奴隶，也有一小群自由的黑人，其中杜桑·卢维杜尔就是致力变革的革命者。在18世纪90年代，法国没有依照承诺给予奴隶公民权，卢维杜尔领导发动武装起义。法国废除奴隶制后，卢维杜尔与之议和，然后攻入西班牙统治的圣多明各（现在的多米尼加共和国），并在那里废除奴隶制。拿破仑的军队在1802年抓获卢维杜尔，他被囚禁一年后死去。但当拿破仑放弃美洲帝国后，他的遗愿实现了，海地在1804年获得自由。

小结：海地成为第一个废除奴隶制的美洲国家。

查尔斯·勒克莱尔

勒克莱尔 决不留情

声音

“广大市民们，我已收到你们的来信，以及那张你们正与之斗争的麻烦对象清单。对你怀疑的人不要有任何怜悯。……一是必须坚定不移，制造巨大的恐怖；这是唯一能压制黑人的做法……这场暴动正处在最后的危机阶段。到革命日程的第一个月，经过一个月的运动之后，一切也就结束了。……经常把你们的处境告诉我。我需要你告知我情况，越频繁越好。使用残酷的案例来制造恐怖。”

——将军查尔斯·维克托·伊曼纽尔·勒克莱尔的一封信，关于海地叛乱，1802年

“在推翻我的过程中，你所能做的不过是砍倒圣多明戈黑人解放的树干——它将从根部恢复生机。”——杜桑·卢维杜尔

加拿大海报

国家 加拿大

反叛的美洲殖民地建立了美国，加拿大殖民地并没有这么做，仍然效忠英国，并为愿意留在英国统治下的美国人提供避难所。美国独立战争前后，成千上万的保皇党人逃往加拿大。他们大多数人是说英语的新教徒，定居在新斯科舍省、新不伦瑞克省和安大略省（最初称为上加拿大）。同时，魁北克地区（加拿大）仍主要是法语居民和罗马天主教徒。法国皮毛商人被称为旅行者，继续乘着独木舟从蒙特利尔向西部探险，并和印第安人的各个部落通婚，形成了混血儿群体梅蒂斯人。但这些旅行者曾经为之工作的公司，包括哈得孙湾公司及其对手西北公司，如今都被英国移民的后裔领导，包括探险家大卫·汤普森和西蒙·弗雷泽，他们在19世纪初，沿着哥伦比亚河和弗雷泽河，到达太平洋沿岸。

约翰·亚历山大·麦克唐纳，同时是律师和商人，被认为是加拿大的开国元勋

> 四省于1867年建立同盟，但纽芬兰和拉布拉多没有加入加拿大，直到1949年。

加拿大必须克服种族和政治的分裂，才能成为一个国家。苏格兰移民约翰·麦克唐纳是加拿大保守党领袖，主张与英国保持密切联系。“我生属于英国，”他说，“我死也属于英国”。但是他承认，只有英语区和法语区的居民达成政治妥协时，加拿大才能实现统一。在1854年，他与魁北克的自由党领袖乔治-艾蒂安·卡蒂埃建立联盟。1867年，加拿大联邦成为英国的自治领，麦克唐纳担任首位总理，他们的联盟为此铺平了道路。

不是每个人都支持联邦。梅蒂斯人生活在马尼托巴省，当加拿大政府侵犯他们的居住区时，路易斯·瑞尔带领梅蒂斯人，在1869年和1885年两次反抗政府。军队粉碎了第二次武装起义，瑞尔被定为叛国罪。他在1885年11月遭到处决，在这不久之前，加拿大太平洋铁路建成，从东部的蒙特利尔直到西部的不列颠哥伦比亚省，打通全国。

小结： 加拿大没有经过内战，和平建国并统一了英语区和法语区。

> “我们或许是一个小群体，一个混血儿群体，但我们也是人，自由而勇敢的人，就算是加拿大自治领，我们也不允许它践踏我们的权利。” ——路易斯·瑞尔

亦见 | 帝国崛起：第358页

关键时期

1807年
新教传教士进入中国

1839～1842年
鸦片战争，中国惨败于英国人之手

1840年
新西兰的毛利人与英国通过《怀唐伊条约》达成和解

1850～1864年
中国太平天国起义致使两千万人死亡

亚洲及太平洋地区

1800~1900年

1800年，中国和日本还是拥有主权的国家，与西方国家、即将改变世界的新兴工业力量和民族主义几近隔绝。到了19世纪，这两个国家都被迫放弃自己的孤立主义。但在当时，日本迅速采用西方技术，改革政治体制，而中华帝国则不得不忍受失败、屈辱和革命，直到20世纪，才开始近代化和国家重建的进程。第一次鸦片战争（1839~1842）期间，英国的坚船利炮摧毁了中国古老的战船，中国的满族统治者失去了威信。当时摧枯拉朽的太平天国起义（1850~1864年）几乎推翻了满族统治，这场起义的部分动力来自基督教，寻求建立一个全部财产人人共享的新秩序。外国军队帮助中国的清朝军队粉碎太平天国起义，后来又介入镇压义和团运动（1899~1900年），义和团的目标是让中国摆脱“洋鬼子”。慈禧太后起初支持义和团运动，后来又向外国势力俯首称臣，允许他们在中国驻军。

1853年，美国军舰进入东京湾，要求开放贸易，自此日本踏上了和中国不同的道路。日本朝野震惊，持续向外国商品和技术敞开大门，并最终重组他们的政府。日本长期的幕府统治让位给君主立宪制政体，由明治天皇统治。天皇及其大臣们迅速开展工业化和军事化项目，使日本得以占领海外领土，包括在1894年，从中国手中夺取朝鲜和台湾。

日本崛起后，不仅成为中国的对手，还被卷入与西方列强的竞争。法国控制了印度支那地区，而英国在马来地区和新加坡进行殖民，并派出大批殖民者前往澳大利亚和新西兰定居，数量几乎压倒了当地的土著居民和毛利人。在世纪末的时候，美国吞并夏威夷、占领菲律宾，成为日本在太平洋的另一个竞争对手。这里与其他地方一样，19世纪的帝国主义为20世纪冲突的爆发埋好了伏笔。

中国曾长期在亚洲占主导地位，但由于没有开展现代化，终于在19世纪输给了英国和其他帝国主义国家，包括适应性更强，刚实现工业化的日本。

上页：专权的慈禧太后反抗外国势力

1853年
海军准将佩里迫使日本打开对外贸易的大门

1867年
明治维新使皇帝重新成为日本的最高统治者

1899~1900年
义和团运动中，中国人奋起反抗外国列强

1901年
澳大利亚成为一个自治的英国联邦

亦见 | 帝国崛起：第336页

欧洲人迫使中国开放港口（黄埔港）

冲突 鸦片战争

1838 年，英国商人从印度向中国走私鸦片，中国的清政府试图阻止这场为祸无穷的鸦片贸易。清廷颁布法令，查禁走私毒品，抓到任何人出售鸦片，将以死刑论处。但事实上，中国没有能力阻止鸦片走私。为了维持利润丰厚的鸦片贸易，英国发动了战争，不仅迫使中国将鸦片合法化，还租让了香港，并宣布放弃对朝鲜、印度支那和缅甸的宗主权。鸦片战争的失败，是危机重重的清朝和其满族统治者灭亡的开端。1850 年，太平天国起义爆发，起义领袖们声讨满族统治者，并且发动了大量民众反抗满族人的统治。

小结：事实证明，中国的王朝统治根本不是英帝国主义的对手。

风云人物

亚洲及太平洋地区

马休·佩里 1794～1858年
美国海军军官，迫使日本开放贸易

洪秀全 1814～1864年
中国的空想家，太平天国起义领导者

查尔斯·乔治·戈登
1833～1885年
协助镇压太平天国起义的英国将领

慈禧太后 1835～1908年
垂帘听政，摄政中国近50年

明治天皇 1852～1912年
日本天皇，推动了日本的现代化

声音

林则徐

林则徐 鸦片流毒

“唯是通商已久，众夷良莠不齐，（遂有夹带，诱惑华民）以致毒流各省者。似此但知利己，不顾害人，乃天理所不容，人情所共愤。大皇帝闻而震怒。

——出自林则徐《谕英国国王书》，1839年

“我六岁入学，最初学习了三本蒙学读物：《三字经》、《千字文》和《劝学篇》。”

——李恩富

冲突 太平天国起义

1837年，洪秀全还是一名穷教书匠，未能通过中国的科举考试，心中痛苦不堪。他的眼前出现一些幻象，使他信仰一种结合基督教教义和中国预言而衍生出的革命福音。他和追随者们被看作上帝的使者，许诺说，那些做好事的人，将会进入尘世间犹如天堂一样的王国，在那里所有人都将平等享有神的祝福。他们的教义吸引了中国长期遭受苦难的农民，在洪秀全宣布太平天国降临，发动起义的时候，数以百万计的人加入起义军队。太平天国许诺妇女与男子平等，并在起义军中组建了男子军团和女子军团。1853年，

当时太平军猛攻城镇的场景

一些外国人帮助清政府，比如英国军官查尔斯·乔治·戈登，也称为“中国人”戈登。

19世纪，英国法国联手向中国发动战争

太平天国军队攻占南京。超过两千万人在这场起义中死去，这是历史上伤亡最惨重的战争之一。

但洪秀全与部下长期内斗，同时敌人卷土重来，已有的成就消耗殆尽。1864年，洪秀全自杀身亡，很快清朝军队重新占领南京。

小结：中国农村的贫困和绝望推动了太平天国起义。

“我们必须建立小学和中学，专科学校和综合大学，就像外国的学校那样。”

——光绪皇帝

亦见 | 世界新秩序：第302页

1854年，佩里送给日本一段微型铁路

国家 日本现代化

1853年7月8日，美国海军准将马休·佩里率领的美国舰队不请自来，闯入江户湾，日本自我施行的孤立政策戛然而止。日本当局曾长期抵制与外国人接触，只允许少数荷兰和中国的商船定期进入其水域。但日本没有海军船只能匹敌佩里全副武装的战船，因此政府被迫接受了美国的条约。佩里代表美国总统米勒德·菲尔莫尔提出协议，要求允许美国船只进入日本港口。英国、法国和其他欧洲列强随后加入这项协定，日本因此得以接触到西方的思想和技术。

德川幕府曾长期统治日本，许多日本人指责德川王朝向外国提出的条件屈服。在幕府统治下，日本的贵族大名和武士为幕府打仗，一贯顺从。但如今大名和武士反抗德川王朝，转而支持孝明天皇。孝明天皇与前任皇帝不同，不仅仅是一个傀儡，他谴责幕府将军向国外“蛮夷”俯首称臣。德川幕府的反对者喊出口号：“尊王攘夷”。

武士们没能将外国人驱逐出去，于是军队首领得出结论，

明治象牙雕刻，上面刻有身着传统服饰的养鹰人

“在海湾尽头与陆地相接的地方，展开一幅幅艳丽的画幕，上面装饰着天皇的徽章。”
——马休·佩里

声音

菲尔莫尔 开放贸易——否则！

“美利坚合众国的领土西起大海东至大海，我们俄勒冈州和加利福尼亚州地区，就位于天皇陛下您国土的对岸。我们的汽船能够在18天内从加利福尼亚来到日本，我们伟大的加利福尼亚州，每年生产价值约6千万美元的黄金，还有白银、水银、宝石，和其他许多贵重物品。日本也是富饶多产的国家，并出产许多珍贵的物品……我殷切希望，我们两国能互通贸易。”

——总统米勒德·菲尔莫尔致日本天皇书，1852年

米勒德·菲尔莫尔

日本首先要掌握西方技术，才能与他们竞争。击败德川幕府后，他们拥戴孝明天皇的继承者睦仁天皇，恢复了皇权统治。睦仁天皇在1868年加冕时，启用明治天皇（意为“开明统治”）的名号，在大臣们的帮助下继续推动日本现代化。新政府没有恢复大名和武士显赫的权势，而是赠与他们头衔，但剥夺一切实权。明治天皇没有采用英国的自由政治制度，而是效仿德意志帝国政体，让国家的议员和首相服从天皇及其继承人。

> 日本宪法被描述成一份礼物，用来避免形成任何天皇向改革屈服的猜想。

政府慷慨地向三菱商会等企业家提供优惠，刺激了钢铁和军备的生产。到了19世纪90年代，日本的军队已经准备好远航海外，携带着印有冉冉升起帝国的太阳旗，到达朝鲜、台湾和其他国家，攫取在亚洲及太平洋地区的霸权。

1868年，明治天皇及其随从进入东京城堡

小结：日本没能把外国势力赶出自己的海岸，但在不久之后，日本用自己的技术与他们竞争。

“三井是东京最大的丝绸店，你会在那里看到一群店员，坐在铺着席子的地板上，每人拿着一个日本式的算盘，或者身边放着一个计算器。”——爱丽丝·培根

国家 澳大利亚

1770 年，英国库克船长宣布澳大利亚为英国所有，把澳洲建成军队统治下的殖民地，用来流放犯人。19 世纪，澳大利亚成为自由社会，为几百万定居者提供了机会。1787 年，第一批殖民探险队抵达澳大利亚东海岸，船上载有 700 多名犯人，其中女性 160 人，在今天的悉尼地区定居。罪犯服刑结束后，获得 30 ~ 50 英亩的土地补助。士兵们和官员离职后，能获得更多的补助，一些人通过卖朗姆酒发家致富。澳大利亚引入羊

移居澳大利亚的居民阅读来自英国的消息

群后，更有建设性的贸易开展起来。到 1830 年，许多人来到澳大利亚养羊和收割羊毛，自由移民的数量超过了这个国家的罪犯。

19 世纪中叶，澳大利亚发现黄金、铜和其他矿藏，引来大量追逐财富的人，吸引力远远扩散到最初的殖民地新南威尔士之外。勘探者在澳大利亚东南端的维多利亚州寻找黄金，与当地殖民政府对抗。他们要求获得投票权，结束没有代表权利只有纳税义务的待遇。1854 年，他们躲藏在尤里卡栅栏后面和执法官对抗。在随后的战斗中，这些叛军成为英雄，并在维多利亚州推动了民主政府的建设。

澳大利亚人在大多数情况下兵不血刃地解决了分歧，但对待土著居民却不是这样。许多土著居民在冲突中丧生，或者死于外来移民侵犯他们领地时带来的传染病。到了 1901 年，澳大利亚的殖民地联合起来，组建一个自治的英联邦，人口超过三百万人，但土著居民却剩下不到十万人。

{在1868年囚犯运送停止之前，超过16万名罪犯被流放到澳洲。}

在19世纪中叶，采矿者涌入维多利亚州，寻找黄金

小结：澳大利亚从悉尼湾一个小小的殖民地成长为一个横跨整个澳洲大陆的独立国家。

“由于饮水问题，加上气候变化剧烈，这里的士兵和居民很快死去。”—— **威廉·科克**

国家 新西兰

毛利人酋长和陆军中尉兼总督威廉·霍布森于1840年签署《怀唐伊条约》

新西兰的早期英国殖民者面对的是一个强大的土著社会，由毛利族波利尼西亚人组成，既骁勇善战，又善于和解。战争和疾病导致毛利人口下降，但在1840年，新西兰仍有约10万毛利人，是殖民者的50倍。酋长同意《怀唐伊条约》，确认英国主权，换来的是保护自己财产权的承诺。该国在19世纪50年代自治，但毛利人为领土而战，直到19世纪70年代才宣告结束。此时抵达新西兰的殖民者已超过20万。

小结：毛利人既用外交手段，也用战争来对付英国殖民统治。

声音

特·拉奥帕拉哈 哈卡舞

“我死！我死！我活！我活！
我死！我死！我活！我活！
就是这个毛发浓密的人
让太阳重新照耀
太阳照耀！！”

——1820年毛利酋长特·拉奥帕拉哈的哈卡舞（一种边唱边跳的舞蹈），另一位酋长（毛发浓密的人）在敌人到来之际把他藏了起来，救了他的命

哈卡舞

“我们，新西兰北部地区的世袭酋长和部落首脑……宣布我国独立。”

——《怀唐伊独立宣言》

时间脉络关系图

1800～1900年

1804年

刘易斯和克拉克开始对美国西部探险

萨卡加维亚和刘易斯、克拉克在一起

1831年

朱塞佩·马志尼创立民族主义组织"青年意大利党"

1819年

美国从西班牙购买了佛罗里达

1844年

塞缪尔·F·B·莫尔斯发送了第一条电报消息，"上帝做了什么？"

莫尔斯电报

1801年

杜桑·卢维杜尔宣布海地岛独立

1812年

拿破仑入侵俄罗斯，但因冬天严寒，被迫撤军

1824年

墨西哥宣布脱离西班牙独立，三年后成立共和国

1800年　1815年　1825年　1850年

1800年

中国人口达到3亿

1816年

沙卡成为祖鲁王国的统治者

1824年

伊利运河开通了大西洋与五大湖之间的航线

1842年

《南京条约》结束了中英之间的鸦片战争

1805年

英国的纳尔逊勋爵在特拉法加战役中击败了法国和西班牙舰队

1821年

秘鲁宣布脱离西班牙独立

1829年

英国人乔治·斯蒂芬森和罗伯特·斯蒂芬森演示了改良款"火箭"号火车头

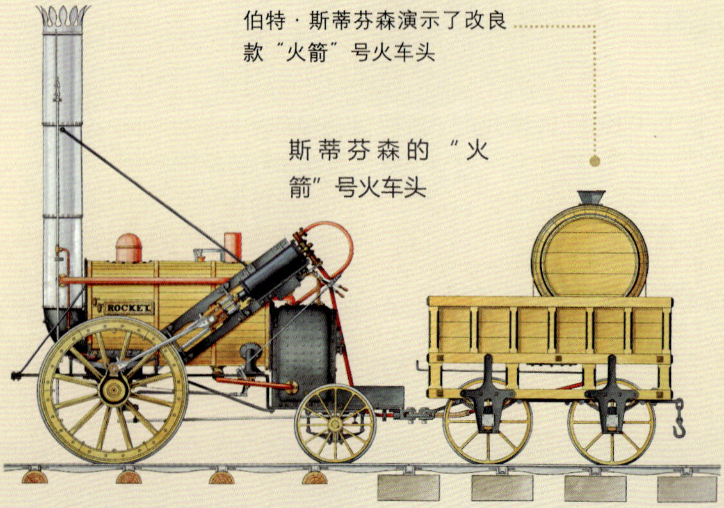

斯蒂芬森的"火箭"号火车头

"我们可以抵抗大军入侵，但无法抵抗正逢其时的思想。"

——维克多·雨果。

“在我国，舆论就是一切。”
——亚伯拉罕·林肯。

1865年
罗伯特·李携北弗吉尼亚的邦联军队向尤利西斯·S·格兰特将军投降，美国南北战争宣告结束

罗伯特·李在阿波马托克斯宣布投降

英国维多利亚女王

1872年
毛利人与英国殖民者之间的新西兰土地战争结束

1885年
阿帕奇部落的战争酋长杰罗尼莫被追捕数年后，终于向美国军队投降

1850—1864年
中国的太平天国起义造成数百万人死亡

1869年
横贯美国大陆的铁路竣工

1877年
英国维多利亚女王宣布成为印度女皇

1896年
埃塞俄比亚皇帝孟尼利克二世在阿杜瓦战役中击败意大利军队

1850年 1870年 1880年 1900年

1852年
法兰西共和国灭亡，路易－拿破仑（拿破仑三世）加冕称帝

1871年
亨利·莫顿·斯坦利在非洲发现了大卫·利文斯通

1882年
比利时国王利奥波德吞并刚果

1899年
安德鲁·卡内基建立卡内基钢铁公司

1872年
日本不顾中国抗议，宣称琉球群岛为日本领土

1884年
柏林会议上，列强将非洲瓜分为各欧洲殖民地

1867年
加拿大自治领成立

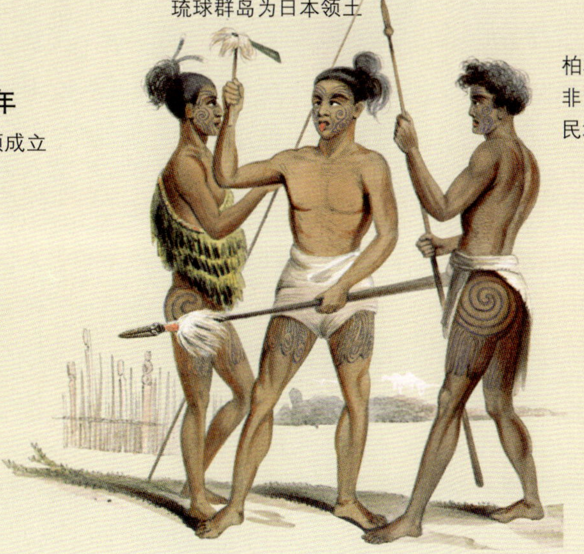
毛利族武士

交战中的世界

危机与英雄事迹

1900～1945年

第9章

德国独裁者阿道夫·希特勒和警察头子海因里希·希姆莱视察党卫队

亦见 | 交战中的世界：第371页

关键时期

1901年
古列尔莫·马可尼发送了横跨大西洋的世界上首个莫尔斯电码

1903年
莱特兄弟用发动机驱动的飞机首次试飞成功

1905年
爱因斯坦发表狭义相对论

1909年
毕加索和乔治·布拉克开创了立体主义的绘画风格

科学时代

1900~1945年

到了1900年，世界已经进入了科技发展日新月异的时代。随着工业革命的开始，这个科技时代在200年内的创新超过了过去两千年。以交通为例，从亚历山大大帝到拿破仑·波拿巴之间变化很小，拿破仑的部队仍然要靠步行或骑马，而牲畜拉着装有辎重的拖车，海上航船的动力要靠帆。然而到了1939年，当阿道夫·希特勒发动德军开展了拿破仑般气势如虹的征服战役时，战争已经发生了革命性变化：有了潜艇、飞机、坦克和卡车。与现代世界及其英勇的战士们同样重要的是通信技术进步，比如无线电。这些技术让德国及其盟友日本在二战初期迅速占领先机，但对手用了更加先进的技术后，德日便节节败退，最终失败。

任何对科学进步是否会影响历史的疑虑，到了1945年8月已烟消云散。当时美国向日本的广岛和长崎两座城市各投了仅仅一颗原子弹，便将它们夷为平地。猛烈的爆炸令人瞠目结舌，物理学家爱因斯坦于20世纪初用数学方法论证，极少量的质量可以转换成巨大的能量。如今这一理论突破终于得到了证实。

20世纪爆发了两次世界大战，希特勒和其他独裁者发动的恐怖战争和种族灭绝运动令生灵涂炭，对于历经这些灾难的人们来说，这是最糟糕的时代。但和平与正义最终占了上风，这也是最好的时代。医学和公共卫生事业的进步，消灭了千百年来肆虐的瘟疫，收音机和电影让广大观众得到更多欢乐，汽车和飞机让人体验到了更快、更远、更高的交通方式。发明还体现在新的艺术表现形式中，包括爵士乐。20世纪20年代的十年被称为爵士乐时代。还有毕加索令人吃惊的艺术作品中形成了立体主义，其画作与古典艺术传统大相径庭，正如同爱因斯坦的理论与艾萨克·牛顿的经典物理学之分野。

{科学突破让20世纪既充满了惊人的科技进步，也面临前所未有的危险，既体现在交通和通信的进步上，也体现在两次毁灭性的世界大战中。}

上页：伟大的物理学家阿尔伯特·爱因斯坦引领了一场现代科学革命

1914年
巴拿马运河竣工

1922年
詹姆斯·乔伊斯的《尤利西斯》出版，意识流这一写作技巧从此扬名

1928年
苏格兰生物学家亚历山大·弗莱明发现了青霉素

1939年
德国的一个科学家团队将原子分裂开来

三位乘客乘坐福特T型轿车，摄于1913年

技术 交通运输

交通方式改变了20世纪初的生活方式。美国实业家亨利·福特让数百万人买得起汽车，以往花费数天的旅程仅需数小时即可完成。巴拿马运河于1914年竣工后，远洋航行行程也缩短了，客轮的速度接近30节。充气飞艇亮相，例如1900年德国人斐迪南·冯·齐伯林发布了一款飞艇，但它迅速被飞机淘汰。1903年莱特兄弟的飞机进行了横跨120英尺的首次飞行。1927年，查尔斯·林德伯格以超过每小时100英里的时速从纽约直飞抵达巴黎。二战期间，喷气式飞机时速已超过500英里。

小结：随着汽车和飞机的到来，世界变小了。

风云人物

科学时代

玛丽·居里 1867～1934年
波兰裔法国科学家，因共同揭开辐射的奥秘而荣获两项诺贝尔奖

奥维尔·莱特和威尔伯·莱特兄弟 1871～1948年，1867～1912年
成功制造了第一家动力飞机

阿尔伯特·爱因斯坦 1879～1955年
德裔美国物理学家，让人们的时空观念发生了革命

埃德温·哈勃 1889～1953年
帮助测量宇宙的美国宇航员

声音

莱特兄弟

莱特 首次飞行

“我发现前方向舵很难操控，因为它调得太居中，因此发动飞机后容易自行转向，忽然朝一个方向打太多，忽然又朝另一个方向打太多。结果是飞机飙升到10英尺高度，然后方向舵一转向，又突然朝地面俯冲。距离跑道尽头约100英尺处，飞机一个俯冲，飞行结束了。为时约12秒（时间不太确切，因为没有及时按停秒表）。”

——奥维尔·莱特日记，1903年12月17日

“这么多人都无法揭开所有这些奥秘，只有我们能够发现真相。难道这不值得赞叹吗？”

——奥维尔·莱特

技术 通讯

电子通讯始于19世纪电报和电话的发明，而在世纪之交，当古列尔莫·马可尼和其他发明家利用无线电波技术来传送消息时，电子通讯进入了无线时代。之前有人预测无线电信号在长距离发射过程中，很有可能消失在太空，但1901年马可尼成功使用莫尔斯电码横跨大西洋发送消息，驳斥了这一说法。

一台早期的托马斯·爱迪生留声机

真空管的发明可以放大无线电波，并让人们于1906年利用无线电技术首次实现了语音和音乐广播。到了20世纪20年代，很多国家出现了商业电台，为数百万家庭带来了新闻和娱乐节目。

19世纪后期，在爱迪生公司和法国发明家路易斯·卢米埃尔和奥古斯特·卢米埃尔兄弟的技术基础上，电影也出现了，与无线电发展不期而遇。到了20世纪，导演们开始使用这一技术来制作剧情片。英国喜剧舞台演员查理·卓别林也开始了其喜剧生涯，通过电影闻名国际，很快成为了世界上最受欢迎的人物。在20世纪30年代，电影、留声机、广播和电视机首次用于播报新闻和娱乐节目，它们共同创造了基于大众传播基础上的流行文化。

小结： 像机动车一样，无线电等电子媒体让世界变小了。

演员兼导演查理·卓别林在1936年《摩登时代》一片中修理齿轮的镜头

“一些你没有计划去做的事情，并不意味着没有用处。”——托马斯·爱迪生

亦见 | 交战中的世界：第395页

细菌学家亚历山大·弗莱明在使用显微镜

用胶木这种早期多功能塑料制成的粉盒

科学 突破

在20世纪，医药等领域的科学突破为世界造福不小，而且让整个社会更健康、更富裕，生产效率更高。但是许多科学进步也造成了意想不到的后果。例如：1928年英国医生兼细菌学家亚历山大·弗莱明发现了青霉素，用它治疗细菌感染，拯救了无数生命，然而由于其在二战期间和战后广泛使用，部分细菌对青霉素等抗生素产生了耐药性。1930年美国化学家托马斯·米基利发明氟利昂，将其用于制冷和空调，亦可用做气溶胶抛射剂。但直到20世纪70年代，科学家们才发现氟利昂会破坏大气臭氧层。

没有一个领域造成的不可预见后果比核物理的新发现还要巨大。1905年，爱因斯坦提出了狭义相对论，并推导出 $E=MC^2$，这个方程式说明一颗原子核内的力量等于其质量乘以光速的平方。但他并没有打算发动一场核军备竞赛。这一发现的最初影响是用来解释自然现象，例如以放射形式的核能释放和铀等重元素的衰减。法国的玛丽·居里和皮埃尔·居里夫妇等科学家对放射性的研究使得X射线开始应用于疾病的诊断和治疗。

> 1907年，化学家利奥·贝克兰发明了第一种多功能塑胶，称之为胶木。

天文学家们吸收了爱因斯坦等物理学家的理论，查探到了恒星在压力作用下内核的核反应而释放的巨大能量。1929年，美国天文学家埃德温·哈勃用星光测量表明宇宙在不断膨胀，并且计算了膨胀速度。他的发现引发了大爆炸理论，

> “毕竟科学本质上是国际化的。只因缺乏历史感，所以才赋予了它民族性。”——居里夫人

爱因斯坦 巨大的能量

阿尔伯特·爱因斯坦

“最近4个月来，通过约里奥在法国的工作以及费米和西德拉在美国的工作，已经有几分把握知道，在大量铀中形成原子核的链式反应会成为可能，由此产生出巨大的能量和大量像镭一样的元素。现在看来几乎可以肯定，这在不久的将来会实现。这种新现象也可以用来制造炸弹。

——爱因斯坦致罗斯福总统的信，1939年8月2日。

该理论认为宇宙起源于100多亿年前密集压缩物质的一次宇宙膨胀。

大爆炸理论出现之后，科学家会不会在地球上制造一次自己的大爆炸，其力量足以摧毁城市？这种令人畏惧的猜测于1939年1月变为现实，一支德国科学家团队通过将铀分解成较轻的元素来分裂原子，并将部分质量转换成能量。在当时欧洲被战争阴云笼罩，这一突破引发了许多国家的担忧，他们害怕希特勒有一天可能拥有核武器。生于德国，居住在美国的爱因斯坦8月份给富兰克林·罗斯福总统写了一封信，敦促总统在美国成立一个核研究计划，以应对德国的威胁。这个警告衍生出了绝密的曼哈顿计划，这是一个集全国之力的大规模首枚原子弹研制计划。1945年7月16日，科学家在新墨西哥州洛斯阿拉莫斯附近成功测试了一枚原子弹，而不到一个月后，这一武器就被用来对付日本，结束了第二次世界大战。

玛丽·居里和皮埃尔·居里夫妇在他们位于巴黎的实验室内

1911年，新西兰科学家欧内斯特·卢瑟福证明，原子是由围绕其原子核的电子组成的。

小结：物理学的突破带来了巨大风险和巨大回报。

“我们无法控制原子能，使其具有任何商业价值，并且我相信我们永远也做不到这一点。”

——欧内斯特·卢瑟福

亦见 | 交战中的世界：第382页

艺术 现代主义

20世纪初，一个名为现代主义的运动打破了传统，来主宰绘画、文学、音乐等艺术。现代主义者拒绝关于审美、比例、和谐和现实的传统标准。灾难性的第一次世界大战似乎证实了他们的观点：事物必须拆分后再以新的方式组合起来。

拉格泰姆音乐，例如斯科特·乔普林深受爵士乐和古典世界的影响

现代主义的先驱之一是法国画家保罗·塞尚，他超越了印象派，用越来越抽象和几何式的方式来绘制风景画。保罗·塞尚写道：“自然界的一切都是仿照球体、圆锥体和圆柱体所形成”。20世纪初在法国，这种方法由法国的乔治·布拉克和西班牙的毕加索所继承，他们开创了立体派风格，因为他们用片段描绘实物，往往将实物简化成几何形状。

毕加索自拍照，后面是他的画作，1916年

> 现代文学受精神分析学家西格蒙德·弗洛伊德的影响，他指出，潜意识里藏着压抑的欲望。

现代艺术影响了瑞士设计师勒·柯布西耶（原名查理–埃杜阿尔·热耐莱）等现代建筑师，他颇具影响力的设计都

> “对于我来说，一幅画是一个戏剧性的行为，在这一过程中，现实发现自己分裂开来。对于我来说，戏剧性行为是重中之重。”——毕加索

是简约而如几何图形般精确。在文学方面，爱尔兰的詹姆斯·乔伊斯和英国的弗吉尼亚·伍尔芙等现代派跳出了19世纪小说家的现实主义和客观性窠臼，而是探索了人物角色的内心想法和渴望。

作曲家和演奏家抛弃了传统的音调和韵律，创造了自己的意识流音乐。即使是像爵士乐等流行乐也被艺术家现代化了，如新奥尔良爵士乐小号手路易斯·阿姆斯特朗便经常即兴创作，不拘泥于标准韵律和旋律的传统界限。

小结：20世纪初的艺术反映了当时社会和科技的急剧变化。

曼哈顿熨斗大厦（1902年）是第一批摩天大楼之一

声音

瓦莱里 现代主义的极限

保罗·瓦莱里

“1914年，欧洲的现代主义在某种程度也许达到了极限。任何领域的每一个思想都是各种意见的交叉路口，每一个思想家都是想法的国际博览会。诞生了很多具有思想的作品，这些作品里面包含财富的对比，矛盾性的倾向，就像那些时期首都各种光线疯狂汇集一样：眼睛是疲劳的，烧灼的…有多少物质财富，多少劳力和计划的劳力，多少被洗劫一空的世纪，多少被结合的异构生活，来使这样一个狂欢节成为可能，并将其定位为至高无上的智慧和人性的胜利？”

——保罗·瓦莱里《思想危机》，1919年

“世界之美犹如两刃刀，一面是欢乐，一面是痛苦，将人心割裂开来。”

——弗吉尼亚·伍尔芙

亦见 | 帝国崛起：第348页

关键时期

1901年

威廉·麦金利总统被一名无政府主义者刺杀

1908年

福特汽车公司生产了第一辆T型轿车

1910年

墨西哥革命开始

1917年

美国加入第一次世界大战

美洲

1900~1945年

美国在19世纪后期才刚刚开始成为世界大国，到了20世纪便在全球范围内如此叱咤风云，20世纪甚至被称为美国的世纪。美国力量的主要来源是其稳固的政治体制和先进的生产力，其政治体制基于一套不断完善的宪法，宪法各修正案不断提高国家的民主程度。在工业上，美国超越了英国等欧洲国家。况且不像英国需要进口食品，美国农业耕地面积广阔，完全能满足其快速增长的人口需求而且还有富余。美国可以招募并装备一支庞大的军队，如果需要战争，他们可能是地球上最强大的军事力量。然而20世纪初现曙光之际，美国能否发挥这些潜力尚不得而知。

在政治上，美国想要达到在1892年效忠誓言中阐明的“人人都享有自由和正义”的目标，还有很长一条路要走。直到1920年，妇女才拥有联邦选举权，而在20世纪60年代之前，南部大部分非裔美国人都被禁止投票。在经济上，这个富裕的国家仍然充斥着贫困现象，农村地区很多人都无法享受到电力和自来水设施。直到20世纪30年代国家被大萧条笼罩，富兰克林·罗斯福总统实施新政，政府才采取强有力措施来扶贫，避免发生更为剧烈的社会和政治动荡。

拉美国家的政局不像美国那样稳定，而且缺乏充足的经济资源来度过大萧条等艰难时期，与美国的财富和权力相比，可谓相形见绌。在美西战争中，美国通过干预古巴，吞并波多黎各，这证明他有实力从军事和经济上称霸拉丁美洲。墨西哥战争于1910年爆发，1916年战火燃烧至边境地区，导致美国军队开进墨西哥。美国结束了这场军事干预后，于1917年又加入欧洲的第一次世界大战，它明确表示对海外的关注不止于此。美国今后几年面临的问题是如何在国际范围内发挥其强大的力量，不仅要应对像一战等战争，还要防止此类战争再次发生。

依靠政局稳定，经济繁荣，美国在20世纪初成为美洲最强大的国家，而在20世纪期间，它成为世界第一大国。

上页：富兰克林·罗斯福总统带领美国走出大萧条和战争

1923年
墨西哥叛匪潘乔·比利亚被枪手杀死

1929年
在纽约，黑色星期二是指股市崩盘和大萧条的开端

1935年
罗斯福总统签署了美国《社会保障法》

1941年
在珍珠港事件之后，美国加入第二次世界大战

亦见｜帝国崛起：第348页

1910年，为争取参政权的示威妇女

阶级与社会 进步时期

20世纪初在美国被称为进步时代，因为改革者在一些进步事业，如妇女权利和反对政治腐败方面取得了重大进展。进步人士掌权，并且从白宫开始推动变革。由于1901年威廉·麦金利遇刺事件，共和党西奥多·罗斯福上台。他首次实施了《谢尔曼反托拉斯法》，迫使垄断企业分解成规模较小的公司。他为美国工人提出了8小时工作日提案，还防止公共土地为私人开发，以保护森林和野生动物。1912年，民主党伍德罗·威尔逊当选总统，通过支持宪法修正案，允许累进联邦所得税和美国议员的直接选举（议员先由州立法院和政治领袖选择）来进一步推行进步事业。

其他重要社会变革则是由在政治上没什么话语权的人开始的。

美国全国有色人种协进会于1909年由非洲裔美国历史学家W.E.B.杜波依斯等活动家创建，他们在法庭上控告种族隔离。

风云人物

美洲

约翰·戴维森·洛克菲勒
1839～1937年
石油大亨，标准石油公司的创始人和慈善家

伍德罗·威尔逊 1856～1924年
美国第28届总统，倡导国际联盟

西奥多·罗斯福 1868～1919年
美国第26届总统，对托拉斯进行监管

W.E.B.杜波依斯
1868～1963年
美国社会学家，抗议领袖，美国全国有色人种协进会创始人之一

富兰克林·德拉诺·罗斯福
1882～1945年
美国第32届总统，实施新政

“没有人凌驾于法律之上，也没有人不受法律保护；我们在要求某人守法时，无须征得其同意。”——西奥多·罗斯福

声音

谢泼德 三角内衣工厂火灾

“人行道上躺着一堆堆支离破碎的身体。后来一位警察去贴标签，他用铁丝将标签固定在死去女孩的手腕上，并用铅笔在标签上编号。我看到他给一个女孩编号为54，这个女孩还带着一枚订婚戒指。从大楼里面下来的一名消防员告诉我，在第七层的大房间里至少有50具尸体……我看着这些尸体堆，我记得这些女孩都是内衣工厂的员工。我记得去年的大罢工，这些女孩们当初都在罢工队伍中，她们要求工厂改进卫生条件和安全措施，而这些尸体就是答案。”

——威廉·谢泼德“目击三角内衣工厂”，《密尔沃基日报》，1911年3月27日

三角内衣工厂火灾

活动家玛格丽特·桑格成立了美国节育联盟。

美国全国妇女选举权协会1890年拥有不到1万名成员，1917年发展到超过两百万名成员。1920年，宪法第19条修正案赋予了妇女选举权。

女性在经济方面也取得了一些收获，工会为那些在服装行业臭名昭著的血汗工厂中劳作的女性争取到了更好的条件。在1911年纽约三角内衣工厂的一次火灾中，由于业主锁住了紧急出口，导致146名员工死亡。工会和公众的抗议让政府在纽约工厂实施了严厉的新型安全法规。

20世纪20年代，进步时代结束了。因为美国人厌倦了像禁酒（1920 ~ 1933）这样道德层面的改革，私酒贩子公然违反禁酒令。由于害怕外国人散播激进思想且压倒英裔美国人，政府对移民严加限制。同时随着经济的蓬勃发展，华尔街的投资者大举借贷购买股票，他们相信繁荣会长期持续下去。

小结：在本世纪初，改革者试图改造美国社会。

这张漫画讽刺的是标准石油公司创始人洛克菲勒的影响力

“我卖酒被称为非法走私；我的顾客在湖滨大道上卖酒时，却被称为热情好客。”

——艾尔·卡彭

亦见｜交战中的世界：第386页

经济 大萧条

1929年10月，股市泡沫破灭。企业马上裁掉成千上万的员工，银行在国内外收回债款，经济萧条演化为一场全球性的灾难，史称大萧条。截至1932年，美国失业率达到25%。无家可归的人们在棚户区搭起了帐篷，由于赫伯特·胡佛总统越来越不得民心，这些棚户区后来被称为“胡佛村”。随着大萧条不断恶化，胡佛未能连任，富兰克林·罗斯福上任，他向美国人民承诺实施“新政”。罗斯福借助平民保育团等新政机构让民众对银行体系恢复了信心，促进了经济复苏。

这张漫画描绘的是各项新政项目围绕着罗斯福总统跳舞

大萧条的受害者谴责胡佛总统

小结：1929年美国股市崩盘，导致世界经济陷入大萧条。

美国参议院 靠吃蒲公英果腹

声音

“一个女人沿着码头走去，捡起从货车上掉下来的蔬菜。有时，鱼贩会在收摊的时候给她一条鱼。有时这两种条件都不存在，于是这个家庭便断粮一天半……

另一个家庭已经断粮两天了。于是丈夫出去摘采蒲公英，这家人就靠吃蒲公英生活。”

——参议院委员会关于生产方面的小组委员会听证材料，1932年

加利福尼亚州，一个7个孩子的母亲

“我们正朝更大的自由，更强有力的安全保障前行，这一力度是在美国历史上普通人从未见证过的。”——富兰克林·德拉诺·罗斯福

革命 墨西哥政变

在距离西班牙反抗运动一个世纪之后，1910年，墨西哥再次经历了暴力革命动乱。拿起武器的是为富有的地主辛苦工作的印第安人和混血儿（尤指拉丁民族与印第安民族），那些地主用债务奴役他们。墨西哥人也对霸占他们资源的外国人非常不满，认为他们还没有实现真正的独立。

墨西哥总统拉萨罗·卡德纳斯在安抚群众

1910年11月，波菲利奥·迪亚斯总统逮捕了对手弗兰西斯科·马德罗，墨西哥革命爆发了。起义者庞丘·维拉和埃米利亚诺·萨帕塔征集军队来支持马德罗，让马德罗就任总统。1913年，借助美国大使对墨西哥的支持，在威尔逊总统不知情的情况下，迪亚斯发动政变，马德罗被杀害。

1916年，维拉在新墨西哥州袭击了一个美国军营，威尔逊总统命令约翰·潘兴将军带领军队深入墨西哥追捕。这几乎导致了美国和墨西哥之间的战争，而在1917年，威尔逊总统撤回了潘兴的军队，为欧洲战场做准备。1920年阿尔瓦罗·奥布雷贡就任总统，认同承诺改革的新宪法，墨西哥革命才宣告结束。

小结：墨西哥革命的根源是大规模的贫困。

叛军和革命领袖庞丘·维拉袭击墨西哥和美国目标

“南方的人们！宁可站着死，也不要跪着活！”——埃米利亚诺·萨帕塔

亦见 | 交战中的世界：第384页

关键时期

1901年

俄罗斯成立了社会革命党

1905年

希腊在克里特岛反抗土耳其

1912年

德国、奥匈帝国与意大利续约同盟

1914年

奥地利皇储弗兰西斯·斐迪南大公遇刺，第一次世界大战开始

欧洲和世界大战

1900~1945年

源于19世纪的欧洲列强之间的竞争，在20世纪点燃了世界大战。1871年成立的德意志帝国为了对抗法国和俄罗斯两个竞争对手，通过和奥匈帝国、意大利形成三国同盟来加强自身力量。对此，法国也与英国和俄罗斯形成协约国。如果有人破坏了和平，这些结盟就会让所有欧洲主要列强陷入战争。

1914年6月28日，第一次世界大战在巴尔干地区爆发。在波黑首都萨拉热窝，奥匈帝国王位继承人弗兰西斯·斐迪南大公被邻国塞尔维亚一个恐怖组织成员暗杀。奥匈帝国指责塞尔维亚，并不顾俄国保护塞尔维亚的承诺，于6月28日对塞尔维亚宣战。

俄罗斯开始调动军队时，德国准备趁俄国军队尚未做好准备击败法国。几天之内，熊熊战火烧遍整个欧洲，而且很快蔓延到其他大洲。土耳其奥斯曼帝国站在同盟国（德国和其合作伙伴）一边，而意大利则加入了协约国，1918年美国参加战争后，意大利取得了胜利。

《凡尔赛和约》结束了第一次世界大战，但是这种毁灭性战争并未能结束列强之间的竞争。尽管有几个皇帝在战争中被推翻，一些颇具威胁的新政权也出现了，特别是希特勒的第三帝国。

1939年，德国入侵波兰，还使用坦克和轰炸机对法国和英国进行闪击战和闪电战，第二次世界大战爆发。

比起第一次世界大战，反法西斯同盟国面临着更大的挑战。然而，1941年，这些好战的轴心国进攻苏联和美国，这一举措决定了他们最终的失败，让这两个未来的超级大国加入反法西斯同盟国一方参战。

第一次世界大战号称战争结束所有的冲突，可是并没有唤醒所有的混乱，相反导致了欧洲好斗新政权的崛起，并在21年之后引发第二次世界大战。

上页：二战期间德国对伦敦的狂轰滥炸

1920年
俄国内战结束，布尔什维克胜利

1926年
贝尼托·墨索里尼在意大利掌权

1933年
希特勒当选德国总理

1939年
希特勒入侵波兰，第二次世界大战在欧洲爆发

亦见｜交战中的世界：第386页

冲突 第一次世界大战

由于弗兰西斯·斐迪南大公遇刺，奥匈帝国希望攻打塞尔维亚来报复，此时如果德国领导人阻止盟国这一举动，那么也许可以避免这场战争。一旦木已成舟，俄国开始调兵遣将保卫塞尔维亚时，德国指挥军队进攻，希望能够给俄罗斯、法国和英国的协约国以迎头痛击。1914 年 8 月，德国派出了大部分军队进入法国，打算击败法国军队，而把俄国留给同盟国。

德国军队快速推进，但在即将逼近巴黎时，在第一次马恩河战役中被击退，士气大挫。在法国北部，由于法国挖了壕沟，架起了铁丝网和机枪，两军陷入僵持。1916 年，在凡尔登和索姆河两大战役中，伤亡人数超过了两百万。而毒气攻击让阵地战变得更加恐怖。

> 第一次世界大战极其惨烈，夺去了近1500万士兵和平民的生命。

同盟国攻打俄国的战争进展较为顺利。1917 年 3 月，沙皇政权一败涂地，终于倒台。共产党领导人弗拉基米尔·列宁在 11 月上台，并且很快转败为胜。此时，德国的盟友也

1917年，法国士兵们在凡尔登的战壕里休息

风云人物

欧 洲

弗拉基米尔·列宁
1870～1924年
俄罗斯布尔什维克领导人，苏联第一位最高领导人

温斯顿·丘吉尔
1874～1965年
二战期间担任英国首相

约瑟夫·斯大林
1879～1953年
列宁的继任者，苏联总理

贝尼托·墨索里尼
1883～1945年
法西斯独裁者，意大利总理

阿道夫·希特勒
1889～1945年
德国纳粹党创始人，第三帝国总理，在二战期间实施了种族灭绝政策

“美国在名义上和实际上都必须保持中立…我们在思想上和行动上必须保持公正。”

——伍德罗·威尔逊

举步维艰。在1915年，土耳其在加利波利对同盟军进行了重创，之后同盟军反击，与中东的阿拉伯人联手击败了奥斯曼帝国。同时，由于意大利在1915年加入了协约国，并进攻奥匈帝国，导致奥匈帝国渐渐失控。

1917年2月，由于遭到英国海军封锁，德国通过宣布在大西洋海域无限制潜艇战来反击。这给美国船舶带来了风险，也促使美国在4月份加入了协约国。到了1918年，超过100万的美国军队抵达法国。美国军队的到来和坦克的使用刺穿了敌人的防线。11月份，协约国军队突破防御，迫使德国及其盟国投降。

小结： 第一次世界大战，美国的加入帮助协约国战胜同盟国。

声音

恩皮 战壕中的毒气攻击

“德国人的毒气比空气要重，瞬间充斥了战壕和防空洞。我们已经在那潜伏了2～3天，直到使用大量化学喷雾器净化空气。我们必须快速移动，因为德国人使用毒气之后，马上就会有步兵攻击。我们右手边的同伴因为戴头盔动作慢了一点，就倒在地上，抓着喉咙，经过几下痉挛扭绞之后，就魂归西天了。”

——亚瑟·盖伊·恩皮《飞越巅峰》，1917年

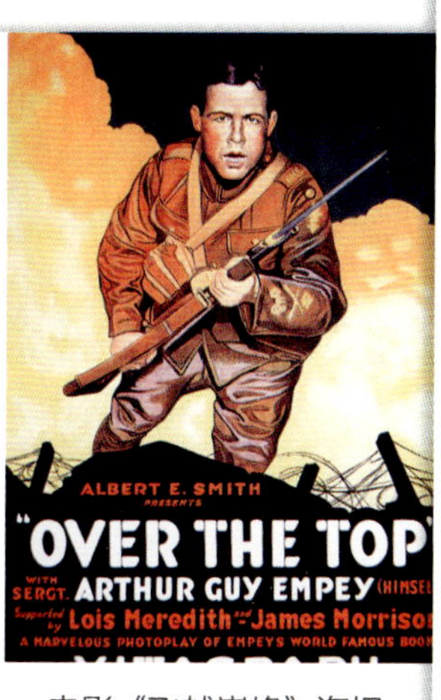

电影《飞越巅峰》海报

“让最爱好和平的人民陷入战争，陷入最可怕的灾难性战争中是一件恐怖的事情，文明自身就可以保持平衡。”——伍德罗·威尔逊

《凡尔赛和约》

1919年，各国代表在巴黎和平会议上会面，制定和约来结束战争，重组欧洲。会议由伍德罗·威尔逊总统主持，他希望新成立一个国际联盟来实现持久和平，不过并没有成功。《凡尔赛和约》将战争责任归咎于德国，迫使其向协约国支付赔偿款，并割让领土，来削弱德国战后政府——魏玛共和国的实力。重新建立的国家，如捷克斯洛伐克，努力争取自治。《凡尔赛和约》成立的国际联盟缺乏执法权力，并在美国参议院投票不加入后失去关键支持。《凡尔赛和约》最终可能只是导致了一场新的激烈冲突。

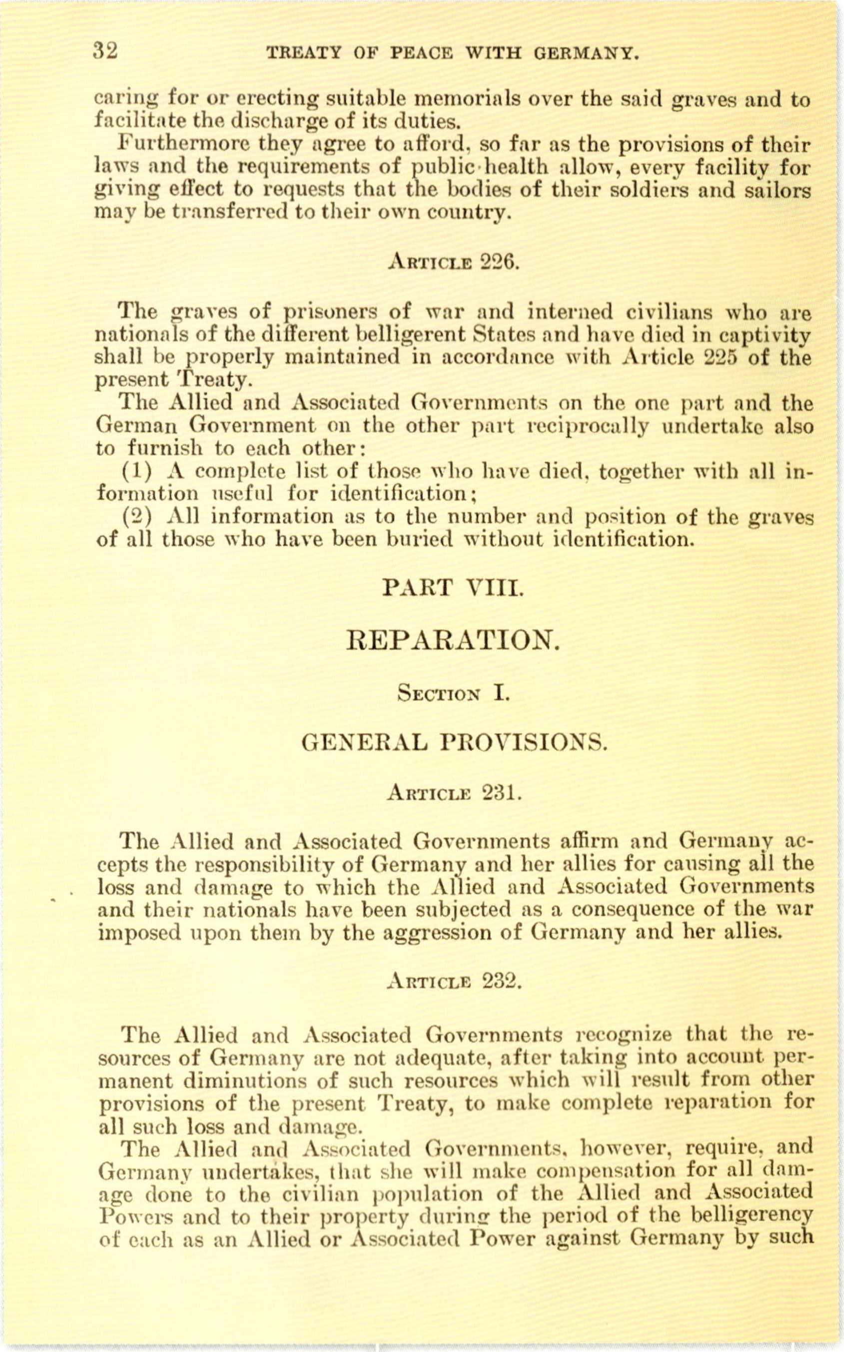

32 TREATY OF PEACE WITH GERMANY.

caring for or erecting suitable memorials over the said graves and to facilitate the discharge of its duties.

Furthermore they agree to afford, so far as the provisions of their laws and the requirements of public health allow, every facility for giving effect to requests that the bodies of their soldiers and sailors may be transferred to their own country.

ARTICLE 226.

The graves of prisoners of war and interned civilians who are nationals of the different belligerent States and have died in captivity shall be properly maintained in accordance with Article 225 of the present Treaty.

The Allied and Associated Governments on the one part and the German Government on the other part reciprocally undertake also to furnish to each other:

(1) A complete list of those who have died, together with all information useful for identification;

(2) All information as to the number and position of the graves of all those who have been buried without identification.

PART VIII.

REPARATION.

SECTION I.

GENERAL PROVISIONS.

ARTICLE 231.

The Allied and Associated Governments affirm and Germany accepts the responsibility of Germany and her allies for causing all the loss and damage to which the Allied and Associated Governments and their nationals have been subjected as a consequence of the war imposed upon them by the aggression of Germany and her allies.

ARTICLE 232.

The Allied and Associated Governments recognize that the resources of Germany are not adequate, after taking into account permanent diminutions of such resources which will result from other provisions of the present Treaty, to make complete reparation for all such loss and damage.

The Allied and Associated Governments, however, require, and Germany undertakes, that she will make compensation for all damage done to the civilian population of the Allied and Associated Powers and to their property during the period of the belligerency of each as an Allied or Associated Power against Germany by such

伍德罗·威尔逊 尽管威尔逊总统成功地创建了国际联盟，但是《凡尔赛和约》比他所设想的惩罚力度更大。1919年返回美国之后，他动员公众接受国联，在宣传活动中突然中风。

“联盟成员承诺尊重和保护所有联盟成员国的领土完整和现有的独立主权，并反对外来侵略。”

“殖民地的监管权应该托付给先进国家，因为他们的资源、经验或所处地理位置都能更好地承担起这一职责。”

法语和英语《凡尔赛和约》 最终版本正本用英语和法语印制，保存在法语档案区。

“德国放弃其海外财产的所有权利，让给协约国和参与国。”

“按照赔偿委员会要求，在1919年、1920年和1921年前4个月期间，德国应该以黄金、大宗商品、船舶、证券或其他方式分期支付价值200亿金马克的赔偿。”

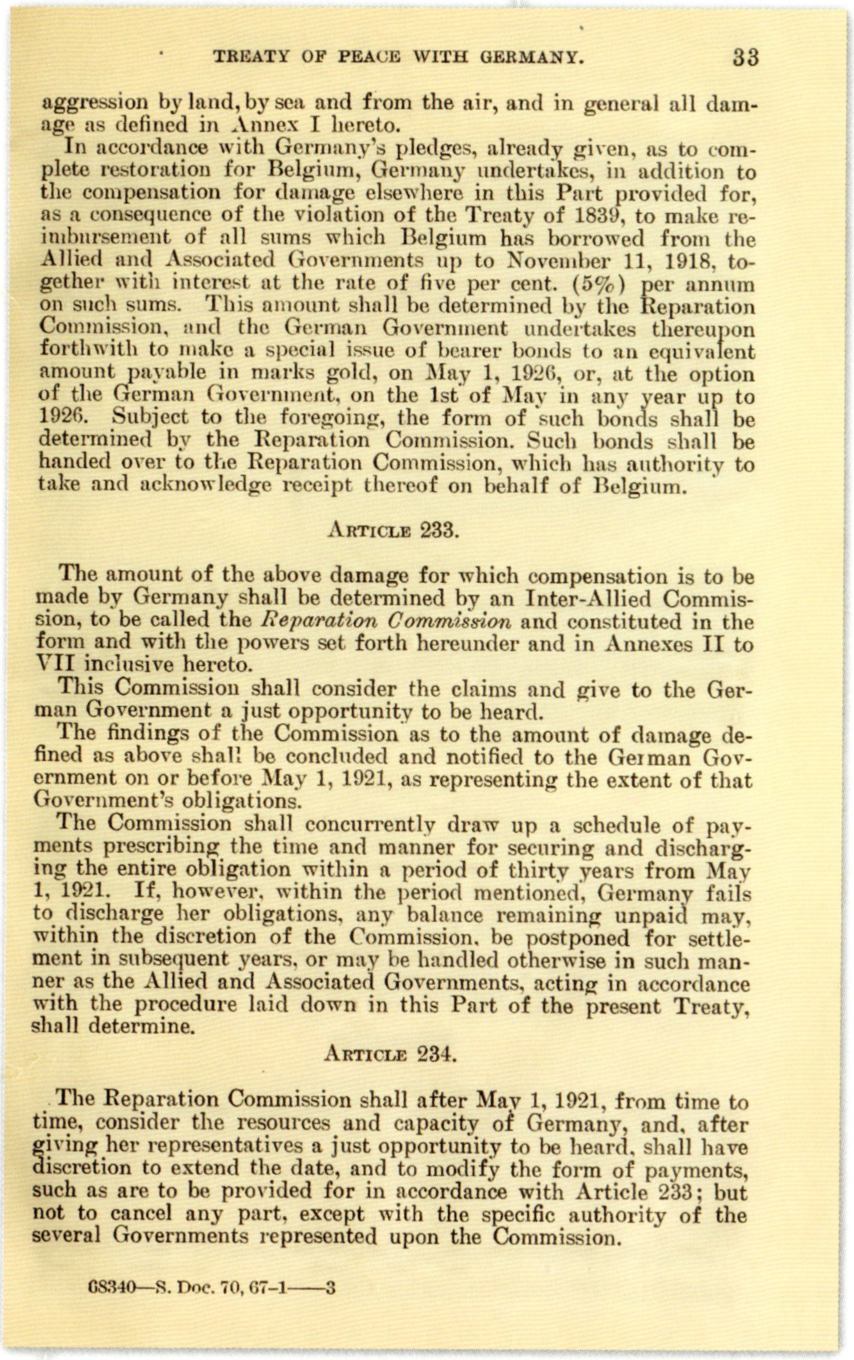

TREATY OF PEACE WITH GERMANY. 33

aggression by land, by sea and from the air, and in general all damage as defined in Annex I hereto.

In accordance with Germany's pledges, already given, as to complete restoration for Belgium, Germany undertakes, in addition to the compensation for damage elsewhere in this Part provided for, as a consequence of the violation of the Treaty of 1839, to make reimbursement of all sums which Belgium has borrowed from the Allied and Associated Governments up to November 11, 1918, together with interest at the rate of five per cent. (5%) per annum on such sums. This amount shall be determined by the Reparation Commission, and the German Government undertakes thereupon forthwith to make a special issue of bearer bonds to an equivalent amount payable in marks gold, on May 1, 1926, or, at the option of the German Government, on the 1st of May in any year up to 1926. Subject to the foregoing, the form of such bonds shall be determined by the Reparation Commission. Such bonds shall be handed over to the Reparation Commission, which has authority to take and acknowledge receipt thereof on behalf of Belgium.

ARTICLE 233.

The amount of the above damage for which compensation is to be made by Germany shall be determined by an Inter-Allied Commission, to be called the *Reparation Commission* and constituted in the form and with the powers set forth hereunder and in Annexes II to VII inclusive hereto.

This Commission shall consider the claims and give to the German Government a just opportunity to be heard.

The findings of the Commission as to the amount of damage defined as above shall be concluded and notified to the German Government on or before May 1, 1921, as representing the extent of that Government's obligations.

The Commission shall concurrently draw up a schedule of payments prescribing the time and manner for securing and discharging the entire obligation within a period of thirty years from May 1, 1921. If, however, within the period mentioned, Germany fails to discharge her obligations, any balance remaining unpaid may, within the discretion of the Commission, be postponed for settlement in subsequent years, or may be handled otherwise in such manner as the Allied and Associated Governments, acting in accordance with the procedure laid down in this Part of the present Treaty, shall determine.

ARTICLE 234.

The Reparation Commission shall after May 1, 1921, from time to time, consider the resources and capacity of Germany, and, after giving her representatives a just opportunity to be heard, shall have discretion to extend the date, and to modify the form of payments, such as are to be provided for in accordance with Article 233; but not to cancel any part, except with the specific authority of the several Governments represented upon the Commission.

68340—S. Doc. 70, 67-1——3

沉重的负担 从20世纪30年代一张德国的版画可以看出，和约对德国的冲击很大。在战争赔款条款和和约的“和平条件”激怒之下，德国在20世纪20年代通货膨胀失控，紧接着30年代爆发了大萧条。

新国家

最终和平解决方案除了和德国的和约之外，还有4个和约。五项和约一起，从前奥匈帝国、德意志和俄罗斯中创建了新的国家，包括：

芬兰：来自俄国

拉脱维亚：来自俄国

爱沙尼亚：来自俄国

立陶宛：来自俄国

波兰：来自俄国和德国

捷克斯洛伐克：来自奥匈帝国

奥地利：从奥匈帝国分裂出来

匈牙利：从奥匈帝国分裂出来

“协约国和相关权力国公开审讯前德国皇帝威廉二世霍亨索伦，指控其严重违反国际道德和神圣的条约。”

战败国规定 和约第440条涉及大量政治和经济问题，包括战俘、港口、铁路和德国航空权。

1905年，冬宫的流血的星期日（符拉迪米洛夫）

冲突 沙皇统治结束

俄罗斯罗曼诺夫王朝的垮台始于1905年1月，在圣彼得堡冬宫守卫沙皇尼古拉二世的禁卫军枪杀了100多名手无寸铁的抗议者。流血的星期日激起了俄罗斯反对帝治的革命。忠于尼古拉的军队最终镇压了起义，但沙皇缺乏战胜日本等敌对国家的军事实力，1905年，日本摧毁了俄罗斯波罗的海舰队。在第一次世界大战中，尼古拉的部队更是多灾多难，最终导致起义，他被迫于1917年3月退位。立法机构杜马的成员组建了临时政府，但这个政府十分短命，于11月被以弗拉基米尔·列宁为首的共产党人即布尔什维克推翻。

小结：1917年，俄罗斯帝制在内外交困中垮台。

里德 猛攻冬宫

声音

约翰·里德

“最后，我们钻进一间涂着金色和孔雀石色的、挂着深红色锦缎帷幔的房间，这就是当天那些临时政府的部长们曾经日夜开会的地点；也就是在这里，他们被宫廷仆役向赤卫队告发了。那个铺着绿色呢绒的长台子，还丝毫未动地保留着他们被逮捕时的情景。在每一个空座位前面都摆着钢笔、墨水和纸；纸上面胡乱地写着一些行动计划、宣言和文告的草稿，然而都只有开头几句。那些草稿绝大部分都被涂抹掉了，因为执笔者自己也逐渐明白那些计划是完全不能实现的。纸头空白的地方有一些随心画出的几何形图案。”

——约翰·里德《震撼世界的十天》，1922年

“我们说国家时，国家就是我们，就是无产阶级，就是工人阶级先锋队。”

——弗拉基米尔·列宁

领袖 从列宁到斯大林

列宁于1917年掌权，当他流亡到俄罗斯边境时，德国为列宁提供了从瑞士返回的安全通道。德国人预计如果布尔什维克掌权，列宁会退出第一次世界大战，他做到了。他希望借德国向盟军投降的机会收复失地。但首先他不得不与敌视新政权的俄罗斯人抗衡。1918年7月，他下令处决尼古拉二世、皇后亚历山德拉和其他皇室成员，以防止白俄拥戴罗曼诺夫皇室来进攻列宁的赤卫队（即布尔什维克）。白俄毫不气馁，而是继续打内战，直到1921年红军取胜。列宁着手将旧沙俄帝国改组为苏维埃社会主义共和国。和旧沙皇一样，他也用秘密警察来追踪持不同政见者，消灭反动派。

这幅绘制于1932年的宣传画描绘的是斯大林的第一个五年计划

列宁虽然残酷无情，但还是中止了在共产党及其政治局基础上的一人统治。然而他于1924年去世后，斯大林用铁腕治党，对苏联社会实施恐怖统治。1928年，他实施了让人民不得安宁的5年计划来实现农业集体化，提高工业生产力。抵制计划的农民均遭囚禁或杀害，而其他农民被迫向国家上缴大量粮食，以至于自己饥肠辘辘。这种残酷的方法促使工业总产值大幅上涨。为了让批评者闭嘴，斯大林在20世纪30年代中期发起了大清洗，运动波及共产党和红军高级官员，数百万人被处决或送到劳改营，许多人在劳改营中死去。

> 苏联共产党通过共产国际推动海外革命。

在苏联克里斯沃集体农场，农场工人们面对镜头摆出了勇敢的姿态

小结： 在斯大林统治下，马克思靠群众治理国家的目标变成了一个人的独裁统治。

> “我们必须逐步但系统性且坚持不懈将新技术和大规模生产应用于农业，并提高社会主义工业化水平。”——约瑟夫·斯大林

亦见 | 帝国崛起：第329页

冲突 西班牙内战

和俄罗斯一样，西班牙在帝制垮台后也经历了翻天覆地的变化。美国在1898年击败了西班牙，并剥夺了其古巴、菲律宾和其他财产，西班牙帝国的地盘所剩无几。但西班牙的君主制继续执政，直到1931年国王阿方索十三世被迫逃离西班牙。1936年的选举让由民主社会主义者和共产主义者组成的左翼共和党人联盟上台，由弗朗西斯科·佛朗哥将军领导的反对

独裁者普里莫·德·里维拉在20世纪20年代统治西班牙

派右翼民族党担心西班牙会发生苏联式的革命，因此背叛了共和党政府，发起内战。很快，其他国家也介入进来。佛朗哥同情墨索里尼和希特勒的法西斯政权，因而接受了意大利和德国的军事援助。德国悍然违反《凡尔赛和约》，利用这次战争来测试其空军力量。1937年，德国轰炸西班牙格尔尼卡小镇，死伤1500多人，毕加索在激愤之下画下了《格尔尼卡》以示抗议，画中遭到空袭之灾的人们望着天空，神情恐怖。

> 佛朗哥在西属摩洛哥发动叛乱，使用摩洛哥军队对付西班牙共和党人。

西班牙共和党人得到了苏联和来自不同国家反法西斯志愿者的援助。英国和法国为了避免引起更大规模的欧洲战争，拒绝援助共和党。佛朗哥于1939年初取胜，西班牙陷入希特勒和墨索里尼支持下的独裁统治的风险越来越大，也鼓励他们继续执行战争方案。

小结：纳粹德国和法西斯意大利的大力支持，帮助佛朗哥的民族主义政权打赢西班牙内战。

这张西班牙内战海报鼓励大家："赢得战争，靠的不是空话！"

> “大家都相信敌人的暴行，但不相信暴行会发生在自己身边，甚至根本不愿费心去检查证据。”——乔治·奥威尔

意大利独裁者贝尼托·墨索里尼走在迈着正步的民兵仪仗队前列（1928年）

领袖 墨索里尼的崛起

法西斯主义兴起于一战后混乱的意大利。当时前社会党党员贝尼托·墨索里尼转向极右，组织半军事力量来打击左派。1922 年，这些号称黑衫党党徒的武装力量开进罗马，并胁迫当时意大利的立宪君主维克托·伊曼纽尔三世任命墨索里尼为首相。拥有了非常权力，他便迫害政治对手，成为独裁者。墨索里尼拼凑起一支军队，于 1935 年入侵埃塞俄比亚，但他在 1939 年与希特勒达成协议时，意大利在军事上已经远远落后于德国。

小结：墨索里尼的法西斯政权未能给意大利带来帝国的荣耀。

相关阅读：法西斯主义的起源

法西斯这个词来自“fasces”，即捆在一起的几根棍子，古罗马统治者拿来作为权力的象征。意大利法西斯主义者把它设计成党徽，并用罗马帝王的直臂行礼来向墨索里尼致敬，显示他们对权力的迷恋。他们奉行个人服从国家，弱肉强食，鄙视承诺消除社会差别的共产主义者。现在，法西斯一词泛指那些强迫他人接受自己观点的人。

权力的象征

“战争本身让人类所有精力达到了最紧张的程度，并把贵族的印记烙在那些勇敢迎接战争的人身上。”——贝尼托·墨索里尼

亦见 | 交战中的世界：第384页

领袖 德国

作为一战老兵，阿道夫·希特勒满腹怨气，准备为德国的战败复仇，并惩罚那些羞辱德国的人。他不仅将怨气归罪于同盟国和惩罚性的《凡尔赛和约》，而且对那些在德国投降前不久逼迫德皇威廉二世退位的德国革命者也怀恨在心。起义开始之时，战争就输了。但希特勒和其他煽动者声称，如果

1938年，海因里希·希姆莱在奥地利林茨市政厅讲话

共产党人和犹太人没有在背后捅刀子的话，一支忠诚的军队可以让德国免遭战败。虽然许多犹太人曾支持战争并在军队服役，希特勒把他们都当成了造成德国垮台的替罪羊。

20世纪20年代初，一小撮右翼极端分子组建了一个小规模政党“国家社会党”，简称纳粹，希特勒担任头目后，他借此机会大放厥词。在德国遭受严重的通货膨胀、民主的魏玛共和国摇摇欲坠之际，他像墨索里尼及其黑衫党一样，纵容纳粹褐衫队或称突击队到处搞破坏。1923年，希特勒在德国慕尼黑企图推翻巴伐利亚州政府，因叛国罪而入狱。他在狱中口授《我的奋斗》一书，不到一年服刑结束。

> 20世纪20年代德国通胀十分严重，工人发工资的现金要用卡车来装。

出狱后，希特勒决心遵守政治规则，但夺权后他马上变脸。1930年，经济大萧条袭击了德国，但纳粹党的势力却日益壮大，议会席位从12个增长到107个。1933年，希特勒被任命为德国总理，他教唆一名前共产党人在国会纵火，在国会上获得了紧急权力；他后来又逮捕政敌，使纳粹党获得了至高无上的权力。1934年，他成为德国元首，获得了国家的绝对权力。

阿道夫·希特勒《我的奋斗》原版

> “如果德国青年们不最终奋起，报仇雪恨，手刃仇人的话，德国的名字将会蒙羞。同学们！德国人民看着我们。”——《德国抵抗运动宣传册》

声音

希特勒 德国人的个性特征

“今天国际化只能意味着犹太化。我们德国人到了这个地步：六千万人眼睁睁看着自己的命运掌握在数十名犹太银行家手中。发生这样的情况是因为我们的文化被犹太化了。一些早就开始流行的观念破坏了德国人的个性特征。“民主”“大多数”“世界良心”“世界和平”“艺术无国界”等观念粉碎了我们的种族意识。”

——阿道夫·希特勒在慕尼黑的演讲，1922年9月18日

阿道夫·希特勒

希特勒着手建立一个新帝国，称之为第三帝国，他指责有人背叛德皇旧帝国并对他们加以迫害。1935年，他撕毁《凡尔赛和约》，扩充德国军队准备打仗，而当时德军已经远超条约的限制。冲锋队帮助他夺取了政权，但要对付共产党人、犹太人等目标群体，他要靠一支更加严密的安全部队“党卫队”。党卫队头子海因里希·希姆莱早在1933年，就已经开始在达豪建设首批集中营。

纳粹试图引诱德国工人远离社会主义，投奔法西斯主义，这实际上有利于企业主压迫劳动者。

小结：希特勒在20世纪30年代上台以后，发誓要夺回德国在一战中失去的荣光。

1938年砸碎玻璃窗之夜事件发生后，巴登-巴登的犹太人被捕

“万人空巷，路已清空，是突击队在路上。国社党万字旗是人民的唯一希望，期待自由和面包的理想。”——纳粹国歌

亦见｜交战中的世界：第390页

1944年6月6日，美国军队猛攻诺曼底海滩

冲突 第二次世界大战

希特勒在欧洲的第一次挑衅举动未遭到法英两国领导人的反对，他们试图通过绥靖政策避免战争。希特勒在1936年重新占领与法国接壤的莱茵兰，并于1938年吞并奥地利，占领捷克斯洛伐克讲德语的苏台德地区。当希特勒在1939年初将捷克斯洛伐克的剩余领土也吞并后，英国首相内维尔·张伯伦终于看出端倪，与法国联合声明说，若德国进攻波兰，则向德国宣战。

1939年9月，德国果然入侵波兰，第二次世界大战打响。法国和英国宣战，但未做好战争准备，使波兰落入了希特勒和斯大林之手，他们签订的互不侵犯条约让他们侵略和瓜分其他国家，从而推迟了他们之间的军事对抗。1940年5月，希特勒发动了针对法国的闪击战，法国于6月投降。英国这下孤立无援，但当纳粹德国空军轰炸英国时，新任命的首相温斯顿·丘吉尔意志坚定。在雷达的帮助下，英国皇家空军抵挡住了闪电战，挫败了希特勒速战速决的阴谋。

1941年，战火不断蔓延，德军部队在北非登陆，帮助意大利军队对抗英军，征服了巴

这张二战海报鼓励人们在家园里为国效力

“过去两年的经验已经证明，毫无疑问，任何国家都无法安抚纳粹。没有人能通过抚摸把老虎驯化为小猫。”——富兰克林·罗斯福

尔干半岛，并于6月入侵苏联。德国人一开始尝到了不少甜头，但后来冬天到来，他们在莫斯科附近止步不前，面对苏军的反击几乎无法招架。

> 二战是历史上最惨烈的战争，近6千万士兵和平民在二战期间丧生。

1942年，德军重新展开进攻，但当年秋天在斯大林格勒与苏军鏖战，最终于1943年被赶回了自己的边界。

英国装甲部队于1942年10月在北非的阿拉曼击溃了德军，德国再遭重创。美国军队于1941年参战，和英军联合起来。他们于1943年共同攻入意大利，推翻了墨索里尼的统治。1944年，盟军最高统帅艾森豪威尔在英国集结了大量兵力，准备夺回法国。他们6月在诺曼底登陆，8月解放巴黎，在年底的突出部战役中粉碎了德军的反攻。1945年初，盟军从西部涌入德国，而苏联红军从东部夹击。4月30日，苏军攻陷柏林，希特勒自杀，5月7日，德国投降。

小结：苏联和美国参战，抗击德国，希特勒在二战中被击败。

丘吉尔 我们的政策

声音

“我向国会表明，一如我向入阁的大臣们所表明的，我所能奉献的唯有热血、辛劳、眼泪和汗水。我们所面临的将是一场极其严酷的考验，将是旷日持久的斗争和苦难。若问我们的政策是什么？我的回答是：在陆上、海上、空中作战。尽我们的全力，尽上帝赋予我们的全部力量去作战，对人类黑暗、可悲的罪恶史上空前凶残的暴政作战。这就是我们的政策。”

——丘吉尔演说，1940年5月13日

温斯顿·丘吉尔

“我们肩负着为自由而战的荣誉，将永垂青史。未来的美好岁月中，人们谈起我们的行为时，会感到无比自豪。” ——伯纳德·蒙哥马利

亦见 | 交战中的世界：第391页

1943年，华沙犹太人区的居民被驱逐到集中营

冲突 大屠杀

1938 年 11 月 9 日的砸碎玻璃窗之夜，纳粹分子焚烧犹太教堂，砸毁商店，杀害了近 100 名犹太人并逮捕数千人。这是犹太人和被纳粹认定为亚人类的其他族群面临的严峻时刻，而更加严峻的大屠杀还在等着他们。在二战之初，犹太人被关押在波兰的犹太人居住区，由在苏联的纳粹行刑队执行枪决。1942 年，党卫队官员提出了“最终解决方案”。所有犹太人被送往集中营，像奴隶一样劳动，要不就死在毒气室，或是送到灭绝集中营处死。二战结束前，六百万犹太人以及其他受害者惨遭杀害。

小结：纳粹有计划有步骤地杀害犹太人和他们认定的低等民族。

鲁道夫·赫斯

鲁道夫·赫斯 死亡室

声音

“特雷布林卡集中营指挥官告诉我，他半年内已经消灭了80000人。他主要关注的是消灭所有来自华沙犹太人区的犹太人。他用的是一氧化碳气体，我认为这个方法效率不高。所以当我在奥斯威辛建设毒气室时，用的是氢氰酸晶体。我们将它从一个小口投进死亡室。根据气候状况，只需3～15分钟即可将死刑执行室内的犹太人全部消灭。”

——纳粹领导人鲁道夫·赫斯在纽伦堡军事法庭上的证词，1946年

“我本来要被送入奥斯威辛集中营，但我和另一个希望和亲戚们呆在一起的女人换了位置……没有人知道，他们返回奥斯威辛后将被毒气杀死。”——安娜·W，幸存者

冲突 太平洋战争

日本占领法属印度支那后，计划进一步征服太平洋地区。他们先下手为强，于 1941 年 12 月 7 日突袭在珍珠港的美军太平洋舰队和位于菲律宾的美军基地。道格拉斯 · 麦克阿瑟将军不得不将这些岛屿拱手让给日本，但发誓一定要回来。

美国海军截获重要情报，因而在 1942 年 5 月击沉 4 艘日本航母，赢得了中途岛战役的胜利。但美军花了 3 年时间，经过岛屿上的殊死搏斗，才夺回菲律宾，攻陷硫磺岛和冲绳等日军据点，1945 年春美军伤亡约 5 万人。8 月，美国在广岛和长崎投下原子弹，造成超过 12 万人死亡，避免了血腥入侵日本，并促使日本投降。

美国战斗机编队从中途岛上空飞过

小结：日本领导人向美国发动攻击，结果日本帝国灭亡了。

太平洋西南部的战事由道格拉斯 · 麦克阿瑟将军指挥

麦克阿瑟将军在1944年10月返回菲律宾时，与美国部队在莱特岛登陆。

“我感到广岛市一下子消失了。然后我看了看自己，发现我的衣服已经被高温烤成了破布。” ——高桥昭博

亦见 | 交战中的世界：第403页

关键时期

1905年
孙中山创立同盟会，致力于推翻满清王朝

1910年
日本吞并朝鲜

1912年
中华民国正式宣布孙中山任总统

1922年
埃及在国王福阿德领导下宣布独立

东方的动荡

1900~1945年

像欧洲一样，中东和远东在20世纪上半叶也经历了波澜壮阔的动荡岁月，帝国纷纷衰落，革命爆发，新政权出现。在中国，这一过程最为惨烈。在19世纪，随着贫困平民纷纷起义对抗皇权，一度辉煌的中华帝国开始走向衰落。最大的威胁来自日本，日本的军事力量靠着工业化和现代化，早已远远超过中国。日本军方领导人对嘉仁天皇和继任者裕仁天皇的影响日益增长，试图侵略中国，扩大日本的版图。1912年，以孙中山为首的革命者逼迫中国末代皇帝退位，建立了中华民国。新政府并不比他们所取代的皇权帝制强多少。军阀割据，中国共产党与孙中山及其继任者蒋介石领导的国民党进行斗争。蒋介石和共产党领袖毛泽东于1937年停战，携手抗击日本侵略者直至1945年日本投降。此时，国民党与共产党的内战又重新点燃。毛泽东领导的共产党于1949年取得了胜利，中国实现了大国复兴。

> 20世纪初，亚洲和中东地区经历了深刻的身份转变，中国、日本、印度等地方的公民推翻了旧政权和殖民统治者。

印度通过道德的压力而非武力挣脱了帝国主义的统治。英国虽然感谢印度参加盟军而为第一次世界大战做出了贡献，却未给予印度自治领地位作为回报，莫罕达斯·甘地组织了非暴力活动来抵抗英国的统治。他领导的运动帮助印度在二战后独立，但他无法阻止印度教徒与穆斯林之间的血腥厮杀，这一冲突导致了印巴分治，形成了北部的巴基斯坦。

部分独立国家几十年后才实现了真正的自治。例如埃及于1922年正式独立，但之后依然长期受到英国影响。1922年，土耳其从一战期间帝国的崩溃中恢复过来，与西方达成和解。像欧洲邻居一样，土耳其领导人实施政教分离，让政府和法律远离伊斯兰教法。

上页：在20世纪30~40年代，毛泽东领导着中国的共产主义革命

1929年
全印度国会宣布独立

1934年
红军开始向中国西北进发的长征

1941年
日军偷袭美军基地珍珠港，导致美国卷入二战

1945年
美国对日本城市广岛和长崎投下了原子弹

亦见 | 全球文化：第428页

国家 阿拉伯世界

一战期间，英国和法国鼓励阿拉伯人反抗奥斯曼帝国，追求自由。英国军官T.E.劳伦斯因为和麦加的侯赛因酋长之子费萨尔共同反抗土耳其而被誉为“阿拉伯的劳伦斯”。在帮助英国于1918年攻下大马士革后，费萨尔以为会得到回报，拥有自己的国家。结果叙利亚和黎巴嫩居然被交给法国托管——托管就是由外国列强治理这些国家，直到认为他们为独立做好了充分的准备——而伊拉克和巴勒斯坦被交给英国托管。

1945年，埃及国王法鲁克与美国总统罗斯福会晤

阿拉伯民族主义者感到被出卖了。让他们更加忿忿不平的是英国允许犹太定居者进入巴勒斯坦，依据是1917年的《贝尔福宣言》。该宣言倡导在过去以色列的国土上建立“犹太人的家园”，这里很快将再次成为以色列的家园。

一战结束后不久，埃及获得独立，但其君主福阿德一世国王与议会的民族主义者意见相左。他和继任者法鲁克国王也遭到穆斯林兄弟会的激烈反抗。穆兄会成员希望依据《古兰经》教义来治理社会。因为埃及仍然受到英国干预，兄弟会在当地获得了相当大的支持。在二战期间，英国重新占领埃及，以防埃及被德国攫取。

这个酒壶上描绘的是英国早期埃及总督基奇纳勋爵

20世纪初，在沙特阿拉伯和伊拉克发现了巨大的石油储量，这使中东对西方来说至关重要。

小结：一战后，阿拉伯国家处在西方的影响下，因而造成了中东地区的紧张局势。

中东和亚洲

风云人物

孙中山 1866～1925年
中国政治家，就任中华民国临时大总统

圣雄甘地 1869～1948年
印度精神领袖，民族主义者

凯末尔·阿塔图尔克 1881～1938年
现代土耳其之父，土耳其共和国总统

蒋介石 1887～1975年
中国国民党领袖，与共产党的军队作战

裕仁 1901～1989年
二战前和二战期间统治日本的天皇

“唯一一次我们可能被欧洲所吸引的是当我们……认识到礼帽比头巾和毡帽更好。”

——塔哈·侯赛因

在一战的加利波利战役中，一位爱尔兰士兵正在耍弄土耳其狙击手

国家

现代土耳其

现代土耳其的形成要归功于自由改革者的不懈努力，这些人史称青年土耳其党，他们创建了这个政教分立的国家。法院、学校和其他公共机构不受伊斯兰法律或习俗的管辖。1908年，青年土耳其党人用傀儡取代了苏丹，恢复了一度被苏丹搁置的宪法。作为土耳其民族主义者，他们反对非土耳其人脱离奥斯曼帝国。第一次世界大战期间，部分亚美尼亚人与苏联联手对土耳其人作战。土耳其人抓捕了这些士兵作为报复，并将他们流放到叙利亚和美索不达米亚。超过50万亚美尼亚士兵不是在流放途中死亡，就是被土耳其看守杀害。战争结束后，奥斯曼帝国随即崩溃。不过在穆斯塔法·凯末尔·阿塔图尔克的带领下，统一的土耳其再度崛起。1923年，凯末尔的领导地位获得土耳其周边国家的认可。

小结： 虽然土耳其在很大程度上是一个穆斯林国家，但它仍是一个世俗国家，实行政教分离。

声音

阿塔图尔克

阿塔图尔克 以20世纪的速度发展

“我们应将我国提高到世界最富裕、最文明国家的水准。我们应赋予我们民族最广泛的福利手段和来源。我们要让我国文化超出当代世界文明水平。因此，我们不应按照过去几个世纪的松懈心态来判断措施的时机，而是按照本世纪的速度和发展观念。与过去相比，我们将更加努力工作。我们将在较短时间内完成更加伟大的任务。”

——穆斯塔法·凯末尔·阿塔图尔克演说，1933年

“新土耳其这个国家，新土耳其的人民，没有理由考虑除了自己的生存和福利之外的事物。国家将一切都送给大家。” ——穆斯塔法·凯末尔·阿塔图尔克

亦见 | 全球文化：第 433页

意大利军队入侵埃塞俄比亚后，在高高的草丛中向前推进

国家 # 南非和埃塞俄比亚

大部分非洲国家仍处于欧洲的殖民统治下，直至二战后才宣告结束。值得注意的是，埃塞俄比亚和南非例外。南非在 1910 年成为英国的自治领，由南非白人控制（布尔人的白人后裔），这些白人歧视南非国内的大多数黑人。相比之下，埃塞俄比亚在 1935 年意大利入侵前都由封建王朝统治。在墨索里尼的指挥下，意大利使用了毒气和炸弹等武器，皇帝海尔·塞拉西一世无力招架。他被迫流亡海外。直到 1941 年埃塞俄比亚在英国军队的帮助下赶走了意大利侵略者，海尔·塞拉西一世才重新掌权。到了晚年，他依然是其他非洲黑人领袖的榜样。

海尔·塞拉西原名拉斯塔法里（“拉斯”是指王子），他被视为牙买加拉斯塔法里运动的救世主。

海尔·塞拉西 1892～1975年

人物评说

海尔·塞拉西

埃塞俄比亚皇帝海尔·塞拉西在位时间是 1930 ～ 1974 年，他的统治与欧洲启蒙时期的君主颇为相似。塞拉西推动埃塞俄比亚的现代化事业，改进教育系统，颁布宪法，建立议会，虽然他也可以绕过立法和法律法规，用诏书来统治天下，他也的确这样做过。他在 1974 年被军官海尔·马里亚姆·门格斯图推翻。与门格斯图的暴虐统治相比，塞拉西可以视为非洲人结束殖民主义斗争，争取独立的楷模。**结论**：褒。

小结：在埃塞俄比亚重新掌权后，海尔·塞拉西一世成为非洲民族自治的标志。

“有好人也有坏人。应当任用好人，惩罚坏人，但不需要去理解为什么有人好而有人坏。”

——海尔·塞拉西

国家 中国的变迁

1928 年蒋介石执政中国后，面临两大挑战。孙中山于 1912 年结束了帝制，成立国民党。作为孙中山的继任者，蒋介石将共产党员从执政党中清理出去。共产党员重新组建，在中国东南部的江西找到了栖身之处。他们打土豪分田地，获得了农民的支持。

蒋介石的另一挑战来自日本。1931 年日军击败中国军队，控制了中国东北。蒋介石几乎未采取任何抵抗措施，而是一心剿灭共产党及其领袖毛泽东。毛泽东于 1934 年离开江西，带领部队开始了长征。经过这场全长六千英里、艰苦卓绝的徒步行走，队伍最后终于到达中国西北。这一苦难历程的幸存者在未来几年中形成了一支忠诚的干部队伍。日本于 1937 ～ 1945 年间占领中国，毛泽东组织农民抗击日军。蒋介石停止了与毛泽东的内战，共同抗击日军。但国民党软弱无力，贪腐横行。二战后，毛泽东带领的一支强大的军队崛起，蒋介石和国民党于 1949 年流亡到台湾。

{ 毛泽东靠发动乡下的农民群众，建立了中国共产党。 }

蒋介石站在孙中山背后，摄于1924年

小结：20世纪40年代，中国统治权由国民党转移到共产党手中。

在1934年的长征中，中国共产党人行走六千英里，跨越18座山脉

“革命不是请客吃饭，不是做文章，不是绘画……革命就是暴动，是一个阶级推翻另一个阶级的暴烈的行动。” ——**毛泽东**

亦见 | 帝国崛起：第355页

1939年，政府动员日本学生参加工厂工作，照片中这些学生站在机器旁

国家 日本军国主义化

日本在20世纪铸就了其帝国，靠的是从摇摇欲坠的一些帝国政权手中夺取领土，其中包括中国清朝和俄国罗曼诺夫王朝。1895年日本战胜中国，日本赢得了台湾；1905年战胜俄国，夺取了朝鲜，并且镇压了朝鲜1919年的独立运动。此外，日本还获得了朝鲜西侧的辽东半岛以及俄国在满洲里建造的铁路，当时，中国已经渐渐无力控制这些领土。日本在第一次世界大战期间站在协约国一方，趁机获得了马绍尔群岛及太平洋上的其他德国领土。伴随日本帝国之强盛而来的是其军事首领的权力：1930年的大萧条重创日本经济，破坏了本就微弱的宪政，此后几乎再也听不到国内对军部势力的反对之声。因与西方国家缔结伦敦海军裁军条约，限制日本海军势力增长，时任首相浜口雄幸被军部暗杀。通过此类暴力行为，日本军国主义分子占据上风，并在1931年下令自行炸毁日本修筑的“南满”铁路，嫁祸中国军队，以此为借口占领了东北三省。1937年，

{1941年，裕仁天皇任命好战分子东条英机将军为首相。}

日本总司令裕仁天皇下令入侵中国，在这场战争中，日本军队疯狂强奸、杀害平民，摧毁了南京城。为报复美国遏制日本扩张的努力，1941年进入二战后，不可一世的日本指挥官袭击了美国军事基地，这也拉开了日本1945年毁灭性失败的序幕。

小结：日本帝国形成后，处在军事领导人的控制下。

“大日本帝国是道德的体现，其特点是传播王道。”——日本政府文件

领袖 # 印度自治

第一次世界大战期间，印度有超过100万的军队加入了协约国队伍，但大战结束后，印度仍然未能从英国统治者手中独立出来。为了表示抗议，甘地发起了非暴力抵抗运动，也称不合作主义。1919年，英国军队在阿姆利则对游行示威队伍展开了大屠杀，但甘地还是保持消极抵抗。随着抗议活动走向暴力冲突，甘地于1922年暂停了非暴力不合作运动。1930年，甘地率领信徒向海岸进发，掀起了新一轮的抗议活动。作为印度国大党的领袖，甘地和尼赫鲁都迫切希望印度独立。在第二次世界大战中，甘地和尼赫鲁拒绝支持盟军，除非英国允许印度自治，这导致两人都被囚禁，而印度也在1947年最终实现自治。后来甘地谴责同胞印度教徒和对手穆斯林教徒之间的暴力冲突，正是这一冲突导致印度和巴基斯坦分治。1948年，甘地被一个印度教极端分子所杀害，死后被人们誉为圣雄。

甘地首次将非暴力不合作手段运用到抗议南非对印度人的种族歧视当中。

在印度西姆拉，贾瓦哈拉尔·尼赫鲁从自家阳台向人群发表演说

小结： 甘地及其追随者利用道德力量，为印度赢得了民族独立。

声音

甘地 为精神而战

“我想向你和你的读者保证，我们非合作的目的，不是为了与世隔绝，不是为了排除异己，它不过是一个真正合作的序幕，我们要和世界其他地方合作，当然也不排除西方世界。希望你的读者不要认为和英国政府作对就是和西方文明作对，但我在尽力和那些与印度古老文明格格不入的现代文明作斗争，所幸的是，我们还没有把那些古代文明抛弃。在我看来西方今天所代表的现代文明，只是抬高了物质的地位，其实物质应当属于精神。”

——甘地致《调查》杂志的信，1922年3月5日

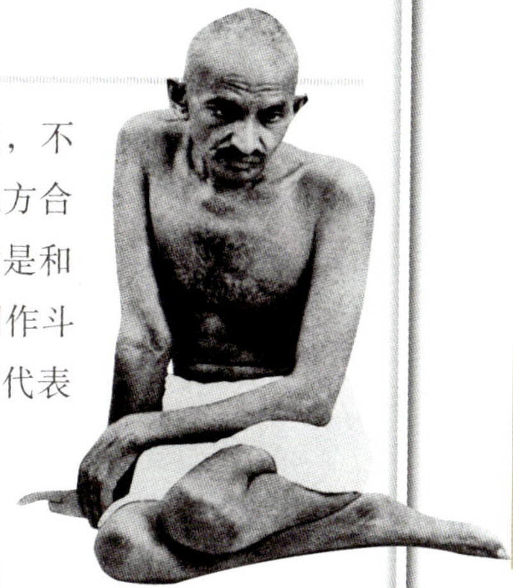
莫罕达斯·甘地

“我不想跟任何让群众满足于过着饥饿、肮脏和无知的生活的宗教有任何牵连。”

——贾瓦哈拉尔·尼赫鲁

时间脉络关系图

1900～1945年

1905年
《朴茨茅斯条约》签署，日俄战争结束

马可尼无线电接收器

“卢西塔尼亚”号沉没

1915年
德国潜水艇击沉英国皇家邮轮“卢西塔尼亚”号

1920年
美国通过第十八修正案，禁酒令开始

1901年
发明家古列尔莫·马可尼通过无线电接收到了跨越大西洋的信号

1910年
墨西哥革命开始，庞丘·维拉帮助击败了波菲利奥·迪亚斯

1917年
美国加入第一次世界大战

1922年
贝尼托·墨索里尼开进罗马，组建了法西斯政府

1900年　1910年　1917年　1922年

1901年
英格兰维多利亚女王去世，儿子爱德华八世继任

1913年
印度非暴力不抵抗运动领袖甘地被捕

1918年
一场流行性感冒波及全球，造成数百万人死亡

1923年
阿道夫·希特勒，发动慕尼黑啤酒馆暴动。暴动以失败告终，希特勒被囚禁

1908年
青年土耳其革命恢复了奥斯曼帝国的宪法

斐迪南大公遇刺

1914年
奥地利斐迪南大公及妻子在萨拉热窝遇刺

1920年
国联在日内瓦开幕

“我们能够体验的最美的事物就是奥秘，奥秘是所有真正艺术和科学的来源。”
——阿尔伯特·爱因斯坦

“独裁者们骑在老虎背上到处乱蹿，但他们不敢下来，而老虎也越来越饥饿。”

——温斯顿·丘吉尔

原子弹

弗吉尼亚·伍尔芙

1925年

英国小说家弗吉尼亚·伍尔芙出版小说《达洛维夫人》

1929年

美国股市狂跌，大萧条开始

1930年

天文学家克莱德·汤博发现了冥王星

1935年

大萧条时期，沙尘暴席卷美国平原

1940年

盟军从法国撤军，敦刻尔克战役打响

1945年

美国在广岛和长崎投下了原子弹

1945年

日本向美国麦克阿瑟将军投降，二战结束

1925年 1932年 1940年 1945年

1926年

日本嘉仁天皇去世后，其子裕仁继任

1931年

日本侵占中国东北

1938年

砸碎玻璃窗之夜后，纳粹分子袭击犹太人，掠夺其财产

1941年

希特勒和墨索里尼向美国宣战

1944年

苏联赢得了为期16个月的斯大林格勒保卫战

1945年

富兰克林·罗斯福去世，哈里·杜鲁门接任美国总统

康定斯基瓷器

1930年

抽象派运动在现代艺术中颇具影响力

砸碎玻璃之夜发生后，年轻人抢夺星形标志

“非凡的勇气是一种平凡的美德。

——切斯特·尼米兹

全球文化

新世纪的故事

1945～2010年

第10章

在新墨西哥州的测试设施里，正在利用反射器产生太阳能

亦见 | 交战中的世界：第 392页

关键时期

1945年
丘吉尔、罗斯福和斯大林三巨头在雅尔塔开会，冷战开始

1968年
法国学生掀起抗议浪潮，导致全国瘫痪

1972年
在慕尼黑奥运会期间，以色列奥运代表团部分成员被恐怖分子劫持为人质，最终被杀害

1975年
英国选出了首位女性领导人，保守党的玛格丽特·撒切尔

战后欧洲

1945~2010年

二战结束之际，苏联和其西方盟友之间出现了很深的裂痕。1945 年 2 月，盟军即将击败德军之时，富兰克林 · 罗斯福、温斯顿 · 丘吉尔和约瑟夫 · 斯大林在雅尔塔会晤，一致决定，苏联占领东德和东柏林，盟军占领的欧洲国家将于战后举行自由选举，以组建“反映民意之政府”。随后，斯大林不愿履约的事实昭然若揭。东德、波兰、捷克斯洛伐克、匈牙利及战时被红军占领的其他国家变成了苏联的附属国，政权掌握在对莫斯科惟命是从的共产主义者手中。1946 年，丘吉尔宣称一幅横贯欧洲大陆的“铁幕”已经降下，将西边的民主国家和东边的共产主义国家割裂开来。

东西方之间的意识形态斗争被称为冷战。冷战差点在欧洲引发轩然大波，但从未达到引爆点。柏林这座被冷战一分为二的城市是局势高度紧张的热点地区。但即便朝鲜和越南等国成为共产主义国家与其敌人之间的战场时，欧洲却并未爆发战争，这是由于以美、英、法等为首的西方盟国与在 1949 年研制出核武器的苏联之间可能爆发核战争的前景造成的。但联合国在缓解美国和苏联之间紧张局势的工作中无所作为，因为这两个国家在联合国安理会均有否决权。

最终，由于军备竞赛代价太大，再加上西方削弱了苏联效率低下的国营经济体制，使西方自由企业和自由选举这一方案越来越有吸引力，苏联的冷战最终失败。

1989 年，自波兰开始，苏维埃阵营的国家相继脱离莫斯科。1991 年，苏联解体，乌克兰、格鲁吉亚等国家挣脱了重组的俄罗斯共和国，获得独立，其中几个国家加入了欧盟。欧盟成立的目的在于结束成员国之间破坏性的竞争关系，形成一个能够与美、俄、中等大国和平竞争的政治体和经济体。

由于政治上势不两立，苏联与西方资本主义盟国在1945年联手击败德国后最终分道扬镳，并导致了长达40余年的冷战。

上页：俄罗斯总理弗拉基米尔 · 普京，在冷战时期曾任克格勃情报官员

1985年
米哈伊尔 · 戈尔巴乔夫成为苏联新一届领导人

1989年
波兰和匈牙利宣布独立，德国柏林墙被拆除

1991～1995年
原南斯拉夫的塞尔维亚人、克罗地亚人和波斯尼亚人之间爆发了惨烈的战争

1999年
弗拉基米尔 · 普京就任俄罗斯总统

亦见 | 全球文化：第413页

地区 东欧，到 1989 年

1953 年斯大林去世后，尼基塔·赫鲁晓夫很快接替他成为总理。上台后，赫鲁晓夫释放了苏联境内劳改农场中的政治犯，缓解了国内的压抑气氛。但是，无论是赫鲁晓夫还是继任者列昂尼德·勃列日涅夫都没有放松对东欧国家的控制。自华沙条约签订之后，这些国家就属于苏联的势力范围。1956 年，为强迫匈牙利重回华约联盟，苏联军队开进匈牙利首都布达佩斯。1961 年修建柏林墙来控制东德人民，1968 年入侵捷克斯洛

位于柏林墙里的勃兰登堡门

伐克以镇压民主改革。1985 年米哈伊尔·戈尔巴乔夫就任总理后，苏联政权已经在走下坡路。新总理在苏联阵营内推行改革。不过，他希望通过体制改革来挽救社会主义的努力宣告失败。但是他允许华沙条约盟国离开联盟且并未打击报复，因而苏联对东欧的控制基本以和平方式结束。

小结：努力控制苏联阵营的国家，对莫斯科来说已经难以承受。

风云人物

战后欧洲

温斯顿·丘吉尔 1874～1965年
英国首相

约瑟夫·斯大林
1878～1953年
苏联政治家，独裁者

尼基塔·赫鲁晓夫
1894～1971年
冷战时期苏联政治家

亚历山大·杜布切克
1921～1992年
斯洛伐克政治家，以试图在捷克斯洛伐克实现社会主义的创举而闻名，史称“布拉格之春”

玛格丽特·撒切尔
1925～2015年
英国首相，保守派政治力量

米哈伊尔·戈尔巴乔夫
1931年至今
结束冷战的前苏联政治领袖

相关阅读：“基地”组织的起源

1979 年苏联入侵阿富汗，遇到了自称“圣战者”的穆斯林叛乱分子的抵抗。他们当中的外国人包括奥萨马·本·拉登，他于 1989 年返回祖国沙特阿拉伯，并转而反对本国政府和美国的盟友。虽然美国人资助过圣战者，但拉登指责美国人剥削穆斯林国家，宣布向美国发起“圣战”。他的恐怖网络“基地”组织受到了阿富汗塔利班的庇护，如今塔利班这些伊斯兰原教旨主义者们受到了控制。

阿富汗圣战者，摄于1987年

“改革的设想……把继承和创新结合起来。把布尔什维主义历史经验与当代社会主义结合起来。”——米哈伊尔·戈尔巴乔夫

1968年，学生在巴黎街头与警方对峙

地区 # 西欧，到 1989 年

西方联盟领导者美国力图阻止苏维埃政权向东欧范围之外扩张势力。美国总统哈里·杜鲁门于 1947 年推出遏制政策，他提供援助，镇压希腊共产主义起义并阻止苏维埃政权干预土耳其事务。接着，国务卿乔治·马歇尔宣布实施针对苏维埃阵营之外大部分欧洲国家的经济援助计划。凭借美国的援助，西德和意大利走出了战败以及法西斯主义带来的苦难局面，加入由美国等民主国家成立的北大西洋公约组织。

这幅马歇尔计划的德语宣传画承诺向贫困国家提供援助

西欧并不总是对美国言听计从。20 世纪 60 年代，法国总统夏尔·戴高乐违反了禁止核试验条约，使法国得以像英国一样发展自己的核武器库。欧洲左翼党派和抗议者谴责美国发动越南战争。但 1989 年苏联阵营解体时，乐观情绪四处传播。东德和西德拆除柏林墙以示庆祝，并于 1990 年完成了统一德国的历程。

小结：二战后，西欧各国得到了美国的资助，但依然保持独立性。

“你排起一长队多米诺骨牌，推倒第一张骨牌，然后会发生的当然是这些骨牌将接二连三地快速倒塌。”——德怀特·D·艾森豪威尔

俄罗斯战胜车臣叛军后，俄军士兵在车臣首都格罗兹尼巡逻

冲突

民族分裂

冷战的结束让之前麻烦不断的地区被压抑已久的敌对状态爆发开来。1990 年，种族分治的南斯拉夫四分五裂，塞尔维亚、波斯尼亚和克罗地亚之间爆发了战争。塞尔维亚军队杀害了数以千计的波斯尼亚穆斯林，驱赶其他人离开了家园。慑于国际压力，他们开始和谈，指挥官被送上审判席。车臣于 1991 年宣布独立，从此与俄罗斯打了一场为期 10 年的战争，近 10 万人死于非命。

小结：东欧剧变后，南斯拉夫和车臣爆发战争。

声音

米兰·卢基奇

联合国法庭 波黑死亡人数

“证据……表明米兰·卢基奇和其他武装分子强迫一组约70名穆斯林平民进入梅霍·阿利级的房子里面，锁上门，用沉重的家具封锁所有出口，还用一扇门顶在车库门上以防逃跑。房子里枪声响起，手榴弹被扔在里面，房子一片火海。”

——前南斯拉夫问题国际刑事法庭对米兰·卢基奇的审判词摘要，2009年7月20日

“我想对你们说，我们刚才听到的这些悲惨的文字实在是荒谬透顶。应当感谢我给波斯尼亚带来了和平，而不是战争。”——**斯洛博丹·米洛舍维奇**

地区 欧盟

冷战结束后，许多欧洲国家加入欧盟。除英国外，所有欧盟国家采用了统一货币：欧元。2009年，欧盟的27个成员国，包括10个曾经实行共产主义的国家通过了宪法，设立了欧盟总统、议会和欧洲法院。许多小国曾经纷纷脱离大国或帝国，这一趋势就此被扭转。以爱尔兰为例，爱尔兰共和军进行了长期斗争，最终从英国政权中赢得独立。在1998年英国首相托尼·布莱尔谈判促成一项和平协议之前，爱尔兰共和军遍布北爱尔兰。爱尔兰选民起初拒绝欧盟宪法，但在2009年，身处全球金融危机中的选民们以压倒性多数通过了这一计划。

> 来自原殖民地的移民涌入一些国家，包括涌入法国的阿尔及利亚人和涌入英国的巴基斯坦人。

欧盟的扩张向俄罗斯领导人普京提出了挑战。1999年，普京接替叶利钦就任总统，当时俄国正经历着从共产主义向资本主义的剧变，他试图恢复国力和稳定。普京打击俄罗斯涉嫌贪污的寡头，对新闻出版业加以限制，出兵车臣镇压分裂分子的恐怖活动，向格鲁吉亚、乌克兰等周边国家施压，阻止他们加入欧盟。

英国首相托尼·布莱尔帮助北爱尔兰实现和平

小结：俄罗斯和欧盟之间的竞争取代了冷战。

1981年的北爱尔兰，与新教拥护者起冲突的天主教青年在当地对抗军队

“给我一个足够长的杠杆和一个坚固的支点，我能撬动地球。欧洲联盟是一个能够站立的坚固支点。” ——伯蒂·埃亨

亦见 | 全球文化：第417页

关键时期

1962年
蕾切尔·卡森《寂静的春天》一书出版，成为了现代环保运动的开端

1957年
苏联将世界第一颗人造地球卫星送入太空

1970年
数百万美国人庆祝第一个地球日，这项活动旨在提高人们对环境脆弱性的认识

1981年
IBM推出了第一代个人电脑

计算机时代

1945~2010年

在二战和冷战期间，激烈的国际竞争刺激了科学大发展，包括计算机和进入太空的火箭。二战期间，科学家沃纳·冯·布劳恩为德国研制导弹，而后在美国与苏联的核军备竞赛和太空竞赛中，转而为美国提供指导。1957年，苏联发射了第一颗人造地球卫星“人造地球卫星”1号，随后又将第一名航天员送入太空轨道。为了缩小与苏联的差距，美国人投入巨资，并于1969年实现航天员登陆月球的计划。到了20世纪90年代，冷战已经是前尘往事，美国人和俄罗斯人开展合作，共建国际空间站。和火箭一样，军事研究也大大刺激了计算机科学的发展，但计算机的非军事用途更为重要。英国数学家阿兰·图灵是数字技术的开创者之一，在二战期间，他帮助研发出专用电脑来破解德国军方密码。

1946年，美国宾夕法尼亚大学的科学家们研制出了ENIAC（中文名埃尼阿克，电子数字积分计算机），最初是为研制氢弹的物理学家们执行运算之用。ENIAC等早期计算机体积巨大，内有上千个笨重的真空管，这些真空管后来被微芯片上的晶体管取代。1969年，五角大楼开发出用于军事研究者通信的局域网，而从真空管到晶体管的转变不仅促成了个人电脑的发展，还推动了基于网络的全球通信。电脑成为了一大产业，而相关企业的领导者则成为了行业的现代领袖，例如比尔·盖茨，他的公司“微软”在操作系统软件的市场上占主导地位。

在许多科学领域，电脑对研究来说都是不可或缺的工具。“人类基因组计划”在1990年启动，要绘制出人类DNA中包含的两万多个基因，这项工程在2003年完成，比计划提前两年。如果没有能以超人速度处理大量数据的电脑，这项壮举是不可想象的。计算机还建立了温室气体排放和全球变暖之间的关系模型，帮助环保主义者推动全球节能减排。

> 20世纪中期，开发计算机等技术是出于军事目的，然而在冷战后的世界，最终演化为生产力的发展，并引发了全球通信领域的革命。

上页：通过微软公司开发出的软件，比尔·盖茨成为电脑软件行业的霸主

1984年
科学家发现导致艾滋病的逆转录病毒

1990年
美国国家航天局发射“哈勃太空望远镜”进入轨道

1997年
两个斯坦福大学学生推出新的搜索引擎“谷歌”，当时它只是一个研究项目

2003年
“人类基因组计划”为所有人类基因排序

亦见｜全球文化：第439页

科学 太空时代

与两国之间的核军备竞赛相比，美国和苏联之间的太空竞赛要好看得多。两个超级大国从20世纪50年代后期开始发射卫星，以服务于和平目的，比如追踪风暴、侦测地球的范艾伦辐射带，也用于军事侦察。1957年，苏联人将第一颗人造地球卫星送入轨道后，又在1961年首次将人类（尤里·加加林）送入太空，保持了他们的领先优势。作为回应，约翰·F·肯尼迪总统启动了宏大的"阿波罗计划"，1969年7月20日，当宇航员尼尔·阿姆斯特朗踏出"鹰"号登月舱，登上月球表面，电视向全世界转播了这一壮举，也标志着"阿波罗计划"取得成功。

"阿波罗13号"徽章上的字样"来自月球，知识"

"亚特兰蒂斯"号航天飞机从佛罗里达州卡纳维拉尔角升空

1981年，随着"哥伦比亚"号航天飞机升空，一种新型多功能太空飞行运载工具面世，这是一种可重复使用的美国航天飞机，它被发射进入轨道之后，能够轻轻地滑行返回地球。就像"阿波罗计划"一样，这些航天飞行风险巨大，造成的损失惨重，如1986年"挑战者"号坠毁，机组成员遇难；2003年"哥伦比亚航天飞机"失事，机组成员遇难。

太空探索的未来可能要寄望于多功能机器人车，比如2004年登陆火星的火星漫游车。但是，国际空间站上的工作人员已经证明，人类可以在外太空长时间工作，状态良好，也许有一天，人类能够在月球或火星上建立工作站。

小结：太空竞赛不像军备竞赛，双方试图胜过自己的对手，而不是消灭他们。

"我相信国家应当致力于实现这个目标，在这个十年过去之前，让人类成功登月，并安全返回。"——约翰·肯尼迪

声音

比尔·盖茨 你盗用我们的软件

“我们从数百位自称使用[Altair]BASIC的用户那里得到了反馈，都是积极的。但显然有两件事情令人惊讶：（1）这些‘用户’从未购买BASIC（只有不到10%的Altair用户购买BASIC）；（2）我们从软件用户处收取的特许权使用费规模，使得我公司在[Altair]BASIC花费一小时创造的价值还不到两美元。

这是为什么？多数的电脑爱好者必须意识到，你们中的大多数人都在盗用软件。”

比尔·盖茨

——20岁的盖茨致电脑爱好者们的公开信，1976年

技术 硅时代

在20世纪70年代之前，计算机用户主要是政府机构、大学和企业。多数电脑售价几十万美元，体积占到一整个房间。20世纪70年代中期，微处理器的开发改变了这一切，因为在一个微小的硅芯片上，起初能够压缩几千个晶体管，后来达到了数百万个。与过去的巨型计算机如ENIAC做个比较，ENIAC的18000个真空管达到了18000比特（二进制位）的记忆容量，微型处理器则能在微型电脑上储存几百万比特的信息，成本却只有ENIAC的一小部分。

这个突破是一个巨大的财富，受益者不仅仅是行业领头羊，比如在1981年推出了首款个人计算机（PC）的IBM公司，还包括年轻创业者如微软的比尔·盖茨和保罗·艾伦，大多数个人电脑都使用由他们提供的操作系统。苹果公司的斯蒂芬·沃兹尼亚克和史蒂夫·乔布斯推出了比IBM更胜一筹的功能，比如图标和鼠标，让计算机操作更为简单。

到了20世纪90年代，因特网催生了万维网，发明万维网的是英国软件工程师蒂姆·伯纳斯-李。电脑成为了必需品，不仅用于电子邮件通信，还用于授课、购物和玩游戏。与互联网密不可分的公司价值飙升，比如搜索引擎谷歌公司，但其他与印刷业捆绑的行业，比如纸媒则艰难挣扎以求生存。

一度广泛使用打孔卡来存储数据

苹果公司的史蒂夫·乔布斯举起公司开发的MacBook笔记本电脑

小结：工程师在电脑小小的机身里装载的功能越来越强大，电脑变成了必需品。

“任何在使用电脑时忘记了时间的人，都了解梦想的引力，使梦想成真的热望，以及因此错过午饭的倾向。” ——蒂姆·伯纳斯－李

亦见 | 全球文化：第445页

科学 遗传工具

1953年，英国物理学家弗朗西斯·克里克和美国生物学家詹姆斯·沃森发现了DNA分子的双螺旋结构。这种结构是由相互交织的两条链组成。在细胞复制时，双链分离并分别与新形成的单链重新组合。遗传的秘密就此被揭晓。这项发现催生了基因工程以及DNA重组技术，从而生产克隆体和新的基因杂交体。

现在，研究人员利用基因工程和人类基因组计划的成果，诊断和治疗遗传疾病，并为病毒性疾病如艾滋病研发疫苗。艾滋病在20世纪80年代初大范围蔓延，波及全球约50万人。这些进步和现代化的诊断工具如磁共振成像（MRI），可能很快就会显著降低部分疾病的感染者数量，并把另一些疾病拉进无需恐惧的疾病名单，比如天花已经在20世纪被根除。

> 现在DNA分析有多种用途，包括识别罪犯和寻祖追根。

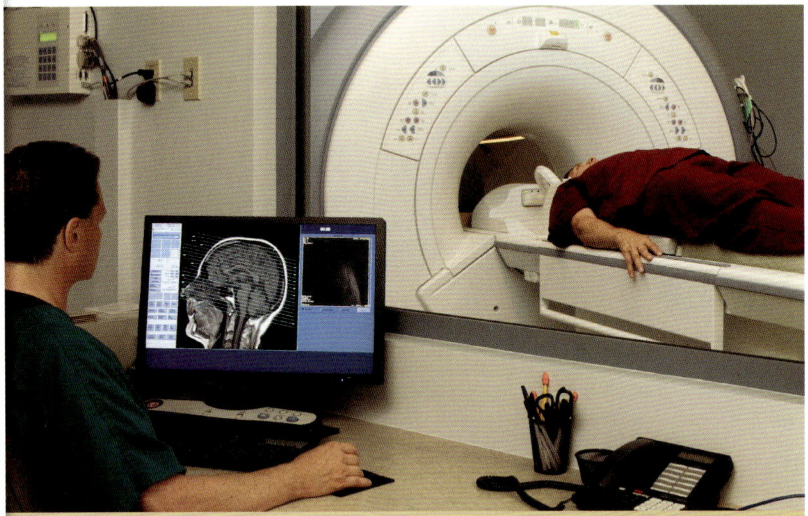
一名技术人员利用磁共振成像技术扫描病人的大脑

小结：基因工程不仅能挽救生命，更能创造新的生命形态。

詹姆斯·沃森 生命的秘密

声音

詹姆斯·沃森

“问题就成了A－T和G－C碱基对是否会轻松地置入前两周制作的骨架结构。乍一看，这像是一个不错的选择……然而，我们都知道，在建立一个使所有的立体化学连接点都被满足的完整模型之前，我们离成功还很远。还有一件事很明显，这个存在的意义太过深远，经不起任何喊“狼来了”的冒险。因此，在午餐时，弗朗西斯迫不及待地告诉所有能听到的人，我们已经发现了生命的秘密，我感到有点不舒服。”

——《双螺旋结构》詹姆斯·沃森，1968

“DNA本质上是不能够做任何事情的，它只是一本说明书。光把说明书打印出来，并不能让一栋房子凭空出现 。”——**弗朗西斯·柯林斯**

被污染的河流威胁着生态系统的平衡，像这条位于印度加尔各答的河流

社会 绿色发展

自然资源保护论者们的早期努力，是建立公园和野生动物保护区，保护濒危物种的栖息地，现代环保运动即脱胎于此。蕾切尔·卡森是美国博物学家，其著作《寂静的春天》（1962）重新界定了环保运动。他们不仅关心如何保护濒危物种，也关注怎样保护整个生态系统免受人类活动、污染和有毒物质（如滴滴涕）的破坏。

美国的环保人士近年来颇为活跃，他们为1970年通过的《空气洁净法令》，1972年通过的《安全饮用水法》，和1973年通过的《濒危物种法案》欢呼。《濒危物种法案》授权联邦政府，若伐木、采矿等活动范围涉及濒危物种的重要栖息地，则联邦政府可以拒绝发放许可证。该法案的批评者则抱怨说，为了保护单一物种，使大片土地不能用于经济发展。环保主义者也支持使用风力涡轮机、太阳能电池等替代燃煤和核电站。环保主义者反对核电站是因为害怕1986年苏联切尔诺贝利一类的核泄漏事故，那次事故曾致使数十人死亡，几百万人暴露在有害辐射之下。

小结：环保运动在20世纪60年代势头大增。

树袋熊，原产于澳大利亚，因为栖息地被破坏使其生存受到了威胁

“化学品这种武器如同穴居人类的棍棒般原始粗糙，密密麻麻地朝自然界的生命体系掷去。”

——蕾切尔·卡森

亦见｜全球文化：第435页

关键时期

1950年

美国参议员约瑟夫·麦卡锡指控国务院已经被共产党渗透

1955年

在阿拉巴马州的一辆公共汽车上，罗莎·帕克斯拒绝将座位让给一名白人男子

1963

美国总统约翰·肯尼迪在达拉斯遇刺身亡

1973

智利的一场政变将总统萨尔瓦多·阿连德赶下台

美 洲

1945~2010年

当第二次世界大战结束，核时代曙光初现，美国和其在西半球的邻居发现，国外的威胁已经不再遥远。美国决心在全球事务中发挥主导作用，于是美国官方协助建立了联合国，在1945年起草章程，随后将总部设在纽约。1948年，美国和其他20个国家组成美洲国家组织（OAS），总部设在华盛顿特区。尽管组织建立的目的是促进和平与安全，但这些国际机构很快就陷入了冷战。1950年，朝鲜战争暴发，联合国授权美国等国家采取军事行动。1962年，在古巴领导人菲德尔·卡斯特罗倒向共产主义，并接受苏联的援助之后，美洲国家组织将古巴除名。

冷战带给了美国内忧外患，包括20世纪50年代初的红色恐怖，参议员约瑟夫·麦卡锡等人试图铲除有嫌疑的共产党人。20世纪60年代，抗议者反对为了防止共产主义统治越南而发动的越南战争。越南在20世纪70年代结束冲突，而后冷战接近尾声，政治紧张局势有所缓和。但美国人仍面临一个危险的世界，美国严重依赖中东石油，过度插手动乱地区事务，致使国家面临经济压力，此外还有恐怖袭击以及海外冲突风云再起。

而在国内，美国与墨西哥等拉美国家签订了贸易协定。这些国家赴美国的移民数量日渐增长，引发了新的忧患，随着这些门槛的降低，美国有可能失去其产业发展能力和文化认同感。截至2005年，近三分之一的美国人口是西班牙语裔、非洲裔或亚洲移民。当时美国经历了一场社会转型，一些群体曾经被排除在领导阶层之外，包括妇女和少数民族，他们要用在上个世纪获得的权利，在新世纪获得更多益处。

2008年的美国总统大选展示了美国的多样性，一名女性竞选总统，另一名女性提名为副总统，而一位肯尼亚移民的儿子当选为国家最高领袖。

> 美国长期对国外纷争采取警惕态度，二战后与美洲地区以及其他地区的国家建立了密切联系，这改变了国内的人口结构，同时也改变了政治面貌。

上页：菲德尔·卡斯特罗与美国对抗，允许苏联在古巴部署核武器

1998年
奥古斯托·皮诺切特在伦敦被逮捕，西班牙指控他在智利独裁期间杀害西班牙国民

2005年
“卡特里娜”飓风袭击美国南部，造成约1800人死亡

2007年
一场金融危机使美国经济陷入严重衰退

2008年
奥巴马当选为美国第一位非洲裔总统

亦见 | 全球文化：第410页

20世纪50年代，记者爱德华·默罗挑战麦卡锡主义

阶级与社会 冷战

1949年，当苏联使用窃取的美国秘密核技术研制原子弹，使共产党人掌握了中国大陆政局的时候，美国国内对共产主义的恐惧日渐强烈。参议员约瑟夫·麦卡锡在20世纪50年代加剧了红色恐怖，他指控在国务院和美国军队中有大量共产党人搞颠覆破坏。但他在电视转播的听证会上纠缠证人，失去了公众的支持。众议院非美活动调查委员会（HUAC）对涉嫌与共产党人相关的文化名人进行调查，比如歌手保罗·罗伯逊，同时围绕委员会的争议也是有增无减。

小结：20世纪50年代初，红色恐慌骤然蔓延。

风云人物

南北美洲

哈里·杜鲁门 1884～1972年
美国第33任总统，联合国联合创始人

胡安·庇隆 1895～1974年
阿根廷总统，其高压政权在动乱中结束

约瑟夫·麦卡锡 1908～1957年
威斯康星州共和党参议员，领导运动对抗臆想中的共产主义渗透

菲德尔·卡斯特罗 1926至今
古巴领导人，领导该国的共产主义革命

马丁·路德·金 1929～1968年
美国民权运动领袖，在20世纪50～60年代组织抗议活动

保罗·罗伯逊 二等公民

声音

保罗·罗伯逊

“我被审讯，并非因为我是不是共产党人，而是因为我为人民的权利抗争，他们身处美国，却仍然是二等公民。我的母亲在您的国家出生，沃尔特先生，我的母亲是一个贵格派教徒，在乔治·华盛顿的时代，当他的军队越过特拉华时，我的祖先为他们提供出炉的面包，我自己的父亲曾是一个奴隶。我站在这里，为人民的权利斗争，在这个国家，他们应当是享有全部民权的公民，但他们不是。”

——在(美国)众议院非美活动调查委员会的证词，1956年6月12日

“我手上有一张名单，上面有205个……一张国务卿知道的共产党派成员名单”

——约瑟夫·麦卡锡

阶级与社会 社会抗议

冷战时期，最严重的危机发生在1962年10月，菲德尔·卡斯特罗得知美国企图推翻其统治，大为震怒，允许苏联在古巴部署核武器。超级大国站到了第三次世界大战的边缘，直到双方各让一步，撤回了导弹。核毁灭的威胁成就了美国反对越南战争的和平运动，运动从1963年肯尼迪总统遇刺身亡后开始，而后林登·约翰逊接任总统。许多越战的抗议者，都是在1945年后婴儿潮中出生的一代。这个群体还支持民权运动，民权运动领袖马丁·路德·金吸收了甘地非暴力不合作运动的思想。运动抗议种族隔离，并为民权法案争取支持。1964年，约翰逊推动国会通过了该法案，法案保证非裔美国人的投票权及其他宪法自由。60年代的社会问题，还包括妇女解放，帮助妇女寻求在家庭和工作中的平等权利。

{总统林登·约翰逊和理查德·尼克松发动的越南战争持续了十年，但未能阻止共产主义的胜利。}

一张宣传1969年伍德斯托克摇滚音乐节的海报

小结：年轻一代推动了20世纪60～70年代的社会抗议运动。

在马丁·路德·金的带领下，1963年的华盛顿大游行推动了民权法案的通过，赢得胜利

“非暴力是我们当下关键的政治和道德问题的答案。”——马丁·路德·金

亦见 | 全球文化：第445页

贝拉克·奥巴马

奥巴马 面向未来的艰难抉择

声音

“我们的国家在战斗，对手是影响深远的暴力和憎恨；国家经济也受到严重削弱，原因虽有一些人的贪婪和不负责任，但更重要的是我们作为一个整体在一些重大问题上决策失误，同时也未能做好应对新时代的准备。我们的人民正在失去家园，失去工作，企业关闭。”

——奥巴马的2009年就职演说

国家 全球钮带

随着20世纪进入尾声，全球范围内的大事对美国人产生了深刻的影响。1972年，尼克松总统访问中国，与中国建立外交关系。汽油价格飙升，与中东地区军事冲突包括伊朗的革命有关，而伊朗占据美国大使馆则为1980年罗纳德·里根击败总统吉米·卡特做出了贡献。美国权力和财富的增长，与苏联阵营的解体有关，也与后来克林顿总统降低贸易壁垒有关。

2001年，9·11恐怖袭击引发了海外冲突和国内争议。公众质疑总统乔治·W·布什在2003年对伊拉克发动的战争，在2005年飓风“卡特里娜”肆虐新奥尔良时，公众对政府应对飓风的迟缓反应感到沮丧，并且质疑致使股票市场崩盘的金融策略。这一切为2008年奥巴马总统的大选做好了铺垫。

小结：在世纪之交，全球化使美国与其他国家休戚与共。

乔治·布什总统在视察“卡特里娜”肆虐过后留下的残骸，飓风使1800多人丧生

“去中国，尼克松就够了，要平衡预算，或许需要一个共和党。”——托马斯·福利

地区 拉丁美洲的左翼和右翼

在冷战期间，如果想避免与美国或苏联关系过于密切的话，拉美国家领导人不得不拿捏好分寸 。阿根廷总统胡安·庇隆就采取了独立的立场。这位训练有素的军人于1946年采用武力篡权，但他同样可以仰赖的还有自己和妻子伊娃敏锐的政治直觉。他的妻子又名艾薇塔，为阿根廷妇女争取到了投票权，深受民众喜爱。虽然赞同马克思主义言论，但胡安总统没有站在美国或苏联任何一边。

1986年，智利独裁者奥古斯托·皮诺切特向游行士兵敬礼

菲德尔·卡斯特罗1959年初掌政权时，也采取了类似的立场。但他很快对美资甘蔗种植园进行国有化，取消选举，与苏联接触，和美国公然对抗。1961年，美国支持的反卡斯特罗反政府武装入侵古巴失败，肯尼迪总统后来也停止了扳倒古巴领导人的动作。

委内瑞拉总统乌戈·查韦斯利用石油收入，像菲德尔·卡斯特罗那样推行社会主义。

这并没有阻止美国攻击其他左翼政权。1973年，美国支持奥古斯托·皮诺切特将军在智利发动政变，对抗萨尔瓦多·阿连德总统。20世纪80年代在尼加拉瓜，美国又向试图推翻社会主义政府的右翼反政府武装提供援助。

智利总统巴切莱特在进入政坛前从事医疗行业

在拉丁美洲，冷战的结束削弱了外部干扰和内部纷争，培养出来的新领导人并非戎马出身，而是律师、医生或劳工领袖。米歇尔·巴切莱特是这新一代领导人的典型。她是一名智利军官的女儿，父亲因为反对皮诺切特政变而受尽折磨。在2006年当选智利总统之前，她是一名医生。

小结： 冷战结束以来，拉美国家变得更加稳定。

“美国将禁止在拉丁美洲发生革命？这是绝对不可能的！即使是美国，也有它的革命时代。”——菲德尔·卡斯特罗

亦见 | 交战中的世界：第400页

关键时期

1947年
在联合国的分治计划下，巴勒斯坦分裂为两个临时国家

1948年
巴勒斯坦的犹太国家宣布以色列为国名

1948年
南非议会正式确立种族隔离制度

1960年
超过15个非洲的前殖民地国家被承认为独立国家

中东和非洲

1945~2010年

第二次世界大战之后，随着欧洲政府渐渐放弃他们的殖民地，民族主义在中东和非洲如浪潮汹涌。去殖民地化常常带来麻烦，即使殖民地统治者自愿离开。比如：英国并无意保留对巴勒斯坦的代管权这件麻烦事，因为阿拉伯人和犹太定居者正在耶路撒冷和其他双方共同认同的圣地上冲突不断。1947 年，英国将巴勒斯坦移交联合国，联合国呼吁将这片土地分成两个国家。

巴勒斯坦的阿拉伯人在人数上占优势，与犹太人人口的比例大概是 2 ： 1。他们反对这一提议。1948 年，第一次阿以战争爆发，许多巴勒斯坦人逃离本国，将大量领土让给新成立的以色列。阿拉伯与以色列的争端长期存在。这种争议不是中东局势紧张的唯一根源。石油给这些新兴国家带来了财富，但也将其推向了西方国家的压力之下。伊斯兰原教旨主义者反对亲西方的统治者比如沙阿·穆罕默德·礼萨·巴列维。巴列维在 1979 年的伊朗革命中被罢免。通过成立石油输出国组织欧佩克（OPEC），产油国获得了议价权。

但是，经济合作无法阻止战争。比如，1990 年伊拉克独裁者萨达姆·侯赛因下令军队入侵油藏丰富的科威特。美国及其盟国在 1991 年的海湾战争中打败萨达姆。又在 2003 年爆发的伊拉克战争当中推翻了萨达姆·侯赛因的政权。非洲的去殖民地化在欧洲人比例较大的国家举步维艰。1962 年，阿尔及利亚独立。在此之前，阿尔及利亚起义军和法国政府军进行了艰苦的战斗，牺牲了数十万条生命。虽然南非不再接受英国管辖，但是其仍然是白人占主导的社会。白人通过严格的种族隔离政策对这个国家的多数人口——黑人，进行种族隔离。黑人遭受不公平待遇。1990 年，非洲人民大会领导人纳尔逊·曼德拉从监狱中被释放，通过谈判结束了种族隔离制度，并于 1994 年赢得了南非真正的民主总统大选。南非才算得上是被和平解放。

两次世界大战后，欧洲帝国主义在中东和非洲的力量削弱。1945年后，欧洲帝国主义在混乱中结束。但这些地区仍因内战而支离破碎。

上页：纳尔逊·曼德拉被选举为南非总统前不久露出胜利的微笑

1964年
律师纳尔逊·曼德拉因蓄谋推翻南非政府而被判终生监禁

1980年
伊拉克入侵伊朗，之后一系列领土争端爆发

1990～1993年
200多万卢旺达人逃离家园以避免种族灭绝

2003年
美国入侵伊拉克，伊拉克战争开始

亦见 | 全球文化：第427页

一位巴勒斯坦妇女坐在因战争而千疮百孔的家里，她家位于加沙地带

冲突 巴以冲突

从一开始，以色列人就和其阿拉伯邻居们，以及住在加沙地带和约旦河西岸的巴勒斯坦人闹不和。1967 年，以色列军队在“六日战争”中大败埃及和叙利亚，取得西岸控制权。被占领区的命运仍然是一个争论的焦点。1978 年，梅纳赫姆·贝京总理与埃及总统穆罕默德·安瓦尔·萨达特达成一项协议。此项协议由总统吉米·卡特在戴维营斡旋达成。以色列同巴勒斯坦解放组织（PLO）的争端仍未解决。之后，巴勒斯坦民族权力机构取代巴解。以色列在已被占领的边境建立以色列定居点。巴勒斯坦军队组织哈马斯成立。这两个因素都让和平形势变得扑朔迷离。

小结：以色列在1967年的胜利导致与被占领区的巴勒斯坦人的持续冲突。

1948年，果尔达·梅厄总理建立以色列国

阿巴·埃班 3000年后，时机终于到了

声音

阿巴·埃班

“建立停火后的形势必须依靠某些原则。首要原则就是接受以色列是一个国家，消除以色列这个国家不存在的幻想。3000年后，接受以色列做为一个国家存在的事实似乎已经是时候了。因为以色列是国际社会上唯一一个在这同一片领地上，说着同一种语言，有着同样信仰的国家，与3000前在这里建立的那个国家并无二致。”

——以色列外交部长阿巴·埃班在“六日战争”中在联合国的演说，1967年

“从现在开始，我们所有人能否翻开崭新一页，而不是还纠缠在相互斗争中？ 我们能否团结起来去对抗贫穷、疾病，去扫除文盲？”——果尔达·梅厄

冲突 热点

世界大国常常对中东战争煽风点火。1956年，加麦尔·阿卜杜勒·纳赛尔总统宣布将苏伊士运河收归国有后，英国、法国及以色列军队便入侵埃及。在美国调停下，武装干涉终止了。但是1973年，旷日持久的赎罪日战争爆发，苏联支持埃及和叙利亚，而美国则对以色列施以援手。

一位士兵将旗帜蒙在萨达姆·侯赛因的雕塑上

> 沙特阿拉伯美军基地的存在也是恐怖分子奥萨马·本·拉登针对美国的一个原因。

中东地区的另一个热点就是波斯湾地区。世界上的大部分石油都要途经波斯湾。1979年，伊朗革命爆发。受此事件警醒，美国支援萨达姆·侯赛因，帮助他避免伊拉克重蹈20世纪80年代被伊朗打败的命运。但是由于萨达姆使用了化学武器，美国开始不信任他。1990年，萨达姆的大军占领了科威特油田后，美国领导盟军打击伊拉克。2003年，美英联军推翻了萨达姆政权，但是并未能像某些人期望的那样找到大规模杀伤性武器。

小结： 中东丰富的石油储量将世界大国都卷入了其战争中。

在1967年“六日战争”期间，一位以色列使节经过装满了埃及被俘士兵的卡车

“我们决定完全摧毁萨达姆·侯赛因的核弹潜力。我们也会摧毁他的化学武器装备”

——乔治·W·布什

乔莫·肯雅塔 这是我们的土地

声音

“我们在肯尼亚的旗帜下举行这次盛大集会，寻找一条道路引领我们从黑暗走向民主。为了找到这条路，我们非洲人民首先必须取得选举自己代表的权利。这的确是民主的第一原则。我们是肯尼亚唯一的种族，却没有选举答辩的法律权利。我们将开始修正这一错误。我们感觉我们被一群拒绝公正的人支配。他们和我们不是同一族人。上帝说过，这是我们的土地。在这片土地上，我们会成为一个繁荣的民族。我们并不担心我们的国家有其他种族的人，但是我们坚持我们才是这里的领导。我们坚持我们想要的东西。我们要我们的牛群在我们的土地上长得肥硕。所以，我们的孩子才能在富裕的生活中成长，我们不要把这样的利益让给别人。”

——乔莫·肯雅塔在肯尼亚尼耶利的演说，1952年

地区 撒哈拉以南非洲地区

1957年，在克瓦米·恩克鲁玛的领导下，加纳独立，成为撒哈拉以南非洲第一个独立的国家。领导人克瓦米·恩克鲁玛曾因反对英国统治而被囚禁。抵抗运动领导人乔莫·肯雅塔在1963年执掌肯尼亚这个前英国殖民地之前，也曾是被囚禁的政治犯。但民族和部落之间的紧张关系让这些新兴国家政局不稳，最终成为独裁者的猎物。这个区域艾滋病肆虐，感染者数量是世界其他地方的两倍。达尔富尔这样的地方还面临旱灾。21世纪初，荒漠化已经带来了巨大的难民危机。

小结：撒哈拉以南非洲的独立转型之路困难重重。

在困难时期，像尼日利亚拉各斯这样人流如织的市场，帮助非洲维持经济发展

“未来的考验就是，我们交到工人农民手中的购买力能有多大。”——**克瓦米·恩克鲁玛**

国家

转型中的南非

很不幸，种族隔离在南非社会生活中长期存在。致力于保护白人至高权力的国家党于 1948 年当选为执政党之后，制定了种族隔离政策，种族隔离才成为南非法律。这一政策的制定为的是孤立和羞辱有色人种。所有南非人都以种族的形式，比如白人、黑人、亚洲人或混血人种，登记在册。禁止跨种族婚姻。

2004年，纳尔逊·曼德拉总统和F.W.德克勒克握手

为了防止黑人取得政策身份，追求政治权利，白人统治者将他们部族化，分为 10 个不同的班图部族（班图是大多数南方黑人所说语言所属语系），为他们每个部族指定保留地或称为班图斯坦。黑人向保留地迁移，把近五分之四的南非土地留在了少数白人手中。他们还要求非白人族裔在进入禁区时，出示出入证，而且非白人族裔只能找特定工作，没有选举权。

反对政府及其政策的人会被逮捕。虽然有诸多限制，非洲人全国大会（简称“非国大”）还是开始了反对种族隔离政策的漫长斗争。非国大领导人纳尔逊·曼德拉运用自己当律师的才能组织非暴力抗议活动，

1993年，曼德拉和德克勒克因促使南非成为一个多民族民主国家而获得诺贝尔和平奖。

直到 1960 年警方在沙佩维尔枪杀了数十名手无寸铁的示威者，并规定非国大为非法组织。曼德拉总结认为，必须严肃对待与种族隔离制度的斗争，并组织了非国大的秘密武装派别。1962 年，曼德拉被捕，被判处终身监禁。政府监禁他的时间越长，曼德拉的名声在这个国家占人口绝大多数的黑人大众心目中越响亮。1990 年，面对国内外对其政党政策一浪高过一浪的反对之声，南非改革派总统 F. W. 德克勒克释放了 71 岁的曼德拉，并和他达成协议，结束种族隔离政策，开放自由选举。1994 ～ 1999 年，曼德拉担任总统。在这期间，他一直致力于维护这个跨种族的协议，正是这个协议将他推向了总统之位。

小结：纳尔逊·曼德拉的光辉鼓舞了南非人打倒种族隔离政策。

“由于人为障碍，以及拒绝让人民发挥最大潜力，南非严重缺乏一些许多子民本可以造就的伟大成果。”——德斯蒙德·图图

关键时期

1945年
日本议会给予女性选举权

1948年
莫罕达斯·甘地被印度教极端分子暗杀

1949年
毛泽东建立中华人民共和国

1950年
朝鲜战争爆发

亚洲复兴

1945~2010年

在工业革命和帝国主义时期，亚洲国家一直处于西方强权的统治阴影之下。直到20世纪末才在全球崭露头角。这些国家崛起得很突然，颇具戏剧性。二战后的民族主义运动刺激了东南亚的政治变化，也引发了西方的冷战焦虑。对于中国而言，日本战败意味着一场战争的结束，另一场大战的重新开始——内战。这场战争让共产党在毛泽东领导下于1949年建立了新中国，也让中国在接下来几十年中处于改革发展中。20世纪50～70年代，朝鲜半岛和越南经历着相似的难题。两个国家都被共产主义者和反共产主义者分成了南北两部分，都变成了冷战的战场——导致当时亚洲因战争死亡的人数比任何地方都多。越南战争蔓延到老挝和柬埔寨。在柬埔寨，推行种族灭绝的红色高棉政权上台。

亚洲国家从废墟中崛起，不断实现了前所未有的繁荣。日本复兴受益于美国重建战败国政策。到了20世纪70年代，日本出口大量家电以及汽车，经济复苏之快被视为奇迹。20世纪末，毛泽东领导的中国政府成功地走在社会主义道路上。

1947年，印度脱离英国宣布独立，其发展历程悲喜交加；巴基斯坦却被暴力分裂出去，这导致100多万人失去生命。1947年到20世纪80年代中期，印度的领导人是贾瓦哈拉尔·尼赫鲁以及他的女儿英迪拉·甘地。他们试图将国家走在介于资本主义与社会主义的中间道路上。但印度仍然是一个民主国家，在冷战之后发展起来的全球资本主义体系中欣欣向荣，成为世界上经济发展速度最快的国家之一。

但是，并不是所有亚洲国家都繁荣昌盛，比如朝鲜，那里的人民生活并不好，而其领导人却在一心发展军事。但整体上说，亚洲在21世纪已经准备好和欧美并驾齐驱。

> 亚洲曾经拥有一些世界上最勤劳的民族。近年来，亚洲已经重新获得了这份荣耀。许多国家蓬勃发展的经济创造出了一个新词“亚洲奇迹”。

上页：印度总理贾瓦哈拉尔·尼赫鲁（右）被尊为博学家（老师）

1975年
北越军队占领西贡，标志着越南战争的结束

1979年
中国和美国建立全面外交关系

1988年
贝娜齐尔·布托成为巴基斯坦第一任女性总理

2008年
孟买的泰姬陵皇宫酒店在恐怖分子袭击中被摧毁

亦见 | 全球文化：第423页

国家 中国大步向前

中国工人在泰州的一家工厂里检查太阳能电池

1980年，中国这个世界上人口最多的国家突破10亿人口大关。

1949年，毛泽东领导的共产党带领全国人民在社会主义道路上摸索前行。在他的领导下，进行了土地改革，并宣布了过渡时期总路线，开始有系统地进行社会主义工业化和对生产资料私有制的社会主义改造。直到20世纪80年代，邓小平作为党中央第二代领导人，坚持解放思想、实事求是，成为中国社会主义改革开放和现代化建设的总设计师。改革开放使中国经济爆发出勃勃生机，让中国成为世界上的工业巨人，产品出口全球。

小结：中国遭受了政治波动也经历了经济成功。

“不管黑猫白猫，抓到老鼠就是好猫。”——**邓小平**

冲突 被分裂的国家

朝鲜曾是日本殖民地。1945 年，美国军队占领北纬 38 度以南地区，苏联占领38度以北地区后，朝鲜被一分为二。1950 年，历时三年的朝鲜战争爆发。1953 年，停火协议重新确立了两国之间原先的边界。

1954 年，越南脱离法国宣布独立，其代价是签下一纸协议，暂时将越南分为非共产主义的南越和由胡志明领导的共产主义北越。为了遏制共产主义，美国支持南越与北越以及其位于南越的越共盟军的战争。大约 300 万越南人和 58000 名美国大兵死于这场战争。美国于 1973 年撤出越南。1975 年，越南战争结束。

小结：20世纪五六十年代，殖民主义结束，战火烧遍了朝鲜和越南。

越南战争中，一位美国空军士兵从直升机上用一架M-60机枪开火

“如果美国人不再支持我们，就让他们走，让他们滚蛋！让他们忘了他们的人道主义承诺！”

——阮文绍

亦见 | 冷战中的世界：第403页

1979年，英迪拉·甘地为再次竞选印度总理进行拉票活动

国家 分裂的次大陆

不像其他二战后的亚洲国家，印度的分裂是由于宗教而非战争引起的。英国政府1947年离开印度时，给印度穆斯林同盟单独建国即巴基斯坦的权利，导致了印度教徒和穆斯林之间的血腥战争。由于印巴分治，印巴边境有数百万人向对方土地逃跑，局势更加混乱不堪。1948年，尼赫鲁总理派印度军队去阻止巴基斯坦军在争议省份克什米尔的行动。1971年，总理英迪拉·甘地发起了另一场针对巴基斯坦的战争，迫使其承认孟加拉国独立，成为一个以穆斯林占主体的国家。

她也反对印度锡克教徒，因为后者要求成立独立国家。她在下令军队袭击圣地中的锡克教激进分子后，在1984年被两名锡克保镖暗杀。然而许多锡克族人谴责分裂势力，其中一位曼莫汉·辛格于2004年当选印度总理，成为首位非印度教徒总理。

小结：穆斯林、印度教以及锡克教等宗教分歧影响了印度。

人物评说

贾瓦哈拉尔·尼赫鲁 1889～1964年

贾瓦哈拉尔·尼赫鲁

1947年印度独立以来，一直在尼赫鲁的领导下直至他于1964年去世。尼赫鲁的形象较为复杂。他一边鼓吹和平共存，却又用武装力量对付巴基斯坦和其他国家。他在冷战中声称中立，却先是接受苏联援助，之后又接受美国援助。但是，他一直寻求方法把印度打造成为一个强大的世俗国家。他出生于婆罗门阶层，是印度教种姓的最高级，却谴责印度的种姓制度。他支持立法禁止一夫多妻，保护女性的遗产继承权。**结论：**褒。

“印度教徒和穆斯林有着不同的宗教信仰、社会习俗以及文字。他们属于两个不同的文明。”

——穆罕默德·阿里·真纳

经济 亚洲四小龙

1945年，日本战败，被美军控制，从此进入了一个新时代。道格拉斯·麦克阿瑟将军接管了这个国家，制订了新的宪法，让裕仁天皇成为傀儡。裕仁天皇不再任命日本首相。日本首相由国家立法机关即国会来选任。他也不能指挥军队，因为军队被解散了。妇女得到了选举权。公共教育体系扩大了。战争中毁灭的工厂得以重建，重新配备生产机械。依赖美国进行军事防卫后，日本发现他们可以专心发展经济。到1952年美国撤军时，日本已经超过了战前的生产力水平。

20世纪60年代，日本公司面对来自亚洲其他国家的竞争，这些国家劳动力成本更低廉。日本是丛林之王，但是也要面临与“亚洲四小龙”的竞争，包括香港、台湾、韩国和新加坡。随着这些工业生产中心的发展，他们也要面对来自中国和其他新兴工业国的竞争。20世纪90年代，由于城市发展过快带来房价上涨引发通货膨胀，日本经济泡沫破灭。与许多西方国家一样，日本不得不解决其自身繁荣带来的问题，包括年轻职场人士生孩子越来越少，出生率不断下降。

一位造船师在日本大阪的油轮上工作，火星四溅

小结：因无需供养自己的武装力量，日本经济得到了很大发展。

光盘也是日本诸多高科技出口产品之一

新加坡摩天轮可以让游客鸟瞰这座快速发展的城市

“也许，给美国年轻人的最后建议就是：‘到东方去吧，年轻人。’”——马凯硕

亦见 | 全球文化：第445页

关键时期

1956年
墨西哥绿色农业革命让其成为小麦自给自足的国家

1962年
第一颗通信卫星“Telstar”进入轨道

1969
发明微处理器，促进了电脑发展

1977年
第一批手机在芝加哥接受测试

小小世界

1945~2010年

2001年9月11日，恐怖分子劫持商用飞机撞向世贸中心和五角大楼。随即记者将这一耸人听闻的袭击事件同60年前日本偷袭珍珠港相比较。然而，这两个灾难也不是完全相同。珍珠港事件发生后，拍摄轰炸情形的照片在美国一年多都没见光，因为政府审查人员害怕这些照片见光后，公众会丧失斗志。相比之下，9月11日那天，美国本土及世界的大部分地方都在电视上看到了这一恐怖袭击的现场直播。曾经将人们与灾难和受害者隔开的遥远距离，如今已经因手机等新型沟通工具的出现而不值一提。由于有了这些工具，被劫持飞机上的一名受害者才能在飞机坠落前打电话和相爱的人道永别。

文字和影像在全球范围内的瞬间传播，扩大了9·11恐怖袭击事件的影响力。但是，这些袭击也是对全球化以及美国在全球的影响力、实力及其经济体系的暴力回应，而五角大楼和世贸中心正是上述因素的代表性符号。冷战结束后，全球各国按照西方的政治和经济发展模式，在世贸组织等机构的指导下建立了国际新秩序，这在一些国家受到欢迎，而另一些国家则表示畏惧。对全球化持批评态度者也有一些西方人，他们将全球化看做新帝国主义，跨国公司和组织机构强迫全世界接受他们的术语，让世界文化趋于相同。但即便是反对这一进程的人也使用电脑和网络来吸引粉丝，建立国际网络。从这个意义上说，全球化是不可逆转的。像人为造成的全球气候变暖等全球问题就需要全球各国协力解决。科技让我们的地球变小了，世界上的问题无论解决方案如何激进，如果不充分利用科技也无法解决。对于许多普通人来说，全球联系越加紧密，对于他们来说是机会而不是威胁，因为想法和信息可以自由交流，每个人都会从中获益。

世界级通信和贸易网络带来的全球化不仅推动了国际合作和发展，也给相互联系的新世界带来了种种威胁。

上页：闪烁的电脑屏幕将使用WIFI上网的纽约网民与世界各地的网站联系在一起

1994年
北美自由贸易协定开始生效

2001年
基地组织的恐怖分子对五角大楼和世贸中心发动自杀式袭击

2002年
感恩节后一天，沃尔玛超市迎来史上销售额新高，营收高达14.3亿美元

2009年
联合国气候变化大会在丹麦哥本哈根举行

亦见 | 全球文化：第 442页

社会

人口增长

1798 年，英国经济学家托马斯 · 马尔萨斯提出，人口的自然增长率高于粮食生产率，因而会带来战争、饥荒以及其他灾难。近代以来，所谓农业的绿色革命让粮食生产率跟得上人口增长，即使在印度这样人口高速增长的国家，也同样如此。但是，世界人口也许很快就会超过地球的承载能力。

1960 ~ 2010 年间，世界人口从 30 亿增长到近 70 亿。预计到 2045 年，世界人口将达到 90 亿。发展中国家是人口增长的主力军，人口比例向年轻人倾斜，但国家财力难以供养如此庞大的人口数量。2010 年，世界上大约有一半人口生活在贫困之中，每天平均只有相当于 2 美元的收入。如果不加以控制，人口增长将在世界卫生与稳定方面确实带来马尔萨斯效应。

在饥荒肆虐的索马里，孩子们在一家救济机构等待食物

小结：欠发达国家是现代人口增长的主力军。

小小世界

风云人物

诺曼·博洛格 1914~2009年
美国农学家和人道主义者；绿色革命之父

詹姆斯·汉森 1941~
美国气候学家，提高了人们对全球气候变化的认识

奥萨马·本·拉登 1957~
2001年9·11事件背后沙特恐怖分子头目

谢尔盖·布林以及拉里·佩奇
均生于1973年
网络搜索引擎谷歌以及谷歌公司创始人

相关阅读：绿色革命

大约 1 万年前，第一次农业革命兴起，人类驯化了小麦、大麦、稻米和其他谷物。第二次“绿色”革命在 20 世纪中期兴起，科学家们培育了更高产的新型农作物。这些杂交作物解决了 20 世纪 60 年代像印度和巴基斯坦这些国家的饥饿问题。自此之后，世界上的丰收记录总被刷新。但是，这些救命的作物需要大量杀虫剂和化肥，长期下来，造成的环境危害可能得不偿失。

得克萨斯州的作物撒药小飞机

“环境主义者认为人类进入了历史上独一无二的瓶颈，因人口和经济压力而左右为难。”

——E.O. 威尔逊

9月11日，一架被劫持的飞机撞上在劫难逃的世贸中心

社会 恐怖主义

20世纪后期，许多恐怖主义组织都有地方目标，比如争取国家独立。“基地组织”由奥萨马·本·拉登于20世纪80年代建立，其目标是全球性的，这一点非常特殊。虽然本·拉登想要推翻美国支持的沙特阿拉伯王权，逼美国退出，但他还有一个更大的目标，即领导其他国家穆斯林发动一场同美国及其盟国较量的圣战。1998年，“基地组织”恐怖分子炸毁了美国在肯尼亚和坦桑尼亚的大使馆。2000年，他们还袭击了在也门一个港口停靠的科尔号导弹驱逐舰。2001年，他们发动了毁灭性的9·11袭击。世贸中心双子塔被夷为平地，五角大楼部分建筑遭到破坏，还夺去了近3000条生命。2001年底，美国和其盟国推翻了窝藏本·拉登及其同伙的阿富汗塔利班政权，“基地组织”的运行遭到破坏。这些恐怖分子躲进了巴基斯坦边境的山区中。“基地组织”在接下来发生的几起恐怖袭击中到底起到什么作用仍不清楚。因为这些事件由有着相似目标的恐怖分子发起。2004年，在马德里火车爆炸案中，近200人丧生。本来这一袭击事件应该是一个名叫“埃塔”的巴斯克恐怖组织犯下的，但后来证实该事件中的恐怖分子接受了“基地组织”的授意。后来2005年发生的伦敦交通系统炸弹袭击也是如此，共造成50多人丧生。

基地组织的规模很难确定，不过应该有几百到数千名成员。

小结： 恐怖袭击让像“基地”这样的小型组织能够扰乱美国这样强大国家的秩序。

“房屋着火倒塌，路人四处逃散。”——2001年9月12日《纽约时报》头条

《9·11调查委员会报告》

2002 年，一个国家调查委员会成立，旨在找出 9·11 恐怖袭击的元凶，美国政府未能预测到这一事件的发生，以及如何防止进一步的恐怖袭击。9·11 调查委员会报告于 2004 年出炉。报告中的总结部分指出，19 名恐怖分子均为基地组织成员，但尚未发现有国外政府参与这项阴谋的证据。报告中写道："这次事件绝非没有预兆。"在联邦调查局和中情局等联邦机构之间及其内部缺乏合作，这才是最致命的危险，也因此导致美国未能发现基地组织的计划。

悼念 乔治·W·布什总统与第一夫人劳拉·布什向 9·11 事件中在宾夕法尼亚州空难的遇难者鞠躬致哀。当时，旅客们正试图从劫机者那里夺回飞机的控制权。布什总统决定袭击窝藏基地组织的阿富汗塔利班，这个决定赢得了公众的广泛支持。

EXECUTIVE SUMMARY

We present the narrative of this report and the recommendations that flow from it to the President of the United States, the United States Congress, and the American people for their consideration. Ten Commissioners—five Republicans and five Democrats chosen by elected leaders from our nation's capital at a time of great partisan division—have come together to present this report without dissent.

We have come together with a unity of purpose because our nation demands it. September 11, 2001, was a day of unprecedented shock and suffering in the history of the United States. The nation was unprepared.

A NATION TRANSFORMED

At 8:46 on the morning of September 11, 2001, the United States became a nation transformed.

An airliner traveling at hundreds of miles per hour and carrying some 10,000 gallons of jet fuel plowed into the North Tower of the World Trade Center in Lower Manhattan. At 9:03, a second airliner hit the South Tower. Fire and smoke billowed upward. Steel, glass, ash, and bodies fell below. The Twin Towers, where up to 50,000 people worked each day, both collapsed less than 90 minutes later.

At 9:37 that same morning, a third airliner slammed into the western face of the Pentagon. At 10:03, a fourth airliner crashed in a field in southern Pennsylvania. It had been aimed at the United States Capitol or the White House, and was forced down by heroic passengers armed with the knowledge that America was under attack.

More than 2,600 people died at the World Trade Center; 125 died at the

“从9·11事件很长时间之前直到今天，情报机构并没有很好地组织起来，共同进行情报工作……机构体系太过复杂隐秘。”

“1998～2001年，美国政府采用的所有方法均无效，根本无法阻止甚至拖延基地组织的阴谋。整个政府，在想象力、政策、能力、管理方面处处都有败笔。”

执行摘要 9·11调查委员会的执行摘要简单介绍了委员会的发现及建议

“一名官员表示，没有任何分析工作可以预见能将雷电云带到地面的闪电。”

2 THE 9/11 COMMISSION REPORT

Pentagon; 256 died on the four planes. The death toll surpassed that at Pearl Harbor in December 1941.

This immeasurable pain was inflicted by 19 young Arabs acting at the behest of Islamist extremists headquartered in distant Afghanistan. Some had been in the United States for more than a year, mixing with the rest of the population. Though four had training as pilots, most were not well-educated. Most spoke English poorly, some hardly at all. In groups of four or five, carrying with them only small knives, box cutters, and cans of Mace or pepper spray, they had hijacked the four planes and turned them into deadly guided missiles.

Why did they do this? How was the attack planned and conceived? How did the U.S. government fail to anticipate and prevent it? What can we do in the future to prevent similar acts of terrorism?

A Shock, Not a Surprise

The 9/11 attacks were a shock, but they should not have come as a surprise. Islamist extremists had given plenty of warning that they meant to kill Americans indiscriminately and in large numbers. Although Usama Bin Ladin himself would not emerge as a signal threat until the late 1990s, the threat of Islamist terrorism grew over the decade.

In February 1993, a group led by Ramzi Yousef tried to bring down the World Trade Center with a truck bomb. They killed six and wounded a thousand. Plans by Omar Abdel Rahman and others to blow up the Holland and Lincoln tunnels and other New York City landmarks were frustrated when the plotters were arrested. In October 1993, Somali tribesmen shot down U.S. helicopters, killing 18 and wounding 73 in an incident that came to be known as "Black Hawk down." Years later it would be learned that those Somali tribesmen had received help from al Qaeda.

In early 1995, police in Manila uncovered a plot by Ramzi Yousef to blow up a dozen U.S. airliners while they were flying over the Pacific. In November 1995, a car bomb exploded outside the office of the U.S. program manager for the Saudi National Guard in Riyadh, killing five Americans and two others. In June 1996, a truck bomb demolished the Khobar Towers apartment complex in Dhahran, Saudi Arabia, killing 19 U.S. servicemen and wounding hundreds. The attack was carried out primarily by Saudi Hezbollah, an organization that had received help from the government of Iran.

Until 1997, the U.S. intelligence community viewed Bin Ladin as a financier of terrorism, not as a terrorist leader. In February 1998, Usama Bin Ladin and four others issued a self-styled fatwa, publicly declaring that it was God's decree that every Muslim should try his utmost to kill any American, military or civilian, anywhere in the world, because of American "occupa-

“9·11恐怖袭击震惊全球，其实本不应来得如此突然。伊斯兰教极端分子已经多次警告，说将不分青红皂白地大量杀害美国公民。”

报告全文：除摘要外，9·11调查委员会的10名成员做出了一份585页的恐怖袭击报告。他们的带头人是新泽西州前州长托马斯·基恩。

救援人员失踪 世贸中心的废墟掩埋了一辆纽约消防部门的警车。9·11事件中，双子塔的倒塌导致300多名消防队员牺牲。

着火的五角大楼 一架救援直升机围着冒烟的五角大楼盘旋，大楼内180多人死亡。

操作漏洞

9·11调查委员会指出了几个得以让恐怖分子进入美国，发起恐怖袭击的操作漏洞：

没有察觉签证申请的虚假申报；

没有发现护照系伪造；

没有扩大包含恐怖主义者观察名单的禁航名单；

没有用计算机辅助乘客预检系统查找乘客；

没有加固飞行员座舱门，也没有采取其他措施为可能发生的自杀性劫持做好准备。

亦见｜全球文化：第439页

示威群众强烈要求采取行动应对全球气候变暖

社会 全球气候变暖

100多年前，瑞士化学家斯凡特·阿伦尼斯提出大气碳含量同气候变化相关，从此科学家们才认识到了这一点。但是，直到20世纪80年代，全球变暖可能达到毁灭性的地步这一观点才被人们正视起来。当时，美国国家航天航空局的科学家詹姆斯·汉森等科学家开始提出这样的警告——人类活动，比如石油燃烧、养牛（产生甲烷）及滥砍滥伐（砍伐吸收二氧化碳的植物），正在提高全球平均气温。

> 21世纪前十年，北极海冰覆盖率达到历史新低。

1990～2010年期间，二氧化碳年均排放量已经增加了20%。冰川、冻土融化及北极冰盖不断消失等证据都表明危害已经造成。2009年，世界领导人进行哥本哈根会谈，但尚未能达成如何解决这个问题的协议——解决这个问题需要全球合作。

小结：人类不加节制地消耗资源可能会导致地球天气过热，令许多生物都无法生存。

英克利 太远了，游不动

声音

北极熊

“夏季海冰的不断减少对于北极熊而言是个严重的挑战。政府科学家在新研究中得出一个保守估计：由于冰川减少，三分之二的北极熊（包括在美国境内所有的北极熊）将在2050年消失。虽然它们是游泳好手，但是，预计2050年冰川将从海岸后退300～500英里。对于北极熊来说，距离太远，它们游不动。”
——2008年科学家道格拉斯·英克利对美国参议院的证言

“我们把太多二氧化碳排放到地球上了。实际上，我们改变了地球和太阳的关系。”
——阿尔·戈尔

社会 全球化

全球化不是什么新鲜玩意。15 和 16 世纪哥伦布及其水手们在全球航行时，就将遥远的大洲与岛屿纳入了全球殖民和贸易体系——这一体系让思想和信仰随着货物、细菌及人的相互交流而传播。这一过程在 20 世纪加快了速度，因为交通方式得到巨大发展。我们有了喷气式飞机及网络，可以跨越时空障碍，让一个庞大的星球变成了一个地球村。

谷歌开发了世界上最为广泛使用的搜索引擎

欧洲中央银行前的欧元标志

现在也和以前一样，全球化不是一条单行道。耐克、谷歌及麦当劳这样的美国公司在全球成为了最知名的品牌。欧洲金融机构在全世界都有合作联系。但发展中国家在外国经济体中占有重要比重，如今制造的许多产品被欧美人购买。欧美人的种族分布也越来越代表世界种族的整体面貌。

> 金融全球化意味着像2008年美国次贷危机这样的波动会在全球迅速蔓延开来。

小结： 现代科技让遥远的国家在时空上、经济上和文化上靠得更近了。

“一旦我们开放印度，允许这些连锁品牌进入市场，数十家其他品牌也会急切渴望进来……那是我们印度想要的吗？”——玛内卡·甘地

时间脉络关系图

1945～2010年

1946年
美国社会从二战中开始恢复

福特俱乐部跑车

1949年
毛泽东宣布中华人民共和国建立

1951年
世界上第一台商用电子计算机在费城面世

1957年
加纳成为非洲撒哈拉沙漠以南首个实现独立的国家

1965年
美国卫生部长发现香烟会引发肺癌

1970年
学生们在华盛顿特区游行示威，抗议肯特州立大学学生惨遭杀害

华盛顿抗议活动

1976年
中国共产党领导人毛泽东和周恩来相继去世

1945年 1950年 1965年 1976年

1948年
以色列建国

1954年
美国最高法庭首席大法官厄尔·沃伦宣布公立学校的种族隔离非法

1954年
参议员约瑟夫·麦卡锡领导了在美军中的反共产主义调查

罗伊·科恩和约瑟夫·麦卡锡

1962年
苏联在古巴设置导弹，引发古巴导弹危机

1968年
马丁·路德·金遇刺

1974年
理查德·尼克松成为美国历史上第一个辞职的美国总统

1977年
美国撤离巴拿马运河，将全部控制权交还巴拿马

“我提请大家考虑这个问题：‘机器能思考吗？’”

——阿兰·图灵

“我们从旧时代走到新时代的时刻来了，这种时刻在历史上也是少有的。”——贾瓦哈拉尔·尼赫鲁

1979年
玛格丽特·撒切尔当选为英国首位女首相，开启了经济保守主义的时代

1978年
美国总统吉米·卡特作为中间人帮助以色列和埃及领导人达成了和平协议

萨达特，卡特以及贝京

2004年
美国航天局发射的两个“漫游者”探测器在火星登陆

“火星漫游者“探测器

1990年
纳尔逊·曼德拉在南非监狱中度过27年后被释放

1982年
越战老兵纪念碑接受题词，成为美国一个最令人感动的纪念碑

2000年
乔治·W·布什在美国史上最具争议、最势均力敌的一场总统选举中当选

2010年
波兰总统莱赫·卡钦斯基以及其他高层领导人在空难中罹难

1978年 1982年 2000年 2010年

1978年
路易斯·布朗成为第一个试管婴儿

1988年
苏联同意从阿富汗撤军，为期9年的战争结束

2001年
美英进攻阿富汗塔利班，将此次袭击视为反恐战争的一部分

2010年
智利发生地震，成为历史上最强烈的地震之一

2007年
美国银行系统爆发财政危机，引发全球经济衰退

1991年
在沙漠风暴军事行动中，联合国武装力量将伊拉克军队逐出科威特

1980年
世界卫生组织宣布天花病毒已被根除

“压迫者手中最有力的武器就是被压迫者的头脑。”
——斯蒂文·比科

F-14雄猫式战斗机，沙漠风暴行动

插图出处

Key to credits abbreviations:
t=top, b=bottom, l=left, r=right, c=center
Art Resource,NY=AR; The Bridgeman Art Library International=BAL

Cover: Fly/Shutterstock; 2-3, Carla Cioffi/NASA; 6, Private Collection/BAL.

CHAPTER 1: 10-11, Robert Clark/NGS Image Collection; 12, pamspix/iStockphoto; 14 (t), Jane McIlroy/Shutterstock; 14 (b), Wikipedia (Venus_of_Brassempouy.jpg); 15 (t), Ekaterina Starshaya/iStockphoto; 15 (b), AR; 16 (l), Peter V. Bianchi/NGS Image Collection; 16 (r), Ashmolean Museum, University of Oxford, UK/BAL; 17 (l), David L. Brill/NGS Image Collection; 17 (t), Bill Doyle; 17 (b), Private Collection/Look and Learn/BAL; 18 (t), AR; 18 (b), Dave Barnard/Shutterstock; 19, James L. Stanfield/NGS Image Collection; 20, zebra0209/Shutterstock; 22, Erich Lessing/AR; 23 (t), British Museum/AR; 23 (c), Erich Lessing/AR; 23 (b), Marie-Lan Nguyen/Wikipedia; 24 (l), James L. Stanfield/NGS Image Collection; 24 (r), Bernard D'Andrea/NGS Image Collection; 26 (t), Erich Lessing/AR; 25 (b), Louvre, Paris, France /BAL; 26 (t), Musee de Picardie, Amiens, France/Giraudon/BAL; 26 (b), Gordon Gahan/NGS Image Collection; 27 (t), Museum of Fine Arts, Boston, Massachusetts, USA/Henry Lillie Pierce Fund/BAL; 27 (l), Wikipedia (PhoenicianCoin2A.jpg); 27 (b), Lynn Abercrombie/NGS Image Collection; 28, Erich Lessing/AR; 28-29, Réunion des Musées Nationaux/AR; 29, Réunion des Musées Nationaux/AR; 30, Vanni/AR; 32, Kenneth Garrett/NGS Image Collection; 33 (t), Erich Lessing/AR; 33 (c), Kenneth Garrett/NGS Image Collection; 33 (b), Diego Cervo/Shutterstock; 34 (t), Kenneth Garrett/NGS Image Collection; 34 (b), Louvre, Paris, France / BAL; 35 (t), Werner Forman/AR; 35 (b), O. Louis Mazzatenta/NGS Image Collection; 36, Kenneth Garrett/NGS Image Collection; 37 (t), H. Tom Hall/NGS Image Collection; 37 (b), Hunter Yeary; 38, James P. Blair/NGS Image Collection; 40, James P. Blair/NGS Image Collection; 41 (t), India Office Library, London/Ann & Bury Peerless Picture Library/BAL; 41 (c), Randy Olson/NGS Image Collection; 41 (b), William Albert Allard/NGS Image Collection; 42, Bridgeman-Giraudon/AR; 44, Pete Oxford/Minden Pictures/NGS Image Collection; 45 (t), O. Louis Mazzatenta/NGS Image Collection Picture; 45 (bl), The Trustees of the British Museum/AR; 45 (br), Royal Ontario Museum/Corbis; 46 (t), Zhang Zhang Hong Nian/NGS Image Collection; 46 (b), Artshots/Shutterstock; 47 (t), Free Library, Philadelphia, PA, USA/BAL; 47 (b), Bibliotheque Nationale, Paris, France/BAL; 48, Scala/AR; 50, Jesús Eloy Ramos Lara/Dreamstime; 51 (t), Herbert Kane/NGS Image Collection; 51 (b), Kenneth Garrett/NGS Image Collection; 52 (tl), Musee des Antiquites Nationales, St. Germain-en-Laye, France/Lauros/Giraudon/BAL; 52 (tr), The Trustees of the British Museum/AR; 52 (b), James L. Stanfield/NGS Image Collection, 53 (t), Kenneth Garrett/NGS Image Collection; 53 (bl), Randy Olson/NGS Image Collection; 53 (br), David Blossom/NGS Image Collection.

CHAPTER 2: 54-5, James P. Blair/NGS Image Collection; 56, Simon Norfolk/NGS Image Collection; 58, Scala/AR; 59 (t), Bildarchiv Preussischer Kulturbesitz/AR; 59 (b), Bettmann/Corbis; 60 (t), Erich Lessing/AR 60 (b), Wikipedia (Navjote_Yazdi.jpg); 61 (t), HIP/AR; 61 (b), Private Collection/Ann & Bury Peerless Picture Library/BAL; 62 (l), Erich Lessing/AR; 62 (r), Erich Lessing/AR; 63 (t), Musee Rolin, Autun, France /BAL; 63 (b), Simon Norfolk/NGS Image Collection; 64 (l), Réunion des Musées Nationaux/AR; 64 (r), Private Collection/Bonhams, London, UK/BAL; 65, Erich Lessing/AR; 66, O.Louis Mazzatenta/NGS Image Collection; 68 (l), Bibliotheque Nationale, Paris, France /BAL; 68 (r), Erich Lessing/AR; 69 (t), Wikipedia (Ban_Zhao.jpg); 69 (b), Bildarchiv Preussischer Kulturbesitz/AR; 70 (t), Private Collection/Archives Charmet/BAL; 70 (b), Wikipedia (Laozi_002.jpg); 71 (l), Réunion des Musées Nationaux/AR; 71 (r), Réunion des Musées Nationaux/AR; 72 (t), Bibliotheque Nationale, Paris, France/Archives Charmet/BAL; 72 (b), Réunion des Musées Nationaux/AR; 73 (t), Erich Lessing/AR; 73 (b), Craig Hanson/Shutterstock, 74 (t), Michael S. Yamashita/NGS Image Collection, 74 (b), Hsien-Min Yang/NGS Image Collection; 75 (t), Private Collection/BAL; 75 (b), Wiris/Shutterstock; 76 (t), Erich Lessing/AR; 76 (b), Michael S. Yamashita/NGS Image Collection; 77 (t), Asian Art & Archaeology, Inc./Corbis; 77 (c), Clive Streeter/Getty Images; 77 (b), Anyka/Shutterstock; 78, Stephen Webel/iStockphoto; 78-79, Tohoku University Library; 79, Institut des Hautes Etudes Chinoises, Paris/Archives Charmet/BAL; 80, James P. Blair/NGS Image Collection; 82, Jodi Cobb/NGS Image Collection; 83 (t), The Trustees of the British Museum/AR, 83 (b), World Religions Photo Library/BAL; 84 (l), Museum Associates/LACMA/AR; 84 (r), eROMAZe/IStockphoto; 85 (l), Carlos Neto/Shutterstock; 85 (tr), Borromeo/AR; 86 (t), National Gallery, London, UK/BAL; 86 (bl), HIP/AR; 86 (br), Yan Vugenfirer/BigStock; 87 (tl), Kimbell Art Museum, Fort Worth, Texas/AR; 87 (tr), Vanni/AR; 87 (b), Erich Lessing/AR.

CHAPTER 3: 88-89, Bart Parren/Shutterstock; 90, Erich Lessing/AR; 92 (l), Réunion des Musées Nationaux/AR; 92 (r), Galina Barskaya/Shutterstock; 93 (t), The Metropolitan Museum of Art/AR; 93 (b), Vatican Museums and Galleries, Vatican City, Italy/BAL; 94 (t), Louvre, Paris, France/Giraudon/BAL; 94 (b), bkp/Shutterstock; 95 (t), Erich Lessing/AR; 95 (b), Alinari/AR; 96 (t), ollirg/iStockphoto; 96 (b), Museo Archeologico Nazionale, Taranto, Puglia, Italy/Giraudon/ BAL; 97 (t), Nottingham City Museums and Galleries (Nottingham Castle)/BAL; 97 (b), Bildarchiv Preussischer Kulturbesitz/AR; 98, Scala/AR; 99 (t), Walters Art Museum, Baltimore, USA/BAL; 99 (b), Réunion des Musées Nationaux/AR; 100 (t), estelle75/iStockphoto; 100 (b), Henning Janos/Shutterstock; 101 (t), NYPublic Library; 101b, HIP/Art Resource; 102, Alfio Ferlito/ Shutterstock; 103 (t), Vladimir Korostyshevskiy/ Shutterstock; 103 (b), NG Books; 104 (l), James L. Stanfield/NGS Image Collection; 104 (r). British Museum, London, UK/BAL; 105 (t), Erich Lessing/AR; 105 (b), Wikipedia (Ancientlibraryalex.jpg); 106, Scala/AR; 108, Bryan Busovicki/Shutterstock; 109 (t), Alfio Ferlito/Shutterstock; 109 (b), O. Louis Mazzatenta/NGS Image Collection; 110 (t), Clara/Shutterstock; 110 (b), Art Museum, Baltimore, USA/BAL; 111 (t), Michael Effler/Shutterstock; 111 (b), Archive Timothy McCarthy/AR; 112, Erich Lessing/AR; 113 (l), Fitzwilliam Museum, University of Cambridge, UK/BAL; 113 (t), Private Collection/The Stapleton Collection/BAL; 113 (b), Rafal Olkis/Shutterstock; 114 (l), Réunion des Musées Nationaux/AR; 114 (r), Erich Lessing/AR; 115 (t), Scala/AR; 115 (b), Schorle/Wikipedia; 116 (t), Elena Elisseeva/Shutterstock; 116 (b), Robert Sisson/NGS Image Collection; 117 (t), Private Collection/BAL; 117 (b), Melissa Farris; 118 (l), Biblioteca Nacional, Madrid, Spain/AISA/BAL; 118 (r), The Metropolitan Museum of Art/AR; 119 (t), Musee des Beaux-Arts, Dunkirk, France/Giraudon/BAL; 119 (b), Private Collection/DACS/Archives Chamet/BAL; 120, Francesco Dazzi/Shutterstock; 120-121, John C. Trever, PhD, digital image by James E. Trever; 121, David Boyer/NGS Image Collection; 122, Cameraphoto Arte, Venice/AR; 124, Erich Lessing/AR; 125 (t), Brooklyn Museum of Art, New York, USA/BAL; 125 (b), Wikipedia (HerodtheGreat2.jpg); 126 (t), Scala/AR; 126 (b), HIP/AR; 127 (t), Scala/Ministero per i Beni e le Attività culturali/AR; 127 (b), Bildarchiv Preussischer Kulturbesitz/AR; 128, Erich Lessing/AR; 130, Alinari/AR; 131 (t), Private Collection/Look and Learn/BAL; 131 (b), Tate, London/AR; 132 (t), Peter V. Bianchi/NGS Image Collection; 132 (bl), Scala/AR; 132 (br), Netfalls/Shutterstock; 133 (tl), fotoecho/Shutterstock; 133 (tr), Private Collection/Look and Learn/BAL; 133 (b), Kenneth Garrett/NGS Image Collection.

CHAPTER 4: 134-135, Luciano Mortula/Shutterstock; 136, Scala/AR; 138 (l), Bibliotheque Nationale, Paris, France/Lauros/Giraudon/BAL; 138 (r), Hermitage, St. Petersburg, Russia /BAL; 139 (l), Erich Lessing/AR; 139 (r), The Orthodox Church in America, www.oca.org <http://www.oca.org/; 140 (l), Bibliotheque des Arts Decoratifs, Paris, France/Archives Charmet/BAL; 140 (r), Private Collection/BAL; 141 (t), Bildarchiv Preussischer Kulturbesitz/AR; 141 (b), Scala/AR; 142 (t), Erich Lessing/AR; 142 (b), Aleister Crowley/Wikipedia; 143 (t), Wikipedia (Nikiphoros_Phokas.jpg); 143 (b), Erich Lessing/AR; 144, Bildarchiv Preussischer Kulturbesitz/AR; 146 (t), Reza/NGS Image Collection; 146 (b), Ahmad Al-Rubaye/AFP/Getty Images; 147 (t), Réunion des Musées Nationaux/AR; 147 (b), Treasury of the Abbey of Saint-Maurice, Valais, Switzerland/Lauros/Giraudon/BAL; 148 (l), Historiska Museet, Stockholm, Sweden/Ancient Art and Architecture Collection Ltd./BAL; 148 (r), National Maritime Museum, London, England/NGS Image Collection; 149 (t), Bibliotheque Nationale, Paris, France/BAL; 149 (b), Scala/AR; 150, James L. Stanfield/NGS Image Collection; 150-151, V&A Images, London/AR; 151, George Steinmetz/NGS Image Collection; 152, Musee des Beaux-Arts, Dijon, France/Lauros/Giraudon/ BAL; 154, The Trustees of the British Museum/AR; 155 (t), Private Collection/BAL; 155 (b), NG Books; 156, Scala/White Images/AR; 157 (t), Patricia Hofmeester/Shutterstock; 157 (b), Wikipedia (Fra_Angelico_031.jpg); 158 (t), Ceboksary Art Museum, Russia/BAL; 158

(b), izold/iStockphoto; 159; Aachen Cathedral Treasury, Aachen, Germany/ Bildarchiv Steffens/BAL; 160, Musee Conde, Chantilly, France/Giraudon/ BAL; 161 (t), HIP/AR; 161 (b), Wikipedia (Cleric-Knight-Workman.jpg); 162, David Alan Harvey/NGS Image Collection; 164, The Trustees of the British Museum/AR; 165 (t), Werner Forman/AR; 165 (b), Allen Memorial Art Museum, Oberlin College, Ohio, USA/R.T. Miller, Jr. Fund/BAL; 166 (t), Werner Forman/ AR; 166 (b), James P. Blair/NGS Image Collection; 167 (t), British Library, London, UK/British Library Board. All Rights Reserved/BAL; 167 (b), Werner Forman/AR; 168 (t), Thomas J. Abercrombie/NGS Image Collection; 168 (b), Musee des Beaux-Arts, Angers, France/Giraudon/BAL; 169 (t), David Alan Harvey/NGS Image Collection; 169 (b), Erich Lessing/AR; 170, Dave Rock/ Shutterstock; 172 (t), Doug Stern/NGS Image Collection; 172 (b), Curtis Kautzer/Shutterstock; 173 (t), Yvan/Shutterstock; 173 (b), Museum of Fine Arts, Boston, Massachusetts, USA/Gift of Landon T. Clay/BAL; 174 (t), Luis Acosta/AFP/Getty Images; 174 (b), Kenneth Garrett/NGS Image Collection; 175 (t), Werner Forman/AR; 175 (b), Richard Schlecht/NGS Image Collection; 176 (t), Scala/AR; 176 (bl), Réunion des Musées Nationaux/AR; 176 (br), James L. Stanfield/NGS Image Collection; 177 (tl), Erich Lessing/AR; 177 (tr), Michel Zabe/AZA INAH/BAL; 177 (bl), Sisse Brimberg/NGS Image Collection; 177 (br), Dmitriy Yakovlev/iStockphoto.

CHAPTER 5: 178-179, Guildhall Art Gallery, City of London/BAL; 180, Private Collection/© Philip Mould Ltd, London/BAL; 182, Wikipedia (Hommage_of_Edward_I_to_Philippe_le_Bel.jpg), 183 (t), HIP/AR; 183 (b), St. Nick/Shutterstock; 184 (t), Réunion des Musées Nationaux/AR; 184 (b), Bibliotheque Nationale, Paris, France/BAL; 185 (t), Kunsthistorisches Museum, Vienna, Austria/BAL; 185 (b), Private Collection/Ken Welsh/BAL; 186 (t), Cardaf/Shutterstock; 186 (b), Alinari/AR; 187 (t), Private Collection/Bonhams, London, UK/BAL; 187 (b), Scala/Ministero per i Beni e le Attività culturali/AR; 188 (l), Scala/AR; 188 (r), Museum of London, UK/BAL; 189 (t), Musee des Beaux-Arts, Tournai, Belgium/BAL; 189 (b), Frontpage/Shutterstock; 190 (t), Private Collection/BAL; 190 (b), Osterreichische Nationalbibliothek, Vienna, Austria/Alinari/BAL; 191, Réunion des Musées Nationaux/AR; 192 (t), Réunion des Musées Nationaux/AR; 192 (c), Private Collection/Giraudon/BAL; 192 (b), Anyka/Shutterstock; 193, Private Collection/Archives Charmet/BAL; 194, Private Collection/The Stapleton Collection/BAL; 194-195, HIP/AR; 195, HIP/ AR; 196, Bildarchiv Preussischer Kulturbesitz/AR; 198, HIP/AR; 199 (t), National Gallery, London, UK/BAL; 199 (b), Snark/AR; 200 (t), Bibliotheque Nationale, Paris, France/BAL; 200 (b), James L. Stanfield/NGS Image Collection; 201 (t), Biblioteca Nazionale, Turin, Italy/BAL; 201 (b), Wikkiss/Dreamstime, 202, National Palace Museum, Taipei, Taiwan/BAL; 204, iPhotos/Shutterstock; 205 (t), NG Books; 205 (c), Kimbell Art Museum, Fort Worth, Texas/AR; 205 (b), Michael S. Yamashita/NGS Image Collection; 206 (t), HIP/AR; 206 (b), The Trustees of the British Museum/AR; 207 (t), Stanisław Chlebowski/Wikipedia; 207 (b), yellowcrestmedia/iStockphoto; 208, Alexey Stiop/Shutterstock; 210, Museo Arqueologico, Mexico City, Mexico/BAL; 211 (t), Michel Zabé/AR; 211 (c), Biblioteca Medicea-Laurenziana, Florence, Italy/BAL; 211 (b), Private Collection/Ken Welsh/BAL; 212 (tl), Ned M. Seidler/NGS Image Collection, 212 (tr), Stephen Alvarez/NGS Image Collection; 212 (b), Pedro de Cieza de León/ Wikipedia, 213 Ira Block/NGS Image Collection, 214 (tl), Bridgeman-Giraudon/ AR; 214 (tr), Peter38/Shutterstock; 214 (b), Chateau de Versailles, France/ Giraudon/BAL; 215 (t), H. Tom Hall/NGS Image Collection; 215 (bl), Scala/ White Images/AR; 215 (br), LijuanGuo/Shutterstock.

CHAPTER 6: 216-217, Richard Schmidt-Zuper/iStockphoto; 218, Alinari/ AR; 220 (t), Erich Lessing/AR; 220 (b), Scala/AR; 221 (t), Fitzwilliam Museum, University of Cambridge, UK/BAL; 221 (b), Cameraphoto Arte, Venice/AR; 222, British Library, London, UK/British Library Board. All Rights Reserved/ BAL; 223 (t), Museo de Bellas Artes, Valencia, Spain/BAL; 223 (b), Erich Lessing/AR; 224 (t), James L. Amos/NGS Image Collection; 224 (b), Alinari/ AR; 225 (t), National Gallery, London, UK/BAL; 225 (b), Jodi Cobb/NGS Image Collection; 226 (t), British Library, London, UK/British Library Board. All Rights Reserved/BAL; 226 b; Biblioteca Marucelliana, Florence, Italy/ BAL; 227 (t), Bridgeman-Giraudon/AR; 227 (b), Bibliotheque de l'Institut de France, Paris, France/ Archives Charmet/BAL; 228, Bildarchiv Preussischer Kulturbesitz/AR; 229 (t), The Metropolitan Museum of Art/AR; 229 (b), Allen Carroll, NGS; 230, Bildarchiv Preussischer Kulturbesitz/AR; 231 (t), Wikipedia (Elizabeth_I_Armada_Portrait_British_School.jpg); 231 (b), Erich Lessing/AR; 232 (l), Biblioteca Universidad, Barcelona, Spain/Paul Maeyaert/BAL; 232 (r), Victor R. Boswell, Jr/NGS Image Collection; 233 (t), Ernest Board/NGS Image Collection; 233 (cr), Library of Congress; 233 (b), Atwater Kent Museum of Philadelphia/ Courtesy of Historical Society of Pennsylvania Collection,/BAL; 234 (l), Bridgeman-Giraudon/AR; 234 (r), The Pierpont Morgan Library/AR; 235 (t), Bildarchiv Preussischer Kulturbesitz/AR; 235 (b), Royal Geographical Society, London, UK/BAL; 236, Scala/Ministero per i Beni e le Attività culturali/ AR; 237 (t), Bibliotheque Nationale, Paris, France/Giraudon/BAL; 237 (b), Réunion des Musées Nationaux/AR; 238 (t), S.Borisov/Shutterstock; 238 (b), Wikipedia (Losreyescatolicos.jpg); 239 (t), Erich Lessing/AR; 239 (b), Bettmann/Corbis; 240 (t), State Russian Museum, St. Petersburg, Russia/ BAL; 240 (r), Wikipedia (Russian_boyar_from_XVII_century.JPG); 240 (bl), Bildarchiv Preussischer Kulturbesitz/AR; 241 (t), Bibliotheque Nationale, Paris, France/Archives Charmet/BAL; 241 b; Wikipedia (Battle_of_Lepanto_1571. jpg); 242, Foto Marburg/AR; 242-243, Ralph W. Klein/Lutheran School of Theology at Chicago; 243, JackJelly/iStockphoto; 244, The Metropolitan Museum of Art/AR; 246 (t), Private Collection/Index/BAL; 246 (b), Agisilaou & Spyrou/iStockphoto; 247, Museo de Bellas Artes, Zaragoza, Spain/BAL; 248 (l), Bildarchiv Preussischer Kulturbesitz/AR; 248 (r), Museo del Oro, Lima, Peru/BAL ; 249 (t), Bildarchiv Preussischer Kulturbesitz/AR; 249 (b), British Museum, London, UK/BAL; 250, The Historic New Orleans Collection/ BAL; 251 (t), Private Collection/Peter Newark American Pictures/BAL; 251 (b), Private Collection/BAL; 252 (l), British Museum, London, UK/BAL; 252 (r), Schlesinger Library, Radcliffe Institute, Harvard University/BAL; 253 (t), Bridgeman-Giraudon/AR; 253 (b), The Trustees of The British Museum/ AR; 254, Private Collection/Dinodia/BAL; 256, James L. Stanfield/NGS Image Collection; 257 (t), Mark Hannaford/AWL/Aurora Photos; 257 (b), Michael Hampshire/NGS Image, 258 (t), The Metropolitan Museum of Art/ AR; 258 (b), Gesu, Rome, Italy/BAL; 259 (t), Musee du Berry, Bourges, France/Lauros/Giraudon/BAL; 259 (b), Private Collection/Paul Freeman/ BAL; 260 (l), Luciano Mortula/iStockphoto; 260 (r), Erich Lessing/AR; 261 (t), Réunion des Musées Nationaux/AR; 261 (b), Private Collection/Dinodia/ BAL; 262 (t), Jarno Gonzalez Zarraonandia/Shutterstock; 262 (b), Scala/ AR; 263 (t), Private Collection/Index/BAL; 263 (b), Private Collection/Peter Newark Military Pictures/BAL; 264 (t), Réunion des Musées Nationaux/AR; 264 (b), Bjorn Landstrom/NGS Image Collection; 265 (tl), James L. Stanfield/ NGS Image Collection; 265 (tr), The Metropolitan Museum of Art/AR; 265 (bl), Tretyakov Gallery, Moscow, Russia/BAL; 265 (br), Scala/AR.

CHAPTER 7: 266-267, Musee Nat. du Chateau de Malmaison, Rueil-Malmaison, France/Lauros/Giraudon/BAL; 268, Prado, Madrid, Spain/ Giraudon/BAL; 270 (t), Guildhall Library, City of London/BAL; 270 (b), Wikipedia (Samuel_Pepys.jpg); 271 (t), The Granger Collection, New York; 271 (b), Victoria & Albert Museum, London, UK/BAL; 272, Erich Lessing/AR; 273 (t), Bildarchiv Preussischer Kulturbesitz/AR; 273 (b), Razvan Stroie/ Shutterstock; 274 (t), Galerie Dijol, Paris, France/BAL; 274 (b), Bridgeman-Giraudon/AR; 275, Private Collection/BAL; 276 (l), HIP AR; 276 (r), Réunion des Musées Nationaux/AR; 277 (t), Scala/AR; 277 (b), NG Books; 278, Wikipedia (Bakhuizen,_Battle_of_Vigo_Bay.jpg); 279 (t), Private Collection/ BAL; 279 (b), HIP/AR; 280, Academie Nationale de Medecine, Paris, France/ Archives Charmet/BAL; 281 (tr), HIP/AR; 281 (tl), Royal Society, London, UK/BAL, 281 (b), Bridgeman-Giraudon/AR; 282 (t), The Fleming-Wyfold Art Foundation/BAL; 282 (b), Bibliotheque Nationale, Paris, France/Archives Charmet/BAL; 283 (t), Wikipedia (Marywollstonecraft.jpg); 283 (b), Luton Museum, Bedfordshire, UK/BAL; 284 (r), Stadtische Museum, Erfurt, Germany/BAL; 284 (l), Mozart Museum, Prague, Czech Republic/Giraudon/ BAL; 285, Museum of Fine Arts, Houston, Texas, USA/Robert Lee Blaffer Memorial Collection Gift of Sarah Campbell Blaffer/BAL; 286 (t), Tokyo Fuji Art Museum, Tokyo, Japan/BAL; 286 (bl), Wikipedia (AdamSmith.jpg); 286 (r), Scala/White Images/AR; 287, Private Collection/Roger-Viollet, Paris/BAL; 288, Erich Lessing/AR; 290, Erich Lessing/AR; 291 (t), Chawton House Library, Hampshire, UK/BAL; 291 (b), Wikipedia (Konstantin_Kapidagli_002.jpg); 292 (t), Private Collection/Paul Freeman/BAL; 292 (b), Wikipedia (Jan_van_ Riebeeck.png); 293 (t), Private Collection/BAL; 293 (bl), Private Collection/ Boltin Picture Library/BAL, 293 (br), Private Collection/Heini Schneebeli/BAL; 294, Erich Lessing/AR; 296, Erich Lessing/AR; 297 (t), Private Collection/ Peter Newark Historical Pictures/BAL; 297 (b), Bibliotheque Nationale, Paris, France/BAL; 298 (t), Réunion des Musées Nationaux/AR; 298 (b), Wikipedia (Portrait_of_the_Kangxi_Emperor_in_Court_Dress.jpg); 299 (t), Réunion des Musées Nationaux/AR; 299 (b), Réunion des Musées Nationaux/AR; 300 (t), Private Collection/Paul Freeman/BAL; 300 (b), National Trust Photo Library/ AR; 301 (t), Wikipedia (Hongloumeng1.jpg); 301 (b), Private Collection/Heini

Schneebeli/BAL; 302 (l), Werner Forman/AR; 302 (r), Werner Forman/AR; 303, Erich Lessing/AR; 304 (t), Werner Forman/AR; 304 (b), Scala/AR; 305 (t), HIP/AR; 305 (b), Scala/AR; 306, Private Collection/BAL; 308, OSTILL/iStockphoto; 309 (t), Schalkwijk/AR; 309 (b), Wikipedia (Louis-Michel_van_Loo_003.jpg); 310, Pennsylvania Academy of the Fine Arts, Philadelphia, USA/BAL; 311 (t), Museum of the City of New York, USA/BAL; 311 (b), Collection of the New-York Historical Society, USA/BAL; 312 (l), Private Collection/Peter Newark American Pictures/BAL; 312 (r), The New York Public Library/AR; 313 (t), Virginia Historical Society, Richmond, Virginia, USA/BAL; 313 (bl), Private Collection/The Stapleton Collection/BAL; 313 (r), Virginia Historical Society, Richmond, Virginia, USA/BAL; 314, The Metropolitan Museum of Art/AR; 314-315, National Archives; 315, AR; 316 (t), Réunion des Musées Nationaux/AR; 316 (b), National Army Museum, London/BAL; 317 (t), Massachusetts Historical Society, Boston, MA, USA/BAL; 317 (c), National Portrait Gallery, Smithsonian Institution/AR; 317 (b), Pedro Armestre/AFP/Getty Images; 318 (tl), Réunion des Musées Nationaux/AR; 318 (tr), V&A Images, London/AR; 318 (b), V&A Images, London/AR; 319 (tl), The Trustees of The British Museum/AR; 319 (tr), Private Collection/Peter Newark American Pictures/BAL; 319 (b), Robert W. Nicholson/NGS Image Collection.

CHAPTER 8: 320-321, Erich Lessing/AR; 322, Bildarchiv Preussischer Kulturbesitz/AR; 324, Private Collection/Christie's Images/BAL; 325 (t), Adoc-photos/AR; 325 (b), Erich Lessing/AR; 326, Réunion des Musées Nationaux/AR; 327 (t), HIP/AR; 327 (b), National Army Museum, London/BAL; 328 (t), Musee de la Ville de Paris, Muşee Carnavalet, Paris, France Archives Charmet/BAL; 328 (b), Alinari/AR; 329, Scala/AR; 330 (l), National Army Museum, London/BAL; 330 (r), Bildarchiv Preussischer Kulturbesitz AR; 331 (t), Library of Congress; 331 (c), National Army Museum, London/BAL; 331 (b), SSPL/National Media Museum/AR; 332, Bildarchiv Preussischer Kulturbesitz/AR; 333 (t), Hulton Archive/Getty Images; 333 (b), Private Collection/ Roger-Viollet, Paris/BAL; 334 (l), Réunion des Musées Nationaux/AR; 334 (r), restyler/Shutterstock; 335 (t), Musee d'Orsay, Paris, France/Lauros/Giraudon/BAL; 335 (b), The Pierpont Morgan Library/AR; 336 (t), NG Books; 336 (b), Stephen Morrison/epa/Corbis; 337 (t), Private Collection/BAL; 337 (b), Bildarchiv Preussischer Kulturbesitz/AR; 338, James L. Stanfield/NGS Image Collection; 338-339, Library of Congress; 339, Robert Clark/NGS Image Collection; 340, Luis Marden/NGS Image Collection; 342 (l), AR; 342 (r), Brooklyn Museum of Art, New York, USA/Gift of F. Ethel Wickham in memory of W. Hull Wickham/BAL; 343 (t), The Academy of Natural Sciences, Ewell Sale Stewart Library , and the Albert M. Greenfield Digital Imaging Center for Collections; 343 (b), Butler Institute of American Art, Youngstown, OH, USA/Gift of Joseph G. Butler III 1946/BAL; 344 (t), Private Collection/BAL; 344 (b), Woolaroc Museum, Oklahoma, USA/Peter Newark Western Americana/BAL; 345 (t), Edward S. Curtis/NGS Image Collection; 345 (b), Private Collection/Peter Newark American Pictures/BAL; 346 (t), Bildarchiv Preussischer Kulturbesitz/AR; 346 (b), Library of Congress; 347 (t), SSPL/National Media Museum/AR; 347 (b), Austin History Center, Austin Public Library, Lawrence T. Jones III, Austin, Texas; 348 (t), Private Collection/Peter Newark American Pictures/BAL; 348 (b), The New York Public Library/AR; 349 (t), Private Collection/Peter Newark Western Americana/BAL; 349 (b), David J. & Janice L. Frent Collection/Corbis; 350 (t), R. Gino Santa Maria/Shutterstock; 350 (c), NG Books; 350 (b), Bridgeman-Giraudon/AR; 351, Museo Nacional de Historia, Castillo de Chapultepec, Mexico/Giraudon/BAL; 352 (t), Private Collection/Archives Charmet/BAL; 352 (b), Réunion des Musées Nationaux/AR; 353 (l), Wikipedia (JaMAC.jpg); 353 (r), Private Collection/Peter Newark American Pictures/BAL; 354, Katherine Carl/Wikipedia; 356 (t), HIP/AR; 356 (b), Wikipedia (Lin_Zexu_1.jpg); 357 (l), The Granger Collection, New York; 357 (r), Bibliotheque des Arts Decoratifs, Paris, France/Archives Charmet/BAL; 358 (t), Private Collection/BAL; 358 (b), Erich Lessing/AR; 359 (t), Library of Congress; 359 (b), AR; 360 (l), George Baxter/Getty Images; 360 (r), Private Collection/BAL; 361 (t), Alexander Turnbull Library, Wellington, New Zealand/BAL; 361 (b), Royal Geographical Society, London, UK/BAL; 362 (tl), Private Collection/Peter Newark American Pictures/BAL; 362 (tr), SEF/AR; 362 (b), Erich Lessing/AR; 363 (tl), Tom Lovell/NGS Image Collection; 363 (tr), HIP/AR; 363 (b), Royal Geographical Society, London, UK/BAL.

CHAPTER 9: 364-365, Hulton Archive/Getty Images; 366, Private Collection/Archives Charmet/BAL; 368 (t), HIP/AR; 368 (b), Library of Congress; 369 (t), Victor R. Boswell, Jr./NGS Image Collection; 369 (b), Hulton Archive/Getty Images; 370 (l), Bettmann/CORBIS; 370 (r), Private Collection/BAL; 371 (t), Library of Congress; 371 (b), Bildarchiv Preussischer Kulturbesitz/AR; 372 (l), Réunion des Musées Nationaux/AR; 372 (r), Private Collection/Peter Newark American Pictures/BAL; 373 (t), Library of Congress; 373 (b), Private Collection/DACS/Archives Charmet/BAL; 374, FDR Library; 376, AR; 377 (tr), Brown Brothers/FDR Library; 377 (c), Library of Congress; 377 (b), Snark/AR; 378 (tr), Corbis; 378 (c), Snark/AR; 378 (b), Library of Congress; 379 (t), Bettmann/Corbis; 379 (b), Wikipedia (Francisco_Villa.gif); 380, Bildarchiv Preussischer Kulturbesitz/AR; 382, Archives Larousse, Paris, France/Giraudon/BAL; 383 (t), NG Books; 383 (b), Private Collection/Peter Newark American Pictures/BAL; 384 (l), Library of Congress; 384 (r), Library of Congress; 385 (l), Library of Congress; 385 (r), Private Collection/Archives Charmet/BAL; 386 (t), Scala/White Images/AR; 386 (b), Library of Congress; 387 (l), Library of Congress; 387 (r), Deutsches Plakat Museum, Essen, Germany/Archives Charmet/BAL; 388 (l),Bettmann/Corbis; 388 (br), AR; 389 (t), Hulton-Deutsch Collection/Corbis; 389 (b), Tereshchenko Dmitry/Shutterstock; 390 (t), Central Press/Getty Images; 390 (b), Private Collection/BAL; 391 (t), Library of Congress; 391 (b), SZ Photo/BAL; 392 (t), Library of Congress; 392 (b), Private Collection/Peter Newark American Pictures/BAL; 393 (t), NG Books; 393 (b), Library of Congress; 394 (t), Bildarchiv Preussischer Kulturbesitz/AR; 394 (b), H. Hoffmann/Wikipedia; 395 (tr), Bettmann/Corbis; 395 (c), Private Collection/Peter Newark Military Pictures/BAL; 395 (b), NG Books; 396, AFP/Getty Images; 398 (l), FDR Library; 398 (r), City of Edinburgh Museums and Art Galleries, Scotland/BAL; 399 (t), Private Collection/The Stapleton Collection/BAL; 399 (b), Private Collection/Archives Charmet/BAL; 400 (t), Private Collection/BAL; 400 (b), James P. Blair/NGS Image Collection; 401 (t), AFP/Getty Images; 401 (b), Private Collection/Archives Charmet/BAL; 402, LAPI/Roger Viollet/Getty Images; 403 (t), Fox Photos/Getty Images; 403 (b), Private Collection/Dinodia/BAL; 404 (tl), SSPL/Science Museum/AR; 404 (tr), Snark/AR; 404 (b), DeA Picture Library/AR; 405 (tl), The New York Public Library/AR; 405 (tr), Wikipedia (Nagasakibomb.jpg); 405 (bl), Private Collection/DACS/BAL; 405 (br), SZ Photo/BAL.

CHAPTER 10: 406-407, Michael Melford/NGS Image Collection; 408, Sergei Guneyev/Time & Life Pictures/Getty Images; 410 (t), Zettler/dpa/Corbis; 410 (b), Erwin Lux/Wikipedia; 411 (t), Private Collection/Roger-Viollet, Paris/BAL; 411 (b), SZ Photo/BAL; 412 (t), epa/Corbis; 412 (b), Serge Ligtenberg/POOL/epa/Corbis; 413 (t), Horacio Villalobos/Corbis; 413 (b), Homer Sykes/Getty Images; 414, James Leynse/Corbis; 416 (l), NASA; 416 (r), NASA; 417 (t), Ed Kashi/AuroraPhotos; 417 (cr), Graeme Dawes/Shutterstock; 417 (l), Matthew Yohe/Wikipedia; 418 (t), james steidl/iStockphoto; 418 (b), Bettmann/Corbis; 419 (t), Hung Chung Chih/Shutterstock; 419 (b), Joe Scherschel/NGS Image Collection; 420, Adoc-photos / AR; 422 (t), CBS Photo Archive/Getty Images; 422 (b), Library of Congress; 423 (t), Library of Congress; 423 (b), James P Blair/NGS Image Collection; 424 (t), Justin Sullivan/Getty Images; 424 (b), Kevin Lamarque/Reuters/Corbis; 425 (r), Lucas Dolega/epa/Corbis; 425 (l), Diego Goldberg/Sygma/Corbis; 426, Peter Turnley/Corbis; 428 (tl), Mohammed Salem/Reuters/Corbis; 428 (cr), B. Anthony Stewart/NGS Image Collection; 428 (b), Bettmann/Corbis; 429 (t), Mirrorpix/Getty Images; 429 (b), Bettmann/Corbis; 430, James Marshall/Corbis; 431, Mike Hutchings/Reuters/Corbis; 432, Jack Birns//Time Life Pictures/Getty Images; 434 (t), Wang Xiaochuan/Xinhua Press/Corbis; 434 (b), Jacques Langevin/Sygma/Corbis; 435 (t), Private Collection/Peter Newark Military Pictures/BAL; 435 (b), W.E. Garrett/NGS Image Collection; 436 (t), Kapoor Baldev/Sygma/Corbis; 436 (b), Library of Congress; 437 (t), Thomas J. Abercrombie/NGS Image Collection; 437 (br), David McLain/NGS Image Collection; 437 (bl), Andrejs Jegorovs/Shutterstock; 438, Susan Seubert/NGS Image Collection; 440 (t), Pascal Maitre/NGS Image Collection; 440 (b), Jay Dickman/NGS Image Collection; 441, Library of Congress; 442, Reuters/Corbis; 442 (r), From The 9/11 Commission Report; 443 (l), From The 9/11 Commission Report; 443 (tr), Library of Congress; 443 (br), Reuters/Corbis; 444 (t), Yoan Valat/epa/Corbis; 444 (b), Paul Nicklen/NGS Image Collection; 445 (t), Frank May/epa/Corbis; 445 (b), Einstein/Shutterstock; 446 (tl), Stan Rohrer/iStockphoto; 446 (tr), JP Laffont/Sygma/Corbis; 446 (b), Bettmann/Corbis; 447 (tl), Bettmann/Corbis; 447 (tr), NASA; 447 (b), Aero Graphics, Inc./Corbis.

致谢与参考文献

部分参考文献

Bentley, Jerry H, Herbert F Ziegler. *Traditions and Encounters: A Global Perspective on the Past*. Boston: McGraw Hill, 2000.

Daniels, Patricia, Steven Hyslop. *Almanac of World History*. Washington, DC: National Geographic, 2003.

Davies, Norman. *Europe: A History*. Oxford: Oxford University Press, 1996.

Duiker, William J Jackson J Spielvogel. *World History, Vols. 1 & 2*. Minneapolis: West Publishing Co., 1994.

Farrington, Karen. *Historical Atlas of Empires*. New York: Checkmark Books, 2002.

Goldsworthy, Adrian. *How Rome Fell*. New Haven: Yale University Press, 2009.

Hanawalt, Barbara. *The Middle Ages: An Illustrated History*. Oxford Univ. Press, 1998.

Hunt, Lynn. *The Making of the West: Peoples and Cultures*. Boston: Bedford/St. Martin's, 2001.

Kagan, Donald, Steven Ozment, et al. *The Western Heritage*. Upper Saddle River, N.J.: Pearson Prentice Hall, 2007.

Kishlansky, Mark A, ed. *Sources of World History, Vols 1 & 2*. Belmont, CA: Thomson Wadsworth, 2007.

National Geographic. *1000 Events That Shaped the World*. Washington, DC: National Geographic, 2007.

National Geographic. *Concise History of the World*. Washington, DC: National Geographic, 2006.

National Geographic. *Visual History of the World*. Washington, DC: National Geographic, 2005.

Roberts J M. *Ancient History*. London: Duncan Baird Publishers, 2002.

Rosenwein, Barbara H. *A Short History of the Middle Ages*. Peterborough, ON: Broadview, 2004.

WEBSITES

The Internet History Sourcebooks Project http://www.fordham.edu/halsall/

The Avalon Project http://avalon.law.yale.edu/

The National Archives http://www.archives.gov/exhibits/

作者与供稿者

斯蒂芬·G·希斯洛普（7、8、9、10章）著有数本关于美国史和世界史的书籍，其中包括《亲历内战》《国家地理世界历史年鉴》（与帕特里夏·S·丹尼尔斯合著）。曾在《美国历史》和《历史频道杂志》撰文。

鲍勃·萨默维尔（1、3章）在时代−生活图书出版公司工作了20年，编写书籍范围极广。目前他在马里兰州森林高地任自由撰稿人和编辑。他的《狗镇：获救狗的避难所》一书，2009年被独立图书出版商协会评为年度最佳图书。

约翰·米利肯·汤普森（2、4、5、6章）编写了10本书，与人合著的图书超过30本。他最近的两本著作均由国家地理学会出版，分别是《中世纪的世界：地图册》和《达科他州：西部的开始》。他的历史小说《水库》即将出版。

约瑟夫·柯特博士（顾问），弗吉尼亚州詹姆斯·麦迪逊大学历史教授，专门研究美国知识分子和文化史。

小詹姆斯·雷斯顿（前言）著有15本书、3部戏剧，另在国家级杂志上发表诸多文章。他最近5部历史作品分别为《伽利略传》《最后的启示》《神的勇士》《神之犬》和《信念捍卫者》，已被翻译成12种外语。他是罗马美国学院工作人员、美国国会图书馆驻馆学者，目前是华盛顿伍德罗·威尔逊国际学者中心的资深学者。

致谢

编辑要感谢他们的许可，转载、摘录其文本：第33页，LICHTHEIM，《古埃及文学：第三卷》，加州大学出版社版权许可；第173页，GOETZ，《乌古基切：玛雅人圣书》，俄克拉何马大学出版社版权许可；第183页，《索尔兹伯里的约翰书信录》，牛津大学出版社版权许可；第298页，《中华帝国晚期的大众文化》，加州大学出版社版权许可；第418页，詹姆斯·D·沃森著《双螺旋》，由西蒙与舒斯特公司旗下SCRIBNER公司版权许可；版权1968年由詹姆斯·D·沃森所有，保留所有权利。

主题索引（按其英文顺序排列，仅供参考）

黑体数字表明配有插图

A

B

D

F

G

H

N

O

P

X

Y

Z

见证历史

从远古到现代

出版：国家地理学会

小约翰 · M · 费伊，总裁兼首席执行官
吉尔伯特 · M · 格罗夫纳，董事会主席
提姆 · T · 凯利，总裁，环球传媒集团
约翰 · Q · 格里芬，执行副总裁兼出版总裁
尼娜 · D · 霍夫曼，执行副总裁兼图书出版集团总裁

制作：图书事业部

芭芭拉 · 布劳内尔 · 格罗根，副总裁兼总编辑
玛丽安 · R · 卡斯佐罗斯，设计总监
丽莎 · 托马斯，高级编辑
卡尔 · 梅勒，地图总监
加里 · R · 科尔伯特，制作总监
珍妮弗 · A · 桑顿，总编辑
梅雷迪思 · 威尔考克斯，行政总监，插图

本书人员

帕特里夏 · 丹尼尔斯，项目编辑
梅丽莎 · 法里斯，艺术总监
凯 · 柯博尔 · 汉金斯，设计师
琳达 · B · 梅耶里克斯，插图编辑
丹 · 奥图尔，特约撰稿人
伊丽莎白 · 莱文，研究员
玛丽 · 贝丝 · 奥尔科尔斯-基冈，文字编辑
萨拉叶恩 · 赫尔曼，校对
康妮 · D · 宾德尔，主题索引
阿尔 · 莫罗，设计助理
罗布 · 威茅斯，插图专家
马特 · 普罗珀特，插图助理
斯科特 · 波斯皮希，编辑实习生
丽贝卡 · 夸雷拉，编辑实习生

制造和质量管理

克里斯托弗 · A · 利德尔，财务总监
菲利普 · L · 施洛瑟，副总裁
克里斯 · 布朗，技术总监
妮可 · 埃利奥特，经理
雷切尔 · 福里斯，经理

国家地理学会成立于 1888 年，是世界上最大的非盈利性科教组织之一。其官方杂志《国家地理》及其他四份杂志，以及国家地理频道、电视纪录片、广播节目、电影、图书、视频和 DVD、地图和互动媒体，在全球范围内每月读者数量超过 2.85 亿人。《国家地理》资助了 9000 多项科研攻关项目，并资助了一项地理知识扫盲的教育项目。

图书在版编目（CIP）数据

见证历史／（美）斯蒂芬 · G · 希斯洛普等编著；王正译．—北京：中国大百科全书出版社，2016.8

书名原文：EYEWITNESS TO HISTORY

ISBN 978-7-5000-9967-3

Ⅰ．①见… Ⅱ．①斯… ②王… Ⅲ.①世界史－通俗读物 Ⅳ.①K109

中国版本图书馆CIP数据核字（2016）第210168号

策划编辑：徐世新
责任编辑：徐世新　杨淑霞
出版发行：中国大百科全书出版社
图文制作：北京华艺创世印刷设计有限公司
印　　刷：北京联兴盛业印刷股份有限公司
字　　数：368千字
印　　数：1～10000
印　　张：29.25
开　　本：889 × 1194　1/16
版　　次：2016年8月第1版
印　　次：2016年9月第1次印刷
书　　号：ISBN 978-7-5000-9967-3
定　　价：168.00元